Theodor Ebert · Gewaltfreier Aufstand

Über dieses Buch

Das internationale Droh- und Abschreckungssystem, die Rüstungswirtschaft, der Verschwendungskonsum und autoritäre Herrschaftsformen haben eine weltweite Protestbewegung ausgelöst, deren soziale und demokratische Ziele oft klarer sind als die Wege, die zu ihnen hinführen sollen. Um so schwerwiegender sind die Mißverständnisse derer, die hinter jedem Aufruf zur Veränderung des Systems die blutige Revolution wittern.
Dabei hat es, besonders in diesem Jahrhundert, eine ganze Anzahl unblutiger, gewaltfreier Umwälzungen gegeben. Theodor Ebert hat sie wissenschaftlich untersucht und daraus Modelle für gewaltfreie, direkte Aktionsformen gegen die autoritäre Gewalt in der gegenwärtigen Situation entwickelt.
Seine wichtigsten Bürgen sind Gandhi und Martin Luther King, deren Vorbilder auf erfolgreiche Kampagnen in der ganzen Welt gewirkt haben.
Ebert legt hier im Taschenbuch eine stark revidierte und aktualisierte Fassung seines Buches vor, das bei seinem Erscheinen großes Aufsehen erregt hatte: »... ein großer Wurf, der ein Grundproblem unserer Zeit trifft.« *Die Neue Gesellschaft.*

Der Autor

Theodor Ebert, geboren 1937 in Stuttgart, Professor für Politische Wissenschaft an der Freien Universität Berlin, Schriftleitung der Zeitschrift »Gewaltfreie Aktion«. Vierteljahreshefte für Frieden und Gerechtigkeit«, stellvertretender Vorsitzender des Versöhnungsbundes e. V. und Mitglied der Synode der Ev. Kirche in Deutschland.

Theodor Ebert

Gewaltfreier Aufstand

Alternative zum Bürgerkrieg

Pädagogische Informationen
Monographien 7

Waldkircher Verlagsgesellschaft mbH

ISBN 3-87885-030-1

Ergänzte Neuauflage mit frdl. Genehmigung des Fischer-Taschenbuchverlages Frankfurt a. M. in der Reihe »Pädagogische Informationen — Monographien 7«.
Waldkircher Verlagsgesellschaft mbH, 1978
Herstellung: Waldkircher Verlagsgesellschaft mbH
Printed in Germany

Inhalt

Einleitung zur umgearbeiteten Neuauflage

Noch nie in der Geschichte der Menschheit war das emanzipatorische Defizit als der Abstand zwischen dem Möglichen und dem Wirklichen so groß wie heute.[1] In den kapitalistischen Industriegesellschaften stehen der »großen Verschwendung« in Rüstung und Konsum unzulängliche Sozialleistungen und eine relative Armut ganzer Bevölkerungsgruppen gegenüber.[2] In den angeblich sozialistischen Staaten sucht eine überlebte Parteibürokratie alle Macht in Händen zu halten; auch sie ist eher bereit, Volksvermögen für die Rüstung und bald auch für den privatisierenden Konsum zu vergeuden, als den Massen die Selbstbestimmung und die Suche nach neuen Formen der Kultur und der Sicherheitspolitik zu ermöglichen.[3]

Während Manipulation und Unterdrückung in den Industrienationen aber nur zu einem emanzipatorischen Defizit führen, ist mit jährlich mindestens 10 Millionen Hungertoten in der Dritten Welt ein humaner Bankrott zu verzeichnen,[4] vor der nachfolgende Generationen einmal nicht weniger fassungslos stehen werden wie wir heute vor den Bildern von Auschwitz und Bergen-Belsen. Dennoch, das Verhältnis der Regierenden in den kapitalistischen und den sozialistischen Industriestaaten zu den unterentwickelt gehaltenen Ländern in der Dritten Welt ist vom Primat der Stabilisierung der eigenen Herrschaft bestimmt. Diese Stabilisierung ist aber durch die Rüstung, durch »panem et circenses« des Verschwendungskonsums und der Weltraumfahrt so ungeheuer kostspielig, daß den Entwicklungsländern meist weniger gegeben als durch ungerechte Preise wieder genommen wird. Und so wächst die soziale Kluft zwischen den reichen Industriestaaten und den nach Gerechtigkeit hungernden Völkern der Dritten Welt ständig.

Wenn dieser Prozeß aufgehalten und das emanzipatorische Defizit auf ein Minimum reduziert werden soll, dann müssen die Reformen das internationale Drohsystem[5], die Rüstungswirt-

[1] Zum Begriff und zur Bestimmung des emanzipatorischen oder utopischen Defizits siehe: A. Neusüss: Außerparlamentarische Opposition. In: H. J. Schoeps und Chr. Dannemann (Hrsg.): Die rebellischen Studenten, München 1968, S. 48.

[2] Vgl. Vance Packard: Die große Verschwendung, Frankfurt/M. 1964, und P. A. Baran und P. M. Sweezy: Monopolkapital, Frankfurt/M. 1967.

[3] Vgl. Gene Sharp: Das politische Äquivalent des Krieges – die gewaltlose Aktion. In: E. Krippendorff (Hrsg.): Friedensforschung, Köln 1968, S. 477–513.

[4] Jürgen Heinrichs: Hunger und Zukunft. Aspekte des Welternährungsproblems, Göttingen 1969, S. 21.

[5] Vgl. Dieter Senghaas: Abschreckung und Frieden. Studien zur Kritik organisierter Friedlosigkeit, Frankfurt/M. 1969.

schaft[6], den Verschwendungskonsum und autoritäre Herrschaftsformen radikal in Frage stellen. Die Initiative für solche »systemüberwindende Reformen«[7] ist von den Herrschenden selbst in der Regel nicht zu erwarten. Sie folgen den Rollenzwängen des Systems, in das sie sich integrieren. Ihre edlen Absichten oder ihr schlechtes Gewissen äußern sich allenfalls in der Erhaltung oder der Ausweitung des Toleranzspielraums für Initiativen von unten. (Dies gilt insbesondere für sozialdemokratische Regierungen in kapitalistischen Formaldemokratien.)

Der Impuls zu gesellschaftlichen Strukturwandlungen muß von unten kommen, von Bürgern, welche das Herrschaftssystem ihrer Nation und seine globalen Verflechtungen soweit begriffen haben, daß sie sich weigern, sich in dieses System stärker zu integrieren, als dies zum Überleben und zum Erarbeiten emanzipatorischer Fertigkeiten unbedingt notwendig ist, und die einflußreiche Positionen nur dann einnehmen, wenn sie die Rückendeckung der Basis haben, eingedenk der Warnung von Karl Marx: »Je mehr eine herrschende Klasse fähig ist, die bedeutendsten Männer (und Frauen – Th. E.) der beherrschten Klasse in sich aufzunehmen, desto solider und gefährlicher ist die Herrschaft.«[8]

Für die Organisation und den Einsatz der »Macht von unten«[9] gibt es in Europa das Vorbild der russischen Revolution von 1917 und für die Dritte Welt das chinesische, das algerische und das kubanische Beispiel des Guerillakampfes. Gemeinsam ist diesen Revolutionsentwürfen, daß die gesellschaftlichen Strukturveränderungen unter Einsatz von Gewalt erkämpft werden sollten. Diese Vorbilder prägen heute die Strategie vieler außerparlamentarischer Oppositionsgruppen; in der grundsätzlichen, wenn auch nicht aktuellen Bereitschaft zur Gewaltanwendung sehen sie den Ausweis ihrer revolutionären Zielsetzung. Mahnungen zur »Gewaltlosigkeit« werden als Versuchung zum Verrat an der Revolution empfunden und mit entsprechender Geste zurückgewiesen. Diese Haltung ist auch nicht unbegründet. Die meisten Loblieder auf die Gewaltlosigkeit[10] sind nur ein Alibi für Liberale, die es nicht wagen, sich mit den Herr-

[6] Vgl. Eike Hennig: Die Rüstungsgesellschaft und ihre Kosten. In: E. Krippendorff (Hrsg.): Friedensforschung, a. a. O., S. 275–319; Fritz Vilmar: Rüstung und Abrüstung im Spätkapitalismus, Frankfurt/M., 4. Aufl. 1969.

[7] Zum Begriff und zur Bestimmung systemüberwindender Reformen siehe: Knut Nevermann; Zur Strategie systemüberwindender Reformen. In: Sozialdemokratie und Sozialismus heute, Köln 1968; André Gorz: Zur Strategie der Arbeiterbewegung im Neokapitalismus, Frankfurt/M. 1967.

[8] Das Kapital, Bd. 3, Berlin 1961, S. 648, zit. n. Frank Deppe u. a.: Kritik der Mitbestimmung, Frankfurt/M. 1969, S. 111.

[9] Zum Begriff und zur Bestimmung der »Macht von unten« siehe: Th. Ebert und H.-J. Benedict (Hrsg.): Macht von unten. Bürgerrechtsbewegung, außerparlamentarische Opposition und Kirchenreform, Hamburg 1968.

[10] Es ist bezeichnend, daß von den Liberalen (und folglich auch von den gewaltsamen Revolutionären) gerade dieser Begriff verwandt wird, der keine Unterscheidung zwischen passivem Geschehenlassen und aktivem gewaltlosem Eingreifen zuläßt.

schenden auf einen Konflikt einzulassen. Ihrer Kritik der revolutionären Gewalt fehlt die Analyse der institutionalisierten Gewalt der Herrschenden, und ihre deklamatorische Reformbereitschaft kann ohne diese analytische Anstrengung nicht systemüberwindend wirken.
Die grundsätzliche Legitimität der revolutionären Gewaltanwendung läßt sich nicht bestreiten, ohne daß man sich dabei auf die höherwertige Legitimität des bestehenden Rechts- und Herrschaftssystems oder den absoluten Anspruch einer religiösen Bindung beruft. Wer aber den Status quo für illegitim hält und wer meint, ethische Überzeugungen und »die Kraft zu lieben«[11] mit Worten nicht vermitteln zu können, der kann nur noch erörtern, ob sich das emanzipatorische Defizit durch Gewaltanwendung auch wirksam reduzieren läßt. Da ich diesen Standpunkt einnehme, möchte ich nicht nach der Legitimität, sondern der Effektivität der revolutionären Gewaltanwendung fragen, ich möchte sie auf der Ebene der Verantwortungsethik und nicht der Gesinnungsethik diskutieren.[12]
Unter dem Einfluß christlicher Lehren und unter dem Eindruck der horrenden Opfer und der unbefriedigenden Ergebnisse sozialistischer Revolution habe ich eine Reihe von Kampagnen untersucht oder an ihnen teilgenommen, in denen – mit mehr oder weniger radikaler Zielsetzung – bewußt nur Methoden der gewaltfreien, direkten Aktion angewandt wurden. Aus der Bilanz dieser Kampagnen kann man schwerlich den Anspruch ableiten, daß mit der Anwendung gewaltfreier Kampftechniken eine Erfolgsgarantie verbunden ist. Bei allen Aktionen, in denen ich mich engagierte, habe ich erfahren müssen, wie schwierig es ist, gewaltfreie Aktionsformen in traditionsgeprägten Organisationen durchzusetzen oder neue Kampagnen zu organisieren und durchzuhalten. Mehr als eine Kampagne, an der ich mitwirkte oder deren kurzfristiger Augenzeuge ich war, ist inzwischen aufgegeben oder in Ziel und Methode umfunktioniert worden.[13] Ich bin aber bei der Untersuchung dieser

[11] Vgl. Martin Luther King: Kraft zum Lieben (Reden und Aufsätze), Konstanz 1964.

[12] Vgl. Gene Sharp: On Ethics and Responsibility in Politics. A Critique of the Present Adequacy of Max Weber's Classification of Ethical Systems. In: *Inquiry* 3, Oslo: Universitetsforlaget, 1964.

[13] Meine intensiven Erfahrungen stammen aus Aktionen von Kriegsdienstverweigerern und der Kampagne für Demokratie und Abrüstung, einem Experiment der Kritischen Universität in Berlin mit einem »Komitee der 100 für die Freiheit Griechenlands« im Jahre 1968 und der »Kampagne Christliche Weihnacht« der Arbeitsgruppe Kritischer Konsum. Seit Dezember 1969 erscheint auf meine Initiative hin die Zeitschrift *Gewaltfreie Aktion. Vierteljahreshefte für Frieden und Gerechtigkeit.* Sie versteht sich als »Relaisstation zwischen der Friedens- und Konfliktforschung und den engagierten Praktikern«. Die Mitarbeit bei Amnesty International und der mehrjährige Kontakt zu politischen Gefangenen in Rhodesien hat mich über reale Emanzipationschancen mehr gelehrt als Solidaritätskundgebungen, Imperialismus- und Guerillaliteratur. Die englische Atomwaffengegnerbewegung lernte ich bei Studienaufenthalten in London kennen, und von der Poor People's Campaign des

Kampagnen und selbst noch bei der Reflexion eigener Mißerfolge zu der festen Überzeugung gelangt, daß die Kampfkraft der gewaltfreien direkten Aktion viel größer ist, als gemeinhin angenommen wird, und daß die Revolutionäre sie gewöhnlich unterschätzen, weil sie die Methoden, die organisatorischen Voraussetzungen und die Strategie der gewaltfreien Aktion zu kennen meinen, ohne sie untersucht zu haben. Ich vermute sogar, daß wir bei der Suche nach einer Methodik gewaltfreier Aufstände einer Entdeckung auf der Spur sind, welche der Spaltung des Atomkerns an epochaler Bedeutung gleichkommt. Geht es bei der Untersuchung gewaltfreier Aktionsmethoden doch nicht allein um die Austragung innenpolitischer Konflikte, sondern in der Konsequenz auch um eine Alternative zur militärischen Verteidigung und damit langfristig um eine Alternative zum internationalen Drohsystem und einen Weg zur Weltinnenpolitik.[14]

Meine Arbeit ist kein isolierter Einzelfall, sondern steht im Zusammenhang mit einer Reihe von Untersuchungen, die in den letzten Jahren in wachsender Zahl sich mit dem Problem der gewaltfreien Aktion befaßten.[15] Sie geht zurück auf meine Erlanger Dissertation des Jahres 1965, die der philosophischen Fakultät unter dem Titel »Theorie und Praxis des gewaltfreien Widerstands. Modell einer Kampagne« vorgelegt wurde. Eine erste Überarbeitung dieser Dissertation, die im Mai 1967 abgeschlossen wurde, erschien im Januar 1968 in der von Waldemar Besson herausgegebenen Reihe »Sozialwissenschaft in Theorie und Praxis« im Rombach-Verlag, Freiburg. Seit dem Wintersemester 1967/68 leite ich mit Ossip K. Flechtheim am Otto-Suhr-Institut der Freien Universität Berlin Seminare zur Friedens- und Konfliktforschung. Deren Ergebnisse[16] und meine Berliner Erfahrungen bei Aktionen und Diskussionen von außerparlamentarischen Oppositionsgruppen habe ich in diese revidierte Taschenbuchausgabe hineinzuarbeiten gesucht.

Die Taschenbuchausgabe enthält die revidierte Fassung der ersten sieben Kapitel der Ausgabe im Rombach-Verlag. Hier wurde selten gekürzt, meist jedoch ergänzt. Dafür fehlen die letzten drei Kapitel »Konfrontationstaktik bei gewaltfreien Interventionen«, »Grundzüge des Verlaufs einer Kampagne« und »Massenbewegung«

Jahres 1968 erhielt ich Eindrücke bei einem kurzen Aufenthalt in Boston und Philadelphia.

[14] Th. Ebert: Soziale Verteidigung – Alternative zum internationalen Drohsystem. Thesen zur Friedensforschung und zum pazifistischen Engagement. In: *Gewaltfreie Aktion*, Berlin, 1/2, Dez. 1969, S. 57–76.

[15] Kommentierte Bibliographie: April Carter et al.: Nonviolent Action. Theory and Practice. A Selected Bibliography, London 1966 (nur englischsprachige Literatur); Bibliographie unter besonderer Berücksichtigung der amerikanischen Bürgerrechtsbewegung im Anhang zu: A. Paul Hare and Herbert H. Blumberg (eds.): Nonviolent Direct Action, Washington 1968, S. 533–564.

[16] Siehe auch die Auswahl von Seminar- und Diplomarbeiten: Th. Ebert (Hrsg.): Bürger contra Establishment. Kritische Studien aus der Friedens- und Konfliktforschung (Arbeitstitel), Bielefeld: Bertelsmann Universitätsverlag (erscheint 1970).

vollständig. Die in diesen Kapiteln behandelten Probleme werden in einem neuen Buch über die Strategie und Taktik des gewaltfreien Aufstands wieder aufgegriffen, dann jedoch aufgrund neuen Materials und mit anderer Methode behandelt werden.

Während ich in der ersten Ausgabe die Konfrontationstaktik anhand der Erfahrungen der amerikanischen Bürgerrechtler, der englischen Atomwaffengegner und der indischen Satyagrahis untersuchte, möchte ich in dem neuen Buch verstärkt die Taktiken der studentischen Protestbewegung berücksichtigen und folgende Probleme untersuchen:

Verhaltensmuster bei Straßendemonstrationen; Go-in und Besetzung; gewaltsame Ausschreitungen und planmäßige Gewaltanwendung von Konkurrenzgruppen; Verhaltensmuster von Polizei, Militär und Gegendemonstranten; Fortsetzung der Konfrontation vor Gericht und im Gefängnis.

Die Überlegungen zu den »Grundzügen des Verlaufs einer Kampagne« und dem Aufstand in der Phase der »Massenbewegung« möchte ich in dem neuen Buch durch eine Tour d'horizon ersetzen, welche Konkretionen des gewaltfreien Aufstands für verschiedene Gesellschaftsformen aufzeigen soll. Meine ursprünglichen Ausführungen, die sich auf einen detaillierten Vergleich der Entstehungsgeschichte der englischen Atomwaffengegnerbewegung und der amerikanischen Bürgerrechtsbewegung stützten, gelten wahrscheinlich nur für kapitalistische Formaldemokratien, aber nicht allgemein für gewaltfreie Aufstände. Um Raum zu gewinnen für die Erörterung der Black Power-Konzepte, der Vietnam-Protestkampagnen und der studentischen Aktionen möchte ich diejenigen, welche besonderes Interesse an den Entwicklungsphasen der Bürgerrechtsbewegung und der Atomwaffengegnerbewegung in den Jahren 1945–1965 haben, auf die Ausgabe im Rombach-Verlag verweisen.

Neben der Strategie außerparlamentarischer Opposition in kapitalistischen Formaldemokratien werden zu diesen Konkretionen folgende Abschnitte gehören: Widerstand gegen europäische konservative Militärdiktaturen; Chancen der gewaltfreien Dekolonialisierung im Süden Afrikas; minimale Hoffnungen auf gewaltfreie Aktionen im Nahen Osten; gewaltfreie Emanzipationsbestrebungen in Lateinamerika; Kontinuität und Wandel gewaltfreier Strategie in Südostasien; Demokratisierung kommunistischer Einparteiensysteme. Eine Erörterung der globalen Wechselwirkungen gewaltfreier Aufstände soll dann auch wieder das Modellhafte des gewaltfreien Aufstandes herausstellen. Mit dem Abschluß des Manuskripts über die Strategie und Taktik des gewaltfreien Aufstandes rechne ich in einem Jahr.

Otto-Suhr-Institut
an der Freien Universität Berlin
Im Januar 1969

Theodor Ebert

Erster Teil: Zur Theorie der gewaltfreien Aktion

1. Kritik der Gewalt in emanzipatorischer Absicht

Alternativen der Konfliktaustragung

Jeder Mensch hat das Recht auf Teilnahme am politischen Willensbildungsprozeß; für alle haben dabei die gleichen Bedingungen zu gelten. So verlangt es Artikel 21 der »Allgemeinen Erklärung der Menschenrechte« der Vereinten Nationen am 10. Dezember 1948.[1] Die überwiegende Mehrheit der Menschheit lebt aber unter diktatorischer Herrschaft oder in Formaldemokratien, in deren ritualisierten Wahlen allenfalls Herrschaftseliten ausgetauscht, aber kaum gesellschaftliche Strukturprobleme entschieden werden.[2] Welche Möglichkeiten der direkten Aktion haben nun diejenigen Bürger, welche dieses Recht auf demokratische Teilnahme an der Bestimmung ihres politischen Schicksals wahrnehmen wollen? Auf den ersten Blick scheint hier die Entwicklung der Technik im 20. Jahrhundert einseitig die Machtmittel der Herrschenden potenziert zu haben; die Furcht vor der revolutionären Macht der bloßen Zahl der Köpfe und Hände vermag die Etablierten anscheinend nicht mehr zur Mäßigung oder zur Räumung von Positionen zu bewegen. Gab ihnen doch die Technik neue Mittel zur Propagierung ihrer Ideologien, zur Kontrolle abweichenden Verhaltens und zur physischen Unterdrückung derjenigen, die sich noch der Illusion hingeben, die Herrschenden mit deren eigenen Waffen bekämpfen zu können. Dies dürfte nicht nur für kommunistische Einparteiensysteme, konservative Diktaturen im Westen und feudalistische Herrschaften in der Dritten Welt gelten, sondern in mancher Hinsicht selbst für die traditionsreichen rechtsstaatlichen Demokratien im Westen und jüngere, sich demokratisch legitimierende Regime in Entwicklungsländern.

Gegenüber dieser technischen, bürokratischen und wirtschaftlichen Übermacht der Etablierten wurden im 20. Jahrhundert zwei Kampf-

[1] Artikel 21 lautet:
»(1) Jeder Mensch hat das Recht, an der Leitung der öffentlichen Angelegenheiten seines Landes unmittelbar oder durch frei gewählte Vertreter teilzunehmen.
(2) Jeder Mensch hat unter gleichen Bedingungen das Recht auf Zulassung zu öffentlichen Ämtern in seinem Lande.
(3) Der Wille des Volkes bildet die Grundlage für die Autorität der öffentlichen Gewalt; dieser Wille muß durch periodische und unverfälschte Wahlen mit allgemeinem und gleichem Wahlrecht bei geheimer Stimmabgabe oder in einem gleichwertigen freien Wahlverfahren zum Ausdruck kommen.«

[2] Vgl. Johannes Agnoli und Peter Brückner: Die Transformation der Demokratie, Frankfurt/M. 1968;
Urs Jaeggi, Macht und Herrschaft in der Bundesrepublik, Frankfurt/M. 1969.

techniken bewußt entwickelt, um latente Konflikte öffentlich zu machen und radikale Änderungen in der sozialen Struktur eines Landes herbeizuführen: einerseits der agitatorische Terror[3] mit seiner Tendenz zum revolutionären Guerillakrieg[4] und andererseits die gewaltfreie Aktion[5] mit ihrer Tendenz zum gewaltfreien Aufstand.

Beide Methoden beanspruchen, die adäquate Antwort auf die modernen Herrschaftsformen zu sein. Lin Piao, der designierte Nachfolger Mao Tse-tungs, sieht in der Kampftechnik der Guerillas »eine geistige Atombombe, die in der Hand des revolutionären Volkes eine viel mächtigere und nützlichere Waffe ist als die physikalische Atombombe«,[6] und der Bürgerrechtskämpfer Martin Luther King hoffte, daß die »gewaltfreie Aktion, zu der die Neger in ihrer Notlage griffen, zur Antwort auf das dringendste Bedürfnis der gesamten Menschheit wird«[7]. Mohandas K. Gandhi, der wichtigste Vertreter dieser Methode in der Dritten Welt, behauptete, die gewaltfreie Aktion mit dem zivilen Ungehorsam als schärfstem Kampfmittel sei »ein vollwertiger Ersatz für den bewaffneten Aufstand«[8].

Diese Behauptungen und Hoffnungen Gandhis und Kings stehen in einem dialektischen Verhältnis zum traditionellen Verständnis der Gewaltlosigkeit als einer Haltung duldender Passivität und der Revolution als einem Gewaltakt. »Der dritte Weg, der einem unterdrückten Volk in seinem Befreiungskampf offensteht, ist der des gewaltfreien Widerstands (beziehungsweise der gewaltfreien Aktion – Th. E.). Wie in der Synthese der Hegelschen Philosophie muß es das Prinzip des gewaltfreien Widerstandes sein, die Gegensätze – Ergebung und Gewalt – in Einklang zu bringen, indem er das Extreme und Unmoralische, das beiden anhaftet, vermeidet. Der Anhänger des gewaltfreien Widerstands ist mit dem, der sich in sein Schicksal ergibt, einer Meinung, daß man nicht tätlich gegen seinen Gegner vorgehen soll. Andererseits ist er aber auch mit dem, der für Gewalt ist, einig, daß man dem Bösen Widerstand leisten muß. Er vermeidet die Widerstandslosigkeit des ersteren und den gewaltsamen Widerstand des letzteren. Wer gewaltfreien Wider-

[3] Thomas Perry Thornton: Terror as a Weapon of Political Agitation. In: Harry Eckstein (ed): Internal War. Problems and Approaches, New York 1964, S. 71–99.

[4] Einführende Darstellungen: Mao Tse-tung: Theorie des Guerillakrieges oder Strategie der Dritten Welt, Reinbek 1966; Ernesto Che Guevara: Partisanenkrieg – eine Methode / Mensch und Sozialismus auf Kuba, Köln und München 1966. Übersicht aus der Sicht der Guerillabekämpfung: Franklin Mark Osanka (ed.): Modern Guerilla Warfare, New York 1962 (mit umfangreicher Bibliographie).

[5] Kommentierte Bibliographie: April Carter, David Hoggett and Adam Roberts: Non-Violent Action. Theory and Practice. A Selected Bibliography. London 1966.

[6] *The New York Times*, 4. 9. 1965.

[7] M. L. King: Why We Can't Wait. New York 1964, S. 152. Deutsch: Warum wir nicht warten können, Frankfurt/M. 1965.

[8] M. K. Gandhi: Constructive Programme. Its Meaning and Place. 2. Aufl., Ahmedabad 1945, S. 4.

stand leistet, braucht sich weder als Einzelperson noch als Gruppe irgendwelchem Unrecht zu beugen; er braucht aber auch nicht zur Gewalt zu greifen, um sich Recht zu verschaffen.«[9] Gandhi hat sich in ähnlicher Weise geäußert, aber bei ihm wird es deutlicher als bei King, daß die Erfahrung der Unrechtsituation die Priorität hat vor der Abneigung gegen die Gewaltanwendung: »Ich glaube, daß ich da, wo nur die Wahl bliebe zwischen Feigheit und Gewalt, zur Gewalt raten würde [...] Dagegen glaube ich, daß die gewaltfreie Aktion der Gewalt unendlich überlegen ist.«[10]

Diese Arbeitshypothesen Gandhis und Kings mögen zwar in langjähriger Praxis formuliert und auf die Probe gestellt sein, sie provozieren aber bei gewaltsamen Revolutionären unweigerlich drei für den Gang der folgenden Untersuchung wichtige Gegenfragen. Worin besteht denn die angebliche Kampfkraft der gewaltfreien Aktion? Wird die Gegengewalt den Revolutionären von der unterdrückenden Gewalt der Herrschenden nicht aufgezwungen? Richtet sich die moralische Verantwortlichkeit einer Gewalttat nicht nach ihrem Erfolg?[11]

Da die Kampfkraft der gewaltfreien Aktion nur derjenige zu entwickeln suchen wird, der erhebliche Zweifel an den Erfolgschancen gewaltsamer Kampfmittel hat und der auch der Überzeugung ist, daß die Kampftechniken einer Befreiungsbewegung nicht einseitig vom Gegner bestimmt werden, ist es zweckmäßig, die Kritik der revolutionären Gewaltanwendung der Darstellung des gewaltfreien Aufstandes voranzustellen.

Produktionstechnische Hindernisse für den Guerillakampf

Karl Marx und Friedrich Engels haben im ›Kommunistischen Manifest‹ eine scheinbar eindeutige Aussage zur Methode der Revolution gemacht: »Sie (die Kommunisten – Th. E.) erklären es offen, daß ihre Zwecke nur erreicht werden können durch den gewaltsamen Umsturz aller bisherigen Gesellschaftsordnung.«[12] Es gibt heute in der Neuen Linken viele, welche diese Aussage in unhistorischer Weise verabsolutieren, statt mit Friedrich Engels darauf hinzuweisen, daß »Bewaffnung, Zusammensetzung, Organisation, Taktik und Strategie vor allem von der jedesmaligen Produktionsstufe und den Kommunikationen abhängen«[13].

9 M. L. King: Stride Toward Freedom. The Montgomery Story, London 1959, S. 203–204.
10 M. K. Gandhi: Die Lehre vom Schwert, ›Young India‹ 11. 8. 1920, in: Mahatma Gandhi, Jung Indien, Aufsätze aus den Jahren 1919 bis 1922, Zürich 1924, S. 135.
11 Vgl. Herbert Marcuse: Ethik und Revolution, in: ders., Kultur und Gesellschaft, Bd. 2, Frankfurt/M. 1965, S. 130–146.
12 K. Marx: Die Frühschriften, hrsg. v. S. Landshut, Stuttgart 1953, S. 560.
13 F. Engels: Herrn Eugen Dührings Umwälzung der Wissenschaft, Stuttgart 1919, S. 171.

Soziale Gruppen, die um neue Rechte kämpfen wollen, sollten auch dann, wenn sie sich nicht als orthodox marxistisch verstehen, die Engelssche Methode, Produktionsstufe und Kommunikationen zu analysieren, heranziehen, bevor sie sich für eine bestimmte Kampftechnik entscheiden. Sie sollten dabei mit seiner Methode über ihn selbst hinausgehend sogar die Frage stellen, ob die bewaffnete Gewaltanwendung überhaupt noch der hochgradig arbeitsteiligen modernen Industriegesellschaft angemessen ist. Sebastian Haffner hat in einem einleitenden Essay zu Mao Tse-tungs Schriften über die Strategie des Guerillakrieges in der Dritten Welt darauf hingewiesen, daß »die komplizierte Lebenstechnik [...] in einem hochentwickelten Industrieland den Volkskrieg unmöglich macht, und zwar, weil sie die Bevölkerung trotz aller Motorisierung in einem politisch-militärischen Sinn immobilisiert. Der einzelne und auch die Masse der einzelnen kann aus dem Netz wirtschaftlicher Verflechtungen und Abhängigkeiten, das die technische Hochzivilisation gewoben hat, ohne Lebensgefährdung nicht herausspringen«.[14]

Wer heute noch mit dem Gedanken des gewaltsamen Umsturzes spielt, der sollte sich darüber im klaren sein: »Für eine von der Technik abhängig gewordene Bevölkerung bedeutet die plötzliche und nachhaltige Lahmlegung des technischen Apparates, ohne den sie nicht mehr leben kann, so etwas wie Genozid; Hunger, Seuchen und Massentod wären die unvermeidliche Folge.«[15]

Bei den Gettorevolten in den Negerslums amerikanischer Großstädte in den Jahren 1964–1968 zeigte es sich, daß nach wenigen Tagen die Lebensmittelvorräte der privaten Haushalte erschöpft waren und allein dieser Umstand schon die äußerliche Pazifizierung der Lage erzwang. Einige linksextreme Gruppen haben den Artikel von Oberst i. R. Robert B. Rigg über den »Guerillakrieg im Betondschungel«[16] mit Genugtuung aufgegriffen, weil er mit seiner rein militärischen Erörterung der Bekämpfung von Großstadtguerillas sie in der Illusion bestärkte, daß ein solcher Kampf überhaupt möglich sei. Riggs Bild vom »Betondschungel« der Großstadt mag zwar publikumswirksam sein, lenkt aber vom wichtigsten Problem ab. Die Frage ist nicht, ob sich ein Guerilla im Betondschungel verbergen, überraschend zuschlagen und sich auch verteidigen kann. Entscheidend für die Wirksamkeit dieser Technik ist, daß dieser Betondschungel extrem dicht besiedelt und für sein Überleben auf die Kommunikation mit der Umwelt angewiesen ist. Rigg und die Großstadtguerillas gehen beide von der irrigen Vorstellung aus,

[14] S. Haffner: Der neue Krieg, in: Mao Tse-tung, Theorie des Guerilla-Krieges, S. 31.
[15] op. cit., S. 31.
[16] R. B. Rigg: Guerillakrieg im Betondschungel, in: Robert F. Williams / Robert B. Rigg: Großstadtguerilla, Berlin 1969, S. 21–31. Dieser Aufsatz wurde als richtungweisend von mehreren amerikanischen Zeitschriften (u. a. *Army* und *U. S. News & World Report*) veröffentlicht.

daß um die »befreiten Gebiete« militärisch gekämpft werden müßte. Es würde aber genügen, die Versorgung dieser Gebiete durch eine Blockade zu unterbinden, um die Kapitulation und die Auslieferung der Guerillas zu erzwingen. Maos Bild von den Guerillas, die sich unter der Bevölkerung wie Fische im Wasser bewegen sollen, verkehrt sich in der Großstadt ins Gegenteil: die Bevölkerung ist den Fischen zu vergleichen und die Guerillas dem vergifteten Wasser, in dem die Fische in kurzer Zeit zugrunde gehen müssen.
Es ist äußerst unwahrscheinlich, daß eine gewaltsam-revolutionäre Organisation in einem Industriegebiet jemals über die Stufe des agitatorischen Terrors hinauskommt. Ein gewaltsamer Umsturz wäre höchstens noch möglich, wenn die allgemeine Unsicherheit von Teilen der Armee – mit eigenen Zielen – zu einem Staatsstreich genutzt würde.[17] Auf sich allein gestellt, kann der agitatorische Terror allenfalls »die Regierung in eine Krise stürzen, in der sie sich Gedanken über eine Systemänderung zu machen hat«.[18] Es ist aber fraglich, ob sie unter der emotionalen Belastung solcher Anschläge sich zu vernünftigen Reformen bereit findet; wahrscheinlicher ist, daß sie zu verschärften Unterdrückungsmaßnahmen greift und die militärische Auseinandersetzung suchen wird, die sie – rein technokratisch gesehen – kaum verlieren kann.
Während der großstädtische Guerillakampf in der strategischen Literatur bislang nur sehr wenig Befürworter oder ihn dramatisierende Gegner wie Oberst Riggs gefunden hat, gelten agitatorischer Terror und Guerillakrieg in den Ländern der Dritten Welt als das Befreiungsinstrument par excellence. Frantz Fanon[19], Mao Tse-tung, Ernesto Che Guevara und neuerdings auch Kwame Nkrumah[20] haben diese Methode zur Befreiungsstrategie der Dritten Welt erklärt. Wenn man mit Engels auf die Produktionsstufe und die Kommunikationen achtet, scheinen diese dem Erfolg auch nicht im Wege zu stehen.
Sebastian Haffner nennt »neben den allgemeinen Grundvoraussetzungen einer revolutionsbereiten Bevölkerung und einer zur Staatsbildung fähigen revolutionären Partei« drei spezielle Bedingungen für den Guerillakampf:
»Das erste ist eine arme, elende und verzweifelte Bevölkerungsmasse, die wenig oder nichts zu verlieren hat und für die der Unterschied zwischen einem Dauerkrieg und der Art von Leben, die ihr die bestehende Friedensordnung bietet, verhältnismäßig geringfügig ist.

[17] Vgl. Edward Luttwack: Der Coup d'Etat oder Wie inszeniert man einen Staatsstreich?, Reinbek 1969, S. 10–11.
[18] Tom Hayden: Rebellion in Newark. Official Violence and Ghetto Response, New York 1967, S. 71.
[19] F. Fanon: Die Verdammten dieser Erde, Reinbek 1969.
[20] K. Nkrumah: Handbook of Revolutionary Warfare. A Guide to the Armed Phase of African Revolution, London 1968.

Das zweite ist eine überwiegend selbstversorgerische Agrarwirtschaft, die durch den Dauerkrieg nicht völlig aus den Angeln gehoben werden kann und die die Ernährung trainloser bäuerlicher Partisanenarmeen ermöglicht.
Das dritte ist ein verkehrsmäßig wenig erschlossenes, in weiten Teilen unzugängliches Land, in dem die Organisation der Staatsgewalt versickert und die der Partisanenkriegführung sowohl Ausweichmöglichkeiten ins Unzugängliche wie die Möglichkeit überraschender Schwerpunktbildung bietet.«[21]
Diese Bedingungen werden in vielen Ländern der Dritten Welt noch erfüllt; die Zeit arbeitet aber gegen die Guerillas, da die Industrialisierung und der Ausbau der Verkehrswege zunehmen und den Anti-Guerilla-Verbänden in wachsendem Maße auch für unwegsames Gelände technische Hilfsmittel der Fortbewegung und Überwachung zur Verfügung stehen. An die Guerillas werden in Ausbildung und Bewaffnung immer höhere Ansprüche gestellt. Dies macht auswärtige Bindungen der Befreiungsarmeen notwendig, die gefährliche Abhängigkeiten schaffen können. Wo aber mit primitiven Mitteln versucht wurde, »Guerillafoci« nach kubanischem Muster[22] zu bilden, hat sich gezeigt, daß die Bereitschaft, einen Guerillakrieg zu führen, auch eine gewisse politische Bildung und Mobilisierung der Bevölkerung zur Voraussetzung hat, die in einem primitiven Agrarland nicht erwartet werden darf, wenn man nicht die Erfahrungen Guevaras in Bolivien machen möchte.[23]
Nach Erfahrungen im Nordosten Brasiliens scheint es einfacher zu sein, Bauern, Fischer und Slumbewohner in ihrem eigenen Milieu zu gewaltfreien Aktionen zu mobilisieren, als sie an modernen Waffen auszubilden und zum Verlassen der Familie zu bewegen.[24]
Zum schwerwiegendsten Argument gegen einen revolutionären Befreiungskrieg wurden aber in den letzten Jahren die eskalierenden Verluste an Menschenleben und Produktionsmitteln und die Gefahr einer Ausweitung zum atomaren Weltkrieg. Die unvollendete Befreiung Vietnams hat schon jetzt mehr als eine Million Tote gefordert. Der indische Unabhängigkeitskampf kostete (einschließlich der englischen Reaktion auf vereinzelte indische Gewaltakte) etwa 8000 Menschenleben.[25] Für die soziale Revolution Indiens wurden durch diese Opfer zwar erst wichtige Voraussetzungen geschaffen,

[21] S. Haffner: Der neue Krieg, op. cit., S. 28.
[22] Regis Debray: Revolution in der Revolution? Bewaffneter Kampf und politischer Kampf in Lateinamerika, München 1967.
[23] »Die Voraussetzungen sind die gleichen wie im vergangenen Monat, nur, daß jetzt die Armee wirklich mehr Tatkraft in ihren Aktionen zeigt und die Masse der Landbevölkerung uns überhaupt nicht unterstützt und sie sich in Verräter verwandeln.« E. Che Guevara: Bolivianisches Tagebuch, München 1968, S. 197.
[24] Hildegard Goss-Mayr: Die Macht der Gewaltlosen. Der Christ und die Revolution am Beispiel Brasiliens, Graz–Wien–Köln 1968.
[25] Richard B. Gregg: The Power of Nonviolence, London 1960, S. 100.

aber der algerische Unabhängigkeitskrieg, welcher der Masse der Bevölkerung auch kaum mehr brachte als das Bewußtsein nationaler Identität, kostete etwa 150000 bis 200000 Menschenleben bei einer 30mal kleineren Gesamtbevölkerung.[26] Diese Zahlen beweisen nichts, sie sollten aber alle diejenigen zum Nachdenken anregen, welche Guevaras Aufruf »Schaffen wir zwei, drei, viele Vietnam«[27] für verantwortlich halten.

Willensbildungs- und Lernprozesse in Guerillaorganisationen

Neben der Methode, die Mittel eines Befreiungskampfes dem Stand der Produktionsmittel anzupassen, gibt es auch noch eine mehr an den Kommunikationen und den psychischen Folgen der Gewaltanwendung orientierte Methode der Chancenberechnung revolutionärer Befreiungsbewegungen. Gandhis Begründung für die Befürwortung gewaltfreier Kampfmethoden hatte nicht allein im Hinweis auf die militärische Übermacht des Gegners, die Kontinuität einmal begonnener militärischer Auseinandersetzungen und ihre eskalierenden Opfer bestanden; er meinte auch, einen Zusammenhang zwischen dem Charakter eines nachrevolutionären Regierungssystems und den Methoden, die zu seiner Errichtung führten, herstellen zu können: »Ich halte fest an der Ansicht, daß die Demokratie nicht mit Zwangsmethoden entwickelt werden kann. Der Geist der Demokratie kann nicht von außen aufgepfropft werden, er muß von innen herauskommen.«[28] Diese Feststellung galt nach Ansicht Gandhis für Industrienationen und Entwicklungsländer in gleicher Weise.

Die Unterscheidung von unterdrückender (repressiver) und befreiender (emanzipatorischer) Gewalt, die durch Frantz Fanons und Herbert Marcuses Schriften in manchen außerparlamentarischen Oppositionsgruppen gängig wurde, war für Gandhi langfristig gesehen illusionär. Diese Unterscheidung meinte im Anschluß an die Osterdemonstrationen 1968 auch ein Berliner Autorenkollektiv treffen zu können: »Einer Gesellschaft, die Erziehung so eng mit Gewalt verkoppelt hat, geben wir, indem wir uns jetzt in der Anwendung von Gegengewalt selbst erziehen, eine Antwort in ihrem eigenen Idiom.«[29] Jedoch gerade in diesem Lernprozeß, der mit der Anwendung der angeblich befreienden Gewalt verbunden ist, ist auch die Begründung für Gandhis These von dem Zusammenhang zwischen Zielen und Mitteln zu finden.

[26] Tanya Matthews: Algerien. Aderlaß am Mittelmeer, Freiburg 1963, S. 112.
[27] E. Che Guevara: Schaffen wir zwei, drei, viele Vietnam, Brief an das Exekutivsekretariat von OSPAAL, Berlin 1967.
[28] Zit. in: Pattabhi Sitaramaiyya: History of the Congress, Allahabad. All India Congress Committee, 1935, in: N. K. Bose: Selections from Gandhi, Ahmedabad 1957, S. 41.
[29] Autorenkollektiv: Zum Begriff der Gewalt, *konkret* Nr. 6, Juni 1968, S. 25–26.

Gewaltanwendung, von welcher Gruppe sie auch erfolgt, bedeutet für diese Gruppe immer, daß sie ihren eigenen Standpunkt als richtig verabsolutiert. Eine spontane oder geplante Gewaltanwendung hat als psychologische Voraussetzung die feste Überzeugung oder doch das starke Gefühl, vollständig im Recht zu sein und einem Gegner gegenüberzustehen, der genauso vollständig im Unrecht und darüber hinaus nahezu unbelehrbar ist. Dies entspricht selten oder nie den tatsächlichen Verhältnissen, und die auf ihr »Bewußtsein« pochenden Revolutionäre müßten sich eigentlich eingestehen, daß man selbst bei sorgfältigstem Bemühen um eine Analyse der Lage im Endergebnis nur über ein partielles Wissen verfügen und damit unvermeidlich auch zu Fehlurteilen kommen kann. Wird erst einmal Gewalt angewandt, wird für deren Träger die Versuchung fast unüberwindlich, auch die sympathisierenden Kritiker dieser Aktionen mit eigenen Machtmitteln zum Schweigen zu bringen, was zu pathologischen Lernprozessen in der gewaltausübenden Gruppe führt, weil wichtige Informationen nicht länger aufgenommen werden.

Es sprechen aber nicht nur psychologische Gründe gegen die Hoffnung auf eine befreiende Wirkung der Gewalt. Die Vorbereitung revolutionärer gewaltsamer Aktionen muß auch in formaldemokratisch verfaßten Staaten zum Eingreifen der Behörden oder zu gewaltsamen »Selbstschutzmaßnahmen« konservativer Kreise führen. Diese Reaktion zwingt die Protagonisten gewaltsamer Aktionen zur geheimen Vorbereitung ihrer Unternehmungen und zu Schutzvorkehrungen gegen Spitzel und in der Konsequenz bald zu einer Untergrundorganisation. Alle Erfahrungsberichte aus solchen Organisationen zeigen aber, daß sie ohne eine streng hierarchische Gliederung, ohne strikte Ausrichtung am Befehls-Gehorsams-Verhältnis und ohne ein hohes Maß von Mißtrauen jedes gegen jeden nicht bestehen und handeln können.[30] Eine solche Geheimorganisation, Sabotagegruppe oder Guerilla-Organisation verliert dadurch weitgehend den Kontakt zu denen, für die sie angeblich kämpft, und es wird zudem äußerst schwierig, auch nur innerhalb der eigenen Reihen Kritik und Vorschläge von unten nach oben weiterzugeben.

Von den Befürwortern gewaltsamer Revolutionen, also in erster Linie von den Anhängern Mao Tse-tungs und Che Guevaras, wird allerdings das genaue Gegenteil behauptet: »Eine Partisanengruppe kommt ohne Hierarchie aus; nicht militärische Ränge, sondern Vertrauen und gegenseitige Hilfsbereitschaft bestimmen das Verhältnis ihrer Mitglieder untereinander. Ihre Disziplin entspringt nicht einer vorgegebenen Autorität; Autorität ergibt sich jeweils aus der Situation und der Entscheidung, wie sie zu bewältigen sei.

[30] Regis Debray nennt als die drei goldenen Regeln des Guerillakrieges »Ständige Wachsamkeit, ständiges Mißtrauen, ständige Beweglichkeit«, in: R. Debray, Revolution in der Revolution, S. 44–45.

Eine solche Regelung der menschlichen Beziehungen nimmt bereits das Ziel der Revolution vorweg – eine auf die Maximen der Vernunft gegründete, egalitäre Gesellschaftsordnung. Die führend am Partisanenkampf Beteiligten erfahren dabei eine Einübung in Demokratie, die die Revolution nach dem militärischen Sieg vor einer Entfremdung zwischen Staatsmacht und Volk bewahrt.«[31]
Nur empirische Untersuchungen, die vom Studienobjekt her sehr schwierig sind, könnten zu einer Klärung und eventuell zu einer Umfunktionierung dieser angeblichen Maoisten führen, gegen deren Erwartungen von der erzieherischen Funktion einer Partisanenbewegung prinzipiell nichts einzuwenden ist. Gandhi würde diesen Anhängern von Mao und Guevara nur erwidern, daß ihre Erwartungen allenfalls in einem gewaltfreien Aufstand, nicht aber in einem Guerillakampf realisiert werden könnten.
In der algerischen Befreiungsarmee hat es eine klare militärische Hierarchie gegeben, in der nationalen Befreiungsfront in Süd-Vietnam gibt es sie heute zweifellos, und selbst in der überschaubaren Kampfgruppe Che Guevaras in Bolivien gab es keine demokratischen Willensbildungs- und Abstimmungsprozesse, sondern Guevara hatte den eindeutigen Oberbefehl. In seinem Tagebuch berichtet er, daß er der Kampfgruppe reinen Wein eingeschenkt habe über die Wirklichkeit des Krieges: »Ich bestand auf der alleinigen Befehlsgewalt. Ich habe die Ernennungen durchgeführt.«[32]
Wer sich der Befehlsgewalt einer Guerillaorganisation um bestimmter politischer Ziele willen unterordnet, muß sich auch darüber im klaren sein, daß er keine Möglichkeit hat, aus dieser Organisation wieder auszutreten, falls diese oder er selbst die Lage einmal anders einschätzen und neue Ziele setzen sollten. Wer seine Organisationszugehörigkeit wechseln oder auch nur sich zurückziehen will, muß aus Sicherheitsgründen als (potentieller) Verräter betrachtet und entsprechend behandelt werden.
Die Sicherheit der Guerillaorganisation beziehungsweise der großstädtischen Untergrundbewegung macht ein so radikales wie inhumanes Vorgehen gegen Personen erforderlich, die auch nur in den Verdacht geraten, Verräter oder Spitzel zu sein, oder sich eines anderen Vergehens, wie z. B. eines Eigentumsdeliktes oder einer Befehlsverweigerung schuldig gemacht zu haben. Nkrumah äußert sich in seiner Guerillafibel so lakonisch wie deutlich zum Problem der Disziplin in den Reihen der Guerilleros: »Wer im Verdacht steht, ein Verräter zu sein, muß vor ein Militärgericht gestellt werden. Er muß alle Möglichkeiten haben, sich zu verteidigen. Wenn er schuldig gefunden wird, ist er zu erschießen.«[33] Tatsächlich werden die Möglichkeiten der Beweisaufnahme und der Verteidigung, wenn

31 Bahman Nirumand: Die Avantgarde der Studenten im internationalen Klassenkampf, ›Kursbuch‹ 13, Frankfurt/M. 1968, S. 17.
32 E. Che Guevara: Bolivianisches Tagebuch, S. 38.
33 K. Nkrumah: Handbook of Revolutionary Warfare, S. 112.

ein solches Militärgericht überhaupt zustande kommt, aufgrund der dauernden Bedrohung der Organisation sehr gering – und die Wahrscheinlichkeit von Fehlurteilen entsprechend hoch sein. Dies ist besonders gravierend, wenn man bedenkt, daß es aus Sicherheitsgründen nur die einfache Alternative: Freispruch oder Todesstrafe gibt.

Es ist schon fast die Regel und nicht mehr die Ausnahme, daß politische Meinungsverschiedenheiten zwischen verschiedenen Untergrundorganisationen oder auch innerhalb ein und derselben mit Waffengewalt ausgetragen werden und sich die Masse der Angehörigen einer solchen Organisation – aufgrund deren hierarchischer Struktur – über die Hintergründe solcher Auseinandersetzungen nicht ausreichend informieren kann. Sie müssen zuweilen exekutieren, ohne sich ein Urteil bilden zu können.[34] Jean Paul Sartre hat diese Situation in seinem Drama »Die schmutzigen Hände« an einem Einzelfall konkretisiert. Die Geschichte der Partisanenkämpfe im Zweiten Weltkrieg kennt aber in Südosteuropa genügend Beispiele für wechselseitige Vernichtungskampagnen ganzer Partisanengruppen. Die ersten Toten, welche die Methode des bewaffneten Befreiungskampfes in Rhodesien forderte, waren Schwarze, Opfer der Fehde sich bekämpfender Befreiungsorganisationen.

Rolf Niemanns Bericht über die Entwicklung in Rhodesien (Zimbabwe) zeigt fast wie in einem Modell die Perversion und das zumindest vorläufige Scheitern einer Untergrund- und Guerillaorganisation:

»Die Nationalisten der ›Afrikanischen Volksunion Zimbabwes‹ (Zimbabwe African People's Union, ZAPU) hatten zu einem vollständigen Boykott der Wählerlisten und aller Wahlen unter der neuen Verfassung von 1961 aufgerufen. Gegen Andersdenkende wurden in steigendem Maße Gewalt und Einschüchterungsmethoden angewandt [...] Die Nationalistenführer entschieden, daß individuelle oder Gruppenaktionen zu Überfällen auf weißes Eigentum und zur Sabotage des Transportwesens, der Energieversorgung und anderer öffentlicher Einrichtungen führen sollten, um dadurch das Sicherheitsgefühl der Weißen zu untergraben. Nach einem Weißbuch der Regierung ereigneten sich bis zum Verbot der ZAPU im September 1962 – wofür die Partei direkt oder indirekt verantwortlich gemacht wurde – 33 Molotowcocktail-Anschläge, 24 Sabotageanschläge auf Straßen, Eisenbahnen und Telefonleitungen; 18 Schulen und Kirchen wurden beschädigt oder zerstört, die Steinwürfe und Zerstörungen von europäischem Eigentum waren nicht mehr zu zählen.

34 Zur Problematik der Disziplin von Untergrundorganisationen und deren Attraktivität für zwielichtige Personen vergleiche auch: B. H. Liddell Hart, Lessons from Resistance Movements – Guerilla and Non-violent, in: Adam Roberts (ed.), Civilian Resistance as a National Defence. Non-violent Action against Aggression, London 1969, S. 237.

Trotz der Verbote und Internierungen wurden die Gewaltakte und Brandstiftungen fortgesetzt. Die »Zimbabwe Befreiungsarmee« (Zimbabwe Liberation Army) [...] benutzte enthusiastische Jugendliche, die keinen Arbeitsplatz und keine Möglichkeit zum Schulbesuch hatten, als Vorhut der Sabotage-Kampagne. Doch die Bewegung dieser jungen Leute verselbständigte sich bald, da die Partei die Kontrolle über die Mitglieder der »Jugendliga« (Youth League) verlor. Diese Tatsache trug erheblich dazu bei, daß nach der Spaltung der nationalistischen Bewegung in Nkomos »Rat der Wohlfahrtskomitees« (Peoples' Caretaker Council, PCC/ZAPU) und Sitholes »Afrikanischer Nationaler Union Zimbabwes« (Zimbabwe African National Union, ZANU) im Juli 1963 es zu gewalttätigen Auseinandersetzungen zwischen Anhängern beider Gruppen kam.
Zur Spaltung war es gekommen, weil die führenden Nationalisten sich über die Kampfmethoden nicht einigen konnten und sich darüber auch persönliche Rivalitäten verschärften. Sieben der 14 Mitglieder des ZAPU-Exekutivkomitees hatten Nkomo wegen unentschiedener Führung kritisiert und beabsichtigten, ihn als Parteiführer abzusetzen. Diese sieben Mitglieder – Sithole spielte dabei eine führende Rolle – wollten durch einen Führungswechsel die Unabhängigkeit des Landes unter einer afrikanischen Regierung mit anderen als den konstitutionellen Methoden erreichen. Nkomo klagte die sieben des Verrats an und bildete den PCC mit Wohlfahrtskomitees in den verschiedenen Landesteilen. Sithole gründete am 8. August 1963 die ZANU.
Nkomos Gefolgsleute bedienten sich aggressiver und gewaltsamer Mittel, um die konkurrierende ZANU zu beseitigen. Die ZANU antwortete mit ebenso gewalttätigen Praktiken. Jugendliche Banden beider Gruppen überfielen und bedrohten Anhänger der anderen Seite. Durch diese Auseinandersetzungen und durch die Spaltung aller afrikanischen Organisationen einschließlich der Gewerkschaften in Pro-Nkomo- und Pro-Sithole-Gruppen wurde die nationalistische Bewegung in Zimbabwe erheblich geschwächt. Jede Seite wollte beweisen, daß sie militanter als die andere war, und so stieg die Gewalttätigkeit im Lande an.
Die weiße Regierung und die Sicherheitskräfte machten sich die Rivalität der beiden Gruppen zunutze. Sie zeigten sich stets gut informiert über alle bevorstehenden Aktionen. Die Polizei hatte keine Schwierigkeiten, Informanten zu finden, die über die Aktivitäten der anderen Seite berichteten. Auch die Verschärfung der Polizeistaatspraktiken trug dazu bei, daß diese Phase der agitatorischen Anschläge ein Ende fand.«[35]
Aber nicht allein die Erfahrung blutiger interner Konflikte in Be-

[35] Rolf Niemann: Emanzipationsbestrebungen der Afrikaner in Rhodesien (Zimbabwe), Diplomarbeit am Otto-Suhr-Institut der Freien Universität Berlin, Oktober 1969, S. 43–45.

freiungsorganisationen machen es sehr zweifelhaft, daß Sebastian Haffners Vorstellung vom Guerillakrieg als der »eigentlich demokratischen Form des Krieges, einem blutigen plébiscite de tous les jours«[36] zutrifft. Guerilla-Organisationen bieten zwar in der Phase der revolutionären Zellenbildung größere Möglichkeiten der politischen Mitbestimmung als reguläre militärische Verbände. Je mehr sich diese Organisationen jedoch der Phase nähern, in der sie kräftig genug sind, regulär Krieg zu führen und den Gegner in konventionellen Schlachten niederzuringen, desto undemokratischer, das heißt hierarchischer wird der Willensbildungsprozeß in ihnen. Eine revolutionär-humanistische Doktrin und ein autoritäres Bewußtsein vermögen diesen Prozeß nur zu bremsen, aber nicht zu stoppen.

Kuba ist kein Gegenbeispiel. Da die USA dem Diktator Batista schließlich die weitere Unterstützung versagten, hatten Fidel Castro und seine Guerilleros das seltene Glück, diese letzte Phase der regulären Kriegführung nicht durchstehen zu müssen. Man sollte darum aber auch sehr vorsichtig sein, aus der kubanischen Ausnahme allgemeine Schlußfolgerungen abzuleiten. Allgemeingültiger als die relativ günstigen kubanischen Ergebnisse dürfte sein, daß die am Partisanenkampf Beteiligten nicht eine Einübung in Demokratie, sondern in Befehlen und Gehorchen und in der unkritischen Übernahme von Agitprop erfahren. Sollte eine solche hierarchisch gegliederte und im Befehls-Gehorsams-Mechanismus funktionierende revolutionäre Organisation sich militärisch und propagandistisch durchsetzen und die politische Führung übernehmen, so werden die Spitzen dieser »Befreiungsbewegung« unkontrollierte Macht in ihren Händen haben. Es ist höchst wahrscheinlich, daß sie unter Berufung auf einen – im Anschluß an gewaltsame Auseinandersetzungen meist vorhandenen – Notstand »vorläufig« die unkontrollierte Macht auch in ihren Händen behalten.

Als Kenneth Kaunda, der spätere Ministerpräsident von Zambia, im März 1963 gefragt wurde, warum er sich den algerischen Befreiungskrieg nicht zum Vorbild nehme, erklärte er: »Wenn wir gewaltsam kämpfen würden und in ein oder zwei Jahren das durchsetzten, was wir wünschten, so hätten wir den Samen des Zweifels in unser Land gesät. Diejenigen, welche nicht mit uns übereinstimmten, hätten ein Vorbild politischen Verhaltens. Sie würden versuchen, einen Umsturz zu organisieren [...] Die Geschichte zeigt zu mehreren Malen, daß die Methode, die einer anwendet, um ein Ziel zu erreichen, oft genau die Methode ist, mit der andere Leute versuchen, ihm die Macht zu entreißen.«[37] Es erübrigt sich fast, darauf hinzuweisen, daß Kaunda sich bis heute das Vertrauen und die Mitarbeit seines Volkes erhalten

[36] S. Haffner: Der neue Krieg, op. cit., S. 22.

[37] Kenneth Kaunda: The Threat of Violence in Africa (Interview), *Peace News*, London, 5. 4. 1963.

konnte,[38] während Ben Bella von seinen Waffengefährten von der politischen Bühne verdrängt wurde.

Gewaltanwendung und Geheimhaltung führen unweigerlich zu Mißtrauen, Korruption und Brutalität in einer Kampforganisation. Ein wichtiges Zeugnis für solche Prozesse sind die Memoiren von Vera Figner, einem Mitglied der russischen Terroristenorganisation »Narodnaja Volja«, die zwar auf die Solidarität und heroische Opferbereitschaft in kleinen revolutionären Kampfgruppen hinweist, dann aber doch nicht verschweigt: »Gewalt als Mittel des politischen Kampfes ruft Verrohung hervor, weckt Raubtierinstinkte, veranlaßt zu schnödestem Vertrauensbruch.«[39] Auch der farbige Südafrikaner Can Themba warnt im Apartheid-Konflikt vor den Spätfolgen revolutionärer Gewaltanwendung: »Das Ungute an der Gewalt ist, daß sie mich selbst brutal macht und dabei gerade das verrotten läßt, was sie erreichen möchte. Und außerdem hinterläßt sie eine blutige Erbschaft. Wenn wir Afrikaner eine Generation unserer Kinder in der Tradition der Gewalt aufziehen, so werden sie innerhalb eines Menschenalters selber wieder zu Urhebern neuer Gewalt. Und sie wird es späteren Generationen schwermachen, den tieferen Wert des Friedens anzuerkennen.«[40]

Wer so den Blick in die Zukunft verlängert und auf die Neben- und Fernwirkungen revolutionärer Gewaltanwendung achtet, der kann wie der amerikanische Politologe Mulford Sibley zu der Überzeugung gelangen, daß die Unterscheidung zwischen revolutionärer und reaktionärer Gewalt auf einer ideologischen Selbsttäuschung beruht und die Auswirkungen für die Betroffenen sich sehr nahe kommen: »Alle Gewalt tendiert dazu, ›reaktionär‹ zu sein, was auch immer die Ziele derjenigen sein mögen, die sie anwenden. Während auf lange Sicht den Nachwirkungen der Gewaltanwendung zweifellos in gewissem Grad entgegengewirkt werden kann, so läßt diese doch immer ihre Narben zurück; werden in Richtung auf eine egalitäre Gesellschaft Fortschritte erzielt, so geschieht dies in erster Linie trotz der Gewaltanwendung und nicht aufgrund von ihr.«[41] Der belgische Sozialist Barthelemy de Ligt hat die Enttäuschung vieler gewaltsamer Revolutionäre zur Erfahrung zu machen gesucht mit der Formel: »Je mehr Gewalt, desto weniger Revolution.«[42] Und Gandhi hat auf ihr revolutionäres Bewußtsein pochende

[38] Vgl. auch seine Rede auf der Vierten Vollversammlung des Ökumenischen Rates der Kirchen in Uppsala: K. Kaunda: Die reichen und die armen Nationen, *Junge Kirche*, Dortmund, 29. Jg., Nr. 11/1968, S. 618–631.

[39] V. Figner: Nacht über Rußland. Lebenserinnerungen, Halle 1957, S. 156.

[40] C. Themba: Zwielicht, in: Freimut Duve (Hrsg.), Kap ohne Hoffnung oder Die Politik der Apartheid, Reinbek 1965, S. 150.

[41] M. Sibley: Violence and Revolution. In: *Peace News*, 30. 4. 1965.

[42] B. de Ligt: The Conguest of Violence. An Essay on War and Revolution, London 1937, S. 162; vgl. auch Aldous Huxley: Ends and Means. An Enquiry into the Nature of Ideals and into the Methods employed for their Realization, London 1957, S. 25–30.

lnder immer wieder auf das »Naturgesetz« des Zusammenhangs zwischen Mitteln und Zielen hingewiesen, der sich aus den Sachzwängen der Organisation militärischer Gewaltanwendung ergibt: »Die Mittel kann man mit dem Samen vergleichen, das Ziel mit dem Baum, und der Zusammenhang zwischen Mittel und Ziel ist genauso notwendig wie der zwischen Samen und Baum.«[43]

Gewaltfreie Aktion als letztes Mittel

Die Kritik der Wirkung revolutionärer Gewaltanwendung erklärt die Entschlossenheit mancher Befürworter gewaltloser Kampftechniken, bei diesen auf jeden Fall zu bleiben und sich nicht durch die Sanktionen der Herrschenden zu spontaner »Notwehr« und schließlich geplanter »Gegengewalt« provozieren zu lassen. Wenn Sprecher des Sozialistischen Deutschen Studentenbundes (SDS) nach den Osterdemonstrationen 1968 formulierten, »unsere Gewalt war nur eine Reaktion, eine Notwehr [...] Von der Gewalt, die gegen uns verübt wird, hängt ab, zu welchen Gegenmaßnahmen wir greifen müssen«,[44] so verbirgt sich hinter solcher Rhetorik die Unkenntnis der Wirkung solcher Maßnahmen und die mangelnde Willenskraft, auch einer spontanen Bewegung Richtung und Form zu geben.

Das Ausscheiden gewaltsamer Kampftechniken in einer Befreiungsbewegung ist kein Zeichen von Schwäche oder Masochismus, sondern der Stärke und der Reflexion – und mit Vorbedacht wurde im deutschen Sprachraum »Non-violence« mit »Gewaltfreiheit« übersetzt. Das Ausscheiden gewaltsamer Methoden wurde nicht als Verzicht, sondern als Sichfreimachen von verhängnisvollen Methoden verstanden.[45] Da Gandhi die sprachliche Möglichkeit nicht hatte, die Gewaltkritik in einem Wort zusammenzufassen, unterschied er, sofern er nicht von Satyagraha (Festhalten an der Wahrheit) sprach, die »Gewaltlosigkeit der Starken« von der »Gewaltlosigkeit der Schwachen«; letztere ist nur situationsbedingt und beruht weder auf strategischer Reflexion noch auf ethischen Überzeugungen, sondern auf der spontanen Einsicht, daß die Kräfte fehlen, den Gegner gewaltsam niederzuringen. Gandhi versprach sich von der Kritik der Konsequenzen revolutionärer Gewaltanwendung und schließlich von dem unbedingten Entschluß zur Gewaltfreiheit eine die Phantasie befreiende Wirkung. »Ohne ein

[43] M. K. Gandhi: Hind Swaraj or Indian Home Rule, Ahmedabad 1939, S. 71.

[44] »Ohne uns wäre es viel schlimmer gekommen«, *Spiegel*-Gespräch mit den SDS-Vorsitzenden Karl Dietrich und Frank Wolff, *Der Spiegel*, Hamburg, Nr. 17, 22. 4. 1968, S. 38.

[45] Wolfgang Sternstein: Gewaltfreiheit – eine Alternative zu Krieg und Gewalt, *Junge Kirche*, 28. Jg., Nr. 4/1967, S. 4 (Beilage).

festes Zutrauen zur gewaltfreien Aktion wird er (der Aufständische – Th. E.) im kritischen Moment nicht fähig sein, einen gewaltfreien Ausweg zu entdecken.«[46] Das Sgrafitto der Pariser Mai-Revolte des Jahres 1968 »Die Phantasie an die Macht« wäre auch einmal in diesem Sinne der gewaltfreien Möglichkeiten zu interpretieren. Der Wagemut des gewaltfreien Revolutionärs sollte nach Gandhis und Kings Auffassung in der Hoffnung auf die unerschöpflichen Möglichkeiten gründen mit gewaltfreien Mitteln »Macht von unten«[47] zu entfalten. »Ein Soldat kämpft dann mit unwiderstehlicher Kraft, wenn er die Brücken hinter sich gesprengt und die Boote verbrannt hat. Genau so ist es mit dem Soldaten der gewaltfreien Aktion.«[48]

Während die Anwendung gewaltloser Kampftechniken bis in die mythische Frühgeschichte der Menschheit zurückverfolgt und in allen Ländern und Kulturen festgestellt werden kann,[49] ist die verbindliche Festlegung einer Bürgerrechtsorganisation auf den ausschließlichen Gebrauch gewaltfreier Mittel jüngeren Datums. Wenn man von dem Engagement der amerikanischen Quäker, die sich in Massachusetts von 1656–1675 in einer gewaltfreien Invasion gegen puritanische Verfolgung durchsetzen mußten,[50] einmal absieht, sind gewaltfreie Kampagnen größeren Umfangs erst im 20. Jahrhundert zu verzeichnen. Der wichtigste Pionier dieser Aktionsform war der indische Rechtsanwalt Mohandas K. Gandhi, der unter dem Einfluß von Henry David Thoreau und Leo Tolstoi von 1906–1914 die indische Minorität in ihrer Auseinandersetzung mit der rassistischen Politik der Südafrikanischen Regierung führte.[51]

Etwa gleichzeitig rang die Arbeiterbewegung in Europa um einen angemessenen Einfluß auf die Politik ihrer Länder, meist mit gewaltlosen Methoden, aber ohne gewaltfreie Strategie. Nachdem es in Belgien bei der Auseinandersetzung um das allgemeine, gleiche Wahlrecht in spontanen und wenig vorbereiteten Streiks wiederholt zu Straßentumulten und Dynamitanschlägen gekommen war und

46 *Young India*, 27. 6. 1930, zit. in: G. Dhawan: The Political Philosophy of Mahatma Gandhi, Ahmedabad 1957, S. 221.

47 So erklärte Martin Luther King am 2. 4. 1967 in einem Interview mit der *New York Times*: »Was wir jetzt brauchen, ist die Macht von unten, um Druck ausüben zu können, damit diese Programme (sc. zur völligen Gleichstellung der Neger) endlich realisiert werden, damit sie in unserem Alltag Wirklichkeit werden, und das nicht nur auf dem gesetzlich vorgeschriebenen Wege. Wir müssen alle nur möglichen Schritte unternehmen, um sie durchzusetzen. Das bedeutet natürlich harte Kleinarbeit. Wir müssen die Mieter organisieren, die Wohlfahrtsempfänger, die Arbeitslosen und die Kurzarbeiter [. . .]«

48 *Harijan*, 24. 6. 1939, zit. in: G. Dhawan, op. cit., S. 130.

49 Gene Sharp: The Politics of Nonviolent Action. An Encyclopaedia of Method and Action, Philadelphia 1970.

50 Harvey J. D. Seifert: The Use by American Quakers of Nonviolent Resistance as a Method of Social Change (unveröffentlichte Ph. D. Dissertation an der Universität Boston, 1940).

51 M. K. Gandhi: Satyagraha in South Africa, Ahmedabad 1950 (2. Aufl.).

diese von den Arbeiterführern für die Mißerfolge der Streiks mit verantwortlich gemacht wurden, beschloß im Juni 1912 ein Arbeiterkongreß erstmals ausdrücklich einen unbedingt »friedfertigen« Generalstreik durchzuführen. Die Arbeiter legten sich auf gewaltlose Kampftechniken fest und versuchten im April 1913 in einer »schweigenden Schlacht« das Wahlrecht zu erkämpfen; sie errangen dabei auch wichtige Zusagen, die dann allerdings durch die Kriegsereignisse überholt wurden.[52]

In Indien gelang es Gandhi und seinen Mitarbeitern, die Unabhängigkeitsbewegung der Jahre 1919–1948 von vornherein auf eine gewaltfreie Strategie zu verpflichten. Jawaharlal Nehru konnte am 12. Oktober 1930 in einer Rede in Allahabad erklären: »Er (der englische Vizekönig in Indien – Th. E.) weiß, daß wir, die Mitglieder der Kongreßpartei, nach ausführlichen Beratungen beschlossen haben, dem gewaltfreien Weg zu folgen und daß wir dabei bleiben werden.«[53] Die gewaltfreien Aktionen haben zwar auch zur sozialen Emanzipation der Inder beigetragen,[54] aber Gandhi betrachtete die Unabhängigkeit doch nur als eine wichtige Wegmarke auf dem langen Marsch zur Freiheit Indiens. Drei Tage vor seiner Ermordung sagte Gandhi noch in New Delhi: »Die Kongreßpartei hat die politische Freiheit errungen, aber sie muß noch die ökonomische Freiheit, die soziale und moralische Freiheit gewinnen. Diese Freiheiten sind schwieriger zu erringen als die politische Freiheit, nicht zuletzt deswegen, weil sie nur durch konstruktive Arbeit erreicht werden können und der Kampf um sie weniger abenteuerlich und spektakulär ist.«[55]

Trotz dieser Unzulänglichkeit der indischen gewaltfreien Emanzipationsbewegung hat sie doch von 1949–1956 in Ghana der dortigen Unabhängigkeitskampagne der »Positiven Aktion« zum Vorbild gedient. Auch die Anti-Apartheid-Kampagnen in Südafrika legten sich von 1946 bis 1960, dem Jahr des Blutbades von Sharpeville, auf eine gewaltfreie Strategie fest. In Südafrika und Ghana war aber der Entschluß zur gewaltfreien Strategie wenig fundiert gewesen. Albert Luthuli, der Vorsitzende der Afrikanischen Nationalen Kongreß-Partei (African National Congress, ANC) war einer der ganz wenigen, die begriffen hatten, daß eine gewaltfreie Strategie mehr ist als der sporadische Einsatz gewaltloser Kampftechniken in lockerer Folge.[56] Nkrumah hatte zur – dann allerdings konsequent durchgeführten – »Positiven Aktion« aus Opportunitäts-

[52] Wilfrid H. Crook: The General Strike. A Study in Labor's Tragic Weapon in Theory and Practice, Chapel Hill 1931.

[53] Ram Gopal: The Trials of Nehru, Bombay 1962, S. 122 (Anhang).

[54] Zu den Leistungen der Unabhängigkeitskampagne siehe: Dietmar Rothermund: Die politische Willensbildung in Indien 1900–1960, Wiesbaden 1965; ders.: Gandhi als Phänomen der indischen Politik, ›Aus Politik und Zeitgeschichte‹, Bonn, Beilage 24 zu *Das Parlament*, 14. 6. 1969, S. 3–13.

[55] M. K. Gandhi: Constructive Programme, S. 37.

[56] A. Luthuli: Mein Land, mein Leben, München 1963.

gründen gegriffen.[57] Der Kampf um die Unabhängigkeit Ghanas war kurz, und es kam zu keiner breiten Einübung der Bevölkerung in die gewaltfreie Aktion; so konnte Nkrumah nach der Unabhängigkeit seines Landes ohne den Widerstand einer gewaltfreien Bewegung eine Diktatur errichten. Wenn er heute für Afrika den Guerillakrieg propagiert, dann ist dies durchaus konsequent. Es ist die einzige Methode, die ihm kritische Reflexion der eigenen Regierungspraxis erspart.

In den Entwicklungsländern gibt es zur Zeit keine überregionalen gewaltfreien Kampagnen, welche die Aufmerksamkeit der Weltöffentlichkeit auf sich ziehen würden. Dennoch sind die Aktionen der sizilianischen Bauern und Fischer um Danilo Dolci seit 1956[58] und der Slumbewohner und Fischer in Recife (Brasilien) um Bischof Helder Camara[59] und der Zementarbeiter in Peru bei Sao Paulo um den Rechtsanwalt Dr. Mario Carvalho de Jesus[60] von exemplarischer Bedeutung. In Sizilien und Brasilien vertreten die Initiatoren dieser Aktion bewußt eine gewaltfreie Strategie, und sie sehen ihr Vorgehen in dem historischen und weltweiten Zusammenhang gewaltfreier Aktivität.

Es gibt aber in den Entwicklungsländern auch eine schöpferische Spontaneität der gewaltfreien Aktion, welche um diese Zusammenhänge (noch) nicht weiß. Als die rhodesische Regierung im Juli 1965 einen 3000 Angehörige zählenden Stamm aus seinem Land vertreiben wollte, gewann Häuptling Rekayi Tangwena seine Leute für den offenen zivilen Ungehorsam. Nach Geld- und Gefängnisstrafen und selbst nach der Zerstörung der Häuser erklärte Häuptling Tangwena im Frühjahr 1969 im Sinne der gewaltfreien Aktion als letztem Mittel: »Wir wissen nicht, wie es weitergeht. Meine Leute haben schon einen Teil ihres Landes gepflügt. Wir bauen und reparieren unsere Häuser. Viele bauen neue Häuser, auch mein Sohn. Vielleicht wird die Polizei auf Lastwagen kommen und uns alle verhaften. Wir werden keine Steine werfen. Wir werden nichts sagen, das sie provozieren könnte. Wenn sie hungrig sein sollten, werden sie von uns Lebensmittel erhalten. Sie können uns alle Güter wegnehmen und uns auf den nackten Boden werfen. Willentlich werde ich

57 »Zunächst konnte ich mir keineswegs vorstellen, wie Gandhis Philosophie des gewaltlosen Widerstandes irgendeine Aussicht auf Erfolg haben sollte. Sie schien mir ein äußerst schwaches Mittel, dem jede Hoffnung auf Erfolg abzusprechen war. Die Lösung des Kolonialproblems, so wie ich es damals sah, lag in der bewaffneten Erhebung. Aber wie ist es möglich, so fragte ich mich damals, eine Revolution durchzuführen ohne Waffen und ohne Munition? Nachdem ich Gandhis Taktik monatelang studiert und ihre Erfolge genau beobachtet hatte, kam ich doch zu der Einsicht, sie wäre möglicherweise eine Lösung des Kolonialproblems, sofern eine starke politische Organisation sie stützte und trug.« (K. Nkrumah: Schwarze Fanfare, Meine Lebensgeschichte, München 1958, S. 8).

58 James McNeish: Fire under the Ashes. The Life of Danilo Dolci, London 1965.

59 Hildegard Goss-Mayr: Die Macht der Gewaltlosen, S. 186–190.

60 Op. cit., S. 253–260.

nicht gehen. Wenn sie mein Haus verbrennen, werde ich zurückkehren und es neu aufbauen. Wenn sie mich verhaften und ins Gefängnis werfen, werden mich die meisten meiner Leute dorthin begleiten wollen. Welche Gefahren auch kommen, wir werden zusammenbleiben.«[61]

In den letzten beiden Jahrzehnten haben die gewaltfreien Kampagnen in Industrieländern größeren Umfang angenommen. Bewegungen mit einer ausgesprochen gewaltfreien Strategie waren die Atomwaffengegnerkampagnen in West-Europa, den USA und Kanada von etwa 1951 bis 1963[62] und die Bürgerrechtsbewegung der Neger in den USA um Martin Luther King von 1955 bis 1968.[63] In diesen Kampagnen wurden neue Techniken der Massendemonstration und der Beeinflussung von Publikationsorganen und Regierungsinstitutionen entwickelt, ohne daß es immer gelungen wäre, sie in eine gewaltfreie Gesamtstrategie des radikalen sozialen Wandels einzuordnen.[64]

Die außerparlamentischen Oppositionsbewegungen der Studenten, die seit etwa 1964 von der Universität Berkeley in Kalifornien ausgehend die meisten westlichen Industrienationen erfaßten, haben sich zwar im allgemeinen gewaltloser Kampftechniken bedient, aber sie wurden insbesondere in Frankreich und der Bundesrepublik von modernen Guerillakriegsstrategen und Bürgerkriegstheoretikern der Jahrhundertwende stärker beeinflußt als von den Konzeptionen Gandhis oder Kings.[65] Eine Festlegung auf eine gewaltfreie ultima ratio wurde gewöhnlich abgelehnt, weil man dadurch die Chance einer Revolution aufzugeben meinte. Fatal an dieser nur äußeren Imitation der Kampftechniken eines King, Gandhi oder Bertrand Russell war, daß diese, eingefügt in den Rahmen gewaltsamer Revolutionstheorien, zu einem Fehlverhalten der »Großstadtguerillas« fast unvermeidlich führen mußte; waren diese Kampftechniken doch im Zusammenhang mit einer ganz anderen Strategie des radikalen Strukturwandels entwickelt worden.

Diese Strategie des gewaltfreien Aufstandes blieb nicht nur unbekannt; ihre Rezeption war emotional blockiert – und dies um so

[61] Guy Clutton-Brock, Rekayi Tangwena. Let Tangwena Go: Salisbury July 1969, zit. n. Rolf Niemann: Emanzipationsbestrebungen der Afrikaner in Rhodesien (Zimbabwe), S. 36.

[62] Christopher Driver: The Disarmers. A Study in Protest, London 1964.

[63] M. L. King: Wohin führt unser Weg? Chaos oder Gemeinschaft, Frankfurt/M. 1968.

[64] Eine der wichtigen ersten theoretischen Anstrengungen war: William Robert Miller: Nonviolence. A Christian Interpretation, London 1964. Diese Untersuchung enthält auch eine Reihe solider Fallstudien ohne schönfärberische Akzente.

[65] Vgl. Rudi Dutschke: Die Widersprüche des Spätkapitalismus, die antiautoritären Studenten und ihr Verhältnis zur Dritten Welt. In: Uwe Bergmann u. a.: Rebellion der Studenten oder Die neue Opposition, Reinbek 1968, S. 71–85, und Sven G. Papcke: Che Guevara und die Neue Linke in der Bundesrepublik. Chronik einer psycho-politischen Jüngerschaft, in: Heinz Rudolf Sonntag (Hrsg): Che Guevara und die Revolution, Frankfurt/M. 1968, S. 99–124.

wirksamer, als es für das Desinteresse eine scheinbar kritische Rechtfertigung gab. Da die sozialistischen Studentengruppen sich in ihrer Gesellschaftskritik fast ausschließlich an marxistischen Denkern zu orientieren gelernt haben, war es für sie naheliegend, sich auch diejenigen Theoretiker und Praktiker der Revolution zum Vorbild zu nehmen, die sich expressis verbis auf Karl Marx beriefen. In einem Umkehrschluß wurden dann alle anderen Strategen des sozialen Wandels wie Gandhi und King, die sich aufgrund ihrer Kritik am historischen Materialismus nie als orthodoxe Marxisten bezeichnet hatten, ohne eingehende Prüfung als bürgerlich und liberal eingestuft.
Dabei entging dem Sozialistischen Deutschen Studentenbund und auch anderen Meinungsführern der außerparlamentarischen Opposition, daß Gandhi und King in ihrer Analyse des westlichen Kapitalismus und Imperialismus mit marxistischen Theoretikern weitgehend übereinstimmen und sich zumindest in ihrem theoretischen Ansatz nicht im Widerspruch zu ihnen befinden. In der Auseinandersetzung mit Herbert Marcuse haben H. E. Bahr und H. J. Benedict darauf hingewiesen, daß King mit seiner Kennzeichnung der amerikanischen Gesellschaft als Klassensystem marxistisch argumentiert. »Die konterrevolutionären Interventionen werden seiner Meinung nach deswegen durchgeführt, weil die herrschenden Schichten nicht auf die Vorrechte und Annehmlichkeiten verzichten wollen, die aus den riesigen Gewinnen und überseeischen Investitionen entstehen.«[66]
Vor diesen Vorurteilen gegen die gewaltfreie Strategie und der daraus folgenden aktionistischen Praxis wird man nicht kapitulieren dürfen. Während sich die außerparlamentarischen Oppositionsgruppen nach dem ersten Anlauf der direkten Aktionen untereinander in revolutionärer Verbage zu übertrumpfen suchen, fordern die Kriege in Vietnam und Biafra weiter Opfer um Opfer, herrschen die Diktatoren in Griechenland, Spanien, Portugal, Brasilien und Persien fort und fort, werden oppositionelle Sozialisten in kommunistischen Ländern unterdrückt, leben die Neger im reichsten Land der Erde in elenden Gettos und wird auch hierzulande alles für die Profitmaximierung und viel zu wenig für die Gestaltung einer menschenwürdigen Umwelt getan. Diese Probleme rings um uns sind viel zu dringend, als daß man es sich leisten könnte, tote Revolutionäre kultisch zu verehren oder resignierend über »verpaßte Revolutionen« zu seufzen und im Frieden mit dem Establishment kosmetische Reformen an dem bestehenden Herrschaftssystem vorzunehmen.
Wenn man in dieser Situation die systematische Untersuchung der obengenannten, bewußt gewaltfreien Kampagnen unternimmt, um

66 Hans-Eckehard Bahr und Hans-Jürgen Benedict: Herbert Marcuse und die prophetische Tradition, in: H. E. Bahr (Hrsg.), Weltfrieden und Revolution, Hamburg 1968, S. 404.

Modellvorstellungen für eine erfolgversprechende Strategie zu gewinnen, so kann man dies nicht mit dem leicht zu widerlegenden Anspruch tun, daß diese Kampagnen komplette Erfolge gewesen seien. Einige hatten wichtige Teilerfolge zu verzeichnen, andere müssen vorläufig als gescheitert betrachtet werden. Es kann hier nur darum gehen, aus diesen Kampagnen die erfolgversprechenden Bestandteile herauszudestillieren und festzustellen, welche Voraussetzungen gegeben oder geschaffen sein müssen, damit eine gewaltfreie Emanzipationsbewegung Erfolg haben kann.

Trotz einiger wichtiger Vorarbeiten fehlt heute noch eine Theorie der gewaltfreien Aktion, in der geklärt wird, nicht nur, ob die gewaltlose Aktion eine Möglichkeit des Handelns in Konfliktfällen ist, sondern auch, ob die dann »gewaltfrei« zu nennende Aktion tatsächlich einen vollwertigen Ersatz für die gewaltsame Aktion darstellt. Eine solche Theorie kann nicht entwickelt werden, ohne daß auch Grundzüge des Verlaufs gewaltfreier Kampagnen aufgezeigt werden. Jede Konfliktsituation bedarf entsprechend der für sie kennzeichnenden sozialen Strukturen auch einer speziell ihr angemessenen gewaltfreien Kampftechnik. In einem Fall erfolgreiche Kampfmittel und Organisationsformen lassen sich in einem anderen Konflikt nicht einfach kopieren. Es wird sich also kein Idealtypus einer gewaltfreien Kampagne ermitteln lassen. Über die strukturellen Unterschiede der jeweiligen Konfliktsituation hinaus bedingt die offensive gewaltfreie Verhaltensweise jedoch Ähnlichkeiten in den Organisationsformen und Kampfmitteln, der Strategie und dem dynamischen Ablauf einer Kampagne. Diese Grundzüge gewaltfreier Kampagnen sollen im folgenden herausgearbeitet werden.

Dazu werden unter anderem die Erfahrungen gewaltfreier Kampagnen in so unterschiedlichen Konfliktsituationen wie dem indischen Unabhängigkeitskampf, der englischen Atomwaffengegnerbewegung, der südafrikanischen Anti-Apartheid-Kampagne und die Bürgerrechtsbewegung der amerikanischen Neger herangezogen werden. Das Ergebnis kann nur ein tastender Versuch sein; diese Fiktion des Modells einer Kampagne soll nichts anderes geben als »Nothäfen, bis man gelernt hat, sich auf dem ungeheuren Meere der empirischen Tatsachen zurechtzufinden«[67]. Die Aufgabe der »reif werdenden Wissenschaft«[68] wird die kritische Überprüfung dieses ersten Entwurfs sein, der noch vom Selbstverständnis gewaltfreier Aufständischer ausgeht. Wie immer diese späteren Modelle auch ausfallen mögen, sie werden wie das vorliegende nach Ansicht von Max Weber alle derselben Methode der Beurteilung unterworfen werden: »Ob es sich um reines Gedankenspiel oder um eine wissenschaftlich fruchtbare Begriffsbildung handelt, kann a priori

[67] Max Weber: Die »Objektivität« sozialwissenschaftlicher und sozialpolitischer Erkenntnis. In: ders.: Soziologie, weltgeschichtliche Analysen, Politik. Stuttgart 1956, S. 252.

[68] Op. cit., S. 252.

niemals entschieden werden; es gibt hier nur einen Maßstab: den des Erfolges für die Erkenntnis konkreter Kulturerscheinungen in ihrem Zusammenhang, ihrer ursächlichen Bedingtheit und Bedeutung.«[69] Unter dem Erfolg solcher Modelle wäre zu verstehen, daß Handelnde und Beobachter dem Geschehen in Zukunft mit einem höheren Grad des Bewußtseins zu folgen vermögen, das heißt imstande sind, Standorte und Entwicklungsphasen zu erkennen und die möglichen Konsequenzen einer Aktion abzusehen.

2. Skala gewaltfreier Kampfmaßnahmen

Merkmale der gewaltfreien, direkten Aktion

Die gewaltfreie Aktion steht im Rufe, ein »äußerst schwaches Mittel«[1] der politischen Einflußnahme zu sein, das keine Strukturänderungen bewirken könne. Gandhis Behauptung, daß aus dem Arsenal gewaltfreier Kampftechniken »ein vollwertiger Ersatz für den bewaffneten Aufstand«[2] entwickelt werden könne, wirkt bei Etablierten und (potentiellen) Rebellen wenig überzeugend. Schuld an der Unterschätzung der Kampfkraft gewaltfreier Aktionen ist, daß man sie gefühlsmäßig mit legalen Protestaktionen identifiziert, die nur appellierenden Charakter haben, bei denen die Teilnehmer kein großes Risiko eingehen und die Presse mit »Drei-Zeilen-Meldungen« reagiert.[3]

Wenn Angehörige des Establishments unruhigen Gruppen »Gewaltlosigkeit« empfehlen, wie es beispielsweise nach der Ermordung Martin Luther Kings[4] und anläßlich des 100. Geburtstages Mahatma Gandhis zu beobachten war, dann geschieht dies in der Vorstellung, gewaltfreie Aktionen seien ein Ventil, durch das in ungefährlicher Weise von Zeit zu Zeit revolutionärer Dampf abgelassen werden könne. Solche systemstabilisierenden Aktivitäten gibt es, aber sie sind eine Perversion der gewaltfreien, direkten Aktion, die eine kämpferische Methode ist, um Konflikte wirklich auszutragen. Angewandt wird sie in Situationen, in denen es nicht möglich zu sein scheint, auf dem Wege der Verhandlungen, der Wahlen und Abstimmungen einen Konsensus über die soziale Gerechtigkeit und die dafür erforderlichen sozialen Wandlungen herzustellen. Die gewaltfreie Aktion hat das Ziel, in ihrem Verlauf die gesellschaftlichen Bedingungen für eine systemüberwindende Gegenmacht zu schaffen, die auf dem Wege der partizipierenden Demokratie die gesellschaftlichen Verhältnisse gerecht regeln kann.

Der Rahmen, in dem sich gewaltfreie Aktionen bewegen, wird nicht von den Gesetzen des Landes bestimmt. Gesetze und Befehle

[1] K. Nkrumah: Schwarze Fanfare, S. 8.

[2] M. K. Gandhi: Constructive Programme, S. 4.

[3] Vgl. Rolf Niemann: Sitzprotest des ›Komitees der 100‹ vor der Griechischen Militärmission, in: Th. Ebert und H.-J. Benedict (Hrsg.): Macht von unten, Bürgerrechtsbewegung, außerparlamentarische Opposition und Kirchenreform, Hamburg 1968, S. 168.

[4] Hans-Jürgen Benedict: Licht und Finsternis. Der Mord an Martin Luther King und seine Folgen im Spiegel der deutschen Publizistik, in: Th. Ebert u. H.-J. Benedict (Hrsg.): Macht von unten, S. 60–73.

können mißachtet werden. Dabei reicht die Skala von der begrenzten Regelverletzung bis zum revolutionären zivilen Ungehorsam. Die Fehlinterpretation der gewaltfreien Aktion als grundsätzlich legale Form des Aufbegehrens ist darauf zurückzuführen, daß die gewaltfreien Aktiven in der von Herbert Marcuse kritisierten »repressiven Toleranz«[5] nicht unbedingt eine Infamie, sondern einen taktischen Vorteil erblicken, darum den vorhandenen Toleranzspielraum maximal zu nutzen suchen und in der provokativen Regelverletzung nicht eo ipso schon eine revolutionäre Tat sehen. Schließlich unterscheidet sich der zivile Ungehorsam auch von der provokatorischen Regelverletzung dadurch, daß er sorgfältig durch ein übergeordnetes positives Recht oder durch die Berufung auf das Naturrecht und die Freiheit des Gewissens legitimiert wird.
Ob eine Aktion als gewaltfrei zu gelten hat, entscheiden für die gewaltfreien Aufständischen grundsätzlich nicht der Gesetzgeber und die Gerichte.[6] Allein maßgebend für den gewaltfreien Charakter einer Aktion ist, daß sie erstens den Gegner nicht verletzt, daß sie zweitens sich durch die konkrete Utopie einer repressionsfreien, sozialen Demokratie legitimiert und daß sie drittens allen Teilnehmern die Chance egalitärer Partizipation bietet. Diese drei Merkmale sind zu erläutern, bevor die Skala der Kampfmaßnahmen dargestellt werden kann.
Die gewaltfreie Aktion unterscheidet sich von gewaltsamen Methoden der Konfliktaustragung dadurch, daß sie den Gegnern und unbeteiligten Dritten nicht zu schaden, sondern auch ihre emanzipatorischen Interessen zu berücksichtigen sucht. Dies verbietet es, im Verlaufe von gewaltfreien Aktionen auf Personen physischen Zwang auszuüben und sie zu verletzen; oder die Ausübung von Dienstleistungen und die Herstellung und Verteilung von Gütern zu verhindern, wenn daraus eine unmittelbar lebensbedrohende Notlage entsteht. Sachbeschädigungen sind spätestens dann nicht mehr mit einer gewaltfreien Grundhaltung zu vereinbaren, wenn in ihrem Verlauf Personen verletzt werden können. Sie sollten in allen Fällen vermieden werden, in denen der emanzipatorische Charakter der Zerstörung einer breiten Öffentlichkeit nicht unmittelbar einsichtig ist.[7]

5 H. Marcuse: Repressive Toleranz, in: R. P. Wolff u. a.: Kritik der reinen Toleranz, Frankfurt/M. 1966, S. 93–128.

6 So kann sich Amnesty International, die nach ihrer Satzung nur Politische Gefangene betreut, die »Gewalt nicht angewandt oder befürwortet haben«, nicht nach dem Gewaltbegriff der Rechtsprechung des jeweiligen Landes richten. Nach den Intentionen der Gründer dieser Organisation können die von Gandhi oder King angewandten Kampftechniken nicht als gewaltsam bezeichnet werden.

7 Diese beiden Beschränkungen für Sachbeschädigungen im Rahmen gewaltfreier Kampagnen haben praktisch zur Folge, daß »Gewalt gegen Sachen« sorgfältig zu vermeiden gesucht wird. Bei Go-ins sind aber zuweilen begrenzte Sachbeschädigungen – wie die gewaltsame Öffnung einer Tür oder das Eindrücken einer Glasscheibe – unvermeidlich. Streng gewaltfreie Gruppen indischer Satyagrahis oder englische Atomwaffengegner haben in aller Offenheit Stacheldrahtzäune – gewissermaßen Symbole des gewaltsamen gegnerischen Systems – niedergerissen. Dies waren aber nicht spontane Zerstörungen einer Menge, sondern sorgfältig geplante Handlungen ausgewählter Gruppen.

Für die gewaltfreien Aufständischen wird zwar formal der Bereich der gewaltfreien Aktion umfassender sein als für die Herrschenden, aber inhaltlich ist er sehr viel präziser definiert. Als gewaltfrei gelten nicht einfach alle diejenigen Handlungen, in denen äußerlich keine verletzende Gewalt angewandt wird, sondern nur diejenigen Aktivitäten, die sich an einer Gesellschaftsordnung orientieren, die nicht durch die Androhung gewaltsamer Sanktionen aufrechterhalten wird. Es kann also nicht das Ziel gewaltfreier Aufständischer sein, sich in ein gewaltsames System zu integrieren oder ein solches zu errichten. So galt 1963 Martin Luther Kings »Traum« von der zukünftigen amerikanischen Gesellschaft nicht der Integration der Neger in die bestehende amerikanische Gesellschaftsstruktur, sondern einem gewaltfreien Amerika der Gleichheit und Brüderlichkeit, einem Amerika, das sein wirtschaftliches und kulturelles Vermögen zum Nutzen seiner Bürger und der Menschheit einsetzt.[8] Auch Gandhi meinte mit »Hind Swaraj«[9] (Indische Selbstbestimmung) weit mehr als die nationale Unabhängigkeit eines indischen Klassen- und Militärstaates. »Wenn das Volk sich selbst die Gesetze gibt, dann besteht Gewaltfreiheit in dem Maße, wie das in der Gesellschaft überhaupt möglich ist. Eine auf der Grundlage der Gewaltfreiheit organisierte und geleitete Gesellschaft wäre die reinste Anarchie [...] Die nächste Annäherung an die reinste Anarchie wäre eine auf Gewaltfreiheit gegründete Demokratie.«[10] Gandhi war sich zwar auch darüber im klaren, daß die ideale gewaltfreie Gesellschaft nicht erreichbar ist, er sah aber in der bewußten Orientierung an dieser konkreten Utopie ein entscheidendes Kriterium für den gewaltfreien Charakter einer Aktion. »Die völlige Gewaltfreiheit ist, solange wir diesen Körper bewohnen, nur eine Theorie wie Euklids Punkt oder gerade Linie, doch wir müssen in jedem Augenblick unseres Lebens danach streben.«[11] »Es wird wohl nie ein Heer von völlig gewaltfreien Personen geben. Es wird aus solchen bestehen, die sich ehrlich bemühen, gewaltfrei zu handeln.«[12]

[8] M. L. King: I Have a Dream, in: Francis L. Broderick and August Meier (eds.), Negro Protest Thought in the Twentieth Century, Indianapolis 1965, S. 400–405.

[9] M. K. Gandhi: Hind Swaraj or Indian Home Rule, Ahmedabad 1939 (2. Aufl.).

[10] *Harijan*, 21. 7. 1940, in: M. K. Gandhi: Non-violence in Peace and War, Vol. I, Ahmedabad 1942, S. 309. Gandhi bezeichnete in diesem Zusammenhang aber die europäischen und amerikanischen Demokratien nicht als annähernd gewaltfrei, sondern als »eine Verneinung der Demokratie«. An einen Amerikaner schrieb er im Mai 1940: »Ihr Land ist im Besitz von wenigen Kapitalisten [...] Dieser große Besitz kann nur mit Gewalt aufrecht erhalten werden, sei sie nun verschleiert oder offen. Westliche Demokratie, so wie sie heute funktioniert, ist verdünnter Nazismus oder Faschismus. Bestenfalls ist die Demokratie ein Deckmantel für die nazistischen und faschistischen Tendenzen des Imperialismus.«
Democracy and Non-violence, *Harijan*, 18. 5. 1940, in: M. K. Gandhi: Non-violence in Peace and War, Vol. I, S. 285–286. Zu Gandhis Kritik der westlichen Gesellschaftsordnung siehe: Wolfgang Sternstein: Die Befreiung der Dritten Welt, *Futurum*, Meisenheim am Glan, II, 3, 1969, S. 427–457.

[11] *Harijan*, 21. 7. 1940, in: M. K. Gandhi: Non-violence in Peace and War, Vol. I, Ahmedabad 1942, S. 309.

[12] The Best Field for Ahimsa, *Harijan*, 21. 7. 1940, in: op. cit. S. 316.

Dieses Bemühen, der gewaltfreien, partizipierenden Demokratie näherzukommen, wird auch schon darin deutlich, daß eine gewaltfreie Kampforganisation ihre Ziele nicht auf systemimmanenten, hierarchischen Wegen, sondern auf einem direkt vom Volke ausgehenden Weg zu verwirklichen sucht. Die französischen Syndikalisten bezeichneten als »direkte Aktionen [...] alle diejenigen Aktivitäten, an denen die Arbeiter selbst partizipieren und in denen ihre intellektuellen und moralischen Fähigkeiten allseitig geweckt und auf die Probe gestellt werden«[13]. Wenn man an die Stelle des historischen Begriffes »Arbeiter« den Begriff »Abhängige« (die meist Lohnabhängige sind) setzt, hat diese Aussage heute noch Gültigkeit. Die Partizipation, d. h. die Teilnahme am politischen Willensbildungsprozeß, und die emanzipatorische Wirkung sind als die Kriterien der »Direktheit« einer Aktion anzusehen. »Das entscheidende Moment bei der direkten Aktion ist, daß die Arbeiter (beziehungsweise die Abhängigen – Th. E.) im Kollektiv als Individuen handeln und in der Aktion ihre soziale Lage zu begreifen lernen.«[14] Gandhi und King haben als Merkmal der direkten Aktion auch hervorgehoben, daß sie egalisiere und Standesschranken abbaue.[15] Diese Wirkung haben zwar auch revolutionäre Befreiungskriege, aber dort ist es die Egalisierung in einer neuen Abhängigkeit. Für die Altersklassen der Halbwüchsigen und Älteren und für die Frauen im allgemeinen gibt es die emanzipatorische Wirkung nur in gewaltfreien Kampagnen, in denen es mehr auf Wissen und seelische Stärke als auf die körperliche Konstitution ankommt.

Subversive und konstruktive Aktion

Wie sieht nun aber die Skala der gewaltfreien Aktionsmethoden aus? Erst in der Beantwortung dieser Frage und dem Entwurf des Modells eines gewaltfreien Aufstandes, dessen Kampfmethoden die höchste Eskalationsstufe erreichen, kann sich erweisen, ob die Hypothese von der Möglichkeit des gewaltfreien Aufstandes stimmt.

Bei den gewaltfreien Aktionsmethoden kann es sich nicht nur um subversive Widerstandshandlungen gegen das gegenwärtige soziale System, das den Aufständischen die Selbstbestimmung verweigert, handeln. Gewaltfreie Aktionen müssen schon das neue soziale System vorbereiten und schaffen. Am Schluß der Kampagne müssen nicht nur die Herrschenden von ihren Privilegien befreit sein, es muß auch schon ein neues funktionierendes soziales System ge-

[13] Artikel »Direct Action« (Lewis L. Lorwin), in: Encyclopaedia of the Social Sciences, New York 1931.

[14] Artikel »Direct Action«, op. cit.

[15] Über die Kampagne des Jahres 1963 schreibt King: »Führende Persönlichkeiten der Religionsgemeinschaften gingen gemeinsam mit einfachen Negern ins Gefängnis. In der ›grünen Minna‹, die die dunkelhäutige Hausgehilfin und den Lastwagenfahrer beförderte, saß auch die aufrechte Gestalt des Bundesvorsitzenden der Presbyterianer.« (Why We Can't Wait, New York 1964, S. 118)

bildet sein. Gandhi hat immer wieder betont, daß neben die Widerstandshandlungen die »konstruktive Aktion« treten müsse, welche das neue soziale System aus eigener Kraft schaffe und die Aufständischen in ihre neuen sozialen Rollen einübe.[16] Der »zivile Ungehorsam«, die mächtigste der Widerstandshandlungen, sei ohne den gleichzeitigen konstruktiven Einsatz »bloßes Abenteurertum (mere bravado) und schlimmer als nutzlos«.[17]
Die Aufständischen müssen eine konstruktive *Alternative* zum bekämpften System anbieten. Dazu gehört ein gewissenhafter Funktionsnachweis des neuen Systems und das Aufzeigen der historischen Vermittlung dieses Systems in konkreten Schritten.
Auf diese Weise soll den Befürchtungen konservativer Gegner Rechnung getragen werden, die nicht ins Ungewisse springen wollen. Der amerikanische Systemtheoretiker Robert K. Merton hat eine strenge soziologische Regel formuliert, die eine gewaltfreie Strategie vor einer pseudo-anarchistischen Spontaneitätsmythologie bewahren kann: »Jeder Versuch, eine existierende soziale Struktur zu beseitigen, ist zum Scheitern verurteilt, wenn nicht für *alternative* Strukturen vorgesorgt wird, welche die (lebensnotwendigen, nicht aber die repressiven – Th. E.) Funktionen der bisherigen abzulösenden Organisation erfüllen.«[18]
Dies bedeutet nicht, daß die Aufständischen ihre Alternativinstitutionen in das bestehende System integrieren müssen; es bedeutet aber, daß die Erwartungen, welche der Gegner an ein funktionierendes System stellt, berücksichtigt und »die revolutionären Handlungen so dosiert werden, daß er nicht panisch reagieren muß«.[19]
Das folgende Schema der Eskalation gewaltfreier Aktionen soll darum die Form einander jeweils in Paaren zugeordneten Widerstandsaktionen und konstruktiver Aktionen erhalten.

Übersicht 1: Schema der Eskalation gewaltfreier Aktionen

Eskalationsstufe	Subversive Aktion	Konstruktive Aktion
1	Protest	funktionale Demonstration
2	legale Nichtzusammenarbeit	legale Rolleninnovation
3	ziviler Ungehorsam	zivile Usurpation

[16] Ein gewaltfreier Aufstand ist auch denkbar zur Erhaltung von demokratischen Institutionen, die von potentiellen Herrschenden, d. h. Usurpatoren beseitigt werden sollen, entweder um legale soziale Wandlungen zu verhindern oder illegale selbst durchzusetzen. Falls Institutionen des sozialen Wandels verteidigt werden, ist die konstruktive Aktion von geringerer Bedeutung. Es muß aber den Gründen der Bedrohung nachgegangen und für Reformen gesorgt werden, die eine zukünftige Bedrohung verhindern.
[17] M. K. Gandhi: Constructive Programme, S. 35.
[18] Social Theory and Social Structure, Glencoe, Ill., 1949, S. 79.
[19] Hans-Eckehard Bahr und Hans-Jürgen Benedict: Herbert Marcuse und die prophetische Tradition, in: H. E. Bahr (Hrsg.): Weltfrieden und Revolution, Reinbek 1968, S. 305.

Die erste Stufe der Skala bilden auf der Seite des subversiven Widerstands die »Protestaktionen«, die sich gegen Privilegien im bestehenden sozialen System richten. Aktionsformen sind unter anderem die Dokumentation und Publizierung von Mißständen in Flugblättern, Broschüren, Ausstellungen, Versammlungen usw., der Protestmarsch, der Autokorso, die Mahnwache, der Sitzprotest. Kennzeichen bloßer Protestaktionen ist, daß sie noch nicht in den Funktionsmechanismus des bestehenden Systems eingreifen, das heißt, die Aufständischen spielen vorläufig noch ihre Rollen in dem bestehenden sozialen System weiter; sie bringen nur ihre Unzufriedenheit mit ihrer gegenwärtigen sozialen Lage zum Ausdruck. Als Kampfmaßnahmen sind sie von angepaßten institutionenimmanenten Aktivitäten oft nur dadurch zu unterscheiden, daß sie erstens von den Aufständischen als ultimative Vorläufer in das System intervenierender Kampfmaßnahmen verstanden werden, zweitens die Formen des Protestes vom bisher als normal geltenden Verfahren abweichen und daß drittens der Protest eine breite Basis in der Mobilisierung bislang Passiver sucht durch die Umwandlung von »Untertanen« oder »Stimmvieh« in »Aktivbürger«.

Mit dieser Gewinnung von Aktivbürgern bewegt sich die Protestaktion auch schon auf das Feld der konstruktiven Aktion, deren Ziel es ist, einen funktionalen Ersatz zu dem in den Protestaktionen abgelehnten sozialen System aufzuzeigen. Die »funktionale Demonstration« soll verdeutlichen, welche sozialen Positionen die Aufständischen konkret anstreben, welche Stellung die bislang Herrschenden einnehmen sollen und wie das zukünftige soziale System in seiner Gesamtheit funktionieren soll. Wichtig für den Erfolg der gesamten Kampagne ist, daß von den Aufständischen in präziser Arbeit der Nachweis erbracht wird, daß das von ihnen angestrebte soziale System keine Utopie ist, sondern in einer für alle Interessierten zumindest auskömmlichen Form funktionieren wird. Um dies nachzuweisen, können für ein Experimentierstadium Übergangsformen vorgeschlagen werden.

Aktionsformen der funktionalen Demonstrationen sind unter anderem der Teach-in (Erörterung funktionaler Alternativen in Diskussionsforen an Universitäten)[20], das Soziodrama (improvisierte dramatische Einübung in neue soziale Rollen) oder das wissenschaftliche Gutachten eines einzelnen oder eines Expertengremiums. Wie auch bei den Aktionen der folgenden Eskalationsstufen läßt sich bei Protestaktionen und funktionalen Demonstrationen nie

[20] Zur Bedeutung des Teach-in s. Michael Vester: Die Strategie der direkten Aktion. In: *Neue Kritik*, Frankfurt/M., 6. Jg., Nr. 30, Juni 1965, S. 15–17.
Louis Menashe and Ronald Radosh (eds.): Teach-ins: USA Reports, Opinions, Documents, New York 1967.

genau trennen zwischen Widerstandshandlungen und konstruktiven Aktionen. Viele Aktionen, wie zum Beispiel der Teach-in, sind zugleich wirkungsvolle Proteste und konstruktive Aktionen.

Nichtzusammenarbeit und Rolleninnovation

Auf der zweiten Stufe der Eskalation gewaltfreier Widerstandsmaßnahmen suchen die Aufständischen das bestehende soziale System durch das Entziehen freiwilliger Zusammenarbeit am Funktionieren zu hindern beziehungsweise es gegebenenfalls auch völlig zu lähmen. Unter legaler Nichtzusammenarbeit ist das gemeinsame, koordinierte und zuweilen noch zeitlich begrenzte Unterlassen eines »normalen« politischen Verhaltens, das heißt die Nichterfüllung der dem bestehenden politischen System immanenten Rollenerwartungen, zu verstehen. Die Nichtzusammenarbeit kann demonstrativ oder auch ohne Aufhebens erfolgen. Sie hält sich formal in den Grenzen der Legalität, weil sie sich nur auf soziale Rollen erstreckt, deren Erfüllung die Herrschenden durch strafrechtliche Sanktionen entweder überhaupt nicht zu erzwingen vermögen oder bisher zu erzwingen nicht für nötig hielten.
Wichtige Kampfmethoden der »legalen Nichtzusammenarbeit« sind auf politischem Gebiet: Ablehnung der (strukturbedingt untergeordneten) zivilen und militärischen Ämter, welche die Herrschenden in einer arbeitsteiligen Gesellschaft den Beherrschten anbieten müssen; Boykott von Scheinwahlen; Verzicht auf von den Herrschenden verliehene Ehrentitel und Ehrenämter; Verzicht auf »panem et circences«, das heißt Boykott populärer Veranstaltungen der Herrschenden, Zurückweisung wirtschaftlicher Vergünstigungen und Geschenke; Boykott von Schulen und Universitäten der Herrschenden (soweit dies legal ist); schließlich der Hungerstreik, die (vorübergehende) Auswanderung und eventuell sogar die Selbsttötung. Da das System der Herrschenden meist auch wirtschaftlich zu treffen ist, kennt die legale Nichtzusammenarbeit hier folgende Kampfmethoden: Boykott von Regierungsanleihen, Verbraucherboykott von bestimmten Produkten; wo der Streik legal ist, kann er eine höchst wirksame Maßnahme sein, wo er illegal ist, können an seine Stelle das »Arbeiten nach Vorschrift« und die Langsamarbeit treten.
Je wirkungsvoller die legale Nichtzusammenarbeit das bestehende System im Funktionieren stört, desto unerläßlicher wird es auch hier, daß der subversiven Widerstandsorganisation die »legale Rolleninnovation« konstruktiv zur Seite tritt. Für einen erfolgversprechenden gewaltfreien Aufstand genügt es nicht, daß das von den Aufständischen angestrebte politische System nach Abschluß der Kampfhandlungen funktionsfähig ist; auch in der Kampfzeit selbst, also in der Zeit des Übergangs vom bisherigen System zum

neuen System, muß trotz der Entbehrungen, welche die Kampfmaßnahmen mit sich bringen mögen, doch für alle Beteiligten zumindest die Erhaltung des Lebens gesichert sein und sollte nach Möglichkeit auch für als menschenwürdig erachtete Verhältnisse gesorgt werden. Diesen Zwecken dienen konstruktive Aushilfsmaßnahmen, in denen Aufständische neue, dem bisherigen System nicht zugehörige Rollen übernehmen, also beispielsweise die Sorge für die Angehörigen von Gefangenen, die Einrichtung eigener Bildungsstätten, die Herausgabe eigener Zeitungen und Zeitschriften, die Gründung eigener wirtschaftlicher Unternehmungen und die Schaffung neuer Möglichkeiten der Freizeitgestaltung.
Über die teilweise nur als vorübergehend gedachten konstruktiven Aushilfsmaßnahmen hinaus gehören zur Eskalationsstufe der legalen Rolleninnovation auch solche Aktionen, bei denen Aufständische schon aktiv diejenigen Rollen im öffentlichen Leben ausüben oder einüben, die zu den Positionen gehören, die sie in dem Konflikt mit den Herrschenden anstreben. Wenn die Aufständischen in Zukunft regieren, verwalten oder parlamentarisch kontrollieren wollen, erfordert dies Kenntnisse und Fertigkeiten. Konstruktive Rolleninnovationen in diesem Sinne sind die Bildung von Studienkreisen und die Einübung in die demokratischen Formen, in denen das angestrebte System funktionieren soll, entweder in den Organisationen der Aufständischen selbst oder aber durch Mitarbeit in anderen Organisationen, welche diesen Regeln folgen.
Die legale Rolleninnovation kann im Widerstand gegen Diktaturen die wirkungsvollste und zuweilen einzig mögliche Form der Vorbereitung auf den gewaltfreien Aufstand sein. Es gibt Rolleninnovationen, die emanzipatorischen Charakter haben – insbesondere auf dem Bildungssektor – und die dennoch von den Herrschenden schwerlich als Widerstandsaktion erkannt oder geahndet werden können, da sie unter Umständen selbst zu diesen oder ähnlichen Aktivitäten aufgerufen haben.[21] Der emanzipatorische Charakter solcher scheinbar angepaßter, systemimmanenter Rolleninnovationen wird in dem Augenblick deutlich, in dem sich diese Selbsthilfeorganisationen gegen Kontrolle und Gleichschaltung mit administrativen und gerichtlichen Schritten wehren oder zu demonstrativer Nichtzusammenarbeit und zu zivilem Ungehorsam greifen.

Ziviler Ungehorsam und zivile Usurpation

Die höchste Eskalationsstufe auf der Seite der subversiven Aktionen ist der »zivile Ungehorsam«. Darunter ist die offene und gewaltlose Mißachtung von Gesetzen und Anordnungen der Herrschenden

[21] In den Jahren 1966 und 1967 waren solche Entwicklungen in der chinesischen »Kulturrevolution« festzustellen. Vgl. G. Blumer, Im Labyrinth der Roten Garden, *Neue Züricher Zeitung*, 14. 2. 1967.

durch die Bürger zu verstehen. Gandhi hat den Zusatz »zivil« so interpretiert, daß er nicht nur besage, daß der Ungehorsam von souveränen Bürgern, sondern auch in einer ganz bestimmten Weise ausgeübt werde. »Zivil« hatte bei ihm die Bedeutung von »höflich, wahrheitsliebend, bescheiden, klug, hartnäckig, doch wohlwollend, nie verbrecherisch und haßerfüllt«[22].

Zu unterscheiden ist zwischen einem reformbedachten zivilen Ungehorsam und einem revolutionären zivilen Ungehorsam. Der reformbedachte zivile Ungehorsam wendet sich gegen einzelne Gesetze, nicht gegen das Herrschaftssystem als Ganzes. Die Träger solch reformbedachter Gehorsamsverweigerungen sind meist Minderheiten, die sich entweder Sonderrechte erkämpfen oder gegen Diskriminierungen wehren wollen. Der revolutionäre zivile Ungehorsam dagegen wendet sich gegen das gesamte Herrschaftssystem – selbst dann, wenn (zunächst) nur einzelne Gesetze und Verordnungen mißachtet werden. Der Träger dieser Aktionen ist eine Mehrheit – zumindest potentiell.

Die Methoden des zivilen Ungehorsams zielen auf die Mißachtung derjenigen Gesetze, welche die demokratische Selbstbestimmung der Aufständischen verhindern. Beim revolutionären zivilen Ungehorsam werden gewöhnlich zunächst diejenigen Gesetze ausgewählt, die symbolisch für das Herrschaftssystem sind und die sich für eine Übertretung eignen. Zwei bekanntere Beispiele sind die Übertretung der Salz-Gesetze in Indien 1930 und die öffentliche Verbrennung der Pässe in Südafrika durch Afrikaner im Jahre 1960.

Eine Eskalation innerhalb der Maßnahmen des zivilen Ungehorsams stellen Aktionen wie die Steuerverweigerung, der Generalstreik, die Blockade des Verkehrs durch Sitzstreiks und die Aufforderung von Heer und Polizei zur Meuterei dar. »Vollständiger ziviler Ungehorsam ist Rebellion ohne den Bestandteil der Gewalt. Wer sich vollkommen auf den zivilen Ungehorsam eingestellt hat, ignoriert einfach die Autorität des Staates. Er stellt sich außerhalb des Gesetzes, um jedes unmoralische Gesetz außer acht lassen zu können. So mag er sich weigern, die Autorität des Staates in seinen täglichen Beziehungen anzuerkennen, und er kann sich weigern, den Anordnungen Folge zu leisten, die ihm das Betreten bestimmter Plätze verbieten, und er kann Anspruch darauf erheben, zu den Kasernen zu gehen, um zu den Soldaten zu sprechen.«[23]

Je vollständiger nun aber die Paralyse des Systems der bislang Herrschenden durch die Eskalation des zivilen Ungehorsams gelingt, desto notwendiger werden die konstruktiven Aktionen, das heißt die selbständige Schaffung des von den Aufständischen angestrebten Systems. Diese konstruktive Parallelmaßnahme zum zivilen Unge-

[22] M. K. Gandhi: The Crime of Chauri Chaura. In: *Young India*, 16. 2. 1922. In: ders.: Young India. Bd. 1, 1919–1922, S. 1006.

[23] M. K. Gandhi: The Momentous Issue. In: *Young India*, 10. 11. 1921. In: Mahatma Gandhi Young India. Bd. 1, S. 1006.

horsam ist die »zivile Usurpation«. Die Aufständischen handeln dabei so, als ob das neue soziale System, das ihren Forderungen entspricht, schon bestehen würde und übernehmen ohne Rücksicht auf die bislang Herrschenden die ihren angestrebten Positionen entsprechenden Rollen. Dies bedeutet, daß auf der Spitze der Eskalation in der Vorstellung der Kontrahenten des Konflikts zwei soziale Systeme nebeneinander bestehen, das System der Herrschenden und das System der Aufständischen.

Die Aufständischen gehen bei der autonomen Inauguration ihres Systems von der Annahme aus, daß einerseits das bisherige System der Herrschenden parallel zu dem ihren nicht zu funktionieren vermag und daß andererseits von ihrem neuen System wie von jedem funktionierenden System ein Anpassungszwang ausgeht, dem sich die bislang Herrschenden nicht entziehen können – ohne unverhältnismäßig große Opfer zu bringen.

Grundsätzlich ist es immer möglich, daß die bislang Herrschenden sich diesem Anpassungszwang eines neuen funktionierenden Systems entziehen, nachdem sie einmal festgestellt haben, daß sie nicht länger die Macht haben, das alte System zu erhalten. So können sich in Unabhängigkeitskämpfen die Kolonialherren oder die Besatzungsmacht völlig zurückziehen; bei Aufständen gegen einheimische Herrschende, zu denen auch die Siedler in Kolonialgebieten zu rechnen wären, können diese emigrieren oder in einem bestimmten Landesteil ein separates System bilden, in das die Aufständischen nicht integriert sind. Häufig ist aber die Emigration oder die Bildung eines separaten Systems nicht im Interesse der Aufständischen, erstens weil diese Alternative die Unterdrückungsversuche der Herrschenden verlängert und verschärft und zweitens weil die Herrschenden meist über Kenntnisse und produktive Fähigkeiten verfügen, die dem neuen sozialen System von Nutzen sein könnten. Die Aufständischen werden also darauf bedacht sein müssen, den bislang Herrschenden in ihrem neuen System Positionen anzubieten, welche für jene zumindest ein geringeres Übel sind als das Verlassen bestimmter Institutionen oder des Landes. Eine allgemeine Chancengleichheit auf demokratischer Grundlage sollte, wenn wir hier von der »Allgemeinen Erklärung der Menschenrechte« der Vereinten Nationen ausgehen, ausreichend sein.

Wie beim zivilen Ungehorsam gibt es auch bei der zivilen Usurpation eine reformbedachte und eine revolutionäre Spielart. Beispiele für die reformbedachte zivile Usurpation sind die Sit-ins amerikanischer Neger in Restaurants und Imbißecken, die bis dahin Weißen vorbehalten waren,[24] und die Versuche amerikanischer und englischer Atomwaffengegner, Raketenbasen zu besetzen und landwirtschaftlich zu bearbeiten.[25]

[24] Merrill Proudfoot: Diary of a Sit-in. Chapel Hill 1962.

[25] Dennis Gould: The Diggers at Huntington. In: *Peace News*, 26. 10. 1962. Diese zivilen Usurpationen der Atomwaffengegner hatten jedoch nur symbolischen

Die revolutionäre zivile Usurpation kann zwar auch mit symbolischen Gesten wie zum Beispiel Gandhis Gewinnung einiger Salzkörner aus dem Meerwasser an der Küste von Dandi im Jahre 1930 beginnen, sie hat aber als Endziel die usurpatorische Bildung eigener legislativer, exekutiver und judikativer Institutionen. Die Voraussetzung für die Bildung dieser revolutionären Institutionen wird dadurch geschaffen, daß die Aufständischen sich von unten nach oben aus der Organisationsstruktur der Herrschenden lösen und sich so verhalten, als ob es die ihrem Verhalten entsprechenden organisatorischen Spitzen der revolutionären Institutionen in Legislative, Exekutive und Judikative schon geben würde. Die Aufständischen handeln also nicht anarchisch aufs Geratewohl, sondern geordnet gemäß dem Systemprogramm, das sie in der funktionalen Demonstration bis ins konkrete Detail entworfen, spielerisch eingeübt und in der legalen Rolleninnovation möglichst weitgehend schon praktiziert haben.
Zu den usurpatorischen Kampfmaßnahmen auf der unteren Ebene zählt die Bildung von Selbstverwaltungsorganen, die Steuerzahlung an diese, die Bildung eigener Gerichte und je nach dem Gegenstand des Konflikts auch die Aufteilung von Großgrundbesitz oder dessen kollektive Bewirtschaftung, die selbständige Weiterführung der Arbeit in industriellen Betrieben, die zunächst bestreikt worden sein können oder auch nicht, und die Fortführung der Erziehungs- und Forschungsarbeit an den Schulen und Universitäten in eigener Regie. Dieses sich planmäßig von unten nach oben aufbauende revolutionäre System übt dann auf die bislang Herrschenden seinen Anpassungszwang aus, so daß diese sich schließlich nicht länger der Besetzung der organisatorischen Spitzen des Systems der Aufständischen widersetzen, weil sie selbst effektiv keine Macht mehr ausüben.
Die durchgängige zivile Usurpation von unten nach oben kann ohne sorgfältige organisatorische Vorarbeit nicht geleistet werden. Wenn aber die optimalen organisatorischen Voraussetzungen nicht gegeben sind, weil die konstruktiven Aktionen auf den Eskalationsstufen 1 und 2 nur im Ansatz durchgeführt wurden, kann die zivile Usurpation als Kampfmaßnahme dennoch eingesetzt werden. Der Angriff erfolgt dann nicht auf breiter Front gegen das gesamte Herrschaftssystem, sondern konzentriert sich auf einen leicht angreifbaren Punkt im System des Gegners. Das strategische Ziel ist es dann, durch Selbstorganisation Freiräume zu schaffen beziehungs-

Charakter, und ihr Ziel konnte es vorläufig nur sein, durch solche Aktionen den Konflikt zu dramatisieren. Die eigentliche konstruktive Alternative zur atomaren Verteidigung, nämlich die Konzeption der Sozialen Verteidigung (Civilian Defence), war in der ersten Hälfte der 60er Jahre nur von wenigen in ihrer Notwendigkeit erkannt, geschweige denn unter Ausnutzung aller Möglichkeiten der »funktionalen Demonstration« propagiert worden; s. dazu Theodor Ebert: Soziale Verteidigung – Alternative zur »Vorwärtsverteidigung«? Ein Forschungsbericht. In: *Gewerkschaftliche Monatshefte*, XVIII, 2. Febr. 1967, S. 75–88.

weise die Herrschenden in Verhandlungen zu Konzessionen zu bewegen. Errungen werden sollen (vorläufige) Positionen, von denen aus möglichst mit institutionenimmanenter Aktivität, notfalls aber auch mit weiteren gewaltfreien Aktionen in Richtung auf die angestrebten Positionen weitergearbeitet werden kann. Dieses Vorgehen in Etappen ist zuweilen geboten, da die Aufständischen zum sofortigen Besetzen der angestrebten Positionen ihren Kenntnissen und Fähigkeiten nach noch nicht bereit sind aufgrund der bisher geltenden Bildungsprivilegien der Herrschenden.

Kampfmaßnahmen des zivilen Ungehorsams und der zivilen Usurpation bilden nicht unbedingt den Höhepunkt und das Ende einer gewaltfreien Kampagne. Eine kleine Gruppe Konfliktbewußter kann durch spektakuläre zivile Usurpationen die Aufmerksamkeit potentieller Aufständischer auf ihr Programm zu lenken suchen. Dies war beispielsweise das Ziel der ersten Sit-ins in amerikanischen rassengetrennten Restaurants und bei Versuchen von Atomwaffengegnern, in H-Bombentestgebiete im pazifischen Ozean auf Segelbooten einzudringen.[26] Auch die studentischen Instituts- und Universitätsbesetzungen sind so zu interpretieren.

Steht die zivile Usurpation am Anfang von Kampagnen, ist sie ein Mittel der Agitation, und die gewaltsame Unterdrückung ist einkalkuliert. Unter den gewaltsamen Maßnahmen, die ähnliche Ziele verfolgen, ist diese Anwendung der zivilen Usurpation mit dem »agitatorischen Terror« zu vergleichen, den Thomas Perry Thornton »als symbolischen Akt zur Beeinflussung politischen Verhaltens durch außerordentliche gewaltsame oder Gewalt androhende Maßnahmen« definiert hat.[27]

Thornton billigt der gewaltfreien Usurpation zu, daß sie ein funktionaler Ersatz für den agitatorischen Terror sei.[28] Man sollte hier noch hinzufügen, daß bei agitatorischen zivilen Usurpationen die Gefahr, daß ihre politische Botschaft mißverstanden und abgelehnt wird, viel geringer ist als bei Terroraktionen. Die meiste Sympathie und Publizität gewinnen gewöhnlich Terroristen, wenn sie gefangen und vor Gericht gestellt werden. Bei der zivilen Usurpation gehen die Aufständischen das Risiko gar nicht erst ein, nicht gefangen und verurteilt zu werden. Ihre symbolischen Aktionen können als Vorbilder wirken und konstruktive Hinweise auf das angestrebte soziale System geben, während bei Terror- und Sabotageakten ersteres kaum und letzteres gar nicht der Fall ist.

Wie die Einsatzmöglichkeit der zivilen Usurpation als Agitationsmittel zeigt, entsprechen die Stufen des Eskalationsschemas nicht

[26] Albert Bigelow: The Voyage of the Golden Rule. New York 1959.

[27] Th. P. Thornton: Terror as a Weapon of Political Agitation. In: Harry Eckstein (ed.): Internal War. Problems and Approaches. New York 1964, S. 73.

[28] »Wenn wir nach einer Aufstandstaktik suchen, die alle anderen Kriterien erfüllt, die wir für den Terrorismus aufstellen werden, dann stellt die gewaltlose Bewegung Gandhis in Indien ein Modell dar, das fast identische Strukturen aufweist.« (op. cit., S. 75)

immer den Entwicklungsphasen einer Kampagne. Von einer Eskalation der Kampfkraft kann man nur bei Konstanz der personellen Beteiligung und der Intensität des Einsatzes sprechen. Da der zivile Ungehorsam und die zivile Usurpation aber meist schwieriger in der Ausführung und mit härteren Sanktionen bedroht sind als die früheren Eskalationsstufen,[29] ist es möglich, daß in einer Kampagne die Zahl der Aufständischen sprunghaft steigt, je mehr der Schwierigkeitsgrad und das Sanktionsrisiko der Aktionen sinken. Dies kann dazu führen, daß am Anfang einer Kampagne wenige mit Hilfe ziviler Usurpationen agitieren, dann eine größere Anzahl zu Methoden der legalen Nichtzusammenarbeit und Rolleninnovation übergeht und schließlich die Masse der potentiellen Aufständischen sich zu Protesten entschließt. So haben viele Beobachter im »Marsch in Washington« am 28. August 1963 den Höhepunkt der Bürgerrechtsbewegung dieses Jahres gesehen. Wenn die Herrschenden sich von Massenprotesten zur Erfüllung der Forderungen der Aufständischen nicht bewegen lassen, kann es von der Führung der Kampagne angestrebt werden, daß die nun einmal aktivierte Masse zu den Kampfmaßnahmen der nächsten Stufen der Eskalation greift. Solange jedoch die Zahl der aktiven Aufständischen wechselt, und das ist praktisch immer möglich, kann kein Schema für die Abfolge der Kampfmethoden angegeben werden.
Zuweilen kompliziert sich der Einsatz der Kampfmaßnahmen noch weiterhin dadurch, daß mehrere Organisationen von Aufständischen nebeneinander agieren und die eine sich eine Erhöhung der Kampfkraft verspricht von der Eskalation und die andere von der Massenbeteiligung.

[29] »Der Nichtzusammenarbeit können sich sogar verständige Kinder anschließen, und Massen können sie ohne weiteres praktizieren. Der zivile Ungehorsam setzt hingegen voraus, daß man die funktionale Notwendigkeit einer Gesetzgebung begreift und nicht nur aus Furcht vor Sanktionen zu gehorchen pflegt (presupposes the habit of willing obedience to laws without fear of their sanctions). Er kann daher nur von wenigen Ausgewählten als eine letzte Maßnahme ausgeübt werden, mindestens gilt das für den Anfang.« (M. K. Gandhi: Satyagraha, Civil Disobedience, Passive Resistance, Non-Cooperation: In: *Young India*, 23. 3. 1921. In: ders.: Satyagraha, S. 4)

3. Skala der Repression

Repressive Disposition

Bis jetzt wurden hier nur die Aktionen der Aufständischen erörtert. Dies war insofern berechtigt, als von ihnen die Initiative für die Kampagne ausgeht – es sei denn, es handle sich um eine Kampagne der »Sozialen Verteidigung« eines demokratischen Systems gegen einen gewaltsamen Usurpator.[1] Diese aus systematischen Gründen einseitige Darstellung der Eskalation gewaltfreier Kampfmaßnahmen sollte jedoch nicht zu der Annahme verleiten, daß die Herrschenden die Hände in den Schoß legen und alles geschehen lassen.
Die Aufständischen können zwar – trotz öffentlicher Ankündigung ihrer Aktionen – mit einem gewissen Überraschungseffekt bei den Herrschenden rechnen. Diese wähnen sich häufig in ihren Positionen so gefestigt, daß sie ultimative Ankündigungen gewaltfreier Aufstände nicht ernst nehmen und sie gegebenenfalls sofort mit einfachen Polizeiaktionen im Keime zu ersticken hoffen. Nicht selten treffen darum gewaltfreie Aufstände auf einen Herrschaftsapparat, der seine Unterdrückungskapazität mangels Vorbereitung gar nicht ausschöpfen kann. Richard B. Gregg hat auf einen weiteren möglichen Überraschungseffekt hingewiesen, den er von der unerwartet gewaltfreien Reaktion der Aufständischen auf gewaltsame Unterdrückungsmaßnahmen erhofft; er nannte dies den »moralischen Jiu-Jitsu-Effekt« des gewaltfreien Widerstandes.[2] Wenn sich dieser Effekt auch nie völlig verlieren dürfte, so muß doch angenommen werden, daß bei zunehmender Verbreitung gewaltfreier Aktionen die Herrschenden sich auf diese dann nicht mehr neue Kampftechnik einstellen werden.
Die Führung gewaltfreier Aufstände hat sich auch schon in der Vergangenheit darauf einzurichten gelernt, daß die Herrschenden gegenüber gewaltfreien Aktionen die »moralische Balance« nicht so rasch verlieren, sondern mit allen ihnen zur Verfügung stehenden Mitteln den Aufstand zu unterdrücken suchen. Martin Luther King machte die Erfahrung: »Niemand gibt seine Privilegien auf ohne starken Widerstand.«[3] Auch Gandhi machte sich keine Illusionen über die Härte der Auseinandersetzung, die seinen Landsleuten bevorstand: »Der Vizekönig kann die Dinge nicht treiben lassen. Er

[1] Vgl. Anm. 16 und 25 des vorhergehenden Kapitels.
[2] R. B. Gregg: The Power of Nonviolence. 2., erweiterte Aufl., London 1960, S. 44–45.
[3] M. L. King: Stride Toward Freedom, London 1959, S. 107.

muß den zivilen Ungehorsam unterdrücken wie eine bewaffnete Rebellion, es sei denn, er wäre bereit, das Übel zu beseitigen, gegen das sich der Ungehorsam richtet.«[4] »Argumente können nicht überzeugen. Hier müssen sich die Kräfte messen. Unabhängig von der Stichhaltigkeit unserer Argumente würde England auf jeden Fall seinen Handel mit Indien und seine sonstigen Interessen mit allen ihm zur Verfügung stehenden Mitteln verteidigen. Folglich muß Indien genügend Kraft entwickeln und sich selbst aus dieser tödlichen Umarmung befreien.«[5]

Es muß also angenommen werden, daß die Herrschenden das bestehende System zu stabilisieren trachten und daß der Eskalation der Kampfmaßnahmen der Aufständischen eine ebensolche Skala von Unterdrückungs- und »konstruktiven« Stabilisierungsmaßnahmen gegenübersteht.[6] Lord Irwin, der Vizekönig in Indien, hat anläßlich der Kampagne gegen die Salzgesetze am 9. Juli 1930 unmißverständlich erklärt: »Die Massenaktion ist selbst dann, wenn ihre Führer sie gewaltlos vorantreiben wollen, nichts anderes als die Anwendung von Zwang in einer anderen Form, und wenn es das erklärte Ziel ist, die Regierung lahmzulegen, dann muß die Regierung entweder Widerstand leisten oder abdanken [...] Solange die Bewegung des Zivilen Ungehorsams andauert, müssen wir sie mit all unserer Kraft bekämpfen.«[7] Die südafrikanische Regierung reagierte im Januar 1952 nicht weniger deutlich auf die Ankündigung der »Mißachtungs-Kampagne« (Defiance Campaign) durch die Afrikanische Nationale Kongreß-Partei (African National Congress, ANC) und die Südafrikanische Indische Kongreß-Partei (South African Indian Congress, SAIC): »Die Regierung wird den ihr zur Verfügung stehenden Apparat voll einsetzen, um alle Unruhen zu unterdrücken und um anschließend die für die subversiven Aktionen Verantwortlichen zur Rechenschaft zu ziehen.«[8]

Das folgende Schema gibt eine Übersicht über die Eskalation der Stabilisierungsmaßnahmen der Herrschenden:[9]

4 M. K. Gandhi: Round Table Conference. In: *Young India*, 22. 12. 1921. In: Mahatma Gandhi: Young India. Bd. 1, 1919–1922, S. 949.

5 Brief Gandhis an den Vizekönig vom 2. 3. 1930, zit. in: Gene Sharp: Gandhi Wields the Weapon of Moral Power. Three Case Histories, Ahmedabad 1960, S. 64.

6 Wenn dieser Umstand nicht einkalkuliert wird, sind die Aufständischen in ihrer Überraschung und Erbitterung leicht bereit, in den gewaltsamen Aktionen der Herrschenden einen zureichenden Grund für ihr eigenes Übergehen zu gewaltsamen Aktionen zu suchen.

7 Zit. in: G. Sharp, Gandhi Wields the Weapon of Moral Power, op. cit., S. 168–169.

8 Anhang zu Leo Kuper: Passive Resistance in South Africa, New Haven 1957, S. 238.

9 Dieses Gegenstück zu der Eskalation der gewaltfreien Aktionen ist bislang noch nirgends systematisch untersucht worden. Es handelt sich hier um ein genauso komplexes Gebilde wie bei den gewaltfreien Aktionen, auf die sich diese Untersuchung konzentriert. Die folgenden Ausführungen beruhen auf keinen speziellen Forschungen; sie sind gewissermaßen ein Nebenprodukt der Untersuchung der gewaltfreien Aktionen und sollen nur einer ersten Orientierung und als Anregung für die Forschung dienen.

Übersicht 2: Schema der Eskalation der Stabilisierungsmaßnahmen der Herrschenden

Eskalationsstufe	Sanktion	»Konstruktive« Aktion
1	soziale Sanktion	Ideologische Konsolidierung; Klientelbildung
2	juridifizierte Sanktion	Entwicklung des Herrschaftsinstrumentariums; Reformgesetzgebung
3	terroristische Sanktion	Ausnahmezustand oder Staatsstreich

Soziale Sanktionen und ideologische Konsolidierung

Die erste Eskalationsstufe der Stabilisierungsmaßnahmen bilden die vielleicht weniger augenfälligen, aber nichtsdestoweniger wirksamen »sozialen Sanktionen«. Darunter sollen all diejenigen Maßnahmen der Herrschenden verstanden werden, die nicht strafrechtlicher Natur sind und bei denen die Herrschenden nicht direkt physisch-gewaltsam vorgehen, sondern allenfalls indirekt, indem sie den Aufständischen die Existenzgrundlage entziehen. Über die sozialen Sanktionen verfügen die Herrschenden in kapitalistischen Ländern entweder aufgrund gesellschaftlicher, vor allem wirtschaftlicher Machtpositionen und infolge des wachsenden staatlichen Einflusses auf viele Bereiche des gesellschaftlichen Lebens durch selektiv zu handhabende Vergünstigungen, – oder in sozialistischen Systemen aufgrund der durchgängigen Abhängigkeit fast aller Lebensbereiche, insbesondere der Arbeitsplätze, von den Direktiven staatlicher beziehungsweise parteiamtlicher Stellen. Von großer Bedeutung für den Effekt sozialer Sanktionen ist es, daß gewöhnlich zumindest ein großer Teil der Informationsmittel sowohl in kapitalistischen wie in bürokratisch-sozialistischen Ländern von den Herrschenden kontrolliert werden.
Eine wirksame »Antwort« der Herrschenden auf Protestmaßnahmen weniger erster Aufständischer kann es sein, den Protest einfach totzuschweigen; wo dies aber nicht länger möglich ist, ihn lächerlich zu machen und die Aufständischen in ihrer Person und ihrem politischen Anliegen zu diffamieren.
Gleichzeitig damit können die Herrschenden mit den Aufständischen den gesellschaftlichen und wirtschaftlichen Verkehr abbrechen (sozialer und wirtschaftlicher Boykott) und können ihnen nicht obligatorische Vergünstigungen entziehen (zum Beispiel Subventionen und Stipendien); ferner können sie die Aufständischen durch eine sehr enge Interpretation von Abmachungen und gesetzlichen Vorschriften, die in ihrer grundsätzlichen Notwendigkeit auch von

den Aufständischen anerkannt werden, schikanieren; sie werden darauf bedacht sein, Aufständische als Bewerber für bestimmte Unterrichtsstätten und Arbeitsplätze abzulehnen, und als schärfste Waffe steht ihnen bei einzelnen Aufständischen die Kündigung des Arbeitsplatzes zur Verfügung.

Den sozialen Sanktionen entsprechen auf der konstruktiven Seite die Bemühungen um eine »ideologische Konsolidierung«, das heißt die propagandistische Indoktrination der potentiellen Aufständischen und der Herrschenden selbst. Zur Erzeugung dieses falschen Bewußtseins werden häufig religiöse und politische Doktrinen mit einer populären oder doch honorigen Tradition herangezogen, auch wenn der ursprüngliche Gehalt dieser Doktrinen sich nicht mit deren Interpretation durch die Herrschenden deckt.

Den Bemühungen der Aufständischen um funktionale Demonstrationen und den Aufbau einer Kampforganisation stehen die Bestrebungen der Herrschenden gegenüber, sich untereinander auch auf gesellschaftlicher Ebene fester zusammenzuschließen. Beispiele für eine solche Cliquen- und Verbandsbildung der Herrschenden sind in den Südstaaten der USA der Ku-Klux-Klan, die weißen Bürgerräte (White Citizen Councils) und in Südafrika der »Afrikanische Brüderbund« (Afrikaner Broederbond).[10] Neben diesen mehr geheim arbeitenden Verbänden kommt es auch vor, daß die Herrschenden sich in aller Öffentlichkeit zusammenschließen, um durch einen freiwilligen Arbeitseinsatz die Nichtzusammenarbeit der Aufständischen wettzumachen.

Da die Zahl der Herrschenden meist eng begrenzt ist und die Übernahme von Arbeiten aufständischer Spezialisten, auch wenn es an Freiwilligen nicht fehlt, auf große technische Schwierigkeiten stößt, werden die Herrschenden sich beizeiten eine Klientel aus potentiellen Aufständischen zu schaffen suchen, die sie durch Vergünstigungen und Erpressungen von sich abhängig machen, ihnen also Positionen einräumen, die sie bei einem Erfolg der Aufständischen nicht erwarten dürfen.

Noch wirkungsvoller ist häufig eine Politik des »divide et impera«, die religiöse, stammesmäßige, rassische, berufsständische oder sonstige soziale Untergruppen innerhalb der Gruppe der potentiellen Aufständischen gegeneinander ausspielt. Auf diese Weise kann es den Herrschenden gelingen, Massenbewegungen oder wenigstens Massenkundgebungen zu mobilisieren.[11]

[10] Brian Bunting: The Rise of the South African Reich, London 1964, S. 47–53.

[11] Zur Mobilisierung der weißen Rassisten und Anti-Kommunisten in den USA siehe: Jerome H. Skolnik: The Politics of Protest, New York 1969, S. 210–240.
Zu den regierungshörigen Demonstrationen gegen die außerparlamentarische Opposition in Berlin und Paris siehe:
Klaus-Uwe Benneter u. a.: Februar 1968. Tage, die Berlin erschütterten, Frankfurt/M. 1968, S. 51–57;
Jean-Jacques Lebel u. a.: La Chienlit. Dokumente zur französischen Mai-Revolte, Darmstadt 1969, S. 425–431.

Juridifizierte Sanktionen

Die zweite Eskalationsstufe der Stabilisierungsmaßnahmen wird von der Gesamtheit der »juridifizierten Sanktionen« gebildet. Darunter sind diejenigen Sanktionen zu verstehen, die im Zusammenwirken der Exekutive und der herrschenden sozialen Gruppen mit der rechtsprechenden Gewalt über die Aufständischen verhängt werden. Charakteristisch für die strafrechtlichen oder auch zivilrechtlichen Sanktionen ist, daß sie nach Maßgabe der Gesetze erfolgen und die Aufständischen darum die zu erwartenden Sanktionen in ihren Aktionsplan einkalkulieren können. Als über die sozialen Sanktionen hinausgehende Eskalationsstufe können die juridifizierten Sanktionen angesehen werden, da durch ihren Einsatz die Herrschenden öffentlich zum Ausdruck bringen, daß sie in den Aktionen der Aufständischen eine Systembedrohung sehen, der mit Propaganda und sozialen Sanktionen allein nicht mehr Herr zu werden ist, und die sie nicht länger bewußt ignorieren können.

Der Aburteilung der Aufständischen nach den Gesetzen der Herrschenden gehen meist polizeiliche Maßnahmen voraus, die für sich allein zuweilen schon gravierende Sanktionen darstellen. Zu denken wäre hier an verschärfte Kontrollen durch die Polizei, vorübergehende Festnahmen, Hausdurchsuchungen oder das gewaltsame Vorgehen gegen Protestkundgebungen oder zivile Usurpationen unter Einsatz von berittener Polizei, Schlagstöcken, Hunden, Wasserwerfern, Tränengas und dergleichen – wobei für die Eskalationsstufe der strafrechtlichen Sanktionen noch angenommen wird, daß unverhältnismäßige Mittel nicht planmäßig angewandt werden.

Die von Gerichten in Zivil- und Strafprozessen verhängten Sanktionen können auf dem Gebiet der wirtschaftlichen und politischen Freiheitsrechte von einfachen Geldstrafen über den Entzug von Lizenzen und Verurteilungen zum Schadenersatz bis zum Berufsverbot und zur Enteignung reichen, auf dem Gebiet der persönlichen Bewegungsfreiheit von mehr oder weniger langen Verbannungs-, Internierungs-, Gefängnis- und Zuchthausstrafen bis zu Todesurteilen.

Auf der konstruktiven Seite können die »juridifizierten Sanktionen«, die im Rahmen der schon vorhandenen Gesetze verhängt werden, durch eine Weiterentwicklung des Herrschaftsapparates sowohl auf legislativem wie auf administrativem Gebiete ergänzt werden. Die Herrschenden können also zunächst ihren Unterdrückungsapparat ausbauen: erstens quantitativ beispielsweise durch die Errichtung von Gefängnissen und Internierungslagern und durch die Ausbildung weiterer Polizisten; zweitens aber qualitativ die Ausrüstung der Polizei mit wirksameren Unterdrückungsinstrumenten durch taktische Anpassungen an die Kampftechniken der Aufständischen und die Schaffung spezieller Unterdrückungsorganisationen.[12] Wo einem solchen Unterdrückungsapparat, der in seiner potentiellen Effektivität erhöht wird, noch die gesetzlichen Ansatzpunkte fehlen, können die Herrschenden bestrebt sein, diesem Mangel durch die Verabschiedung entsprechender Gesetze rasch abzuhelfen. Für die gesetzgeberische wie die administrative Seite der Entwicklung des Herrschaftsinstrumentariums bietet die Apartheid-Politik der südafrikanischen Regierung eine Kette aufschlußreicher Beispiele.[13] Von erfahrenen Herrschaftsgruppen darf man zusätzlich zum Ausbau des Unterdrückungsapparates erwarten, daß sie einer sich formierenden Aufstandsbewegung den Wind aus den Segeln zu nehmen suchen, indem sie einige aktuelle Mißstände, an denen sich ein Massenaufstand zu entzünden droht, so beseitigen, daß die Herrschaftsstrukturen dadurch nicht geändert werden. Man wechselt also beispielsweise unpopuläre Politiker aus oder man gewährt (manchmal mit dem stillen Vorbehalt des Widerrufs) materielle Vergünstigungen und macht einige unwesentliche politische Zugeständnisse.

Terror, Ausnahmezustand, Staatsstreich

Die dritte und höchste Eskalationsstufe der Stabilisierungsmaßnahmen bilden die »terroristischen Sanktionen«. Darunter sind offene oder geheime physisch-gewaltsame Akte zu verstehen, die sich gegen die Aufständischen oder mit ihnen Sympathisierende richten, das heißt gegen deren Person oder Sachen, die in irgendeiner funktionalen Beziehung zu ihnen stehen. Man kann formal zwischen dem offiziellen Terror staatlicher Organe und dem inoffiziellen Terror gesellschaftlicher Gruppierungen oder einzelner Vertreter der Herrschenden unterscheiden, man sollte darüber aber nicht verkennen, daß in der Praxis zuweilen eine enge Kooperation zwischen offiziellen und inoffiziellen Tätern stattfindet. Der inoffizielle Terror unterscheidet sich von den sozialen Sanktionen durch das Element der physischen Gewaltsamkeit, und der offizielle Terror unterscheidet sich von den juridifizierten Sanktionen durch seine Illegalität, wobei diese weniger am Verzicht auf eine zu terroristischen Sanktionen ermächtigenden Generalklausel als am Fehlen eines ordentlichen Verfahrens und institutioneller Einspruchsmöglichkeiten zu erkennen ist.

Erscheinungsformen terroristischer Sanktionen sind öffentliche und anonyme Drohungen, Prügeleien von Schlägertrupps aus der Klientel der Herrschenden, Sprengstoffanschläge, Eröffnen des Feuers von seiten der Polizei oder der Armee bei Protestaktionen oder zivile Usurpationen der Aufständischen, Einzelmorde und

[12] Vgl. Harold M. Martin: Riot Control, *The Saturday Evening Post*, Philadelphia, 20. 4. 1968, S. 25–31.

[13] B. Bunting: The Rise of the South African Reich, S. 142–159.

Massenliquidationen. Aus der Sicht der Aufständischen ist für die terroristischen Sanktionen charakteristisch, daß sie in Art, Ausmaß und Zeitpunkt bedeutend schwerer kalkulierbar sind als Sanktionen der ersten beiden Eskalationsstufen.
Der rasche, ungehemmte Einsatz terroristischer Sanktionen ist normalerweise nicht möglich, ohne daß die Herrschenden zum letzten »konstruktiven« Mittel der Eskalation der Stabilisierungsmaßnahmen greifen: der Verkündigung des Ausnahmezustandes. Auf diesen Fall können sich die Herrschenden durch eine Notstandsverfassung mit entsprechenden außerordentlichen Vollmachten vorbereiten.[14] Versagt auch dieses Mittel, weil die Aufständischen sich mit ihren gewaltfreien Methoden darauf eingestellt haben,[15] so können die Herrschenden noch den Staatsstreich versuchen. Dieser stellt an sich schon mehr als nur eine Stabilisierungsmaßnahme dar, da er um der Erhaltung der persönlichen Herrschaft oder eines sonstigen absolut gesetzten Wertes willen die bisherigen Strukturen des Herrschaftssystems verläßt. Wird der Staatsstreich durch einen Aufstand ausgelöst, so kann mit ziemlicher Sicherheit angenommen werden, daß der offizielle Terror von nun an zu den integralen Bestandteilen des neuen Herrschaftssystems gehört.

Hemmungen für die Eskalation von Stabilisierungsmaßnahmen

Die Stabilisierungsmaßnahmen der Herrschenden lassen sich wie die gewaltfreien Aktionen der Aufständischen in diverser Mischung und Reihenfolge einsetzen. Dabei kann es den Herrschenden gelingen, die Kampfmaßnahmen der Aufständischen zu übertrumpfen, das heißt mehr Macht zu entfalten. Wie für die Aufständischen, so gilt nun aber auch für die Herrschenden, daß sie bei der Verwirklichung ihrer Kampfpläne auf Schwierigkeiten stoßen.
Diese sind einerseits darauf zurückzuführen, daß alle Stabilisierungsmaßnahmen selbst auch Änderungen im Funktionszusammenhang des bisherigen sozialen Systems sind und darum auf systemimmanente Hemmungen treffen und andererseits darauf, daß die Herrschenden keine einheitlich handelnde Gruppe darstellen. Diese beiden Umstände verurteilen oft soziale Sanktionen, wie den gesellschaftlichen Boykott und Kündigungen des Arbeitsplatzes zum Scheitern, da ein Erfolg solcher Maßnahmen eine Verhaltensände-

14 Diese Interpretation der Notstandsgesetze der CDU/SPD-Koalition im Jahre 1968 war die Begründung für den massiven Protest der außerparlamentarischen Opposition gegen dieses verfassungsändernde Machwerk. Zur Begründung dieser Motivation siehe: Werner Hofmann und Heinz Maus (Hrsg.), Notstandsordnung und Gesellschaft in der Bundesrepublik, Reinbek 1967, und Helmut Ridder u. a.: Notstand der Demokratie. Referate, Diskussionsbeiträge und Materialien vom Kongreß am 30. Oktober 1966 in Frankfurt am Main, Frankfurt/M. 1967.
15 Vgl. Theodor Ebert, Strategie der außerparlamentarischen Opposition im Notstandsstaat, *Junge Kirche*, Dortmund, 29. Jg., 9. Sept. 1968, S. 518–523.

rung wenn nicht aller, so doch eines großen Teils der Herrschenden zur Voraussetzung hat. Die ideologische Konsolidierung, die Bildung von Cliquen und Klientelen bedarf zusätzlich noch des persönlichen Geschicks und des wachen, energischen Einsatzes der Führung der Herrschenden – und diese Eigenschaften fehlen häufig. Die straf- und zivilrechtlichen Sanktionen können ein äußerst schwerfälliges Instrument sein, und unabhängige Richter können mit Freisprüchen oder milden Strafen »Pannen« verursachen. Eine wirksame Kombination von Reform- und Unterdrückungsgesetzgebung kann daran scheitern, daß sich die Herrschenden über diese Neuerungen nicht einigen können. Dies kann sogar dazu führen, daß auch der nur quantitative Ausbau des Unterdrückungsinstrumentariums mit dem Wachsen des Aufstands nicht Schritt hält. Mit noch schärferen Auseinandersetzungen innerhalb der Gruppe der Herrschenden ist beim Einsatz terroristischer Sanktionen zu rechnen. Ein Establishment, das seine Herrschaft mit der Garantie von Ruhe und Ordnung propagandistisch begründet, wird im inoffiziellen, aber zunächst wohlwollend geduldeten Terror in zunehmendem Maße auch eine Kritik an der eigenen Herrschaftsausübung erkennen müssen, zum offiziellen Terror aber vielleicht nicht greifen wollen, da aktuelle oder potentielle Fraktionen in der Gruppe der Herrschenden diese Maßnahmen mißbilligen, Befehlsverweigerungen bei den ausführenden Organen zu befürchten sind und bislang neutrale Gruppierungen sich in dem Konflikt für die Aufständischen zu engagieren drohen. Ein Staatsstreich ist auch nicht für alle Herrschenden eine ideale Lösung, da er kaum die herrschende Gruppe en bloc in neue sichere Positionen katapultiert, sondern in der Regel als Sieg der Extremisten über die Gemäßigten in der Gruppe der Herrschenden gedeutet werden muß. Auch bei dieser ultima ratio der Herrschaft dürfte die Faustregel gelten, daß die Schwierigkeiten der Verwirklichung von Stabilisierungsmaßnahmen die Eskalation mitmachen, das heißt je höher die Eskalationsstufe der Stabilisierungsmaßnahme, desto höher auch der Schwierigkeitsgrad der Durchsetzung. Diese Regel gilt auch für das parallele Eskalieren der gewaltfreien Kampfmaßnahmen und der Schwierigkeiten ihrer Verwirklichung.

Ob letzten Endes die Entscheidung zugunsten der Herrschenden oder der Aufständischen fällt, hängt davon ab, wessen Kampfmaßnahmen innerhalb der gegebenen Eskalationsbreite am relativ wirkungsvollsten ausfallen. Verhängnisvoll für die Aufständischen dürfte es sich aber immer erweisen, wenn sie die Bereitschaft der Herrschenden zur Unterdrückung zu niedrig einschätzen. »Wir müssen erkennen, daß die Macht ein zähes Leben hat und daß es nur natürlich für die Regierung ist, einen letzten Versuch zu machen, sich zu behaupten und sei es durch Unterdrückung.«[16]

[16] M. K. Gandhi. In: *Young India*, 9. 3. 1921. In: Mirmal Kumar Bose (ed.): Selections from Gandhi, Ahmedabad 1957, S. 237.

4. Der Gegner im Rollenzwang des Systems

Unterscheidung zwischen System und Person

Am Anfang jeder strategischen Konzeption steht die Suche nach der richtigen Einstellung auf den Gegner. Beim gewaltfreien Aufstand ergibt sich diese Grundeinstellung aus der Natur der gewaltfreien Aktion, die es den Aufständischen nicht erlaubt, ihren Willen durchzusetzen, indem sie die Herrschenden im äußersten Falle physisch vernichten. Die gewaltfreie Strategie hat zum Ziel, durch eine Veränderung der sozialen Beziehungen die Herrschenden zu einer Anpassung oder zu einer grundsätzlichen Veränderung ihrer Haltung zu motivieren. Diese Änderung des Verhaltens kann bewußt oder unbewußt, die neuen sozialen Verhältnisse aufrichtig bejahend oder widerwillig mit der Absicht der Restauration erfolgen.
Der gewaltfreie Aufstand ist im Unterschied zum Krieg nicht auf den absoluten Konflikt hin angelegt. Die gewaltfreien Aufständischen denken nicht in den Freund-Feind-Kategorien des kriegerischen Konflikts: »Der gewaltfreie Widerstand geht von der Annahme aus, daß der Gegner nicht nur ein anderer ist, der niedergeworfen oder aus der Gesellschaft ausgeschlossen werden kann, sondern daß er Teil desselben sozialen Systems ist wie der Widerstandskämpfer (bzw. der Aufständische – Th. E.).«[1] Während der kriegerische Konflikt als Null-Summen-Spiel verstanden werden kann, in dem der Gewinn der einen Partei immer einem gleichwertigen Verlust des Gegners entspricht, ist das Ziel eines gewaltfreien Aufstands, eine für alle Parteien vorteilhafte Lage zu schaffen. Die Aufständischen gehen von der Hypothese aus, es sei möglich, daß dem Gegner im Verlaufe des Konflikts klar wird, die von ihm beanspruchten Privilegien entsprächen nicht seiner wahren, humanen Interessenlage. Die gewaltfreien Aktionen sollen durch eine kluge Kombination von moralischem Appell und gewaltfreiem Zwang einerseits und dem Angebot einer konstruktiven Alternative andererseits diesen Lernprozeß in Gang bringen und beschleunigen. Die Aufständischen nehmen an, daß der Gegner durch diese Mechanismen zur Anpassung an das in den gewaltfreien Aktionen angestrebte oder schon praktizierte soziale System gebracht werden kann.[2]
Der springende Punkt bei der Unterscheidung zwischen dem ge-

[1] Kenneth E. Boulding: Conflict and Defense. A General Theory, New York 1965, S. 337.
[2] Vgl. George R. Lakey: The Sociological Mechanisms of Nonviolent Action, M. A.-Thesis, Ms., University of Pennsylvania, 1962.

waltfreien Aufstand und dem kriegerischen Akt ist, daß der gewaltfreie Aufstand nicht die Person des Gegners angreift, sondern seine gegenwärtige soziale Rolle in einem ungerechten System.[3] Martin Luther King hat die Schwarzen nicht gegen die Weißen mobilisiert, sondern die armen Leute gegen das ungerechte System kapitalistischer Ausbeutung: »Die Enteigneten dieses Landes – die Armen, Weiße wie Neger – leben in einer grausam ungerechten Gesellschaft. Sie müssen einen Aufstand gegen diese Ungerechtigkeit organisieren, und zwar nicht gegen das Leben der Menschen, die ihre Mitbürger sind, sondern gegen die Strukturen, hinsichtlich derer die Gesellschaft sich weigert, Maßnahmen zu ergreifen [...], um die Last der Armut zu beseitigen.«[4]

Der Gegner im gewaltfreien Aufstand wird gewissermaßen als Gefangener seines eigenen Herrschaftssystems betrachtet. Dabei wird nicht bestritten, daß Rolle und Person theoretisch nicht zu trennen sind. Für die Praxis des gewaltfreien Aufstands genügt schon die Annahme, daß der Gegner seine sozialen Rollen ändern kann und daß dabei doch die Identität seiner Person erhalten bleibt. Das klingt wie eine Binsenwahrheit, hat aber für die Strategie einer gewaltfreien Kampagne Konsequenzen, die sie von gewaltsamen und gemischt gewaltlos-gewaltsamen Kampagnen deutlich scheiden.

Bei Gandhi finden sich schon einige aufschlußreiche Belege für Ansätze dieser Sicht des Gegners als homo sociologicus, der Trennung zwischen Person und sozialer Rolle. Über den englischen Vizekönig, seinen Gegner in der sogenannten Khilifatkampagne der Jahre 1919 bis 1922 schreibt er: »Lord Reading ist nicht der Tyrann. Das System, dessen unbewußtes und hilfloses Opfer er ist, das ist der Tyrann. Aber jedes System verkörpert sich in einer Person. Heute stellt es sich uns in der Person Lord Readings dar, und dabei kommt es nicht darauf an, ob er sich dessen bewußt ist oder nicht. Ich habe ihn in aller Höflichkeit gebeten, seine Position zu überdenken und sich zu fragen, ob die offizielle Gesetzlosigkeit in irgendeiner Weise gerechtfertigt werden kann.«[5]

An anderer Stelle argumentiert Gandhi in derselben Weise gegenüber der Gesamtheit der Kolonialherren: »Einige meiner indischen Freunde beschuldigen mich der Spiegelfechterei, weil ich es für möglich halte, daß wir das System hassen, das die Engländer errichtet haben, ohne daß wir auch die Engländer selbst hassen. Ich versuche nun, ihnen nachzuweisen, daß man die verbrecherische

[3] »Die Person des Gegners wird geachtet [...] Der Widerstand gilt ausschließlich einer bestimmten Handlung, einer bestimmten Maßnahme des Gegners, die sozusagen aus der Gesamtperson herausgelöst wird.« (Gustav Heckmann: Der nichtverletzende Widerstand. Auf der Suche nach einer Alternative zur militärischen Verteidigung. In: *Frankfurter Hefte*, XVII, 12, Dez. 1962, S. 808).

[4] M. L. King: Aufruf zum zivilen Ungehorsam, Düsseldorf 1969, S. 94–95.

[5] M. K. Gandhi: The Only Issue. In: *Young India*, 9. 2. 1922. In: Mahatma Gandhi: Young India. Bd. 1, 1919–1922, S. 984.

Handlungsweise eines Bruders verabscheuen kann, ohne ihn deswegen zu hassen [...] Ich glaube den Anspruch erheben zu dürfen, daß ich die Natur des Menschen genau beobachte und daß ich meine eigenen Fehler geradezu viviseziere. Dabei habe ich entdeckt, daß der Mensch mehr wert ist als das System, das er entwirft. Und so weiß ich denn auch, daß Ihr (Engländer in Indien – Th. E.) als einzelne genommen unendlich viel besser seid als das System, das Ihr als Gruppe (corporation) entwickelt habt [...] Hier in Indien gehört jeder einem System an, dessen Niederträchtigkeit gar nicht zu beschreiben ist. Es ist mir deshalb möglich, das System in den schärfsten Ausdrücken zu verurteilen, ohne Euch deshalb für schlecht zu halten und ohne jedem Engländer schlechte Absichten zu unterstellen. Ihr seid ebensosehr Sklaven des Systems wie wir.«[6]
Gandhi vermischt hier zwar auch strukturell-funktionale und moralische Maßstäbe, aber es wird an diesen Stellen immerhin einsichtig, wie der Gegner als umfunktionierbarer Rollenträger, als an ein anderes System anpaßbar angesehen wird. Gandhi kommt in seinem Schreiben darum konsequenterweise nicht zu dem Schluß »Englishman go home!«, sondern fordert nur einen Wandel der Position der Engländer: »Ihr sollt in der Lage sein, in Indien als integrierter Teil seines Volkes zu leben und nicht immer nur als fremde Ausbeuter.«[7]
Die präziseste, soziologische Erläuterung der Einstellung gewaltfreier Aufständischer gegenüber den Herrschenden und ihren ausführenden Organen in Polizei und Armee gab bislang William Robert Miller in seiner »christlichen Interpretation« der gewaltfreien Aktion: »Dieser Widerstand würde sich nicht gegen den Gegner als ganzen richten, sondern gegen die Rolle, die er meint spielen zu müssen; wir müssen bei unseren Aktionen immer sorgfältig zwischen beiden unterscheiden und diesen Unterschied auch bei den sprachlichen und symbolischen Erklärungen unserer Handlungsweise dem Gegner deutlich machen.«[8]

Differenzierungsvermögen der gewaltfreien Aktion

Wenn man beim Gegner zwischen der Person des Rollenträgers und seinen verschiedenen sozialen Rollen differenziert, dann wird auch leicht einsichtig, daß der Gegner nicht nur spezifische Herrschaftsrollen ausübt, sondern auch Rollen, die zu Positionen gehören, die nicht Gegenstand des Konfliktes sind oder die zwar einen für den Konflikt relevanten Aspekt aufweisen, der jedoch von untergeordneter Bedeutung ist. Das taktische Ziel der gewaltfreien Aktionen

[6] M. K. Gandhi: To Every Englishman in India (II). In: *Young India*, 13. 7. 1921. In: Mahatma Gandhi: Young India. Bd. 1, 1919–1922, S. 386–387.
[7] Op. cit., S. 387.
[8] W. R. Miller: Nonviolence. A Christian Interpretation. New York 1964, S. 103.

ist es nun, zwischen den für den Konflikt besonders relevanten Rollen und den konfliktneutralen oder doch nur vermindert relevanten Rollen zu differenzieren und auch Rollenkonflikte innerhalb des Herrschaftssystems zu nutzen.
Dieses Differenzierungsvermögen ist einer der bedeutsamsten Unterschiede zwischen den gewaltfreien und den gewaltsamen Aktionen. Die Sit-ins der amerikanischen Neger zielten bei ihrem Gegner, dem weißen Bürger Miller oder Smith, darauf ab, ihn zu veranlassen, die zu seiner Position als Restaurantbesitzer gehörige Rolle dahingehend zu ändern beziehungsweise zu erweitern, daß sie auch die Bedienung farbiger Gäste umfaßt. Hätten die aufständischen Neger dagegen eine Bombe in dem Lokal zur Explosion gebracht, so wären dabei vermutlich am Mobiliar, bei den Gästen und bei dem Personal Schäden entstanden. Diese hätten auch die Ausübung konfliktneutraler Rollen, die an sich in das von den Aufständischen angestrebte System unverändert übernommen werden könnten, vorübergehend oder auf die Dauer unterbunden.
Nun sind nicht alle gewaltsamen Aktionen so grobschlächtig, daß sie nur wenig zu differenzieren vermöchten – so ist beispielsweise bei der Sabotage trotz aller unerwünschten Nebenwirkungen eine gewisse Differenzierung möglich – und nicht alle gewaltfreien Aktionen vermögen die bekämpften Rollen wie mit dem Seziermesser herauszutrennen; insbesondere die legale Nichtzusammenarbeit und der zivile Ungehorsam können auch konfliktneutrale Rollen beeinflussen, aber dies geschieht normalerweise doch nur während des Kampfes und in beschränktem Maße. Man wird darum zusammenfassend doch als Charakteristikum der gewaltfreien Aktion festhalten dürfen, daß sie beim Gegner zu unterscheiden sucht:
(1) zwischen der Person und den sozialen Rollen;
(2) zwischen den für den Konflikt relevanten Rollen und den neutralen Rollen;
(3) zwischen den sozial nützlich und den sozial schädlich erachteten Funktionen einer Rolle.
Diese differenzierte Sicht des Gegners schließt nicht aus, daß man in einer Gesellschaft eine weitgehende Polarisierung in Herrschende und Beherrschte feststellt. Leo Kuper hat aber sicher recht, wenn er im »reinen Typ der Polarisation mehr ein Produkt revolutionärer Ideologie als soziologischer Analyse« sieht.[9] Diese revolutionäre Ideologie ignoriert nämlich im Interesse einer Haß-Propaganda diejenigen sozialen Rollen, die ein Überschneiden der Gruppenloyalitäten und Gegensätze innerhalb der Gruppe der Herrschenden und der Beherrschten zur Folge haben.

Gewaltfreie Aufständische können zwar in marxistischem Sinne die Klassenlage ihres Gegners zu bestimmen suchen, aber sie werden darum den Konflikt nicht auf das Polarisationsschema des Klassenkampfes reduzieren und den Gegner zur ökonomisch determinierten Charaktermaske stilisieren. Der Gegner bleibt immer Person, die allerdings »wirtschaftliche Strukturen ihrer Bestimmung entfremdet« haben,[10] und die es nun auch mit zu befreien gilt.

Hier unterscheidet sich die gewaltfreie Grundhaltung zum Gegner deutlich von derjenigen der Guerillas, die ungerechte soziale Systeme durch die physische Vernichtung ihrer wichtigsten Träger verändern wollen und die dann wie Guevara im Haß einen Faktor des Kampfes sehen, »dem Haß dem Feinde gegenüber, der den Menschen über seine natürlichen Grenzen hinaus antreibt und ihn in eine wirksame, gewaltsame, selektive und kalte Tötungsmaschine verwandelt«[11]. Dieser Haß auf den Gegner folgt aber nicht aus der Analyse der Klassenlage, sondern aus der vorbewußten Verabsolutierung des eigenen Klassenstandpunkts. Im streng marxistischen Sinne wird die Analyse der Klassenlage ohne Beimengung von Gefühlen vollzogen. Karl Marx weist bei der Erörterung des dialektischen Gegensatzes von Proletariat und Reichtum sogar ausdrücklich darauf hin, daß »die besitzende Klasse und die Klasse des Proletariats *dieselbe* (Hervorhebung – Th. E.) menschliche Selbstentfremdung« darstelle. »Aber die erste Klasse fühlt sich in dieser Selbstentfremdung wohl und bestätigt, weiß die Entfremdung als ihre eigene Macht und besitzt in ihr den Schein einer menschlichen Existenz; die zweite fühlt sich in der Entfremdung vernichtet, erblickt in ihr ihre Ohnmacht und die Wirklichkeit einer unmenschlichen Existenz.«[12]

Der gewaltfreie Aufständische, der die Partei der Ohnmächtigen und der im Elend oder relativer Armut Lebenden ergreift, ist sich dieses dialektischen Scheins des Glücks der Besitzenden bewußt. Das Ziel des gewaltfreien Aufstandes ist darum, durch die gewaltfreie Aktion der einen Partei zu erreichen, daß sich beide Kontrahenten aus der Selbstentfremdung lösen.

Die Entscheidung für diese Strategie und die Verwerfung des Hasses als humane Triebkraft ist von existentieller Bedeutung. In dieser Entscheidung wird menschliche Freiheit in einer Umwelt der Selbstentfremdung sichtbar. (Die Verkündigung dieser menschlichen

9 L. Kuper: Conflict and the Plural Society. Ideologies of Violence among Subordinate Groups, Ms., Sixth World Congress of Sociology, Evian 4.–11. Sept. 1966, S. 12–13.

10 M. L. King: The Man who was a Fool, in: ders., Strength to Love, London 1964, S. 52.

11 E. Che Guevara: Schaffen wir zwei, drei, viele Vietnam, S. 14.

12 K. Marx: Die heilige Familie (1844/45), in: ders., Die Frühschriften, hrsg. v. S. Landshut, Stuttgart 1953, S. 317.

Möglichkeit ist Kernstück der »christlichen Interpretation« der Gewaltfreiheit,[13] die im übrigen keinen Ausschließlichkeitsanspruch erheben darf.) Die Aufhebung der strukturell bedingten Selbstentfremdung ist aber kein voluntaristischer Akt. Die Rollenzwänge, welchen die Herrschenden sich in bestimmten Gesellschaftssystemen ausgesetzt sehen, werden als Grenzen für den aufklärerischen Appell begriffen. Die Strategie des gewaltfreien Aufstandes zielt darauf ab, mit gewaltfreien Kampfmaßnahmen das ungerechte System funktionsunfähig zu machen und gleichzeitig eine konstruktive Alternative anzubieten. Die reale Veränderung der materiellen Basis durch Nichtzusammenarbeit und zivile Usurpation schafft für die angeblich historisch fixierten Charaktermasken veränderte und neue Rollen, die sie unter Appell und Druck ergreifen können und müssen.

[13] Vgl. W. R. Miller: Nonviolence. A Christian Interpretation, S. 177–201, und H. Goss-Mayr: Die Macht der Gewaltlosen, S. 107–184.

5. Die gegnerischen Motivationen als Operationsfeld

Monothematische oder polythematische Motivation?

Die gewaltfreie Aktion zielt beim Gegner auf die Änderung seines sozialen Verhaltens. Wie vermag sie nun die Herrschenden zu dieser Änderung zu motivieren?

Es gibt hierauf keine einfache Antwort. In den obengenannten Beispielen für gewaltfreie Kampagnen in Indien, Afrika, Europa und den Vereinigten Staaten scheint die Motivierung des Gegners nicht »monothematisch«, sondern »polythematisch« erfolgt zu sein.[1] Während bei der Wahl des Zieles der gewaltfreien Aktionen die Schwierigkeit noch darin bestand, einzelne soziale Rollen aus einer Vielzahl herauszusezieren, besteht bei der Suche nach den Motivationen für die Rollenänderung das Problem darin, die volle Breite des Ansatzes auszumessen, mit der die gewaltfreie Aktion den Gegner trifft, das heißt das Neben- und Miteinander der Motivarten zu erkennen, die zu einer Änderung des politischen Verhaltens des Gegners führen können.

Die Sozialpsychologie hat bislang kein Schema von Motivationen für das Streben nach Teilnahme am politischen Entscheidungsprozeß entworfen, das man als standardisiert bezeichnen und hier zugrunde legen könnte. Wir werden darum hier von einem Begriff des Motivs ausgehen müssen, der dieses als »hypothetisches Konstruktum« versteht, das erfunden wird, um ein bestimmtes Verhalten zu erklären.[2] Für das Verständnis des Verhaltens der Herrschenden beim Kampf um Positionen, welche die Teilnahme am politischen Entscheidungsprozeß ermöglichen, scheinen bei vergleichender Betrachtung gewaltfreier Kampagnen folgende drei Motivationen ausreichend zu sein: das Streben nach sozialem Frieden und Wohlfahrt, das Streben nach Selbstverwirklichung und das Streben nach Prestige und allüberlegener Macht. Ähnlich wie die Farben des Spektrums lassen sich diese Motivationen nicht deutlich voneinander abgrenzen, in ihren intensivsten Formen unterscheiden sie sich jedoch so hinreichend klar voneinander, daß eine Verwechslung nicht möglich ist.

[1] Zur monothematischen und polythematischen Motivierung s. Hans Thomae (Hrsg): Die Motivation menschlichen Handelns, Köln 1965, Einführung des Herausgebers, S. 24.

[2] L. Festinger: A Theory of Cognitive Dissonance. In: G. Linzey (ed.): Assessment of Human Motives, New York 1957, S. 65–86.

Übersicht 3: Motivationsspektrum beim Streben nach Positionen im politischen Entscheidungsprozeß

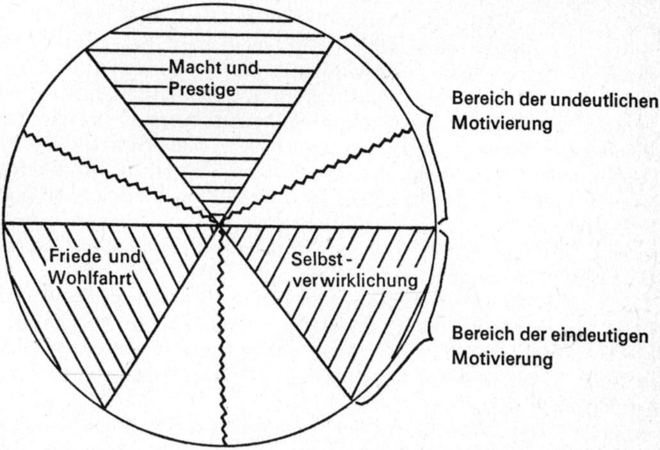

Die Aktionen eines gewaltfreien Aufstands sind in ihrer Gesamtheit so angelegt, daß sie alle Motivarten des Gegners zu bestimmen suchen. Nicht jeder Gegner ist gleich motiviert. Das beim Handeln den Ausschlag gebende Motiv mag von Fall zu Fall wechseln und so auch das Hauptziel der gewaltfreien Aktionen; grundsätzlich soll hier jedoch davon ausgegangen werden, daß alle drei Motivarten einen gewissen Anteil am Handeln jedes Vertreters der Herrschenden haben. Da im folgenden die Motivationen um der größeren Übersichtlichkeit willen gesondert betrachtet werden und dabei zuweilen der Eindruck entsteht, als würden hier Typen monothematisch motivierter Gegner konstruiert, sei hier vorweg darauf hingewiesen, daß die endgültige Entscheidung über Erfolg oder Mißerfolg eines Aufstands sich aus der Resultante aller drei Motivationen ergibt. Es ist also möglich, daß das Zusammenwirken aller drei Motivationen Änderungen bewirkt, die jede für sich betrachtet entweder überhaupt nicht oder doch nur unter sehr viel stärkerem Einsatz der Aufständischen hätte erreichen können. Aber auch der andere Fall ist denkbar, daß die maximale und somit erfolgversprechende Einwirkung auf eine Motivation durch das Versagen der gewaltfreien Aktion bei der Einwirkung auf einen anderen Motivationsbereich wieder aufgehoben wird.

Diese Motivation, die man auch als Sozialeudämonismus bezeichnen könnte, erklärt ein Verhalten, das sich zum Ziel setzt, ohne Kampf die Zustimmung seiner Mitmenschen zu finden und ein Leben zu führen, in dem als Minimum die physische Existenz gesichert und als Maximum jeglicher Komfort gewährleistet ist.
In keinem realen sozialen System wird solchermaßen motiviertes Handeln hundertprozentig erfolgreich sein. Die Aufständischen müssen jedoch annehmen, daß konservative Herrschende in ihrem System solche sozialeudämonistischen Forderungen zumindest für sich selbst als weitgehend erfüllt ansehen, oder daß sich an einer Utopie orientierende Herrschende diese Forderungen als erfüllbar bezeichnen, falls man nur ihren Planungen folge.
Wollen die Aufständischen bei dieser Bewußtseinslage die Herrschenden zu einer Positionsänderung veranlassen, so müssen sie diese Friedens- und Wohlfahrtsbestrebungen einkalkulieren und sie in einer Weise zu befriedigen suchen, die den Herrschenden ihre Forderungen akzeptabel erscheinen läßt.
Der grundsätzlich konfliktfeindlichen sozialeudämonistischen Motivation entspricht zunächst eine ablehnende Reaktion auf die gewaltfreien Aktionen. Diese werden als »dysfunktional«, das heißt als Störungen des bestehenden friedlich funktionierenden Systems empfunden, und der Konflikt wird als keinen echten Bedürfnissen entsprechend und als von Außenseitern hervorgerufen diffamiert.
Bezeichnend für diese Reaktion der Herrschenden ist die Frage, die nach Ausbruch des Busboykotts in Montgomery (Alabama, USA) im Dezember 1955 ein weißer Bürger dieser Stadt Martin Luther King stellte: »Während all der Jahre hatten wir hier solch friedliche und harmonische Beziehungen zwischen den Rassen. Warum haben Sie und Ihre Helfer sich hier eingedrängt und diese lange Tradition zerstört?«
King wies in seiner Antwort auf die latente Konfliktsituation hin: »Sie hatten hier in Montgomery niemals wirklichen Frieden. Hier gab es nur eine Art negativen Friedens, in dem der Neger sich nur zu oft mit seiner untergeordneten Position abgefunden hat. Aber das ist kein wahrer Friede. Zum echten Frieden gehört nicht nur, daß Spannungen fehlen: Gerechtigkeit muß herrschen! Die Spannung, die wir heute in Montgomery haben, ist die notwendige Spannung, die entsteht, wenn Unterdrückte aufstehen und anfangen, auf einen dauernden, positiven Frieden hinzuarbeiten.«[3]
Kings Hinweis auf die Gerechtigkeit war ein Appell an das Selbstverwirklichungsmotiv; für die sozialeudämonistische Motivation ist an seiner Antwort nur von Belang, daß er seinem Gegner, für den Fall, daß dieser auf seinen Positionen beharren wolle, einen Zu-

3 Martin Luther King: Stride Toward Freedom, a. a. O., S. 37–38.

stand anhaltender Spannung, und für den Fall, daß er nachgeben sollte, einen dauernden Frieden ankündigt.
Auf die sozialeudämonistische Motivation des Gegners wirken die gewaltfreien Aktionen dadurch ein, daß sie ihm seinen geschätzten Frieden nehmen und ihm »auf die Nerven gehen«. Besonders der Verwaltungsapparat der Herrschenden kann geradezu allergisch auf solch dysfunktionale gewaltfreie Aktionen reagieren. Jawaharlal Nehru berichtet über die Auswirkungen des ersten Anlaufs eines gesamtindischen Aufstands auf Regierung und Verwaltung: »Wie der Vizekönig, Lord Reading, sich im Dezember 1921 ausdrückte, war man ›verblüfft und bestürzt‹. Die Nerven manches britischen Beamten begannen zu versagen. Die Beanspruchung war zu groß. Eine stets wachsende Opposition und ein Geist des Trotzes umdüsterten das amtliche Indien gleich einer riesigen Monsunwolke.«[4]
Wenn die Herrschenden die Erfahrung gemacht haben oder aus den organisatorischen Vorbereitungen der Aufständischen den Schluß ziehen, daß mit Hilfe einer Unterdrückungsaktion – die sie in ihrer Frustration zunächst einmal in Erwägung ziehen dürften[5] – »Ruhe und Ordnung« nicht wieder herzustellen sind, werden sie, wenn man eine monothematische sozialeudämonistische Motivation annimmt – »um des lieben Friedens willen« zum Nachgeben bereit sein; allerdings unter der Voraussetzung, daß die Minimalforderung der Daseinssicherung erfüllt und zumindest die Chance einer Maximalisierung des Komforts gegeben ist. Die Erfüllung dieser beiden Voraussetzungen des Erfolgs im »Nervenkrieg« müssen im folgenden noch eingehend erörtert werden.
Die Herrschenden werden nicht dahin tendieren, den Forderungen der Aufständischen zu entsprechen, wenn während des Konflikts und in dem neuen System der Aufständischen ihre physische Unversehrtheit nicht gewährleistet ist. »Feindschaft ist eine Funktion der Unsicherheit. Je größer, innerhalb eines gewissen Spielraums, die Unsicherheit ist, desto größer ist auch die Furcht.«[6] Diese ist aber wiederum ein kräftiger Antrieb für aggressives Verhalten.[7]
Die Furcht um die körperliche Unversehrtheit ist zwar gewöhnlich nicht die einzige Ursache für das Gefühl der Unsicherheit beim Gegner – auch die Furcht vor einer sozialen Degradierung kann ein wichtiger Faktor sein[8] – aber sie ist doch das hinderlichste Moment für einen Erfolg der Aufständischen.

[4] J. Nehru: Indiens Weg zur Freiheit. Frankfurt a. M., o. J., S. 73.
[5] J. Dollard, L. W. Doob, O. H. Mowrer, R. R. Sears: Frustration and Aggression, New Haven 1939.
[6] Robin M. Williams: The Reduction of Intergroup Tensions, New York 1947, S. 53; zit. nach George R. Lakey: The Sociological Mechanisms of Nonviolent Action. M. A. Thesis, Univ. of Pennsylvania, 1962, S. 85.
[7] John Dollard: Hostility and Fear in Social Life. In: Social Forces, 17 (1938); nach G. Lakey, a. a. O., S. 85.
[8] Lakey weist hier besonders auf die Befürchtungen der weißen Unterschichten in den Südstaaten der USA hin (a. a. O., S. 84–85).

Diese Furcht kann den Herrschenden meist nicht allein dadurch genommen werden, daß die Aufständischen öffentlich eine gewaltfreie ultima ratio ihrer Kampagne ankündigen, da diese Beteuerungen die Herrschenden entweder nicht erreichen oder von ihnen nicht geglaubt werden. Diese Erfahrung machten die Inder zu Beginn ihres Unabhängigkeitskampfes: »Der Durchschnittsengländer traute der bona fide des gewaltlosen Widerstandes nicht; er hielt dies alles für Tarnung, einen Deckmantel für irgendeinen gewaltigen, geheimen Anschlag, der sich eines Tages in einem heftigen Aufruhr Luft machen würde. Von Kindheit an in dem weitverbreiteten Glauben erzogen, der Osten sei von Geheimnissen umwoben, und in seinen Bazaren und engen Gassen würden ständig geheime Verschwörungen ausgebrütet, kann der Engländer selten über Dinge, die sich auf diese Länder voll angeblicher Geheimnisse beziehen, klar denken. Er macht niemals den Versuch, diesen einigermaßen leicht zu durchschauenden und alles andere als geheimnisvollen östlichen Menschen zu verstehen. Er hält sich vollkommen abseits von ihm, formt sich seine Gedanken über ihn aus Erzählungen, in denen es von Spionen und Geheimgesellschaften wimmelt, und dann erlaubt er seiner Phantasie wilde Sprünge.«[9]
Dieses Verschwörungstrauma war nicht nur eine spezifische Eigenart der englischen Beamten in Indien, sondern darf bei der Mehrzahl der Herrschenden, die sich einem Aufstand gegenübersehen, angenommen werden. Wir finden diese Verschwörungsphantasmagorien wieder in Südafrika und den Südstaaten der USA, wo die Befürworter einer Rassenintegration kurzerhand als Mitglieder der Helfershelfer einer kommunistischen Weltverschwörung bezeichnet werden. Einige gewiegte Politiker mögen solche Anschuldigungen zwar ohne Überzeugung aus kühler Berechnung vorbringen – aber schon, daß sie einen Widerhall ihrer Diffamierungen erwarten können, beweist die Echtheit und weite Verbreitung solcher die Phantasie auf Irrwege leitender Furchtgefühle.[10]
Das erste Bestreben der Aufständischen muß es darum sein, die Herrschenden von irrealen Befürchtungen zu befreien. Gandhi erklärte seinen Mitstreitern: »Wir müssen durch unser Verhalten jeden Engländer davon überzeugen, daß er im abgelegensten Winkel Indiens so sicher ist, wie er sich nach seiner Behauptung hinter den Maschinengewehren fühlt.«[11] Überzeugen heißt aber, daß die Aufständischen gerade in den Situationen, in denen von ihnen ein

9 J. Nehru: Indiens Weg zur Freiheit, a. a. O., S. 73–74.
10 In Südafrika hat diese Furcht vor allem im »Suppression of Communism Act« aus dem Jahre 1950 Ausdruck gefunden, dessen Definition des Kommunismus so vage ist, daß auch die Methoden und Ziele der Gewerkschaften in den westlichen Demokratien darunter fallen würden; s. B. Bunting: The Rise of the South African Reich, a. a. O., S. 165–167.
11 M. K. Gandhi: Liebe, nicht Haß. In: *Young India*, 8. 12. 1921. In: Mahatma Gandhi: Jung Indien. Aufsätze aus den Jahren 1919 bis 1922, hrsg. von Romain und Madeleine Rolland, Zürich 1924, S. 403.

gewaltsames Vorgehen erwartet wird, keine Gewalt anwenden. Protestaktionen und zivile Usurpationen, welche die Herrschenden durch Einsatz von Polizei und Militär zu unterdrücken suchen, können auch als Tests dienen für den Grad an persönlicher Sicherheit, den die Aufständischen den Herrschenden in Aussicht stellen. Behalten die Aufständischen ihre gewaltfreie Disziplin auch dann bei, wenn sie in der Überzahl sind und unter die Knüppel der Polizei oder ins Feuer der Armee geraten, stellt dies unter anderem auch überzeugend die Glaubwürdigkeit der gewaltfreien Strategie unter Beweis. (Die weiteren Auswirkungen eines solchen Verhaltens werden in dem folgenden Abschnitt über das Selbstverwirklichungsmotiv erörtert werden.)

Das gewaltfreie Verhalten bei diesen Konfrontationen soll die Atmosphäre schaffen für die Verhandlungen, in denen von den Herrschenden erwartet wird, daß sie aufgrund rationaler Überlegungen von ihren bisherigen Positionen entweder entsprechend den Forderungen der Aufständischen abrücken oder sich doch zu einem Kompromiß bereitfinden. Gelingt es den Aufständischen nicht, den gewaltfreien Charakter ihrer Strategie zu verdeutlichen, ist kaum zu erwarten, daß sich ein Kompromiß zwischen den beiden Systemen ohne einen neuen Aufstand auf institutionenimmanentem Weg zugunsten der Aufständischen entwickeln läßt, da die bislang allein Herrschenden auch aus Furcht dazu neigen werden, das die Kampfhandlungen beendende Abkommen so eng wie irgend möglich zu interpretieren. Unter welch schlechten Auspizien die mit Hilfe von mehr oder weniger gewaltlosen Massenstreiks erkämpfte russische Duma am 27. April (10. Mai) 1906 im Winterpalast zu Petersburg eröffnet wurde und wie sehr die terroristische Praxis früherer Jahre noch nachwirkte,[12] zeigen unter anderem die Empfindungen der Anhänger des alten Systems bei dieser Zeremonie: »Die Würdenträger des Zarenregimes fühlten die Blicke (der 450 Mitglieder der Duma – Th. E.) herausfordernd, feindselig und ironisch auf sich gerichtet. Der neue Innenminister Stolypin flüsterte seinem neben ihm stehenden Kollegen Kokowzow zu, er frage sich, ob nicht jeden Augenblick ein Bombenattentat zu erwarten sei. Ähnliche Befürchtungen fühlte die Kaiserin-Mutter in sich aufsteigen. ›Von einigen Typen konnte ich meine Augen nicht abwenden‹, erzählte sie einige Tage später, ›so sehr atmeten ihre Gesichter einen seltsamen, mir unverständlichen Haß gegen uns alle [...] Das erfüllte mich mit schrecklicher Angst.‹«[13]

Die Garantie der persönlichen Sicherheit ist allein noch nicht ausreichend, auch ein gewisses Maß an Komfort, an den sich die Herrschenden in ihren bisherigen Stellungen gewöhnt haben, muß den-

[12] Franco Venturi: Roots of Revolution. A History of the Populist and Socialist Movements in Nineteenth Century Russia, New York 1966.

[13] Zit. nach Valentin Gitermann: Geschichte Rußlands, Bd. 3, Hamburg 1949, S. 426.

jenigen in Aussicht gestellt werden, die sich bei ihren Entscheidungen von materiellen Rücksichten beeinflussen lassen; dies kann beispielsweise durch Angebote vorzeitiger Pensionierung oder sonstiger materieller Vergünstigungen geschehen oder aber in volkswirtschaftlich nützlicherer Weise durch das Angebot neuer einträglicher Beschäftigungen.
Zuweilen ist es aber unvermeidlich, daß für einzelne Vertreter das Komfortangebot der Aufständischen beträchtlich unter dem bisherigen Niveau liegt und die Herrschenden komfortabel, wenn auch auf Kosten ihrer Nervenkraft »mit Konflikten leben« wollen. In diesen Fällen muß die Entscheidung für die Räumung der Position über die Einwirkung auf das Selbstverwirklichungs- und das Machtmotiv fallen, das heißt die gewaltfreien Aktionen müssen den Herrschenden einerseits verdeutlichen, daß ihre Komfortansprüche »ungerecht« sind und andererseits, daß sie nicht länger über die Macht verfügen, ihre Positionen zu halten.

Selbstverwirklichung

»Die Wahrheit finden heißt sich selbst verwirklichen, sein Schicksal erfüllen, mit anderen Worten: vollkommen werden.«[14] Dieses Streben nach Wahrheit und Selbstverwirklichung wird in allen gewaltfreien Kampagnen bei den Aufständischen wie bei den Herrschenden als gemeinsame Motivation vermutet. Gandhi hat sich in seinem Beitrag zur Methodik der gewaltfreien Aktion vor allem auf die Einwirkung auf diese weltanschauliche Motivation konzentriert. Hier war er zweifellos auch am originellsten. Einige aus Gandhis Schule kommende Interpreten der gewaltfreien Aktion hat diese mehr pädagogisch und weniger theoretisch gemeinte monothematische Hervorhebung der weltanschaulichen Motivation jedoch dazu verleitet, einzig diejenige Strategie als reine Satyagraha-Strategie zu bezeichnen, die primär darauf abziele, über die weltanschauliche Motivation das soziale Verhalten der Herrschenden zu ändern.[15] Im folgenden soll jedoch die Einwirkung auf die weltanschauliche Motivierung immer als Komponente einer Strategie angesehen werden, die von der Vermutung einer polythematischen Motivierung ausgeht.
Die Aufständischen mußten bei der Einwirkung auf die sozialeudämonistische Motivation annehmen, daß die Herrschenden in ihrem System ihre Friedens- und Wohlfahrtsforderung entweder als schon weitgehend erfüllt oder doch erfüllbar ansahen. Dieselbe

[14] M. K. Gandhi: Selbsterkenntnis. In: *Young India*, 17. 11. 1921. In: Mahatma Gandhi, Jung Indien, a. a. O., S. 395.
[15] Das wichtigste Werk, das die Strategie gewaltfreier Kampagnen primär auf die weltanschauliche Motivation ausgerichtet wissen will, ist der »Klassiker« von Richard B. Gregg: The Power of Nonviolence (Die Macht der Gewaltlosigkeit, Wien 1964).

sozialpsychologische Situation dürfte hinsichtlich der weltanschaulichen Forderungen gegeben sein, wenn auch hier das Gefühl des Ungenügens etwas stärker ausgeprägt sein mag. Die Herrschenden werden darum auch in diesem Motivbereich ablehnend reagieren und eine Herrschaftsideologie entwickeln mit dem Typus eines Systemgegners, der eine Reihe negativer Werte verkörpert oder zu verwirklichen anstrebt. Mit dieser Vorstellung vom Systemgegner werden sie die Aufständischen mehr oder weniger pauschal zu identifizieren suchen.

Die gewaltfreien Aufständischen haben grundsätzlich das Ziel, die Herrschenden von ihrer eigenen Zukunftskonzeption durch rationale Argumente zu überzeugen. Diesem Zweck dient die funktionale Demonstration. Wäre dieses Verfahren allein schon erfolgreich, müßte der Aufstand nicht stattfinden. Die Aufklärung mit Hilfe der funktionalen Demonstration scheitert jedoch häufig, wenn sie überhaupt die Aufmerksamkeit der Adressaten findet, an Vorurteilen und an der Eigendynamik unreflektierter Gewohnheiten.

Die Strategie der Aufständischen muß diese begrenzte Wirksamkeit der Aufklärung einkalkulieren und mit gewaltfreien Aktionen diese Vorurteile aufzulösen, die selbstverständlichen Verhaltensweisen zu verfremden und so die Herrschenden für vernünftige Argumente aufzuschließen suchen. Die deutlichste und für die Herrschenden am wenigsten ignorier- und tolerierbare Form der Demonstration einer »dysfunktionalen« Weltanschauung ist die zivile Usurpation. Wenn die Herrschenden bei der Konfrontation mit diesen Aktionen die Aufständischen an der Realisierung ihrer Zukunftskonzeption zu hindern suchen, aktualisieren sie selbst diejenige Komponente der gewaltfreien Aktion, in welcher die Aufständischen den Katalysator ihrer Aufklärungsarbeit sehen: die Opferbereitschaft der Aufständischen wird zum freiwilligen Leiden der Unterdrückten. »Der gewaltfreie Widerstand wird charakterisiert durch die Bereitschaft, Leiden ohne Wiedervergeltung zu ertragen, durch die Bereitschaft, Schläge vom Gegner einzustecken, ohne zurückzuschlagen.«[16]

Die originelle strategische Leistung Gandhis bestand darin, daß er Gegner, die rational nicht ansprechbar waren, durch den Appell an ihre Gefühle zu einer Änderung ihrer Einstellung zu bewegen suchte: »Ich habe herausgefunden, daß der bloße Appell an die Vernunft überall da keinen Widerhall findet, wo die Vorurteile jahrhundertealt sind oder auf vermeintlicher Autorität beruhen. Die Vernunft muß durch Leiden gestärkt werden, und Leiden öffnet die Augen zum Verstehen.«[17]

Die Opfer, welche die gewaltfreie Aktion fordert, sind also nicht nur bedauerliche Konsequenzen eines Aufstandes, sie sind als kal-

[16] M. L. King: Stride Toward Freedom, a. a. O., S. 97.

[17] *Young India*, 19. 3. 1925. In: M. K. Gandhi: Sarvodaya (The Welfare of All), Ahmedabad 1954, S. 84.

kuliertes, gezieltes Leiden ein wichtiges Element der Strategie. Joan Bondurant hat den Appell des freiwilligen Selbstleidens als »Schocktherapie« bezeichnet.[18] Die Wirkung dieser Schockbehandlung dürfte darauf zurückzuführen sein, daß den Herrschenden beim Anblick der Folgen ihrer Unterdrückungsaktionen die Diskrepanz zwischen der Wirklichkeit und den Vorurteilen ihrer Weltanschauung klar wird.

Jawaharlal Nehru, der Gandhis »unbedingten Glauben an die absolute Wirksamkeit unschuldigen Leidens«[19] nicht teilte und auf komplimentäre Motivierungen des Gegners nicht meinte verzichten zu können, sah jedoch keinen Anlaß, dem Selbstleiden grundsätzlich seine Wirkung abzusprechen: »Daß es auf den Gegner eine beträchtliche Wirkung ausübt, steht fest. Es erschüttert seine moralische Verteidigung, entnervt ihn, es appelliert an sein besseres Ich und läßt den Weg zur Versöhnung offen. Niemand bezweifelt, daß die Annäherung durch Liebe und Selbstleiden beim Gegner und bei den Zuschauern mächtige psychische Wirkungen auslöst.«[20]

Martin Luther King hat diese psychische Wirkung freiwilligen Leidens damit zu erklären versucht, daß unter seinem Eindruck die Herrschenden erkennen, wie sehr sie durch ihr Handeln in Widerspruch zu ihrem idealen Selbstbildnis geraten: »Wenn der Unterdrücker diese dynamische Einheit, diese erstaunliche Selbstachtung und Leidensbereitschaft der Neger sieht, die sich weigern, zurückzuschlagen, wird ihm, wie es Unterdrückern immer geht, seine eigene Barbarei zum Ekel werden. Wenn er vor Gott und die Welt hintreten muß, das Blut seines Bruders an den Händen, wird er mit seinem selbstzerstörenden Massaker aufhören.«[21]

Abgesehen von dem immer wieder zu erhebenden Einwand gegen die monothematische Motivierung scheint an dieser Interpretierung der Wirkung des Leidens durch Martin Luther King vor allem bedenklich, daß sie beim Gegner in naiver Weise ein humanistisches beziehungsweise christliches Selbstbildnis anzunehmen scheint. Häufig wird darum gegen diese (monothematische) Strategie der Einwand erhoben, daß sie nur bei solchen Gegnern wirksam sei, die grundsätzlich »ethische Prinzipien anerkennen« und »das Ideal der Ritterlichkeit auch nur von ferne gesehen haben und dem Gewissen ein noch so bescheidenes Mitspracherecht einräumen.«[22] Diese ethischen Charakteristika werden dann zwar den Engländern in Indien und den Amerikanern in den Südstaaten der USA zuerkannt, aber

[18] Joan V. Bondurant: Conquest of Violence. The Gandhian Philosophy of Conflict, Princeton, N. J., 1958, S. 229.
[19] M. K. Gandhi: Civil Disobedience. In: *Young India*, 4. 8. 1921. In: ders.: Satyagraha (Non-violent Resistance), Ahmedabad 1951, S. 172.
[20] J. Nehru: Indiens Weg zur Freiheit, a. a. O., S. 540.
[21] M. L. King: Stride Toward Freedom, a. a. O., S. 207.
[22] Helmut Thielicke: Theologische Ethik. II, 2, Ethik des Politischen, Tübingen 1958, S. 639–640.

den Protagonisten totalitärer Regime aberkannt. So erhebt sich für Helmut Thielicke sofort die Frage, »ob ein Gegner, der im Namen des Marxismus-Leninismus kämpft, in ähnlicher Weise reagieren würde und ob eine entsprechende psychologische Spekulation nicht völlig fehlginge. Ganz abgesehen von der Großzügigkeit, mit der im ideologischen Raume über Menschenleben verfügt wird, würden für die bolschewistische Ethik auch extreme und einseitige Gewaltakte immer noch unter der moralischen Deckung durch das ideale Endziel stehen: die Weltrevolution und die gerechte Gesellschaftsordnung«[23].

Richtig ist an diesen Einwänden, daß es im Bewußtsein von Herrschenden ideale Selbstbildnisse und ethische Vorstellungen gibt, die sich nicht mit dem von Martin Luther King scheinbar angenommenen Selbstbildnis decken. Mit dem von der SS-Ideologie entworfenen Bild vom nationalsozialistischen Herrenmenschen war es durchaus vereinbar, daß in harter Pflichterfüllung minderwertiges wehrloses Leben vernichtet wurde, und auch bei einer kommunistischen Avantgarde der Weltrevolution braucht es zu keiner Diskrepanz zwischen dem offiziellen Selbstbildnis und dem Handeln zu kommen, wenn auf Grund »wissenschaftlicher« Überlegungen ein konterrevolutionärer Aufstand unterdrückt wird.

Man mißversteht jedoch Gandhi und King, wenn man bei ihnen ein naives humanistisches Menschenbild annimmt. Daß jedes Regime eine Rechtfertigung für seine Gewalttaten parat hält, wird in allen gewaltfreien Aufständen einkalkuliert. Die Komponente der gewaltfreien Aktionen, die auf die weltanschauliche Motivation einzuwirken sucht, hat ein doppeltes Ziel: erstens will sie, wo immer dies möglich ist, eine Diskrepanz zwischen dem offiziellen Selbstbildnis und der politischen Praxis sichtbar machen, und zweitens will sie eine Diskrepanz zwischen dem offiziellen und dem persönlichen Selbstbildnis aufzeigen, wobei angenommen wird, daß es ein spontanes humanes Verhalten gibt.[24]

Das erste Ziel verfolgte anfänglich die »Bürgerrechtsbewegung« in den USA, wenn sie die Diskrepanz zwischen Verfassungsrecht und Verfassungswirklichkeit in Protestaktionen und zivilen Usurpationen zu dramatisieren und an das Amerikanertum als allen Rassenunterschieden übergeordneten Wert zu appellieren sucht. Die zivile Usurpation des Gwynne-Oak-Vergnügungsparkes in Baltimore am 4. Juli 1963 war ein Beispiel, in dem in rascher Reihenfolge mit mehreren Appellationsversuchen experimentiert wurde. Einer Gruppe von etwa 50 schwarzen und weißen »Usurpatoren« war es gelungen, weit in den für Weiße reservierten Park vorzudringen. Eine deutsche Quäkerin berichtet über die nun folgende Konfrontation:

[23] A. a. O., S. 640.

[24] Vgl. George Lakey: The Sociological Mechanisms of Nonviolent Action, a. a. O., S. 87–91.

»Eine wütende Menge von ungefähr 500 Weißen umringte uns bald. Ein Mann nahm seinen Gürtel ab und schwang ihn als Peitsche, indem er laut rief, er würde uns schlagen, wenn wir weiterkämen. Wir sangen ›Freiheit‹ und marschierten mit überkreuzten Armen langsam vorwärts. Der Mann stand immer dicht neben uns und schwang den Gürtel, doch ohne uns zu berühren. Zwei Polizisten hielten uns an. Wir sangen ›Schwarz und Weiß zusammen‹. Die Menge stieß ein wütendes Geheul aus und stürzte sich auf uns. Als sie nur noch zentimeterweit von uns entfernt war und ein paar Arme uns schon berührten, sangen wir laut die Nationalhymne –; die Menge wich zurück und tat uns nichts.«[25]

Auch bei Kampagnen gegen kommunistische Regime wirkte es auf deren Funktionäre zuweilen schockierend und lähmend, wenn sie Arbeiter gegen sich aufstehen sahen, wo sie nach ihrem offiziellen Selbstbildnis doch annahmen, deren Interessen zu vertreten.[26] Heinz Brandt, Sekretär für Agitation und Propaganda in der SED-Bezirksleitung in Berlin, berichtet über die Wirkung des Aufstandes am 16./17. Juni 1953 auf seine Kollegen, die dann erst durch das Anrollen russischer Panzer wieder aufgehoben wurde: »Die Partei- und Staatsfunktionäre wurden durch die Ereignisse überrumpelt und fortschreitend gelähmt. Etwas Ungeheuerliches vollzog sich vor ihren Augen: Der Arbeiter erhob sich gegen den ›Arbeiter- und Bauernstaat‹. Alles brach zusammen. Sie hatten, selbst Opfer des Massenbetruges, die Fiktion für Wirklichkeit genommen. So verstanden sie nicht, was vor sich ging, und waren unfähig, in die Ereignisse einzugreifen. Eine kleine, zahlenmäßig geringe Schicht ging sofort auf die Seite der Arbeiter über. Die überwiegende Mehrheit aber, verärgert und desorientiert durch den unerklärlichen Bruch aller bisher gültigen Prinzipien und tödlich erschreckt durch das Zutagetreten der wahren Stimmung und der elementaren Kraft der Massen, verfiel in ohnmächtige Passivität.«[27]

In Südafrika konnten die aufständischen Farbigen an die offizielle Apartheid-Ideologie mit ihren Aktionen nicht anknüpfen, sondern mußten sich direkt gegen sie wenden. Zuweilen gelang es ihnen jedoch, an das Christentum als einen der Apartheid übergeordneten

[25] Lottelore Roloff-Bernstein: Erfahrungen bei einer gewaltlosen Aktion für gleiches Recht der Rassen. In: *Die Friedensrundschau*, Hamburg, XVIII, 10, Okt. 1964, S. 8.

[26] Bezeichnend für diese Zweifel an der Übereinstimmung zwischen Selbstbildnis und Praxis ist die Bemerkung von Bruno Leuschner, dem Vorsitzenden der Staatlichen Planungskommission der DDR, am Morgen des 17. Juni 1953 zu seinem Mitarbeiter Schenk im Blick auf die vor seinem Fenster demonstrierenden Arbeiter: »Das sind die Leute, um die wir seit Jahren ringen, von denen wir uns einbilden, daß wir ihre Interessen vertreten. Haben wir denn alles falsch gemacht?« (Fritz Schenk: Im Vorzimmer der Diktatur. 12 Jahre Pankow, Köln 1962, S. 201).

[27] Heinz Brandt: The East German Popular Uprising. In: *The Review*, hrsg. v. Imre Nagy Institute for Political Research, Brüssel, Nr. 2, Okt. 1959, S. 105 (hier zitiert nach dem deutschen Manuskript).

Wert zu appellieren und dadurch Unterdrückungsaktionen zu verhindern. Als 1959 in Ixopa die Polizei eine Protestdemonstration schwarzer Frauen durch einen Angriff mit Schlagstöcken auflösen wollte, wie dies zuvor in Camperdown bei Pietermaritzburg schon geschehen war, antworteten die Frauen mit einer die Polizei verwirrenden Geste. »Als der Auflösungsbefehl gegeben wurde, knieten die Frauen nieder und begannen zu beten. Die Polizisten standen hilflos herum.«[28]

Wenn es nicht gelingt, noch vor dem Versuch der gewaltsamen Unterdrückung eine solche ideologische Achillesferse zu treffen, besteht immer noch die Möglichkeit, daß entweder die Täter selbst oder an der Unterdrückungsaktion nicht direkt beteiligte Glieder der Gruppe der Herrschenden nachträglich das Widersprüchliche ihrer Haltung wahrnehmen,[29] – oder aber, daß bei den Herrschenden das spontane humane Selbstverwirklichungsmotiv, das man hier auch Sympathiemotiv nennen könnte, angesprochen wird.

Beim Versuch, über das persönliche Selbstverwirklichungsmotiv, das dazu im Widerspruch zur offiziellen Ideologie geraten muß, auf die Herrschenden einzuwirken, gehen die Aufständischen von der Annahme aus, daß es unterhalb der nicht völlig undurchlässigen Isolierschicht der Herrschaftsideologie einen humanen Kern gibt, der auf die Leiden der Aufständischen empfindlich reagiert.[30] Der marxistische Humanist Leszek Kolakowski hat diese Arbeitshypothese prägnant formuliert. Er meint, daß es »elementare Situationen« gibt, in denen politische Doktrinen ihren Anspruch verlieren, Richtlinien für das Handeln abzugeben. »Elementare Situationen sind solche, denen gegenüber die Taktik erlischt, das heißt, in denen

[28] Albert Luthuli: Let My People Go. An Autobiography, London 1962, S. 196.

[29] So erzielten die amerikanischen Neger die angestrebte Wirkung meist erst indirekt über das Fernsehen und die Presse. »Die Bilder der Birminghamer Polizeibrutalitäten rührten an das Gewissen des Landes, die weiße Mehrheit wurde von Kollektivscham ergriffen.« (Norbert Mühlen: Die schwarzen Amerikaner. Anatomie einer Revolution, Stuttgart 1964, S. 136)

[30] Die Geschichte der Vernichtung der Juden in Polen und Rußland während des Zweiten Weltkriegs, die am meisten gegen diese Annahme spricht, bietet auch einige Beispiele dafür, daß selbst unter dem Gesichtspunkt der Unempfindlichkeit ausgewählte Mitglieder der SS die Vernichtungsaktionen trotz aller psychologischen Tricks und Rechtfertigungsversuche nervlich nicht durchstanden. (Heinz Höhne: Der Orden unter dem Totenkopf. In: *Der Spiegel*, XX, 53, 26. 12. 1966, S. 51–52 und 57–61.) George Lakey hat aber sicher zu Recht darauf hingewiesen, daß das passive, furchtsame Leiden in seiner Wirkung nicht mit dem tapferen, freiwilligen Leiden von Aufständischen verglichen werden kann. (G. Lakey: Nonviolent Action. How it Works. Pendle Hill Pamphlets 129, Wallingford, Penn. 1963, S. 14–15.) Wenig bekannt ist, daß 1943 in Berlin »arische« Frauen gegen die Verhaftung ihrer jüdischen Männer in großer Zahl vor dem improvisierten Gefängnis in der Rosenstraße demonstrierten und mit Sprechchören die Freigabe ihrer Männer verlangten. »Erschreckt über einen Vorfall, der in der Epoche des Dritten Reiches nicht seinesgleichen hatte, ließ die Gestapo sich auf Verhandlungen ein. Man beschwichtigte, machte Zusicherungen und gab die Männer schließlich frei.« (Heinz Ullstein: Spielplatz meines Lebens. Erinnerungen, München 1961, S. 340.)

unser moralisches Verhalten ungeachtet der Umstände, unter denen sie eintreten, unverändert bleibt.«[31]

Der Ursprung solch spontanen humanen Handelns ist darin zu suchen, daß in den elementaren Situationen den Herrschenden ihre eigene, von keiner Ideologie hinweginterpretierbare existentielle Grundsituation aufleuchtet, das heißt, sie erkennen oder fühlen zwischen sich und den von ihnen unterdrückten Aufständischen Gemeinsamkeiten, die sie zur Sympathie und zur Unterlassung weiterer Unterdrückungshandlungen zwingen. Diese elementaren Gemeinsamkeiten, welche den Herrschenden bewußt gemacht werden müssen, um auf das Selbstverwirklichungsmotiv durch Opferbereitschaft einzuwirken, sind »das Bewußtsein seines (des Menschen – Th. E.) gesonderten Daseins, das Bewußtsein seiner kurzen Lebensspanne und der Tatsache, daß er ohne seinen Willen geboren ist und gegen seinen Willen sterben wird, daß er vor jenen sterben wird, die er liebt, oder daß sie vor ihm sterben werden, das Bewußtsein seiner Einsamkeit und Getrenntheit, seiner Hilflosigkeit gegenüber den Kräften der Natur und der Gesellschaft«[32].

In den elementaren Situationen soll den Herrschenden nach Ansicht von Martin Luther King, auf den wir nach der Erörterung seiner Prämissen wieder zurückkommen können, klar werden, daß »alle Menschen in einem einzigen Prozeß begriffen sind« und daß »jeder, der dem andern schadet, auch sich selbst schadet«.[33]

Fehlkalkulationen würden sich jedoch aus der Annahme ergeben, daß die Wirkung des Leidens auf das existentielle Humanitätsgefühl des Unterdrückers allein aus der Intensität des physischen Schmerzes, der Dauer des Freiheitsentzuges oder der Höhe der materiellen Opfer resultiere. Betrachtet man in Südafrika nur die Zahl der für Verstöße gegen die Apartheid-Gesetze Verurteilten in den Jahren 1951 und 1952, also vor und während der »Mißachtungskampagne« (Defiance Campaign), so ist kaum ein Unterschied feststellbar. Zu der als normal geltenden Zahl einer halben Million Verurteilter im Jahre 1951 kamen im Jahre 1952 durch den Aufstand nur 8000 weitere hinzu. »Wenn aber in den Gefängnissen jährlich 50000 Stockschläge verabreicht werden, können dann 1000 weitere den Gewissensnerv der Herrschenden treffen?«[34]

[31] Als Beispiele für solche elementaren Situationen nennt er »offenbare Angriffskriege, Mord, Folter, Mißhandlungen Wehrloser«. Das spontane humane Engagement in solchen Situationen expliziert er an einem Beispiel, das nur selten in den Umkreis gewaltfreier Aufstände gehört, das aber Analogieschlüsse beispielsweise auf die Mißhandlung »wehrloser« Aufständischer zuläßt: »Wenn ein Mensch vor Hunger stirbt und man kann ihm zu essen geben, dann gibt es kein Zusammentreffen von Umständen, unter denen es richtig wäre zu sagen: ›Es ist taktisch besser, ihn sterben zu lassen‹, oder (wenn ich ihm nicht helfen kann) ›taktisch ist es besser, seinen Hungertod zu verschweigen‹«. (Leszek Kolakowski: Der Mensch ohne Alternative. Von der Möglichkeit und Unmöglichkeit, Marxist zu sein, München 1960, S. 248.)

[32] Erich Fromm: Die Kunst des Liebens, Frankfurt/M. 1956, S. 24.

[33] M. L. King: Stride Toward Freedom, a. a. O., S. 100.

[34] L. Kuper: Passive Resistance in South Africa, a. a. O., S. 85.

Ein solches aufs Ganze gesehen geringes Mehrleiden kann nur dann eine potenzierte oder qualitativ andere Wirkung hervorrufen, wenn erstens die gewaltfreien Aktionen (und ihre vorherige Ankündigung) geeignet sind, im Unterdrücker die abwertenden stereotypen Vorstellungen von Aufständischen durch Bilder menschlicher Individuen zu ersetzen, und wenn zweitens die Haltung der Aufständischen während der Unterdrückung geeignet ist, den Respekt und die Sympathie der Herrschenden zu gewinnen.

Dem positiven Selbstbildnis der Herrschenden in ihrer Ideologie entspricht nämlich ein negatives stereotypes Bild vom Unterdrückten. Weiße Südafrikaner sehen in den indischen Fremdarbeitern und auch in den seit längerer Zeit ansässigen indischen Händlern kurzerhand »Kulis«[35]. Über ihr Bild von den schwarzen Bürgern der Republik berichtet Albert Luthuli: »Wir Afrikaner werden von den Weißen entpersönlicht; unser Menschsein und unsere Würde ist in ihrer Vorstellung auf ein Minimum reduziert. Wir sind ›Boys‹, ›Girls‹, ›Kaffern‹, ›gute Eingeborene‹ und ›schlechte Eingeborene‹, aber wir sind für sie keine wirklichen Menschen. Wir sind kaum mehr als Kalkulationsgrößen bei der Berechnung der Arbeitskraft und Teile des ›Eingeborenenproblems‹.«[36] Extremistische amerikanische Südstaatler bezeichneten ihre schwarzen Mitbürger, wenn sie wütend waren, als »schwarze Affen«[37] oder in besserer Laune klischeehaft als »dumm, faul, sorglos und quietschvergnügt«.[38] Howard Zinn, ein amerikanischer Theoretiker der gewaltlosen Aktion, sieht einen Zusammenhang zwischen diesen stereotypen negativen Symbolbildern und der Bereitschaft der Herrschenden, Mitmenschen gewaltsam zu unterdrücken: »Wendet sich die Gewalt gegen Symbole, dann wird dem Objekt des Angriffs seine individuelle Besonderheit genommen. Nur auf diese Weise kann der Mensch das überwinden, was, wie ich glaube, sein natürliches spontanes Gefühl der Einheit mit anderen menschlichen Wesen ist. Er muß durch das Einsetzen eines Symbols für die Wirklichkeit in seinem Bewußtsein das Menschsein dieses Wesens zerstören.«[39]

Dieses Menschsein der Aufständischen dürfte den Herrschenden aber dann am ehesten bewußt werden, wenn jene »existentielle Haltungen« einnehmen, die in besonderem Maße geeignet sind, den Unterdrückern ihre eigene Grundsituation als Mensch zu verdeutlichen. In einer Mischung aus Demut und Tapferkeit hat Gandhi die erfolgversprechendste Haltung gesehen. Anläßlich der

[35] M. K. Gandhi: Satyagraha in South Africa, Ahmedabad 1950, S. 40.

[36] A. Luthuli: Let My People Go, a. a. O., S. 155.

[37] So ein Hilfssheriff bei den Demonstrationen in Birmingham am 7. 5. 1963. In: *Time*, 17. 5. 1963, S. 18.

[38] G. R. Lakey: The Sociological Mechanisms of Nonviolent Action, a. a. O., S. 25; zum stereotypen Bild vom Neger als »Clown« s. M. L. King: Why We Can't Wait, New York 1964, S. 40.

[39] H. Zinn: The Force of Nonviolence. In: Virginia Naeve (ed.): Changeover. The Drive for Peace, Denver 1963, S. 256.

ersten Unabhängigkeitskampagne schrieb er an die Engländer in Indien: »Ich weiß, Ihr würdet uns Achtung nicht versagen, wenn wir kämpfen und Eurer Hand das Szepter entwinden könnten. Ihr wißt, daß wir machtlos sind, denn Ihr habt selbst dafür gesorgt, daß wir nicht in offener und ehrenvoller Schlacht kämpfen können. Auf dem Schlachtfeld können wir also unsere Tapferkeit nicht beweisen. Die Tapferkeit der Seele ist uns jedoch geblieben. Ich weiß, Ihr seid auch dieser Tapferkeit zugänglich. Mein ganzes Streben ist jetzt darauf gerichtet, diese Tapferkeit (bei meinen Landsleuten – Th. E.) zu erwecken.«[40]

Die Tapferkeit wird zu einer solchen existentiellen Haltung, wenn die Aufständischen ihre natürliche Furcht überwinden um eines überpersönlichen, sozialen Wertes willen und wenn dies ohne fanatische Verabsolutierung der eigenen Position geschieht im Gedanken an die Begrenztheit des eigenen Wissens und die eigenen charakterlichen Schwächen.[41] Solch tapferes Leiden vermag nicht nur animalisches Mitleid zu erregen, wie man es gegenüber leidenden Kreaturen kennt, sondern Achtung vor dem »Mitmenschen« – und eine gewisse Neugierde zu erfahren, worin diese Furchtlosigkeit gründet. »Das Schauspiel des Leidens für eine Überzeugung kann den Unterdrücker veranlassen, seine eigenen Dogmen zu überprüfen – und sei es auch zu keinem anderen Zweck, als ihre Richtigkeit klarzulegen. Aber die Überprüfung geschieht unter neuen Gesichtspunkten; das ändert das Gesamtbild, und oft ist es so, daß der Besiegte am Ende zum Sieger wird.«[42]

Wie Case richtig formuliert, »kann« das Leiden auf solche Weise auf das Selbstverwirklichungsmotiv der Herrschenden einwirken; dies muß aber in der Praxis nicht unbedingt der Fall sein. Aus einigen Aussagen Gandhis könnte man allerdings schließen, dies müsse immer der Fall sein. Für ihn scheint die Strategie des kalkulierten Leidens theoretisch ein »geschlossenes System« zu bilden.[43] Die Prämisse dieses gedanklichen Systems, die einem Glaubensbekenntnis

[40] M. K. Gandhi: To Every Englishman in India (I). In: *Young India*, 27. 10. 1920. In: Mahatma Gandhi: Young India, Vol. I, 1919–1922, S. 303.

[41] Gandhi hat seine Landsleute wiederholt darauf hingewiesen, daß eine Haltung der Überheblichkeit den Aufstand gefährde und daß man immer darauf bedacht sein müsse, den Gegner das Gesicht wahren zu lassen. Ein aktiver Verweigerer der Zusammenarbeit läßt seine Taten für seine Grundsätze sprechen. Seine Stärke liegt in seiner Überzeugung, daß seine Sache gerecht ist. Und um so sicherer wird seine Überzeugung auch den Gegner erfassen, je weniger er spricht und je mehr er handelt. Die Rede, besonders die hochmütige Rede, verrät einen Mangel an Vertrauen und läßt den Gegner an der Aufrichtigkeit der Handlung zweifeln. Darum ist Demut der Schlüssel zu einem raschen Erfolg.« (M. K. Gandhi: The Need for Humility. In: *Young India*, 12. 1. 1921. In: Mahatma Gandhi: Young India, Vol. I, 1919–1922, S. 722–723.)

[42] Clarence Marsh Case: Nonviolent Coercion. A Study in Methods of Social Pressure, New York und London 1923; zit. nach Auswahl in M. Q. Sibley (ed.): The Quiet Battle, a. a. O., S. 57–58.

[43] L. Kuper: Passive Resistance in South Africa, a. a. O., S. 84.

gleichkommt, war: »Ich glaube, daß dem Leiden die Kraft innewohnt, auch die härtesten Herzen zu erweichen.«[44] Seine Folgerung daraus lautete: »Der Sieg ist sicher unter der Voraussetzung, daß die Sache gerecht und die Bereitschaft zu leiden endlos ist und Gewalttaten vermieden werden.«[45] Stellte sich bei den Herrschenden auf die Leiden der Aufständischen hin nicht die erwartete Sinnesänderung ein, so erklärte er dies damit, daß das Leiden nicht groß genug, die Herrschenden nicht lange und oft genug damit konfrontiert und die Haltung der Aufständischen nicht tapfer und demütig genug gewesen wären.[46]

Die Sozialwissenschaft kann solche Glaubensbekenntnisse charismatischer Führer gewaltfreier Kampagnen zwar feststellen, sie aber für eine Theorie der gewaltfreien Aktion nur als Arbeitshypothesen einer strategischen Konzeption aufgreifen. Eine kritische Distanz von den eigenen Hypothesen schafft in der Praxis auch die Möglichkeit, sich von der monothematischen Fixierung auf eine Motivation zu lösen. Die Erfahrungen von Widerstandsbewegungen, insbesondere von solchen gegen totalitäre Regime, lassen vermuten, daß eine Herrschaftsideologie die »Schwelle der Empfindlichkeit«[47] für die Leiden der Aufständischen so erhöhen kann, daß eine Strategie, die sich auf das Selbstverwirklichungsmotiv konzentriert, ohne durchschlagenden Erfolg bleibt. In solchen Fällen wäre zu überlegen, ob nicht erfolgversprechender über die im folgenden Abschnitt erörterte Machtmotivation auf die Herrschenden einzuwirken wäre.[48]

Macht und Prestige

> »Wer Politik treibt, erstrebt Macht: – Macht entweder als Mittel im Dienst anderer Ziele (ideeller oder egoistischer), – oder Macht ›um ihrer selbst willen‹: um das Prestigegefühl, das sie gibt, zu genießen.«[49]

[44] M. K. Gandhi: Liebe, nicht Haß. In: *Young India*, 8. 12. 1921. In: Mahatma Gandhi, Jung Indien, a. a. O., S. 403.
[45] M. K. Gandhi: Conditions of Successful Satyagraha. In: *Young India*, 27. 4. 1921. In: ders., Satyagraha, a. a. O., S. 56.
[46] M. K. Gandhi: Die Non-Violenz. In: *Young India*, 9. 3. 1920. In: Mahatma Gandhi, Jung Indien, a. a. O., S. 41.
[47] L. Kuper: Passive Resistance in South Africa, a. a. O., S. 87.
[48] Zur Problematik des Widerstands gegen totalitäre Regime und zur Kritik an einer monothematischen Strategie des kalkulierten Leidens s. Martin Buber: Brief an Gandhi, Jerusalem 24. 2. 1939. In: Mahatma Gandhi und Martin Buber: Juden, Palästina und Araber. (Briefwechsel hrsg. v. Hans Lamm), München 1961, S. 12–14; Gene Sharp: Facing Totalitarianism without War. In: Ted Dunn (ed.): Alternatives to War and Violence, London 1963, S. 135–148; Theodor Ebert: Nonviolent Resistance against Communist Regimes? In: Adam Roberts (ed.): Civilian Resistance as a National Defence, London 1969.
[49] Max Weber: Politik als Beruf. In: ders.: Gesammelte politische Schriften, 2. Aufl., Tübingen 1958, S. 495.

Wohlfahrt und Selbstverwirklichung wären die »anderen Ziele« im Sinne unserer Terminologie. Wie durch die Einflußnahme auf diese Motive indirekt bewirkt werden kann, daß die Herrschenden aufhören über ihre bisherigen Positionen nach Macht zu streben, wurde schon erörtert. Es bleibt aber noch die »Prestigeprätension« als Motiv für den Machterwerb,[50] beziehungsweise in unserem Fall für die Verweigerung der von den Aufständischen geforderten Positionen. Diese Prestigeprätension kaschiert und mischt sich in der politischen Praxis mit dem Wohlfahrts- und Selbstverwirklichungsmotiv; um jedoch die strategische Komponente der gewaltfreien Aktion erkennen zu können, die speziell auf die Prestigeprätension einwirkt, müssen wir diese isoliert betrachten.

Die Prestigeprätension ist dann das Streben nach Allüberlegenheit. »Während Tiere mit Dasein und Fortpflanzung sich zufrieden geben, will der Mensch über sein eigenes Maß hinaus wachsen, und seine Begierde wird in dieser Beziehung nur von dem eingeengt, was die Vorstellungskraft als möglich empfindet.«[51] Die Prestigeprätension unterscheidet sich von der (mehr animalischen) Wohlfahrtsmotivation dadurch, daß sie unendlich ist. In einer Kritik an Bentham und dem Manchestertum und einem gewissen Vulgärmarxismus weist Bertrand Russell darauf hin, daß das wirtschaftliche Eigeninteresse nicht das grundlegende Motiv in der Sozialwissenschaft sei: »Der Wunsch nach Gütern, sofern sie von Macht und Herrlichkeit getrennt sind, ist endlich und kann durch eine maßvolle Wohlhabenheit befriedigt werden. Die wirklich unbegrenzten Begierden sind nicht von der Liebe zu materiellen Dingen diktiert. Güter wie eine durch Korruption dienstbar gemachte Legislatur oder eine Privatgalerie von alten Meistern, die durch Experten ausgesucht wurden, werden um der Macht und der Herrlichkeit willen erstrebt, nicht als fruchtbringende Bequemlichkeiten, auf denen man sitzen kann. Wenn ein mäßiger Stand des Komforts gesichert ist, werden sowohl Individuen als auch Gemeinschaften eher nach Macht als nach Reichtum streben: sie mögen Reichtum suchen als Mittel zur Macht, oder sie mögen zunächst eine Zunahme an Reichtum vornehmen, um ein Anwachsen der Macht zu sichern, aber im ersteren wie im letzteren Fall ist ihr grundsätzliches Motiv nicht wirtschaftlicher Art.«[52]

Für das Einwirken der Aufständischen auf die Prestigemotivation ist grundlegend, daß es sich hier um ein »irrationales Element« handelt.[53] Bei der Einflußnahme auf die Wohlfahrts- und die Selbstverwirklichungsmotivation haben die Aufständischen diese

[50] Max Weber: Wirtschaft und Gesellschaft. Grundriß der verstehenden Soziologie, 2. Halbband, Köln 1964, S. 665 (8. Kap., § 3).
[51] Bertrand Russell: Macht. Eine sozialkritische Studie, Zürich 1947, S. 8.
[52] A. a. O., S. 9–10.
[53] M. Weber: Wirtschaft und Gesellschaft, a. a. O., S. 666.

Motivationen der Herrschenden als reale Motivationen genommen und sie in dem von ihnen angestrebten sozialen System zu befriedigen gesucht; bei der Prestigeprätension besteht nun die Schwierigkeit, daß sie zwar eine reale Kraft ist und nicht aus der Welt geschafft werden kann, daß sie aber auch in dem neuen System der Aufständischen nicht voll zu befriedigen ist und demokratischen Kontrollen unterworfen werden soll.

Aus dieser Einschätzung der Prestigeprätension einerseits als reale, zur Natur des Menschen gehörende Kraft, die irgendein Betätigungsfeld braucht, und andererseits als irrationales Element, das der Kontrolle bedarf,[54] ergeben sich zwei Grundregeln für die Strategie gewaltfreier Aufstände:

(1) den Herrschenden müssen unbedingt neue Positionen angeboten werden, von denen aus sie Prestige erwerben können;

(2) die irrationale Prestigeprätension muß kontrolliert werden, indem man den Herrschenden die Verfügung über die Machtmittel entzieht.

Die Strategie der Einwirkung auf die Prestigeprätension hat also eine konstruktive und eine subversive Seite, – was auch schon für das Wohlfahrts- und das Selbstverwirklichungsmotiv galt.

Die konstruktive Seite der Einwirkung auf die Prestigemotivation braucht nur kurz behandelt zu werden, da sie jedem aus dem Alltagsleben vertraut ist. Die Aufständischen müssen darauf bedacht sein, den Gegner bei der Erfüllung ihrer Forderungen »das Gesicht wahren« zu lassen. Gandhi hat bei seinem Verkehr mit den Engländern nie versäumt, sie seiner persönlichen Wertschätzung zu versichern; bei aller Kritik am System der Kolonialherrschaft wußte er doch auch die Verdienste der Engländer zu würdigen. Die Berücksichtigung der Prestigeprätension verlangt von den Aufstän-

[54] Wenn A. Adler die Prestigeprätension auch monothematisch behandelt bzw. von ihr die anderen Motivationen ableitet, so ist doch seine Beschreibung des Phänomens auch bei einem polythematischen Ansatz aufschlußreich: »Dieses Ziel der Allüberlegenheit, das im Einzelfall oft wunderlich genug aussieht, ist aber nicht von dieser Welt. Für sich betrachtet müssen wir es unter die ›Fiktionen‹ oder ›Imaginationen‹ einreihen. Von ihnen sagt Vaihinger (Die Philosophie des Als-Ob, Berlin, 2. Aufl. 1913) mit Recht, ihre Bedeutung liege darin, daß sie, an sich unsinnig, dennoch für das Handeln die größte Bedeutung hätten. Dies stimmt in unserem Falle so sehr, daß wir sagen können: Diese der Wirklichkeit so vollkommen hohnsprechende Fiktion eines Zieles der Überlegenheit ist die Hauptvoraussetzung unseres bisherigen Lebens geworden. Sie lehrt uns die Unterschiede machen, sie gibt uns Haltung und Sicherheit, gestaltet, leitet unser Tun und Handeln und nötigt unseren Geist, vorauszusehen und sich zu vervollkommnen. Daneben die Schattenseite: Sie bringt eine feindliche, kämpferische Tendenz in unser Leben, raubt uns die Unbefangenheit des Empfindens und versucht es stets, uns der Wirklichkeit zu entfremden, indem sie deren Vergewaltigung nahelegt. Wer dieses Ziel der Gottähnlichkeit real und persönlich faßt, es wörtlich nimmt, wird bald gezwungen sein, das wirkliche Leben als ein Kompromiß zu fliehen, um ein Leben neben dem Leben zu suchen, bestenfalls in der Kunst, meist aber im Pietismus, in der Neurose oder im Verbrechen.« (A. Adler: Praxis und Theorie der Individualpsychologie, München 1927; zit. nach H. Thomae [Hrsg.]: Die Motivation menschlichen Handelns, S. 203–204.)

dischen, daß sie die Herrschenden ehrenvoll aus den Positionen verabschieden, die sie aufgeben müssen. Ein nützlicher Kunstgriff ist hierbei zuweilen, daß man ihnen nominell, wenn auch nicht der faktischen Macht nach, Positionen läßt, die sie bislang innegehabt haben.

Wie notwendig eine solche Rücksichtnahme auf das Prestigebedürfnis ist, zeigt beispielsweise der Ausspruch eines Rechtsanwalts der Busgesellschaft, die von der Negerbevölkerung Montgomerys bestreikt wurde: »Wenn wir den Forderungen der Neger nachgeben, werden sie sich damit brüsten, daß sie einen Sieg über die Weißen errungen haben; und das können wir uns nicht gefallen lassen.« Damit seien »seine Motive offen zu Tage gelegen« kommentierte Martin Luther King diesen Ausspruch. Die Bemühungen der schwarzen Verhandlungspartner, den Vertreter der Busgesellschaft vom Gegenteil zu überzeugen, blieb jedoch der sofortige Erfolg versagt.[55]

Erklären läßt sich dies damit, daß ganz unabhängig von der bescheidenen Haltung der Aufständischen die Herrschenden ihren faktischen Prestigeverlust im Falle des Nachgebens konstatieren müssen. J. Nehru machte diese Beobachtung in den Jahren 1930/31. Der Aufstand allein schon wurde als Prestigeverlust empfunden, und auch die Rücksicht, die Gandhi in seinem Waffenstillstandsvertrag mit dem englischen Vizekönig am 5. März 1931 auf das englische Prestigebedürfnis nahm, konnte an dieser Tatsache nichts ändern: »In den späteren Monaten wurden von der Regierung Einwendungen und sogar eine Anklage wegen dieser ›triumphierenden Miene‹ gegen uns erhoben.[56] Wenn man in einer autoritären Atmosphäre aufgewachsen ist und stets darin lebt, sich unter Regierung etwas Militärisches vorstellt ohne Kontakt mit dem Volk und ohne Unterstützung von ihm, dann wirkt eine Schwächung dessen, was Prestige genannt wird, sehr schmerzlich. Keiner von uns hat sich, soweit mein Wissen reicht, über den ›Triumph‹ auch nur die geringsten Gedanken gemacht, und so erfuhren wir später zu unserer großen Überraschung, daß Regierungsbeamte von den Höhen Simlas bis zu den Ebenen hinunter vor Ärger und verletztem Stolz über diese Frechheit des Volkes kochten.«[57]

Es ist unvermeidlich, daß die Herrschenden eine schmerzliche Prestigeeinbuße empfinden. Die Bemühungen der Aufständischen können nur darauf gerichtet sein, durch kluges Verhalten die Gegner in ihren frustrierten Prestigeprätensionen nicht unnötig zu reizen. Sie können darüber hinaus versuchen, den Herrschenden in

55 M. L. King: Stride Toward Freedom, a. a. O., S. 106.

56 Die von der Kolonialregierung aus der Haft entlassenen Aufständischen waren in ihren Heimatorten festlich empfangen worden.

57 J. Nehru: Indiens Weg zur Freiheit, a. a. O., S. 257.

ihrem System die Chance neuen Prestigeerwerbs zu eröffnen. Das von den Aufständischen geplante soziale System kann und braucht die Prestigeprätension nicht zu eliminieren, sondern muß nur die sozialen Bedingungen schaffen, unter denen sich das Streben nach Prestige nur im Dienste der Gemeinschaft und unter ihrer Kontrolle entwickeln kann.[58]

Das konstruktive Angebot bedarf der Ergänzung durch die subversive Aktion, welche den Herrschenden die Verfügung über all diejenigen Machtmittel entzieht, zu deren Einsatz sie auf die Zusammenarbeit weiter Kreise der Beherrschten angewiesen sind. Die Aufständischen gehen dabei von der Überlegung aus, daß die Prestigeprätension zwar irrational ist, daß die Herrschenden aber rational die gegenwärtige Machtlage zu begreifen und sich entsprechend zu verhalten vermögen. In pathologischen Fällen, in denen der aktuelle Prestigeanspruch sich nicht mehr an der faktischen Machtlage zu orientieren vermag, ist das Verfahren der Aufständischen grundsätzlich dasselbe; sie versuchen diese Herrschenden zu isolieren und zu paralysieren, indem sie sukzessiv deren Mitarbeiter zur Nonkooperation bewegen und ihnen Instrumente, mit denen sie persönlich zwar weiteres Unheil anrichten, aber das alte System nicht mehr zum Funktionieren zu bringen vermögen, entziehen. Die gewaltfreien Aufständischen gehen dabei von der Annahme aus, daß pathologische Fälle, in denen aus Prestigebesessenheit die tatsächlichen Machtverhältnisse völlig verkannt werden, zwar vorkommen, aber doch nur in Einzelfällen. Mit einem nur langsamen Begreifen der Verschiebung der Machtlage muß aber generell gerechnet werden.

Die subversiven Aktionen, mit welchen den Herrschenden die Machtmittel entzogen werden, sind die legale Nichtzusammenarbeit, der zivile Ungehorsam und die zivile Usurpation, deren Funktionsweise und Erscheinungsformen oben schon charakterisiert und genannt wurden.[59]

Synopsis der Wirkungsweise gewaltfreier Aktionen

Nachdem bis jetzt die Einwirkung auf die drei Motivationen des politischen Handelns der Herrschenden isoliert voneinander betrachtet und im einzelnen auch noch zwischen dem konstruktiven und dem subversiven Aspekt der Strategie unterschieden wurde, soll nun der Versuch gemacht werden, diese isolierten Teile synoptisch zu betrachten.

[58] S. dazu die Kapitel »Ethik der Macht« und »Zähmung der Macht« in: B. Russell: Macht, a. a. O., S. 219–256.

[59] Die Probleme des praktischen Einsatzes sollen im zweiten Teil dieser Arbeit behandelt werden.

Übersicht 4: Synoptisches Schema der strategischen Elemente gewaltfreier Aktionen

konstruktiv		subversiv
Angebot von Sicherheit und Wohlfahrt (A_1)	Friede und Wohlfahrt	Schaffung eines nervenzerrüttenden Konfliktzustandes (A_2)
Angebot eines neuen Gerechtigkeitsideals, d. h. die Übereinstimmung von Selbstbild und Handlungsweise (B_1)	Selbstverwirklichung	Schockierung mit der Diskrepanz zwischen Selbstbild und Handlungsweise (B_2)
Angebot einer neuen, sozial nützlichen, Prestige bringenden Position (C_1)	Macht und Prestige	Entzug der Verfügung über Machtmittel (C_2)

Wenn die Kontrahenten in gewaltfreien Aufständen die Wirkungsweise gewaltfreier Aktionen zu bestimmen versuchten, haben sie dies in ihren Verlautbarungen meist unter den Stichworten »Sinnesänderung« (conversion) oder »Zwang« (coercion) getan. Auffallend ist, daß die Aufständischen den Konversionscharakter und daß die Herrschenden den Zwangscharakter der Aktionen betonten. So schrieb Gandhi am 2. März 1930 an den englischen Vizekönig: »Ich habe mir das hohe Ziel gesteckt, den Sinn des englischen Volkes zu ändern, indem ich ihm durch gewaltlose Aktionen die Augen öffne für alles, was es dem indischen Volk antut. Ich möchte Ihrem Volk nicht schaden. Ich möchte ihm dienen, wie ich meinem eigenen Volk zu dienen wünsche.«[60] Am 9. Juli 1930 erklärte Lord Irwin hingegen, die Unabhängigkeitskampagne der Kongreß-Partei wolle die herkömmliche staatliche Autorität zum Abdanken »zwingen« und sei darum in »gefährlicher Weise subversiv«.[61]
Im Selbstverständnis beziehungsweise in der Propaganda der Aufständischen setzt sich ihre Konversionsstrategie aus den Elementen A_1, B_1, B_2 und C_1 zusammen. Die Herrschenden geben jedoch vor, nur eine Zwangsstrategie aus den Elementen A_2 und C_2 wahrzunehmen. Diese Einseitigkeit läßt sich aus der politischen Lage der Kontrahenten erklären. Würden die Aufständischen auf den Zwangscharakter ihrer Strategie pochen, so würde ein Nachgeben von den Herrschenden als Gesichtsverlust und Demütigung empfunden werden. Für die Aufständischen ist es darum ein Gebot der Klugheit, immer auch an die Zwangselemente zu denken, aber nie davon zu reden. Daß die Herrschenden vor und während einer Kampagne in ihrer Propaganda meist nur die subversiven Zwangs-

60 Zit. nach der vollständigen Wiedergabe des Briefes in: G. Sharp: Gandhi Wields the Weapon of Moral Power, a. a. O., S. 65.
61 Zit. nach G. Sharp: Gandhi Wields the Weapon of Moral Power, a. a. O., S. 168.

elemente A_2 und C_2 sehen wollen, das Vorhandensein der anderen Elemente jedoch abstreiten, ist Bedingung für die Vorbereitung, Durchführung oder Fortsetzung ihrer Unterdrückungsaktionen.
Beim Abzielen auf Konversion und Zwang handelt es sich um keine alternativen, sondern sich ergänzende Strategien. Die Konversionselemente gewaltfreier Kampagnen sind unverzichtbare Bestandteile der Strategie der Aufständischen, da jene den Herrschenden Brücken bauen beziehungsweise Rückzugswege öffnen; aber auch die Zwangswirkung, welche von dem Entzug von Machtmitteln ausgeht, spielt oft eine entscheidende Rolle bei der Billigung der von den Aufständischen erhobenen Forderungen.
Es ist möglich, daß Herrschende nachgeben, weil die gewaltfreie Kampagne sie überzeugt hat; häufiger dürfte jedoch der Fall sein, in dem die Konversionselemente der gewaltfreien Strategie den Behauptungswillen der Herrschenden soweit abbauen, daß die Zwangselemente der Strategie der Aufständischen ausreichen, um die Herrschenden zum Nachgeben zu bewegen. Die bislang Herrschenden werden dann zwar düstere Vorhersagen für das Funktionieren des neuen Systems machen, aber sich an das soziale System der Aufständischen anpassen:
(1) weil ihnen die zur Unterdrückung erforderlichen Anstrengungen selbst im Falle des Erfolges zu unbequem wären, d. h. der notwendige Einsatz in einem ungünstigen Verhältnis zum mutmaßlichen Erfolg stünde (Reaktion auf A_2);
(2) weil ihnen zumindest die positive Überzeugung abhanden gekommen ist, daß die Aufständischen gewaltsam unterdrückt werden dürfen (Reaktion auf B_2);
(3) weil ihnen die Machtmittel für die Unterdrückung des Aufstands und für »konstruktive« Aktionen wie beispielsweise einen Staatsstreich fehlen (Reaktion auf C_2).
Bei dieser teils auf Zwang, teils auf Überzeugung beruhenden Anpassung an das neue soziale System der Aufständischen handelt es sich um eine Übergangsphase. Erfüllen sich die negativen Erwartungen, welche die bisher Herrschenden in die Funktionsweise des neuen Systems gesetzt haben, nicht, und erkennen sie bald neue Chancen, entsprechend ihren natürlichen Motivationen zu handeln, wird der Trend sich verstärken, »sich mit Anstand in das Unvermeidliche zu fügen«;[62] schließlich kann es soweit kommen, daß sie abgesehen von einigen praktisch belanglosen Ressentiments die neue politische Ordnung als selbstverständlich verinnerlichen (»internalisieren«).

62 Formulierung von Gene Sharp in seinem noch unveröffentlichten Manuskript »The Politics of Nonviolent Action« (Erste Fassung, S. 560), dem der Verfasser für sein Verständnis der Anpassung unter Zwang viel verdankt. Die Ausführungen zu dieser Problematik wurden hier absichtlich knapp gehalten; der Veröffentlichung von Sharp im Jahre 1970 soll nicht vorgegriffen werden, auf die Bedeutung seiner Forschungen kann jedoch nicht nachdrücklich genug hingewiesen werden.

Machen die ehemals Herrschenden jedoch gegenteilige Erfahrungen beziehungsweise scheint die Bereitschaft der früheren Aufständischen, gewaltfreien Druck auszuüben, nachzulassen, so ist mit einem Restaurationsversuch zu rechnen. Von der Qualität der konstruktiven Aktionen und der Bereitschaft zur sogenannten »Sozialen Verteidigung« (Civilian Defence) dürfte es abhängen,[63] ob sich ihr soziales System gegen eine »Konterrevolution« behaupten kann. Doch bei der gewaltfreien Verteidigung einer partizipierenden Demokratie gegen gewaltsame Aggressionen von außen oder gewaltsame Usurpationsversuche von innen handelt es sich um ein neues Problem, das hier nicht ausführlich erörtert werden kann.[64] Die gewaltfreie Aktion erfolgt hier in einer veränderten Situation: Volk und Regierung leisten gemeinsam aus den Institutionen heraus Widerstand; die Grundform der konstruktiven Aktion ist nicht die Rolleninnovation und zivile Usurpation, sondern die »dynamische Weiterarbeit ohne Kollaboration«,[65] also eine gesteigerte Form der Normalität unter abnormen Bedingungen.
Für diese Form der Sozialen Verteidigung gibt es bis jetzt vor allem die instruktiven Beispiele des Widerstandes gegen den Kapp-Putsch im Jahre 1920 und gegen die sowjetische Okkupation der CSSR im August 1968.[66] Diese Beispiele zeigen jedoch nicht die volle Kampfkraft der Sozialen Verteidigung, da in diesen Fällen der zivile Widerstand vom Volk und der Regierung spontan improvisiert wurde in Ländern, welche nur bescheidene Erfahrungen mit gewaltlosen Widerstandsmethoden hatten. Wenn jedoch ein Staatswesen durch einen gewaltfreien Aufstand in eine partizipierende Demokratie

63 T. K. Mahadevan, A. Roberts, G. Sharp: Civilian Defence. An Introduction, Bombay 1967.

64 Der Verfasser hält die Behandlung dieser Problematik für die konsequente Fortsetzung der vorliegenden Untersuchung und bereitet eine größere Veröffentlichung zur gewaltfreien Verteidigung gegen Konterrevolutionen und Staatsstreiche einheimischer Gruppen oder Usurpationsversuche auswärtiger Mächte vor. Ausgehend von einem aktuellen Anlaß hat er eine generelle Einführung in die Probleme und den Stand der Forschung zu geben versucht in: Theodor Ebert: Soziale Verteidigung – Alternative zur »Vorwärtsverteidigung«? Ein Forschungsbericht. In: *Gewerkschaftliche Monatshefte*, Köln, XVIII, 2, Februar 1967, S. 75–88.
Speziell mit der Problematik der gewaltfreien, zivilen Verteidigung sozialer Demokratien gegen Invasionen auswärtiger Mächte befaßte sich die Civilian Defence Study Conference im St. Hilda College in Oxford, England, vom 6.–13. September 1964. Die wichtigsten Arbeitspapiere der Konferenz in überarbeiteter Fassung mit einigen zusätzlichen Fallstudien in: Adam Roberts (ed.): Civilian Resistance as a National Defence, London 1969.

65 Th Ebert: Grundzüge der Strategie der sozialen Verteidigung, in: Civilian Defence. Gewaltloser Widerstand als Form der Verteidigungspolitik (Tagungsbericht der Vereinigung Deutscher Wissenschaftler), Bielefeld 1969, S. 97–112.

66 Th. Ebert: Der zivile Widerstand in der Tschechoslowakei. Eine Analyse seiner Bedingungen und Kampftechniken. In: *Europa Archiv*, Bonn, 23. Jg., Nr. 23, 10. 12. 1968, S. 865–874;
Adam Roberts: Eine Schlacht gewonnen, den Krieg verloren? Zwischenbilanz des Widerstandes in der CSSR. In: *Gewaltfreie Aktion. Vierteljahreshefte für Frieden und Gerechtigkeit*, Berlin, 1. Jg., Nr. 1/2, Dezember 1969, S. 50–57.

umgewandelt wurde, darf angenommen werden, daß die im Aufstand gezeigte Einsatzbereitschaft auf potentielle Aggressoren eine Warnwirkung ausübt, welche der Abschreckungswirkung militärischer Verteidigungsvorbereitungen vergleichbar ist.[67]

[67] Gene Sharp: Das politische Äquivalent des Krieges – Die gewaltlose Aktion, in: E. Krippendorff (Hrsg.): Friedensforschung, Köln 1968, S. 477–513;
Th. Ebert: Soziale Verteidigung – Alternative zum internationalen Drohsystem. Thesen zur Friedensforschung und zum pazifistischen Engagement. In: *Gewaltfreie Aktion*, 1. Jg., Nr. 1/2, Dez. 1969, S. 57–76.

Zweiter Teil: Basis des Aufstands

6. Organisation der Macht von unten

Von der rhetorischen Spekulation zum organisatorischen Realismus

Am Anfang des Nachdenkens über die Durchführung gewaltfreier Aufstände stand die Faszination durch die Idee der Nichtzusammenarbeit auf Massenbasis. Kolossalgemälde von Zusammenbrüchen diktatorischer Herrschaften wurden entworfen. Eine typische, immer wiederkehrende Formulierung war: »Wenn alle das und das tun, dann ...« Der Frage, wie denn solch ein Entschluß zum Widerstand zustande kommen solle, wurde wenig Aufmerksamkeit gewidmet. An Stelle der technischen Details standen Bilder und Parabeln, an der Stelle von Namen aktionsfähiger Gruppen und Organisationen standen abstrakte Begriffe.

Es können hier nur einige typische Vertreter dieser phantasievollen, aber organisationsfremden Betrachtungsweise der gewaltfreien Aktionen genannt werden. Etienne de La Boétie schrieb 1548 in seiner »Abhandlung über die freiwillige Knechtschaft«: »Wenn wir dem Tyrannen nichts geben, wenn wir ihm einfach – ohne daß eine Faust zuschlägt oder ein Gefecht stattfindet – nicht gehorchen, bleibt er nackt und unversorgt. Es wird ihm gehen wie einer Pflanze, die welkt und stirbt, wenn ihre Wurzeln ohne Boden und Nahrung bleiben [...] Tut lediglich eines, unterstützt den Tyrannen nicht, und ihr werdet ihn wie einen mächtigen Koloß, dem man den Sockel nimmt, unter seinem eigenen Gewicht zu Boden sinken und zerbersten sehen.«[1] Auch Henry David Thoreaus Widerstandstheorie folgt genau dem »Wenn alle ...«-Schema: »Wenn der Staat nur die Wahl hat, alle gerechten Männer gefangen zu halten oder den Krieg und die Sklaverei aufzugeben, wird er mit seiner Entscheidung nicht zögern. Wenn tausend Bürger dieses Jahr ihre Steuern nicht bezahlen, so wäre das keine gewaltsame und blutige Maßregel, wohl aber wäre es eine solche, wenn sie zahlten und den Staat in den Stand setzten, Gewalttaten zu begehen und unschuldiges Blut zu vergießen. Dies ist in der Tat die Definition einer friedfertigen Revolution ... Wenn der Untertan den Gehorsam verweigert hat und der Beamte sein Amt niedergelegt hat, dann ist die Revolution vollbracht.«[2]

[1] Etienne de La Boétie: The Discourse of Volontary Servitude, hrsg. von Nicolas Walter. In: *Anarchy 63*, London, VI, 5, Mai 1966, S. 141–142 (vgl. dt. Ausgabe: Über die freiwillige Knechtschaft des Menschen, hrsg. von Heinz-Joachim Heydorn, Frankfurt 1968, S. 36 u. 37).

[2] Henry David Thoreau: Walden. On the Duty of Civil Disobedience, New York 1956, S. 231.

Auch in der Arbeiterbewegung gingen die Impulse zu den Generalstreiks zunächst von faszinierenden Verweigerungskonzeptionen aus, denen noch das organisatorische Detail fehlte. Wilfried Harris Crook hat für den Generalstreik[3] die Entwicklung von der faszinierenden Theorie, wie man sie noch bei William Benbow[4] und George Sorel[5] findet, bis zu organisatorischen Höchstleistungen, wie dem belgischen Generalstreik von 1913[6] verfolgt.

Diese Entwicklung der Streikkonzeptionen der Arbeiterbewegung hat in dem rapiden Lernprozeß der deutschen außerparlamentarischen Opposition des Jahres 1967 noch einmal eine Entsprechung gefunden. Zunächst waren die studentischen Oppositionsgruppen fasziniert von der Möglichkeit einer »Großen Weigerung«, wie sie Herbert Marcuse aufgezeigt hatte,[7] lernten aber nach einigen Fehlschlägen rasch, daß die »Spontaneitätsmythologie« zu überwinden sei.[8] Rudi Dutschke formulierte dann schon Anfang 1968 die Einsicht: »Die höchste Form der Selbsttätigkeit ist ihre organisierte Form.«[9]

Gandhi hat frühzeitig die Bedeutung organisatorischer Fragen für den Erfolg gewaltfreier Kampagnen erkannt[10]: »Es gibt keine wirksame Verweigerungskampagne ohne eine umfassende Organisation.«[11] Schon beim ersten Besuch einer Jahresversammlung der indischen Kongreß-Partei im Jahre 1901 meldete er sich sofort beim Parteisekretär freiwillig zu Büroarbeiten und hatte so bald ein klares Bild der organisatorischen Schwächen des Kongresses. Von den Reden, die auf dieser Jahresversammlung gehalten wurden, berichtet er nur, daß sie langatmig waren.[12] 1920/21 setzte er anläßlich der ersten großen Widerstandskampagne eine neue Kongreßverfassung durch: »Wir stehen vor der Aufgabe, unseren Willen dem Willen der Regierung entgegenzusetzen, mit anderen Worten, der Regierung unsere Mitarbeit zu entziehen ... Das erfordert aber nicht Reden, sondern Handeln und Organi-

3 W. H. Crook: The General Strike. A Study of Labor's Tragic Weapon in Theory and Practice, Chapel Hill 1931.

4 William Benbow: Grand National Holiday and Congress of the Productive Classes, London 1832; s. W. H. Crook, a. a. O., S. 5–17.

5 George Sorel: Reflections sur la Violence, Paris 1908; über die Theorie des Generalstreiks in Frankreich s. W. H. Crook, a. a. O., S. 28–53.

6 W. H. Crook, a. a. O., S. 67–102.

7 H. Marcuse: Der eindimensionale Mensch. Studien zur Ideologie der fortgeschrittenen Industriegesellschaft, Neuwied 1967.

8 Rudi Dutschke: Kritik und Selbstkritik auf der Grundlage der Erfahrungen in der »Antikriegsdemonstration« vom 21. Oktober 1967, in: U. Bergmann u. a., Rebellion der Studenten oder Die neue Opposition, Reinbek 1968, S. 83.

9 Op. cit., S. 83.

10 Vgl. Dietmar Rothermund: Gandhi als Phänomen der indischen Politik. In: *Aus Politik und Zeitgeschichte*, Bonn, 14. 6. 1969, S. 8–9.

11 M. K. Gandhi: The First of August. In: *Young India*, 28. 7. 1920. In: Mahatma Gandhi: Young India, Vol. I, 1919–1922, S. 242.

12 M. K. Gandhi: An Autobiography or The Story of My Experiments with Truth, Ahmedabad 1940, S. 164–165.

sieren. Ich möchte darum vorschlagen, unsere ganze Anstrengung darauf zu richten, bis zum 30. Juni mindestens zehn Millionen Mitglieder der Kongreß-Organisationen zu werben und genaue Listen anzulegen.«[13] Statt emphatischer Aufrufe im »Wenn alle ...«-Stil sorgte er für die Ausarbeitung detaillierter Organisationspläne.

Daß Widerstandsorganisationen in den Kampagnen der Vergangenheit eine solch entscheidende Rolle gespielt haben, scheint den Schluß zuzulassen, daß die gewaltfreie Aktion nur dann Alternative zur gewaltsamen Aktion wird, wenn sie sichtbare, organisatorische Form annimmt. Solange die Aufstandsgewillten nur die Wahl haben zwischen den erprobten gewaltsamen Aktionsformen und den dafür schon bestehenden Kadern einerseits und der Idee des gewaltfreien Aufstandes andererseits, haben sie in Wirklichkeit keine Wahl.

Partizipation und funktionale Führung

Der improvisierte Charakter der vergangenen gewaltfreien Kampagnen wird auch daran deutlich, daß eine der gewaltfreien Aktionen angemessene Organisationstheorie erst in Ansätzen entwickelt wurde. Diejenigen Theoretiker der gewaltfreien Aktion, die sich zu Organisationsfragen äußerten, bedienten sich meist der Begriffe, die in autoritären, zuweilen ausgesprochen militärischen Organisationen entwickelt worden waren, und versuchten diese Begriffe auf partizipatorische, gewaltfreie Organisationen anzuwenden. So beschreibt der Soziologe (!) Leo Kuper die Vorbereitung auf die südafrikanische Widerstandsbewegung des Jahres 1952 gegen die Apartheid in einer Weise, daß man den Eindruck gewinnen könnte, daß es sich hier um eine paramilitärische Organisation gehandelt habe: »Die Rekrutierung von Freiwilligen wurde beschleunigt. Das Ziel war ein 10000 Mann starkes nationales Freiwilligenkorps, das die Gestalt einer friedlichen Armee mit Oberbefehlshabern und Freiwilligenoffizieren als ihren Stellvertretern und lokalen Einheiten mit ihren Scharführern annehmen sollte.«[14]

Gandhi hat zwar betont, daß in einer gewaltfreien Kampagne »jeder sein eigener General zu sein habe«,[15] aber auch bei ihm finden sich Formulierungen, die auf eine autoritäre Organisationsstruktur gewaltfreier Kampagnen hinzuweisen scheinen. So forderte er in seiner ersten gesamtindischen Kampagne: »Vor allem muß dafür gesorgt werden, daß unter den Massen Ordnung, Disziplin und

[13] M. K. Gandhi: The Congress Constitution. In: *Young India*, 30. 3. 1921. In: Mahatma Gandhi: Young India, Vol. I, 1919–1922, S. 1135–1136.
[14] L. Kuper: Passive Resistance in South Africa, New Haven 1960, S. 112.
[15] *Harijan*, 28. 7. 1940, zit. n. N. K. Bose (ed.): Selections from Gandhi, Ahmedabad 1957, S. 236.

Zusammenhalt herrscht, unter den Führern und Mitarbeitern einheitliches Vorgehen.«[16]
Wenn diese Vorstellungen, die sich an militärischen Organisationen orientieren, auf die Praxis einer gewaltfreien Kampagne Einfluß gewinnen und nicht von adäquaten Begriffen verdrängt werden, kann dies zur Folge haben, daß eine in der Entstehung demokratische Aufstandsorganisation mit der Zeit kopflastig wird.[17] Unfähig, die Erfahrungen der Massen wahrzunehmen und in neue Aktionen umzusetzen, wird sie extrem anfällig für die Verhaftung und Liquidierung von charismatischen Führern und Spitzenfunktionären.
In der Schlußphase seiner Aktivität gelang es Gandhi, die Aufmerksamkeit Indiens auf seine individuellen Fastenaktionen zu lenken.[18] Diese Fastenaktionen hatten eine wichtige aufklärerische Funktion; die Konzentration der Aktivität auf eine überragende Persönlichkeit schuf aber auch die psychologischen Voraussetzungen für seine Ermordung und die anschließende Lähmung der indischen Emanzipationsbewegung, die dann von den Bossen der Kongreßpartei vollends in die kultische Verehrung des Mahatma umfunktioniert wurde.[19]
Ein gewaltfreier Aufstand unterscheidet sich nicht nur in der Kampftechnik, sondern auch in der Organisationsform von militärischen Kampfgruppen. Gewaltfreie Kampagnen haben das allgemeine Ziel, einen Anspruch auf gleichberechtigte und effektive Teilnahme am politischen Willensbildungsprozeß durchzusetzen. Diesem Ziel entsprechend muß auch die Organisation der Aufständischen so strukturiert sein, daß diese in ihr eine Einübung in die partizipatorische Demokratie erfahren.[20] Dies bedeutet nicht, daß »die revolutionäre Organisation das Reich der Freiheit schon vorwegnehmen« kann;[21] es bedeutet nur, daß die Organisation in ihrer Struktur nicht im Widerspruch zum angestrebten Ziel stehen darf und daß sie allen ihren individuellen Mitgliedern die Erfahrung persönlicher Emanzipation ermöglichen muß.

[16] M. K. Gandhi: The First of August, in: *Young India*, 28. 7. 1920, in: Mahatma Gandhi: Young India, Vol. I, 1919–1922, S. 242.
[17] Zur empirischen Erfassung von Autoritätsstrukturen siehe Renate Mayntz: Soziologie der Organisation, Reinbek 1963, S. 100–111.
[18] Zur Kritik dieser Fastenaktionen siehe D. Rothermund: Gandhi als Phänomen der indischen Politik, a. a. O., S. 12–13.
[19] »Der Gandhismus soll ruhig zerstört werden, wenn mit ihm der Irrtum sanktioniert werden soll [...] Der Gedanke, daß mein Name nach meinem Tode mit einer Sekte identifiziert werden könnte, quält mich zutiefst [...] Mein Traum ist, daß Gewaltfreiheit nicht nur von Individuen, sondern von Gruppen, Gemeinden und Nationen praktiziert wird.« (*Harijan*, 2. 3. 1940. In: N. K. Bose (ed.): Selections from Gandhi, S. VIII.)
[20] Zum Begriff der partizipatorischen Demokratie siehe Paul Jacobs and Saul Landau: The New Radicals, London 1967, S. 43.
[21] Frank Wolff: Organisation: Emanzipation und Widerstand. In: *Neue Kritik*, 50, Okt. 1968, S. 5.

Die Geschlossenheit in der gewaltfreien Aktion ergibt sich nicht aus einem (Rädels-)Führerprinzip, sondern aus der bewußten Übereinstimmung der Akteure in der Analyse der Lage und der politischen Zielsetzung. Was ein Sprecher des Sozialistischen Deutschen Studentenbunds von der Organisation der Kampagne gegen die Pressekonzentration im Jahre 1967/68 und gegen die Notstandsgesetze im Jahre 1968 behauptete, gilt prinzipiell für gewaltfreie Organisationen: »Jeweils hatte die Analyse die Bedingung für koordinierte Aktionen gegeben [...] Ihre Gleichartigkeit war nicht durch die zentrale Organisation des Verbandes, sondern durch die vorhergehende gemeinsame Analyse bedingt. Sie waren Ergebnis der langfristigen theoretischen Selbstverständigung und innerverbandlichen Kommunikation, im übrigen aber der ganz normalen Nachrichtenübermittlung durch Presse, Rundfunk und Fernsehen.«[22]

Dieser langfristigen theoretischen Selbstverständigung stehen in der Praxis aber gewöhnlich Hindernisse entgegen, so daß die Akteure normalerweise ungleichmäßig informiert sind, wenn sie den Aufstand beginnen. Man kann auch nicht davon ausgehen, daß Unterdrückte und Bevormundete zum Bruch mit ihren normalen sozialen Verhaltensweisen, das heißt zu einem Aufstand gegen das bestehende Herrschaftssystem, allein durch kritische Analysen und die Entwicklung konstruktiver Alternativen zu bringen sind. Starke Leidenschaften verbinden sich gewöhnlich mit einer solchen Emanzipation. Emotionale Erregung und unzulängliche Information schaffen dann doch gewisse Führungsprobleme: der erregten Masse der Aufstandswilligen muß die gewaltfreie Strategie der Kampagne klargemacht werden, soll es nicht zu unüberlegten, spontanen Gewaltakten der Aufständischen kommen.

Was Gandhi, der, wie Nehru meint, die Hand am Puls des Volkes hatte,[23] am meisten fürchtete, war die Zügellosigkeit erregter Volksmassen: »Weder die zögernde Haltung der Volksführer, noch weniger die gutgemeinte oder auch übel gesinnte Kritik, am wenigsten ausgesprochene Unterdrückung sind es, was ich für die Verweigerungskampagne fürchte. Die Bewegung wird all diese Hindernisse überwinden. Sie wird dadurch stärker werden. Nein, das größte Hindernis sehe ich darin, daß wir noch nicht über das Stadium der Pöbelherrschaft hinausgekommen sind.«[24]

Gandhi war ein Realist: »Es wird niemals eine Armee von perfekten Gewaltfreien geben.«[25] Er war Pragmatiker: »Ich tröste mich

[22] Joscha Schmierer: Bemerkungen zur Organisationsfrage. In: *Neue Kritik*, 50, Okt. 1968, S. 22.

[23] J. Nehru: Indiens Weg zur Freiheit, a. a. O., S. 274–275.

[24] M. K. Gandhi: Democracy versus Mobocracy. In: *Young India*, 8. 9. 1920. In: Mahatma Gandhi: Young India, Vol. I, 1919–1922, S. 763–764.

[25] *Harijan*, 21. 7. 1940; zit. in: Gopinath Dhawan: The Political Philosophy of Mahatma Gandhi, Ahmedabad 1957, S. 183.

mit der Tatsache, daß niemand so leicht zu lenken ist wie eine Masse, aus dem einfachen Grunde, weil sie keine eigene Meinung hat, keinen selbständigen Gedanken. Sie handelt wie im Rausch.«[26] Dies klingt fast zynisch; in Wirklichkeit aber führte Gandhi, indem er den Teilnehmern einer Aktion (nach Möglichkeit) die Schwierigkeiten argumentierend darlegte und ihnen (notfalls) die (spontane) Überwindung dieser Schwierigkeiten zutraute. »Mein Vertrauen in die Menschen ist unbegrenzt. Sie haben in reichem Maße die Gabe, sich leiten zu lassen. Die Führer sollen ihnen nie mißtrauen. Die einmütige Verurteilung der Nichtzusammenarbeit bedeutet genau besehen nichts anderes als Mißtrauen in die Fähigkeit der Massen, sich selber zu beherrschen.«[27]

Die praktische Konsequenz aus diesen Befürchtungen und Einsichten war darum in Indien, die organisatorische Zusammenfassung einer zur Leitung und Bildung der Massen geeigneten Avantgarde von Freiwilligen, welche für die bevorstehende Kampagne auf ein gewaltfreies Verhalten verpflichtet und möglichst intensiv mit den Elementen gewaltfreier Strategie vertraut gemacht wurden. »Die Funktion der Freiwilligen war das Training der Massen für den gewaltfreien Widerstand. Wenn die Zeit für direkte Aktionen gekommen war, bildeten sie die Avantgarde der gewaltlosen Streitkräfte und vermittelten den noch grünen Rekruten Haltung und Disziplin.«[28]

In anderen gewaltfreien Kampagnen sind diese Vorstellungen von einer Avantgarde über die Funktion von Vertrauensleuten noch kaum hinausentwickelt worden. Martin Luther King berichtet über die Vorsichtsmaßregeln, die er für den ersten Tag der Wiederaufnahme der Busfahrten nach dem erfolgreichen einjährigen Boykott traf: »Ich bat die (Neger-)Pfarrer (von Montgomery – Th. E.), in den ersten Tagen während der Hauptverkehrszeiten in den Bussen Dauerfahrgäste zu sein. Wir hatten das Gefühl, ihre Anwesenheit würde den schwarzen Bürgern Mut machen und meinten, daß es weniger wahrscheinlich wäre, daß sie Beleidigungen in gleicher Münze heimzahlen würden. Die Pfarrer stimmten gerne zu ... Wir machten ihnen Vorschläge, wie sie gewaltsame Situationen deichseln sollten, und baten sie dringend, über Zwischenfälle einen peinlich genauen Bericht anzufertigen.«[29]

In London sorgten im Jahre 1961 bei den ersten Massensitzstreiks des »Komitees der 100« (Committee of 100) in Planungssitzungen besonders instruierte Ordner (»marshals«) für ein planmäßiges Vorgehen und ein Gefühl der methodischen Sicherheit unter den Demonstranten. Die Presse mußte, entgegen den Prophezeiungen, zu der ersten Demonstration von 4000 Sitzstreikenden am 18. Fe-

[26] Democracy versus Mobocracy, a. a. O., S. 764.
[27] A. a. O., S. 764.
[28] G. Dhawan: The Political Philosophy of Mahatma Gandhi, a. a. O., S. 179.
[29] Stride Toward Freedom, a. a. O., S. 162.

bruar 1961 feststellen: »Das war nach der Meinung älterer Polizeibeamter die ruhigste, geordnetste und eindrucksvollste Massendemonstration, an die sie sich erinnern könnten.«[30]
Bei der Auswahl der Freiwilligen zur Bildung der Avantgarde sind nach Gandhis Ansicht strenge Maßstäbe an die Eignung anzulegen. Er achtete weniger auf plötzlich aufschäumende Begeisterung als auf praktische Erfahrung und eine bewußte Entscheidung für eine gewaltfreie ultima ratio: »Viel mehr Disziplin, Methode und Wissen muß von den Freiwilligen verlangt werden. Kein zufällig Hergelaufener sollte als vollgültiger Freiwilliger aufgenommen werden. Er würde eher stören als helfen. Man stelle sich vor, was für Folgen es haben müßte, wenn sich im Krieg ein Ungeübter als Soldat in die Reihen schliche. In einem Augenblick könnte er die ganze Ordnung sprengen ... Bei großen Demonstrationen sollten keine unerfahrenen Freiwilligen verwendet werden. Nur die Allererfahrensten dürfen an die Spitze gestellt werden.«[31]
Es muß sich bei dieser Avantgarde gewaltfreier Kampagnen nicht unbedingt um Anhänger einer prinzipiell gewaltfreien Weltanschauung handeln, wie sich Gandhi dies eigentlich wünschte; es genügt, wenn sich die Freiwilligen für einen bestimmten Aufstand zu gewaltfreien Methoden entschließen. Die Leitung der belgischen Generalstreiks von 1913 hatte Gewalttaten am ehesten von einigen radikalen, revolutionär gesinnten Gruppierungen unter den jungen Arbeitern befürchtet. Die Streikleitung machte dann gerade diesen militanten Flügel als »Streikpolizei« für den gewaltfreien Verlauf des Generalstreiks verantwortlich. Dies war, wie W. H. Crook meint, ein »Geniestreich«, denn die gefürchtete »Junge Garde« machte sich pragmatisch die gewaltfreie Strategie zu eigen und patrouillierte an allen Stellen, wo Zusammenstöße mit Streikbrechern zu befürchten waren, und setzte ihr Prestige darein, ihren Kollegen die Bedeutung der gewaltfreien Disziplin zu erklären.[32]

Basisgruppen und direkte Demokratie

In manchen gewaltfreien Kampagnen in der ersten Hälfte des 20. Jahrhunderts, die sich in ihrer Kampftechnik schon als Alternative zum Bürgerkrieg verstanden, wirkte doch der Glaube an die Effektivität militärischer Organisationsformen noch stark nach. Die Befürworter der gewaltfreien Aktion suchten skeptischen Sympathisanten ihren Kampfgeist durch die Übertragung militärischer Vor-

[30] Zit. in: George Clark: Second Wind. The Story of the Campaign and the Committee of 100, London, Workshop Publications, März 1963, S. 10.
[31] M. K. Gandhi: Democracy versus Mobocracy. In: *Young India*, 8. 9. 1920. In: Mahatma Gandhi: Young India, Vol. I, 1919–1922, S. 764.
[32] W. H. Crook: The General Strike, a. a. O., S. 80 und 83.

stellungen auf ihre Organisation zu beweisen. In der Unterscheidung von Führung und Masse wirkte ferner unbewußt die autoritäre Dressur der Gesellschaftsordnung nach, gegen die sie den Aufstand versuchten.

Gandhi und seine Mitarbeiter dachten zuweilen noch in den Begriffen einer populärwissenschaftlichen Massenpsychologie, die bei Gustave Le Bon ihre wirkungsvollste Formulierung gefunden hat.[33] Heute dürfen Le Bons Vorstellungen von einer Massenseele durch die Forschungen zur Gruppendynamik[34] und durch die Experimente mit gewaltfreien Massendemonstrationen als korrigiert oder überholt betrachtet werden.[35] Gandhis Interesse am einzelnen und an der Gruppe in einer Massenbewegung, das er noch nicht adäquat zu formulieren wußte, fand dann in der zweiten Hälfte des 20. Jahrhunderts seine Entsprechung in der antiautoritären Grundstimmung der außerparlamentarischen Oppositionsbewegungen. Unbeeindruckt vom Nimbus traditioneller militärischer Organisationsformen konnten in diesen außerparlamentarischen Oppositionsbewegungen die gewaltfreien Aktionen angemessenen Organisationsformen modellartig durchdacht werden – sofern nicht wieder die »schwärmerische Imitation der Organisationsformen der Partisanen«[36] die Eigenart der Organisation gewaltfreier Bewegungen verdeckte.

Das organisatorische Leitmodell für eine gewaltfreie Kampagne ist heute die »Graswurzelrevolution«[37], das heißt eine Bewegung, welche sich aus Basisgruppen zusammensetzt und welche die Sozialstruktur einer Gesellschaft von unten nach oben »radikal« verändert. Die Basisgruppen sind darauf bedacht, durch ihre Aktionen neue Mitarbeiter heranzuziehen und das Entstehen von Gruppen mit gleicher oder ähnlicher Zielsetzung zu fördern.

Bernadette Devlin beschreibt in ihrem autobiographischen Bericht über den Beginn der nordirischen Bürgerrechtsbewegung im Jahre 1968 eine solche Entwicklung: »Marschieren bedeutete eine gute Möglichkeit, die Aufmerksamkeit auf das zu lenken, was unseren Protest hervorrief, aber wir wollten mehr – wir wollten, daß das

[33] Gustave Le Bon: Psychologie des foules, Paris 1895 (dt. Psychologie der Massen, hrsg. von Helmut Dingeldey, Stuttgart 1957).

[34] Peter R. Hofstätter: Gruppendynamik. Kritik der Massenpsychologie, Reinbek 1957.

[35] Bedauerlicherweise gibt es noch keine Untersuchungen von Sozialpsychologen zum Verhalten von »psychologischen Massen« in gewaltfreien Aufständen. Das einseitige Interesse von Kriminologen an der Massenpsychologie hat die konstruktiven Aspekte des Verhaltens von Gruppen in einer Massenbewegung weitgehend unbeachtet gelassen.

[36] Bernd Rabehl: Der SDS und die Strategie der direkten Aktionen in Westeuropa. In: *Neue Kritik*, 50, Okt. 1968, S. 40.

[37] Zum Begriff der Graswurzelrevolution siehe Sebastian Haffner: Bescheidene Revolutionäre. In: *Konkret*, 7, Juli 1968, S. 42; vgl. Th. Ebert: Die außerparlamentarische Opposition und die gewaltfreie Macht. In: Th. Ebert u. H.-J. Benedict (Hrsg.): Macht von unten, S. 124–126.

unterdrückte Volk direkt am Zustandekommen der Beschlüsse, die sich auf ihr Leben auswirkten, beteiligt wurde. Schließlich konnten nur sie selber am Ende ihre Probleme lösen [...] Ungefähr ein Dutzend ›People's Democracy‹-Mitglieder gingen eines Morgens nach Newry, verteilten überall in der Stadt Flugblätter, hielten am Nachmittag – wie die Apostel, die das Evangelium verkündeten – eine Versammlung unter freiem Himmel ab und beriefen für den Abend ein Meeting in geschlossenem Raum ein. Auf diesem Meeting bildeten die Leute aus dem Ort ihre eigene Bürgerrechtsorganisation und überlegten, wie sie mit ihren lokalen Problemen fertig werden sollten.«[38]

In einer gewaltfreien Kampagne tritt an die Stelle der Führung durch Befehl und Gehorsam die Koordination der Basisgruppen, welche Delegierte in ein beratendes Gremium entsenden, das für die Strategie der Kampagne entscheidungsreife Alternativen vorbereitet. Die Mitglieder der Basisgruppen sollten, wo immer die zeitlichen und räumlichen Verhältnisse dies gestatten, in die kritische Reflexion des Verlaufs der Gesamtkampagne und die Entscheidung über die nächsten Schritte einbezogen werden. Dies geschieht am besten auf Vollversammlungen der Basisgruppen und aller Interessenten. Wenn den Delegierten der Basisgruppen dieser Willensbildungsprozeß zu umständlich scheint und sie sich durch die Diskussion nicht kontrollieren lassen,[39] sondern nur die Massen »einsetzen« wollen, verliert die jeweilige Kampagne ihre emanzipatorische Funktion. Wo immer der Toleranzspielraum des Herrschaftssystems ausreicht, sollte darum wichtigen Entscheidungen ein Teach-in vorausgehen.

Die außerparlamentarischen Oppositionsbewegungen in den kapitalistischen Formaldemokratien, denen die Universitäten meist auch die Räumlichkeiten für die Teach-ins boten, haben diese Form des Willensbildungsprozesses im Prinzip zwar akzeptiert, aber ihre Avantgarde hat häufig durch Manipulationstechniken – wie die Programmierung von Rednerlisten, Unduldsamkeit gegenüber skeptischen Stimmen von Neulingen und Andersdenkenden und schließlich durch das Durchpeitschen vorgefertigter Resolutionen – das Teach-in zu einem Instrument autoritärer Indoktrination pervertiert. Potentielle Aufständische fielen in die Rolle des Publikums zurück, der Aufruf zum Engagement bei vorgeplanten Massendemonstrationen genügte den selbständig Denkenden nicht, und sie blieben schließlich diesen als Teach-in getarnten Akklamationsveranstaltungen völlig fern. An manchen Orten wurde zu spät, an anderen noch nicht erkannt, daß massenhaftes Engagement »eine Organisation verlangt hätte, wo in offenen Diskussionen diese Stra-

38 B. Devlin: Irland: Religionskrieg oder Klassenkampf?, Reinbek 1969, S. 76–77.
39 Zur Forderung nach offener Diskussion und Kontrolle siehe B. Rabehl: Der SDS und die Strategie der direkten Aktionen in Westeuropa. In: *Neue Kritik*, 50, Okt. 1968, S. 49.

tegie des Angriffs abgeleitet worden wäre, so daß sich jeder hätte mit ihr solidarisieren können«[40].

Bernadette Devlin berichtet über solche Experimente mit partizipierender Demokratie an der Universität Belfast im Herbst 1968. Das oberste Ziel der dortigen Versammlungen war, jedem die Möglichkeit zu geben, seine Vorschläge zur Sprache zu bringen. Es hat zwar auch in Belfast besonders aktive Gruppen gegeben, die sich über den mutmaßlichen Verlauf eines Teach-ins im voraus Gedanken machten, aber alle scheinen das Offenbleiben für neue Vorschläge doch als notwendigen Bestandteil ihrer Organisation angesehen zu haben. »Bei jedem Treffen wurde ein neuer Vorsitzender gewählt – irgendeiner der Anwesenden –, und seine ganze Funktion bestand darin, die Reihenfolge der Sprecher zu kontrollieren. Wenn der Vorsitzende gewählt war, wurde mit Handzeichen über die Tagesordnung entschieden. ›Können wir das und das auf die Tagesordnung setzen?‹ Alles wurde aufgenommen, und wir stimmten je nach Wichtigkeit über die Reihenfolge ab. Selbstverständlich gingen damit erst einmal zwanzig Minuten verloren, aber zumindest wurde so erreicht, daß jeder einverstanden mit dem war, was wir vorhatten, und wir stritten uns nicht stundenlang darüber, was sonst noch getan werden sollte.«[41]

In die Belfaster Versammlungen wurde von Kritikern und Gegnern der Bürgerrechtsbewegung viel häufiger eingegriffen als in Teach-ins der außerparlamentarischen Opposition an den deutschen Universitäten. In Westberlin und in der Bundesrepublik sind Andersdenkende häufig ausgebuht und niedergeklatscht worden, sofern sie überhaupt auf die Rednerliste kamen. Begründet wurde diese Haltung mit der Vorstellung Herbert Marcuses, daß »rückschrittlichen Bewegungen die Toleranz zu entziehen sei« und »die Bedingungen, unter denen Toleranz wieder eine befreiende und humanisierende Kraft werden kann, erst herzustellen« seien.[42] In Berlin machte sich beim Vietnam-Kongreß im Februar 1968 ein Vertreter der als »rückschrittlich« eingestuften CDU diese vorhersehbare Intoleranz zunutze, erklärte mit zwei Sätzen seinen Protest und den Kongreß für beendet, ließ sich programmgemäß aus dem Saale drängen – und anschließend von der konservativen Presse zum Helden aufbauen.[43] Die Belfaster Studenten hielten ein anderes Verhalten für klüger: »Jeder konnte zu der Versammlung kommen, und manchmal kamen auch Paisleyisten[44] und sagten uns,

[40] Op. cit., S. 46.

[41] Op. cit., S. 79.

[42] H. Marcuse: Repressive Toleranz. In: R. P. Wolff u. a.: Kritik der reinen Toleranz, Frankfurt/M. 1966, S. 121.

[43] K.-U. Benneter u. a.: Februar 1968. Tage, die Berlin erschütterten, Frankfurt/M. 1968, S. 48 u. 89.

[44] Anhänger von Pastor Jan Paisley, dem Vorsitzenden der Freien Presbyterianischen Kirche von Ulster und militanten Gegner der überwiegend katholischen Bürgerrechtsbewegung. Siehe B. Devlin, op. cit., S. 77–78.

wir wären alle ›fenianischer Abschaum‹[45]. Wir hörten ihnen ruhig zu, dann erhob sich einer von uns und erklärte, warum wir beispielsweise kein ›fenianischer Abschaum‹ seien und daß die Paisleyisten völlig falsche Vorstellungen hätten. Die vernünftige und tolerante Haltung brachte sie davon ab, unsere Versammlungen zu stören. Es war mehr oder weniger unmöglich, einen Tumult auf einer PD-Versammlung zu veranstalten: alle waren bereit, jeden große Reden schwingen zu lassen, bis er müde war; wenn jemand aus der Zuhörerschaft Fangfragen stellte, bat man ihn, einige Augenblicke zu warten, und dann konnte er sprechen; wenn er weiterhin Zwischenrufe machte, trat der Redner beiseite und gab ihm das Mikrophon, und dann stand er da, mit dem Lautsprecher in der Hand, und etwa siebenhundert höflich interessierte Gesichter starrten ihn an.«[46]

Nach den Behauptungen Le Bons wären von einer Massenversammlung »in nichts vorbedachte« Entscheidungen zu erwarten.[47] Es lassen sich für unbedachte Resolutionen von Vollversammlungen außerparlamentarischer Oppositionsbewegungen auch einige Beispiele finden, aber solche Fehlentscheidungen waren weniger auf das Vorhandensein von Massen als auf den Zeitdruck zurückzuführen, unter dem die Resolutionen verabschiedet wurden. Im allgemeinen kann man sagen, daß der Austausch von Argumenten auch in massenhaft besuchten Teach-ins kritisch verfolgt wird und sich schließlich eine besonnene Verhaltensweise durchsetzt. Bernadette Devlin verteidigt in ihrem Bericht über die Experimente der People's Democracy in Belfast ausdrücklich den Mehrheitsentscheid von Vollversammlungen. »Was geschieht, wenn ihr mit der Mehrheitsabstimmung konfrontiert werdet, Gewalt anzuwenden?« hatten Anhänger eines Repräsentativsystems sie gefragt. »Unser Argument war, daß Leute, die zur Gewalt entschlossen waren, sich schwerlich von einem Vorsitzenden und einem Schatzmeister davon abbringen ließen; wenn jeder in der PD blutrünstig wäre, würden wir es zumindest wissen, und wer persönlich dagegen war, konnte austreten. Da wir vernünftig über die Dinge diskutierten, kam es auf unseren Märschen tatsächlich weniger zur Anwendung von Gewalt als bei anderen Märschen.«[48]

Diese Formen der direkten Demokratie schließen jedoch nicht aus, daß für Büroarbeiten und die Finanzverwaltung verantwortliche Delegierte gewählt werden. Bürgerrechtskampagnen bedürfen für ihre Organisationen einer funktionalen Mischung aus den Formen der repräsentativen traditionellen Vereinssatzungen und den offenen

[45] Fenier: irische Liga in den USA im vorigen Jahrhundert, die die britische Regierung in Irland stürzen wollte.
[46] Op. cit., S. 79.
[47] Op. cit., S. 22–24.
[48] Op. cit., S. 80.

Formen der direkten Demokratie: ohne Repräsentation keine Kontinuität – ohne Partizipation keine Dynamik.
Kommt es in einer Kampagne infolge demokratischer Experimentierfreudigkeit zum massenhaften Engagement, ist das nächste Problem, »wie die einmal Mobilisierten gehalten werden können«[49]. Nach der Anspannung der direkten Aktionen und der raschen Abfolge von Versammlungen kann die Reprivatisierung nur dann vermieden werden, wenn bei der Planung von Kampagnen nicht nur an »Großeinsätze« gedacht, sondern ein langfristiges konstruktives Programm entwickelt wurde, das es den momentan Mobilisierten gestattet, sich in Gruppen mit jeweils spezifischen Aufgaben zu gliedern. Für diese kontinuierliche Arbeit sind häufig Vereine mit demokratischen Satzungen eine geeignete Form. Dabei kann es sich um die Satzungen von Clubs wie den Republikanischen Clubs in der Bundesrepublik, um Einpunktbewegungen wie die Kriegsdienstverweigererverbände in der »Internationale der Kriegsdienstgegner« (War Resister's International, WRI), um Bürgerrechtsorganisationen mit einem mehrere Ziele umfassenden Programm wie der »Christlichen Führungskonferenz der Südstaaten« (Southern Christian Leadership Conference, SCLC)[50] oder um parteiähnliche Zusammenschlüsse mit einem umfassenden Programm der gesellschaftlichen Umgestaltung handeln.

Ausbildung der Freiwilligen

Wenn ein langfristiges strategisches Konzept oder auch nur der Plan für eine bestimmte Aktion, wie zum Beispiel einen Massensitzprotest, die grundsätzliche Zustimmung der Basisgruppen oder einer Vollversammlung gefunden hat, gibt es ein für gewaltfreie Kampagnen spezifisches Problem: die Freiwilligen müssen sich auf die Konfrontation mit den Herrschenden und ihre Sanktionen vorbereiten.[51]
Es gibt eine Reihe von Handbüchern für die »Planung und Durchführung von direkten gewaltfreien Aktionen«,[52] die zu einem zielstrebigeren und wirksameren Vorgehen gewaltfreier Kampagnen ge-

[49] Freek Huisker: Antiautoritäres Verhalten und autoritäre Strukturen im SDS. In: *Neue Kritik*, 50, Okt. 1968, S. 116.
[50] Volker Hornung: Die Southern Christian Leadership Conference im Wandlungsprozeß 1965–1969, Diplomarbeit am Otto-Suhr-Institut, Berlin 1969 (erscheint 1970 im Informationsdienst von Pax Christi).
[51] Einen guten Überblick gibt die Dokumentation einer Studienkonferenz der War Resisters' International in Perugia, Italien, vom 13. bis 20. August 1965: Devi Prasad (Hrsg.): Training in Nonviolence, London 1965.
[52] Erste Versuche (man beachte die zunehmende Seitenzahl): Charles C. Walker: Organizing for Nonviolent Direct Action, Cheyney, Penn. 1961, 31 S.; dt.: Handbuch für Planung und Durchführung von direkten, gewaltlosen Aktionen, Offenbach 1963; Narayan Desai: A Handbook for Shanti Sainiks, Rajghat (Varanasi, India) 1963, 54 S.; Martin Oppenheimer and George Lakey: A Manual for Direct Action, Philadelphia 1964, 134 S.; Bernd Börger u. a.: Protestieren, demonstrieren . . .,

führt haben.[53] Die Methoden der Instruktion und des Trainings sind jedoch – verglichen mit einer militärischen Ausbildung – noch äußerst primitiv und die Erfolge gewaltfreier Kampagnen in dieser Hinsicht oft erstaunlich genug. Nur einige Beispiele für richtungsweisende Ansätze in der Konfliktschulung können hier genannt werden.
Die gebräuchlichste Form der Schulung ist die Instruktionssitzung, in welcher der Aktionsplan zunächst detailliert vorgetragen und dann zur Diskussion gestellt wird. Solche Instruktionsversammlungen haben 1963 in Birmingham, Alabama, vor den verbotenen Demonstrationsmärschen der schwarzen Schuljugend stattgefunden.[54] Im Januar 1968 wurde von Berliner Studenten und Hochschullehrern ein Sitzprotest des »Komitees der 100 für die Freiheit Griechenlands« in fünf Informationsveranstaltungen an verschiedenen Berliner Hochschulen vorbereitet.[55] Am weitesten entwickelt hat den Typus der Instruktionssitzungen aber das »Komitee der 100« (Committee of 100) englischer Atomwaffengegner, deren Massensitzproteste im Londoner Stadtzentrum einer besonders sorgfältigen Vorbereitung bedurften. Die Instruktionssitzungen wurden auf die verschiedenen Londoner Bezirke verteilt und in einigen exemplarischen Fällen in der Form einer intensiven Beratung kleiner Gruppen durchgeführt.
Im September 1962 nahm ich im Nebenzimmer von »King's Arms«, einem Stehbierlokal im East-End Londons, an einer solchen Instruktionssitzung des »Komitees der 100« teil. Etwa 15 Leute hatten sich eingefunden, die meisten junge Männer im Alter zwischen 20 und 25, aber auch ein älteres Ehepaar und ein Junge und ein Mädchen, die nicht älter als 16 zu sein schienen. Die beiden Jüngsten erwiesen sich dann aber durch ihre sachkundigen Fragen und Zwischenbemerkungen als erfahrene Sitzstreiker, die schon mehrmals auf der Straße und anschließend in Haft gesessen hatten. Sie alle sollten von Jimmy Jones, dem für diesen Stadtteil zuständigen Gruppenleiter und Verbindungsmann (Convenor) zum zentralen »Komitee der 100«, so sicher instruiert werden, daß sie in der Aktion selbst durch ihr Handeln den anderen, nur durch Flugblätter Instruierten, als Vorbild dienen konnten. Gleichzeitig fanden in allen Stadtteilen Londons noch 10–15 weitere solche Instruktionssitzungen statt, so daß an der Demonstration, bei der man auf 2000 bis 3000 Teilnehmer hoffte, mit etwa zehn Prozent über die diesmal vorgesehene Taktik des Sitzprotestes Instruierten gerechnet werden konnte.

Düsseldorf 1969; Theodor Ebert und Volker Hornung: Handbuch der außerparlamentarischen Bürgerinitiative (Arbeitstitel), Berlin: Landeszentrale für politische Bildung (in Vorbereitung).

53 Vgl. Rolf Niemann: Sitzprotest des »Komitees der 100« vor der Griechischen Militärmission. Ein Experiment der Kritischen Universität mit demonstrativem zivilem Ungehorsam, in: Th. Ebert u. H.-J. Benedict (Hrsg.): Macht von unten, S. 131–135.

54 M. L. King: Warum wir nicht warten können, Frankfurt/M. 1965, S. 58–61.

55 R. Niemann, op. cit., S. 150–151.

Jones hatte eine Lageskizze des Trafalgar Square, Whitehalls und des Luftfahrtministeriums, vor dem die Demonstration stattfinden sollte, auf einen großen Karton gezeichnet und demonstrierte nun mit blauen (Demonstranten) und roten (Polizisten) leicht anheftbaren Pappstreifen die verschiedenen möglichen Bewegungen und Gegenbewegungen der Demonstranten und der Polizei. Als taktisches Ziel der Polizei galt, einen Kordon in Form eines sich verengenden Schlauches oder eines Trichters zu bilden, die Demonstranten dadurch so dicht zusammenzudrängen, daß sie keinen Sitzstreik machen könnten, und sie dann in Nebenstraßen abzudrängen und zu zerstreuen. Taktisches Ziel der Demonstranten war, punkt 15 Uhr vom Trafalgar Square, wo man sich in der »National-Galerie« und der U-Bahnstation gesammelt hatte, Whitehall abwärts in Richtung Downing Street und Luftfahrtministerium so weit wie möglich vorzudringen, jedoch bei Gegenbewegungen der Polizei, an für die Publizität günstiger Stelle, einen die Straße blockierenden, weder zu dicht gedrängten, noch zu weit gestreuten Sitzstreik durchzuführen. Diese Bewegungen mußten ausgeführt werden, ohne daß die Polizei irgendwelche Befehle gebende »Rädelsführer« zu bedeutend härterer Bestrafung herausgreifen konnte. Ein Blick auf den Convenor, der wieder die anderen Convenors kannte und sich mit ihnen abgesprochen hatte, mußte genügen, um im entscheidenden Augenblick das Richtige zu tun.
Die Instruktionssitzung ist von den amerikanischen Atomwaffengegnern und Bürgerrechtsorganisationen weiterentwickelt worden zur Form des »Werkstatt-Trainings« (Workshop),[56] das insofern eine charakteristische Form der Ausbildung zur gewaltfreien Aktion darstellen dürfte, als der Akzent weniger auf der Schulung durch einen Leiter als auf dem selbständigen Suchen und Experimentieren der Teilnehmer liegt. Das Werkstatt-Training eignet sich jedoch nur für kleinere Gruppen bis zu 20 Teilnehmern.
Im Werkstatt-Training lernt die Gruppe, auf provozierende Fragen, Beleidigungen und physische Angriffe angemessen zu reagieren. Indem sich die Freiwilligen auf das Schlimmste vorbereiten, erzielen sie eine völlig neue Einstellung gegenüber verbalen und physisch-gewaltsamen Provokationen. Richard B. Gregg erläutert diese neue Reaktionsweise: »Unsere Gesinnung bestimmt und kontrolliert unsere Gefühle und weitgehend auch unser Verhalten [...] Wenn wir in der Straße plötzlich ohne Warnung von jemand umgeworfen werden, geraten wir in Wut. Wenn dies während eines Fußballspieles geschieht, werden wir nicht wütend. Der Unterschied zwischen unseren gefühlsmäßigen Reaktionen wird in diesen Fällen ganz von unserer Gesinnung bestimmt, die wir im Augenblick der Tat hatten. Da man eine Gesinnung pflegen kann, bis sie einem zur Gewohnheit wird, ist es klar, daß man mit der Zeit zu-

[56] S. M. Oppenheimer and G. Lakey: A Manual for Direct Action, a. a. O., S. 49–60.

mindest die Art seiner Gefühle und Handlungen kontrollieren kann.«[57] So wurden die »Freiheitsfahrer« (Freedom Riders) und die Demonstranten für die »Sitz-Hinein« (sit-in)-Aktionen im amerikanischen Rassenintegrationskampf von ihren Mitkämpfern probeweise beschimpft, angespuckt und niedergeboxt. Als richtige Reaktion galt keineswegs ein einfaches »Hinhalten der anderen Backe«, sondern die ruhige Frage: »Was ist eigentlich los?« (What's the matter?)[58]. Wertmaßstab für das richtige Verhalten war: »Wer zurückschlägt, ist ein Schwächling.«[59]

Jim Peck, der meistverprügelte weiße Vorkämpfer der Rassenintegration in den Vereinigten Staaten, sieht das wirksamste Hindernis für das Zurückschlagen und damit ein wichtiges Erziehungsziel in der Einsicht, daß solche gewaltsame Vergeltung schlechterdings nutzlos ist: »Ich habe die Erfahrung gemacht, mit dem Impuls, mit physischer Gewalt zurückzuschlagen, kann man fertig werden, wenn man die Nutzlosigkeit eines solchen Beginnens vollkommen einsieht. Zorn ist eine natürliche Reaktion auf den physischen Schmerz bei einem Angriff. Aber meine Reaktionsweise hat sich nun soweit verändert, daß, wenn ich heute angegriffen werde, ich das Gefühl habe, ich würde seekrank. Während ich geschlagen wurde, habe ich versucht, meinen Kopf mit den Armen zu bedecken, so gut ich konnte, bis der Haß meiner Angreifer sich ausgetobt hatte. Wenn alles vorbei war, hatte ich doch weiter das Gefühl, daß mir schlecht sei. Manchmal habe ich mich tatsächlich erbrochen. Aber jedesmal fühlte ich, daß es sich gelohnt habe, gewaltfrei geblieben zu sein.«[60] Peck rüstete sich innerlich auf solche Angriffe in derselben Weise, wie er es zu tun pflegte, »wenn der Zahnarzt daranging, auf einem wurzelvereiterten Zahn herumzubohren«[61].

Für diejenigen Fälle, in denen genügend Zeit und Verständnis für ein intensives Gruppentraining vorhanden ist, haben die Amerikaner das »Soziodrama« (sociodrama) entwickelt, das in improvisierter szenischer Gestaltung den Zusammenstoß mit den Unterdrückern darstellt. Martin Luther King berichtet, wie die Neger in den Kirchen Montgomerys für die ersten integrierten Busfahrten vorbereitet wurden: »In mehrere Versammlungen bauten wir ein Schulungsprogramm über gewaltfreies Verhalten ein. In Form eines imaginären Busses stellten wir vor dem Altar Stühle auf, vorn mit einem Fahrersitz. Aus dem Publikum wählten wir ungefähr ein Dutzend ›Schauspieler‹ aus und teilten jeden für eine Rolle in einer hypothe-

[57] R. B. Gregg: The Power of Nonviolence, a. a. O., S. 150.
[58] J. Peck: Freedom Ride, New York 1962, S. 21.
Als während des Verhörs vor dem Hohenpriester ein Diener Jesus von Nazareth eine Ohrfeige gab, reagierte dieser nach der Überlieferung darauf mit den Worten: »Habe ich übel geredet, so beweise es, daß es böse sei; habe ich aber recht geredet, was schlägst du mich?« (Joh. 18, 23).
[59] Zit. in: G. Fritz (Hrsg.): Die Gewaltfreie Zivilarmee, Stuttgart 1962, S. 28.
[60] Freedom Ride, a. a. O., S. 29.
[61] Freedom Ride, a. a. O., S. 31.

tischen Situation ein. Ein Mann wurde Fahrer, und die anderen wurden weiße und schwarze Fahrgäste. Beide Gruppen enthielten einige bösartige und einige höfliche Charaktere. Unter den Blicken der Zuschauer spielten die Schauspieler nun eine Beleidigungs- oder Gewaltszene durch. Am Ende jeder Szene kehrten die Schauspieler zu den Zuschauern zurück, und eine andere Gruppe nahm ihre Plätze ein. Am Schluß jedes Schulungsprogrammes erfolgte eine allgemeine Diskussion. Manchmal spielte einer den Weißen mit soviel handgreiflichem Eifer, daß er von den Regisseuren zurechtgewiesen werden mußte. Oft vergaß ein Neger seine gewaltfreie Rolle und schlug mit aller Kraft zurück; wenn immer dies geschah, bemühten wir uns, seine Worte und Taten in gewaltfreie Bahnen zurückzulenken.«[62]

Auch die Sit-ins von Studenten an rassengetrennten Imbißtheken, die im Februar 1960 von Greensboro (North Carolina) ihren Ausgang nahmen, wurden in Soziodramen vorbereitet. Ein deutscher Reporter, der sich mit diesem Interesse an den organisatorischen Vorbereitungen als Ausnahme in seiner Zunft erweist, berichtet darüber: »Wie es dabei (bei einem Sit-in – Th. E.) zugehen könnte, läßt Mr. X (fiktive, unnötig geheimnisvoll klingende Bezeichnung des Reporters für den Leiter der gewaltfreien Aktionsgruppe – Th. E.) gleich erbarmungslos üben. Einsatzgruppe A – fünf Studenten und eine Studentin – betritt das Lokal und nimmt ihre Plätze in dem für Weiße gekennzeichneten Teil ein. Da sie nicht bedient wird, schlägt sie mitgebrachte Bücher auf und beginnt friedlich darin zu lesen. Nun schaltet sich die weiße Störgruppe ein – von schwarzen Kommilitonen gespielt: ›Dreckiger Nigger‹, sagt ein Negerstudent zum anderen und stößt ihn in den Rücken, ›steh auf, mach Platz!‹ Einem anderen Sitzstreiker werden die Bücher auf den Boden geworfen, er hebt sie seelenruhig auf. Es wird hier so dick aufgetragen, wie es in Wirklichkeit wohl kaum vorkommt – die passiven Widerständler sollen auf das Schlimmste gefaßt sein und eine Art seelischer Hornhaut entwickeln. Mr. X besteht sogar darauf, daß Gruppe A angespuckt wird. Papiertaschentücher werden zu diesem Zweck bereitgehalten. Anschließend gibt es ›Manöverkritik‹.«[63]

Das Soziodrama ließe sich zur Simulation einer ganzen Kampagne in Form eines Krisenspiels weiterentwickeln. Die Methoden der Simulation und des Spielens wurden zwar bis jetzt nur in militärischen und diplomatischen Konflikten angewandt,[64] sie lassen sich aber auch auf innenpolitische Konflikte übertragen.[65]

[62] Stride Toward Freedom, a. a. O., S. 157.

[63] Walter Gong: Schwarze warten auf Bedienung. In: *Die Welt*, 17. 4. 1960.

[64] Vgl. Adolf von Schell: Gedanken über die Friedensausbildung von Führungsnachwuchs. In: *Wehrwissenschaftliche Rundschau*, Stuttgart, 1, Januar 1964; Michael H. Banks et al.: Gaming and Simulation in International Relations. In: *Political Studies*, Oxford, 1, 1968, S. 1–17.

[65] Peter Klunkert und Kerstin Leitner: Möglichkeiten der Planung gewaltfreier Kampagnen durch Simulationen. Bericht über die Simulation eines Hungerstreiks in

Soziodramen und Krisenspiele haben den Vorteil, daß der Freiwillige nicht nur von den gegnerischen Sanktionen nicht mehr überrascht wird und seiner Reaktionsweise sicher ist, sondern daß er in ihnen auch gezwungen ist, sich völlig in die Rolle des Unterdrückers hineinzuversetzen. Das »Denn sie wissen nicht, was sie tun« muß ihm zum lebendigen Erlebnis werden, wenn er den Unterdrücker nicht als »Karikatur« spielen will.
Die Leitung eines gewaltfreien Aufstands wird sich mit Hilfe dieses Trainings der Freiwilligen auch ein zuverlässiges Bild der eigenen Kampfkraft zu verschaffen suchen. Um auch die Herrschenden, nach Möglichkeit kampflos, beeindrucken und zur Erfüllung ihrer Forderungen bewegen zu können, benötigt die Leitung des Aufstands feste Zahlenangaben über die Mannschaftsstärke. Diese sind nur dadurch zu gewinnen, daß die Freiwilligen, die für das Programm und die gewaltfreien Methoden der Kampagne eintreten, durch einen förmlichen Akt von der Masse der nur Sympathisierenden geschieden werden. Im indischen Freiheitskampf geschah dies über das nicht zu kontrollierende Tragen der Khadi-»Uniform« hinaus durch die Unterzeichnung von Satyagraha-Verpflichtungen.[66] Eine theoretische Prüfung oder eine praktische Übung in Form eines Soziodramas ging dieser feierlichen Verpflichtung auf die gewaltfreie Verhaltensweise nicht voraus. Dies ist aber denkbar, wenn eine solche Verpflichtung am Ende eines systematischen Schulungskurses stehen würde.
Gandhi war der Ansicht, daß erst durch die Selbstverpflichtung ein Freiwilliger sich seiner ganz sicher werde: »Gelübde abzulegen ist kein Zeichen der Schwäche, sondern der Stärke. Um jeden Preis etwas zu tun, was man tun muß, stellt ein Gelübde dar. Es wird zu einem Bollwerk der Stärke. Einem Menschen, der sagt, er wolle etwas tun, ›soweit ihm dies möglich sei‹, fehlt es entweder an Stolz, oder er ist ein Schwächling. Ich habe an mir selbst und bei anderen die Erfahrung gemacht, daß die Einschränkung ›soweit als möglich‹ ein fatales Hintertürchen ist. Wer etwas ›soweit als möglich‹ tut, erliegt damit bestimmt der ersten Versuchung.
Den Freiwilligen »ohne Gelübde oder inneres Gesetz seines Verhaltens« verglich er mit einem »Schiff ohne Ruder«.[68]

Berlin für ein Pressegesetz. In: Th. Ebert (Hrsg.): Bürger contra Establishment. Kritische Studien aus der Friedens- und Konfliktforschung (Arbeitstitel), Bielefeld (erscheint 1970).
66 Wortlaut der Satyagrahi-Verpflichtung aus den Jahren 1921 und 1930 in: G. Dhawan: The Political Philosophy of Mahatma Gandhi, a. a. O., S. 211–213.
67 M. K. Gandhi: From Yeravda Mandir (1935). In: ders.: Satyagraha, a. a. O., S. 37.
68 M. K. Gandhi: Maintainance Allowance. In: *Young India*, 30. 4. 1931. In: ders.: Satyagraha, a. a. O., S. 85.

Öffentlichkeit der Organisation

Wenn eine Kadergruppe zum Aufstand Entschlossener ihre bevormundeten und unterdrückten Mitbürger für eine Kampagne gegen die Herrschenden gewinnen will, sieht sie sich einer dreifachen Aufgabe gegenüber. Sie muß bei den potentiellen Aufständischen zunächst das intensive Verlangen nach neuen Positionen wecken; oder wenn dieses schon vorhanden ist, muß sie ihnen weiter klarmachen, daß dieser gewaltfreie Aufstand von einer disziplinierten Organisation getragen sein muß, um erfolgreich zu sein. Und wenn ihr diese beiden Aufgaben geglückt sind, muß sie ihre Mitbürger noch von etwas überzeugen, was diesen im ersten Augenblick »naiv« vorkommen mag, nämlich davon, daß die Organisation offen, ohne Heimlichkeiten vor den Herrschenden zu erfolgen hat.

Martin Luther King berichtet, daß zu Beginn des Busprotestes von Montgomery einige Führer vorschlugen, den Reportern die Absichten der Bürgerrechtsbewegung zu verheimlichen, die schwarze Bevölkerung nur zu Sing- und Gebetsversammlungen einzuberufen und während dieser hektographierte Anweisungen für den Boykott heimlich von Hand zu Hand rundgehen zu lassen. Andere wären der Ansicht gewesen, zumindest die Namen der Führer müßten geheimgehalten werden. Schließlich sei E. D. Nixon, der Vorsitzende der Ortsgruppe der »Nationalen Vereinigung zur Förderung der farbigen Bevölkerung« (National Association for the Advancement of Colored People, NAACP), aufgesprungen und habe erklärt: »Wir benehmen uns wie kleine Jungen. Der Name von irgend jemand muß bekannt sein. Wenn wir davor Angst haben, können wir gleich Schluß machen. Wir müssen Manns genug sein, unsere Pläne offen zu diskutieren. Diese Idee, heimlich ein Blättchen Papier rumgehen zu lassen, ist ein großer Quatsch. Die Weißen finden es schließlich doch heraus. Wir täten gut daran, uns jetzt zu entscheiden, ob wir furchtlose Männer oder ängstliche Jungen sein wollen.« Mit diesen barschen Worten habe Nixon mit der Geheimniskrämerei in Montgomery ein für allemal aufgeräumt und verhindert, daß die Bewegung an Hasenherzigkeit verkümmerte.[69]

Am Anfang des gewaltfreien Aufstands steht die seelische Grundentscheidung, die Furcht vor der Gewalt der Herrschenden zu überwinden und Opfer auf sich zu nehmen. Praktiker und Theoretiker der gewaltfreien Aktion haben wiederholt darauf hingewiesen, daß die Offenheit der organisatorischen Vorbereitungen für das Entstehen einer Aufstandsbewegung von entscheidender Bedeutung sei. Gene Sharp faßt diese vielen Stimmen zusammen, wenn er ausführt: »Selbst wenn Menschen zu innerer Empörung getrieben werden, so kann sie doch die Furcht vor den Folgen daran hindern, sich einer Widerstandsbewegung anzuschließen. Eine gewaltfreie

69 Stride Toward Freedom, a. a. O., S. 55.

Bewegung jedoch, deren Grundlagen Offenheit und die Bereitschaft sind, mögliche Sanktionen des Gegners willig zu ertragen, besitzt einige der Eigenschaften, die imstande sind, solche Furcht zu überwinden. In einem sehr realen Sinne ist die Überwindung der Furcht der Schlüssel zu aktivem Massenwiderstand. Heimlichkeit und Täuschung wirken gerade in der entgegengesetzten Richtung und erzeugen eine Atmosphäre der Furcht, die den Widerstandsgeist lähmt.«[70]

Da Gandhi sich nur vom Massenwiderstand entscheidende Erfolge versprechen konnte, stellte er auch die Frage, ob eine geheime Organisation diesen Massenwiderstand anzuregen vermöge. Er kam zu dem Ergebnis: »Keine Untergrundbewegung kann je zu einer Massenbewegung werden oder Millionen zu Massenaktionen anfeuern.«[71] Er begründete dies wie Sharp damit, daß »die Millionen Indiens nicht wachgerüttelt werden könnten, es sei denn durch offenen, unbewaffneten Kampf.«[72] »Durch Geheimniskrämerei sucht man immer einen Schutzwall um sich zu bilden. Die gewaltfreie Aktion aber verschmäht solchen Schutz. Selbst angesichts der widrigsten Umstände sucht sie in aller Offenheit zu wirken. Wir müssen eine Organisation schaffen, die ein riesiges Volk, das für Jahrhunderte unter dem Tritt einer abscheulichen Tyrannei geknechtet wurde, aufrichtet. Das kann nur mit offenen, wahrhaftigen Mitteln geschehen [...] Das Ideal darf nicht verwässert werden. Wenn wir nicht entschlossen an unseren prinzipiellen Regeln festhalten, werden wir scheitern.«[73]

Jawaharlal Nehru konnte dann auch das von Gandhi erwartete Ergebnis, das sich wechselseitige Bedingen und Steigern von Offenheit und Furchtlosigkeit, feststellen: »Vor allem hatten wir das Gefühl der Freiheit und einen Stolz auf diese Freiheit. Das alte Gefühl der Unterdrückung und Hilflosigkeit war vollkommen verschwunden. Da gab es kein Flüstern mehr, keine Wortklauberei mehr über die Gesetzlichkeit unseres Vorgehens, um zu verhindern, daß wir in

70 Widerstand, offen oder geheim? In: *Die Friedensrundschau*, Hamburg, Nr. 2, Febr. 1962, S. 13. Dieser aus taktischen Gründen allgemein gehaltene Artikel wurde aus besonderem Anlaß geschrieben. Pat Pottle, ein wichtiger Organisator im englischen »Komitee der 100« hatte sich im Dezember 1961 nicht wie die mit ihm wegen des Invasionsversuchs auf den Luftwaffenstützpunkt Wethersfield Angeklagten sofort der Polizei gestellt, sondern von seinem Versteck aus Presseerklärungen abgegeben oder Reporter zu Interviews in irgendwelche Kneipen im Norden Londons bestellt. Dadurch drohte er die ganze Bewegung ins Zwielicht der Heimlichkeit zu bringen. Pottle ließ sich jedoch von den Argumenten der Vertreter offenen Widerstands überzeugen, tauchte auf und wurde neben Michael Randle zum bedeutendsten Sprecher der Atomwaffengegner im »Offical Secrets Act«-Prozeß in Old Bailey (s. On Trial. In: *Peace News*, Special Supplement, Febr. 1962).

71 Presseerklärung vom 21. 10. 1940, zit. in: G. Dhawan: The Political Philosophy of Mahatma Gandhi, a. a. O., S. 223.

72 Presseerklärung vom 21. 10. 1940. In: *Harijan*, 3. 3. 1946. In: M. K. Gandhi: Non-Violence in Peace and War, Vol. II, S. 50.

73 Sabotage and Secrecy. In: *Harijan*, 10. 2. 1946. In: M. K. Gandhi: Satyagraha, a. a. O., S. 379–380.

Schwierigkeiten mit den Behörden gerieten. Wir sprachen aus, was wir fühlten, und schrien es von den Dächern. Was kümmerten uns die Folgen? Gefängnis? Wir freuten uns darauf, denn es würde unserer Sache weiterhelfen. Die zahllosen Spione und Geheimdienstleute, die uns umkreisten und folgten, wurden zu einigermaßen bedauernswerten Gestalten, da es nichts Geheimes zu entdecken gab. Alle unsere Karten lagen offen auf dem Tisch.«[74]

Die Offenheit schafft aber nicht nur bei den Aufständischen die psychologischen Vorbedingungen für den Erfolg der Kampagne, sondern auch bei den Herrschenden. Solange diese vor den Aufständischen Furcht empfinden, d. h. von deren gewaltfreier Gesinnung nicht überzeugt sind, werden sie geneigt sein, sich auf ihren Standpunkt zu versteifen. Nur eine öffentliche Aufstandsorganisation kann die Herrschenden davon überzeugen, daß die proklamierte Gesinnung und die daraus entspringenden Forderungen mit den eigentlichen Zielen der Kampagne übereinstimmen.

Während eine Untergrundorganisation geradezu zur Diffamierung reizt und sich dagegen auch kaum wehren kann, da man einer heimlichen Bewegung von vornherein Übles zutraut, ist die Öffentlichkeit der Organisationsform in sich schon in positivem Sinne propagandistisch wirksam. Gene Sharp meint: »Die Öffentlichkeit der Bewegung, ihre Kühnheit, ihre Absichten öffentlich preiszugeben und ohne Furcht Strafen und Einkerkerungen auf sich zu nehmen, muß notwendig tiefen Eindruck auf alle am Kampfe Beteiligten machen.«[75]

Als Gandhi, Nkrumah, Martin Luther King, Danilo Dolci und Bertrand Russell ihre Widerstandskampagnen organisierten, konnte dies in aller Offenheit geschehen, da die Gewalthaber, die sich an rechtsstaatliche Grundsätze gebunden fühlten, zumindest zögerten, die Organisatoren zu verhaften, bevor sie den geplanten Akt des Protestes oder des zivilen Ungehorsams wirklich begangen hatten. Diese Hemmungen, gegen die offene Vorbereitung auf gewaltfreie Aktionen einzuschreiten, sind jedoch nicht in allen Fällen gegeben, in denen Unterdrückte sich zum Aufstand verpflichtet fühlen können. In totalitären Diktaturen kann schon ein gemeinsames an Widerstand Denken, das noch nicht einmal organisatorische Formen angenommen zu haben braucht, als todeswürdiges Verbrechen gelten, wie das Vorgehen des nationalsozialistischen Volksgerichtshofs gegen die Angehörigen des »Kreisauer Kreises« zeigte.[76] Zur »Vorbeugehaft« gegen Organisatoren gewaltfreier Aktionen können

[74] Indiens Weg zur Freiheit, a. a. O., S. 73.
[75] Widerstand, offen oder geheim?, a. a. O., S. 12.
[76] Helmut Graf v. Moltke über das Todesurteil des Volksgerichtshofs: »Das Schöne an dem so aufgezogenen Urteil ist folgendes: Wir haben keine Gewalt anwenden wollen [...] Wir sind aus jeder praktischen Handlung heraus, wir werden gehenkt, weil wir zusammen gedacht haben.« Zit. in: Heinrich Fraenkel und Roger Manvell: Der 20. Juli, Frankfurt/M. 1964, S. 188.

aber auch Regime greifen, die noch rechtsstaatliche Prinzipien kennen, wie die Südafrikanische Union, die sich jedoch mit ihrer Gesetzgebung auf die gewaltfreien Kampftechniken so eingestellt haben, daß sie alle offenen Vorbereitungen zu gewaltfreien Aktionen sofort durch Polizeimaßnahmen zu unterbinden suchen werden.[77]
Patrick Duncan, ein führender weißer Gegner der Apartheid-Politik, erklärte »Peace-News«-Reportern: »Der Zulu-Führer Luthuli und die Afrikanische Nationale Kongreß-Partei führten 1952 die Kampagne gewaltlosen, zivilen Ungehorsams gegen ungerechte Gesetze [...] Die Regierung verstand jedoch rasch, daß jeglicher Massenungehorsam ihr gefährlich war, und sie verschärfte ihre Kontrolle daher so sehr, daß es heute niemand mehr wagt, den gewaltlosen Widerstand zu organisieren oder sich an einer offenen Aktion zu beteiligen. Wenn Gandhi heute in Südafrika auftauchen würde, steckte ihn die Regierung in Sicherheitsgewahrsam, bis sie von seiner Harmlosigkeit überzeugt wäre – und dies würde geschehen, bevor er sich eine weitverbreitete Massenorganisation von Gefolgsleuten hätte aufbauen können.«[78]
Wenn ein wirksamer gewaltfreier Aufstand unter obengenannten Bedingungen grundsätzlich nicht möglich wäre, so wäre damit seine Verwendbarkeit entscheidend eingeschränkt, und der universale Anspruch dieser Kampfmethode aus der Praxis widerlegt. Es erhebt sich darum die Frage, ob die gewaltfreie Aktion unbedingt an die öffentliche Organisationsform gebunden ist, oder ob diese Aktionsmethode nicht auch an einen Gegner, der jeglichen Widerstand schon im Keim zu ersticken sucht, dadurch angepaßt werden kann, daß die offenen gewaltfreien Widerstandsorganisationen auf Massenbasis geheim durch eine Untergrundorganisation vorbereitet werden. Einige praktische Erfahrungen im Widerstand gegen die nationalsozialistische und kommunistische Herrschaft scheinen auf diese Möglichkeit hinzuweisen.
Als die Marionetten-Regierung Vidkun Quislings im Frühjahr 1942 die norwegischen Lehrer zwingen wollte, der Nasjonal Samling, der norwegischen faschistischen Partei, beizutreten und den Unterricht nach entsprechenden Richtlinien zu gestalten, sandten 8000 bis 10000 der insgesamt etwa 12000 Lehrer einen Protestbrief an die Regierung, in dem sie erklärten, daß diese Anordnungen »gegen ihr Gewissen« wären, und sie ihnen darum nicht folgen würden. Alle Briefe waren mit Namen und Adresse unterzeichnet. Zehntausende, insgesamt ungefähr zehn Prozent der norwegischen Eltern, schlossen sich dem Protest der Lehrer in gleichfalls namentlich gekennzeichneten Briefen an das Kultusministerium an. Trotz der Öffentlichkeit der Aktion war das Risiko für den einzelnen nicht allzu groß, da der Widerstand sofort auf Massenbasis erfolgte. Keiner

77 Pointierte Darstellung der totalitären Tendenzen in: Brian Bunting: The Rise of the South African Reich, London 1964.
78 P. Duncan: Questions and Answers on South Africa. In: *Peace News*, 14. 6. 1963.

der Widerstand Leistenden tat mehr als der andere, und jeder tat das gleiche. Das Quisling-Regime blieb gegenüber diesem »nivellierten Massenwiderstand« ohne Auswahlkriterien für eine gezielte Unterdrückung. Damit solche Widerstandsaktionen glücken, muß jeder genau wissen, wann die Aktion beginnt, was er im einzelnen zu tun hat und auf welche ungefähre Zahl von Mitkämpfern er sich verlassen kann.

Diese Voraussetzungen eines erfolgreichen gewaltfreien Widerstandes gegen ein totalitäres Regime wurden in Norwegen von einem geheimen Kontaktnetz der Lehrer geschaffen, das entstanden war, als das Regime versuchte, den norwegischen Lehrerbund gleichzuschalten. Die norwegische Widerstandsbewegung hatte dann über ihre Kontaktleute in den Schulen den einzelnen Lehrern den Einheitstext ihres Schreibens und das Absendedatum mitgeteilt. Die Ausdehnung der Widerstandsbewegung garantierte einen sofortigen Masseneinsatz.[79]

In ähnlicher Weise hat sich eine Geheimorganisation bei der Vorbereitung des offenen Widerstands in den Streiks in den Konzentrationslagern von Workuta im Jahre 1953 bewährt – obwohl die Lagerleitung Spitzel einsetzte und es ihr sogar gelang, noch vor Ausbruch des Streiks ein erstes geheimes Streikkomitee zu verhaften.[80]

Es wäre voreilig, aus diesen wenigen praktischen Erfahrungen schließen zu wollen, daß Untergrundorganisationen und geheime Kontaktsysteme die einzige oder die zweckmäßigste Lösung für die Vorbereitung gewaltfreier Aufstände gegen Diktaturen darstellen. Trotz der im dogmatischen Verdikt gipfelnden praktischen Bedenken Gandhis gegen jegliche Geheimorganisationen scheinen sie jedoch geeignet, eine nähere Untersuchung dieser Möglichkeiten anzuregen.

Eine Untergrundorganisation bringt Probleme mit sich, die gewaltfreie Aufstände bisher nicht kannten. Wie die Erfahrung gewaltsamer Widerstandsbewegungen lehrt, wird der Unterdrücker Spitzel einzuschleusen suchen, und dies wird eine Atmosphäre gegenseitigen Mißtrauens in der Widerstandsorganisation schaffen. Wahrscheinlich würde der Unterdrücker von den Angehörigen der Untergrundorganisationen, die gefaßt würden, oder die sich in offenen Widerstandsaktionen stellten, durch Foltermethoden Informationen zu erpressen suchen. Und da schließlich jedes Streben nach Geheimhaltung leicht eine sich fortschreitend verdichtende Atmosphäre der Ängstlichkeit schafft, ist auch noch zu bedenken, daß Untergrundtätigkeit psychologisch nur dann tragbar ist, wenn

[79] S. Gene Sharp: Tyranny Could Not Quell Them. In: M. Q. Sibley (ed.): The Quiet Battle, S. 172–175.

[80] S. Brigitte Gerland: How the Great Vorkuta Strike was Prepared. In: *The Militant*, New York, 28. 2. 1955; dies.: The Great Labour Camp Strike at Vorkuta. In: *The Militant*, 7. 3. 1955.

eine Aufstandsbewegung schon zum Ausbruch drängt und die Geheimhaltemaßnahmen nur technisch, nicht seelisch bedingte Vorsichtsmaßregeln sind. Jawaharlal Nehrus Bericht über die technischen Vor- und die psychologischen Nachteile der Geheimhaltung ist hier aufschlußreich: »Unsere Erfahrungen von 1930 und 1932 zeigten uns, daß es leicht möglich war, ein geheimes Nachrichtennetz über ganz Indien zu spannen. Ohne viel Aufwand und trotz einigem Widerstand erzielten wir gute Ergebnisse. Aber manche von uns hatten das Gefühl, daß sich Geheimtuerei nicht mit dem Geiste des zivilen Ungehorsams vereinbaren lasse. Sie rief eine dämpfende Wirkung auf das Gewissen der Massen hervor. Als kleiner Bestandteil einer großen, offenen Massenbewegung war der Nachrichtendienst nützlich, aber es bestand immer die Gefahr, besonders wenn die Bewegung im Ausklingen war, daß ein paar mehr oder weniger wirksame Tätigkeiten anstelle der Massenbewegung treten würden.«[81]

Eine straff organisierte Untergrundorganisation mit hierarchischer Struktur und geheimdienstlichen Techniken ist mit den Zielen eines gewaltfreien Aufstandes nicht vereinbar. Wo die Verschwiegenheit in systematische Täuschung der Kontrahenten übergeht, wird der Bereich der gewaltfreien Aktion verlassen und beginnt das Vorfeld der gewaltsamen Auseinandersetzung.

Es gibt im übrigen keinen zwangsläufigen Übergang von öffentlicher zu geheimer Aktivität. Wenn die Herrschenden die öffentliche Vorbereitung bestimmter subversiver Aktionen unterbinden, ist das Ausweichen in den Untergrund nicht die einzige Alternative. In dieser Situation ist zu prüfen, ob eine Intensivierung derjenigen konstruktiven Aktionen, die (noch) offen möglich sind, nicht eine stärkere Partizipation gestatten und damit auch von größerer emanzipatorischer Wirkung sind als geheime Aktivitäten.

Eine Entscheidung für eine Intensivierung der konstruktiven Aktionen kann bedeuten, daß – zumindest vorübergehend – bestimmte subversive Aktivitäten eingestellt werden; es bedeutet jedoch nicht, daß die Aufständischen sich nun reprivatisieren müssen. Sie können so lange auf dem Felde der konstruktiven Rolleninnovation Ausweichmanöver durchführen, bis sich das Potential der emanzipatorisch Engagierten so verbreitert hat, daß in der konstruktiven Arbeit gewonnene Basisgruppen ohne weitere Vorbereitung zur subversiven Aktion übergehen können. »Wenn Gandhi heute in Südafrika auftauchen würde« beziehungsweise wenn es unter den Negern und Indern in Südafrika heute Nachwuchsgandhis gibt, dann sind es keine nationalen Figuren, sondern lokale Vertrauensleute, welche die Apartheidpolitik nicht frontal angreifen, sondern in rassenpolitisch neutralen Unternehmungen ihren Mitbürgern emanzipatorisches Wissen vermitteln und sie in demokratische Partizipation

[81] Indiens Weg zur Freiheit, a. a. O., S. 329.

einüben. Die Gegner der Apartheid sind in Südafrika sehr früh zu subversiven Aktionen übergegangen, sie sind in den Untergrund gedrängt worden, und heute fehlt vielfach die Überzeugung, daß der mühsame und langwierige Weg der konstruktiven Aktionen wieder zum gewaltfreien Aufstand und so schließlich doch noch schneller und sicherer zum Erfolg führt als ein Guerillakrieg. Wollte man aus der Entwicklung in Südafrika den Schluß ziehen, daß gewaltfreie Aufstände nur in Formaldemokratien mit gewissen Grundrechtsgarantien möglich seien, hieße dies die gewaltfreie Aktion auf ganz bestimmte subversive Kampftechniken verengen, die in einer historisch festgelegten Reihenfolge angewandt werden. Das aufschlußreichste Experimentierfeld für gewaltfreie Aktionen unter den erschwerten Bedingungen einer Militärdiktatur ist zur Zeit Brasilien, wo katholische Priester und Laien mit immer neuen Restriktionsmaßnahmen und Sanktionen konfrontiert werden.[82]

[82] Hildegard Goss-Mayr: »Ich hatte mich zur Gewalt entschlossen ...!« Dokumentation zur gewaltfreien Bewegung in Lateinamerika. In: *Der Christ in der Welt*, Wien, 4. Dez. 1969, S. 80–89.

7. Vorbereitungen auf den Aufstand

Spontaneität oder Planung, Überraschungs- oder Warnungseffekt?

Prominente Sprecher gewaltfreier Kampagnen wie Gandhi, Martin Luther King, Albert Luthuli und Bertrand Russell haben wiederholt die Bedeutung sorgfältiger organisatorischer Vorbereitungen für den Erfolg gewaltfreier Aktionen betont. Es gibt aber auch Stimmen aus mehr gewaltfrei-anarchistischen Kreisen, die den Erfolg vom spontanen, aus dem Zwang der Verhältnisse sich ergebenden Aufstand erwarten. Welche Argumente sprechen nun aber für den geplanten und welche für den spontanen Aufstand?

Der wichtigste Vorteil des spontanen gewaltlosen Aufstands und auch der Grund für die meisten seiner seltenen Erfolge ist der Überraschungseffekt. Dieser kommt aber nur zur Geltung, wenn die Herrschenden im ersten Moment wirklich ratlos sind, keine Hilfsmittel zur Unterdrückung oder keinen Ersatz für die durch Nichtzusammenarbeit ausgefallenen Arbeitskräfte zur Stelle haben, und wenn in dieser »Schrecksekunde« der Herrschenden sich der Aufstand so weit ausbreitet, daß er auch durch Einsatz aller Machtmittel nicht mehr unterdrückt werden kann. Der Volksaufstand des 16./17. Juni 1953 in Ostdeutschland ist ein Musterfall für Möglichkeiten und Grenzen dieser Art spontaner Aufstände.[1] Dem an solch schwer erfüllbare Bedingungen geknüpften Überraschungseffekt des spontanen Aufstands stehen außerdem eine Reihe von Nachteilen gegenüber.

Der spontane Aufstand ist meist eine emotionale Reaktion auf einen bestimmten, als unerträglich empfundenen Mißstand. Lang angestautem Unmut genügt irgendein aktueller Anlaß für eine Protestaktion. Die Informationen über diesen Streitfall werden selten sorgfältig geprüft und zuweilen der wahre Sachverhalt in später peinlicher Weise verkannt. So wurden die Streiks, die in Rußland 1905 das Oktobermanifest erzwangen, durch das Gerücht ausgelöst, daß die Mitglieder eines in Petersburg zur Beratung von Pensionssatzungen zusammengetretenen Eisenbahnerkongresses von der Regierung verhaftet worden wären.[2] Wenn in diesem Fall die irrtümliche Auslösung des Generalstreiks den Verlauf der Kampagne auch nicht mehr beeinflussen konnte, ist es im allgemeinen doch wahrscheinlich, daß eine mangelhafte Information der Aufständischen

[1] S. Th. Ebert: Nonviolent Resistance against Communist Regimes? In: A. Roberts (ed.): Civilian Resistance as a National Defence, S. 204–227.
[2] W. H. Crook: The General Strike, S. 166.

die Aussichten, den Gegner zum Nachgeben zu bewegen, beträchtlich einschränkt, da die Herrschenden ihrerseits die aktuelle Fehlinformation zum willkommenen Anlaß nehmen werden, um die Forderungen der Aufständischen grundsätzlich zurückzuweisen und mit dem Schein des Rechts auf ihrer Seite den Aufstand zu unterdrücken.

Selbst wenn der unmittelbare Anlaß des Aufstands allgemein einsichtig und sehr klar ist, so dürfte doch nur in den seltensten Fällen den Teilnehmern an einer Protestaktion auch der ursächliche Zusammenhang dieses einzelnen Mißstands mit dem gesamten Herrschaftssystem und die Rechtfertigung der Herrschenden für diese Mißstände deutlich sein. Die nicht aus Sachkenntnis, sondern allein aus der Stimmung der Unzufriedenheit entsprungenen spontanen Forderungen tendieren gewöhnlich zu Übertreibungen und Einseitigkeiten und vergessen über der Abstellung von Mißständen die gesetzliche und institutionelle Absicherung der neuen Positionen. Dies gilt insbesondere für Protestaktionen, die sich gegen die Verfehlungen bestimmter Personen richten, die unter Umständen von den Herrschenden preisgegeben werden, um das Herrschaftssystem als ganzes unangetastet bewahren und in Zukunft nur um so schärfer gegen Aufstandsversuche absichern zu können.

Besitzen die ersten spontanen Aufständischen jedoch diese Einsicht, kann es leicht geschehen, daß die Masse der Bevölkerung ihre Analyse der Lage und die sich daraus ergebenden Forderungen nicht versteht und daher sich den spontanen Aktionen nicht anschließt.

Für die Vorbereitungen eines gewaltfreien Aufstands ergeben sich aus diesen hier nur angedeuteten Nachteilen spontaner Aktionen drei Forderungen. Erstens muß der Eröffnung der Kampagne eine Untersuchung der Mißstände und ihrer Hintergründe vorausgehen, zweitens müssen die Kräfteverhältnisse abgeschätzt und danach die Ziele der Kampagne abgesteckt werden, und drittens muß die öffentliche Meinung über die Ergebnisse der Untersuchung informiert und die potentiellen Aufständischen für die Ziele der Kampagne mobilisiert werden.

Ein weiterer Nachteil spontaner Aktionen ist, daß sie gewöhnlich in der Negation und im Protest steckenbleiben und ihnen eine klare Vorstellung dessen fehlt, das an die Stelle des Bekämpften gestellt werden soll. Zu den Vorbereitungen auf den gewaltfreien Aufstand gehört darum die Suche nach konstruktiven Alternativen.

Die gefährlichste Schwäche spontaner Aufstandsversuche ist jedoch erfahrungsgemäß, daß sie, falls sie keinen raschen Erfolg erringen, zusammensacken – es sei denn, es gelänge, wie beim Busboykott von Montgomery, dem Aufstand rasch ein finanzielles und organisatorisches Rückgrat zu bilden. Dieser Gefahr der raschen Erschöpfung einer spontanen Kampagne kann am wirkungsvollsten durch materielle und organisatorische Vorbereitungen begegnet werden,

wie sie im wesentlichen im vorhergehenden Kapitel behandelt wurden.
Die vorbereitete Kampagne verfügt über einen Effekt, der den Überraschungseffekt der spontanen Aktionen aufzuwiegen vermag: den Rationalisierungs- bzw. Warnungseffekt. Während der Vorbereitungen auf die Kampagne vermögen die Kontrahenten nach dem Stand dieser Vorbereitungen den Ausgang der Auseinandersetzung, das Ausmaß und die Dauer der Kampfhandlungen im voraus zu berechnen, so daß den Herrschenden ein zeitiges Nachgeben geraten erscheinen kann und somit sorgfältige Vorbereitungen die Opfer des Kampfes unter Umständen zu ersparen vermögen.
Aufgrund solcher Erwägungen über Vor- und Nachteile des spontanen und des vorbereiteten Widerstands liegt zwar für den Praktiker des Widerstands der Schluß nahe, daß ein gewaltfreier Aufstand nicht sorgfältig genug vorbereitet werden kann. Ein Hindernis für sorgfältige Vorbereitungen ist aber die Ungeduld mancher Aufständischer. In der Auseinandersetzung mit der englischen Kolonialherrschaft forderten Ende 1928 Subhas Chandra Bose und Jawaharlal Nehru eine Unabhängigkeitserklärung und einen anschließenden Unabhängigkeitskrieg. Gandhi schlug eine zwei Jahre währende Warnzeit vor, bevor eine solche Unabhängigkeitserklärung abgegeben und eine gewaltfreie Unabhängigkeitskampagne gestartet werden sollte. Diese Warnzeit sollte Vorbereitungszeit sein, in der das schon begonnene konstruktive Programm vorangetrieben und die Kongreßorganisation erweitert und für den gewaltfreien Aufstand geschult werden sollte. Unter dem ungeduldigen Drängen seiner Anhänger und unter dem Druck der terroristischen Konkurrenz mußte Gandhi schließlich die Vorbereitungszeit auf ein Jahr beschränken und den 31. Dezember 1929 zum Stichtag für den Beginn der Kampagne erklären.[3]

Dokumentation der Mißstände

Wie bei der Erörterung der strategischen Elemente, die auf das Selbstverwirklichungsmotiv einwirken, gezeigt wurde, ist es das Ziel der Aufständischen, die Herrschenden von der Gerechtigkeit ihrer Forderungen zu überzeugen. So entscheidend wichtig es dabei sein mag, die Herrschenden durch den opferbereiten Einsatz auch gefühlsmäßig anzusprechen, so unentbehrlich ist doch auch, daß dieser gewaltfreie Einsatz für einen rational faßbaren Inhalt plädiert. Die Basis jedes Aufstands ist darum die Dokumentation der tatsächlichen sozialen Beziehungen und die Darstellung des ge-

[3] S. Gene Sharp: Gandhi Wields the Weapon of Moral Power, Ahmedabad 1960, S. 40.

forderten neuen sozialen Systems. Entsprechend der Selbstverwirklichungsmotivation ist diese Suche der Aufständischen nach der gerechten sozialen Lösung immer auch eine Suche nach dem Mitmenschen, ob dies nun ein Herrscher oder ein Beherrschter ist. Bezeichnenderweise beginnt Danilo Dolci seine Dokumentation über die »Banditen in Partinico« mit der zur Identifikation auffordernden lapidaren Feststellung »Um uns leben Menschen«.[4]

Das formale Ziel jeder Darstellung oder Dokumentation der Mißstände und ihrer Hintergründe ist ein Austausch der Perspektiven. Den Herrschenden soll es möglich werden, ihre Umwelt mit den Augen der Beherrschten zu sehen, und die Aufständischen sollen lernen, ihre Lage aus der Perspektive der Herrschenden zu sehen.

Die Zusammenstellung einer Dokumentation der Mißstände und deren anschließende Verbreitung kann zum zentralen Anliegen einer Kampagne werden. Beispiele hierfür sind vor allem Danilo Dolcis Dokumentationen über die sozialen Mißstände in Sizilien, die größeren Einfluß auf die öffentliche Meinung Italiens und der Welt hatten, als seine gewaltfreien Widerstandsaktionen, die meist nur den Zweck hatten, die Aufmerksamkeit auf diese Untersuchungen zu lenken, die, einmal beachtet, für sich allein überzeugen konnten.

Die Geschichte von Dolcis erster Dokumentation »Umfrage in Palermo«[5], ist ein Zeugnis für die selbständige Wirkung einer Untersuchung von Mißständen. Der erste Teil dieser Untersuchung war eine umfassende Darstellung der Ursachen und Folgen der Arbeitslosigkeit in der Provinz Palermo. Im zweiten Teil zeichnete Dolci in Selbstzeugnissen das Leben der unteren Bevölkerungsschichten Palermos auf: Kurzbiographien von Straßenhändlern und Prostituierten. Diese »Selbstzeugnisse« brachten Dolci die Anklage ein, ein unzüchtiges Buch geschrieben zu haben. Er wurde von einem römischen Gericht zu zwei Monaten Gefängnis verurteilt, bei der Revisionsverhandlung jedoch mit dem Vermerk freigesprochen, daß die »Umfrage in Palermo« von einem Mann von hohem sozialem und menschlichem Wert niedergeschrieben sei und als bedeutendes wissenschaftliches Werk betrachtet werden müsse. Die Publizität des Buches konnte nur dadurch noch erhöht werden, daß es den italienischen Literaturpreis »Viareggio« erhielt.[6]

Da der Unterdrücker ein Interesse daran haben dürfte, seine Bloßstellung durch eine Untersuchung zu verhindern, kann der Untersuchende leicht zum ersten Opfer der Kampagne werden. Als Gandhi 1917 im Indigo-Streit in Champaran die Klagen der indischen Pächter gegen die englischen Grundbesitzer zu erfassen suchte,

[4] Banditen in Partinico, Freiburg i. Br. 1962, S. 7.
[5] Umfrage in Palermo, Freiburg i. Br. 1959.
[6] S. Th. Ebert: Danilo Dolci, der gewaltfreie Revolutionär Siziliens. In: *Die Friedensrundschau*, XVIII, 1, Jan. 1964, S. 16–23.

reagierte die Provinzialregierung darauf mit einem Ausweisungsbefehl. Gandhi weigerte sich, ihn zu beachten, und die Regierung mußte nachgeben, da Gandhi eine längere Reihe namhafter Rechtsanwälte gefunden hatte, die sich bereit erklärten, ihm paarweise ins Gefängnis zu folgen. Gandhis Mitarbeiter konnten sich anschließend daran machen, die Aussagen von über 10000 Bauern aufzunehmen. Nach dieser privaten Initiative gelang es Gandhi, beim Gouverneur die Ernennung eines amtlichen Untersuchungsausschusses zu erreichen, der aus Grundherren, Regierungsbeamten und Gandhi als dem einzigen Vertreter der Bauern bestand. Die amtliche Untersuchung brachte solch umfangreiches, die Grundherren belastendes Material zutage, daß sich diese von selbst zum Nachgeben bereit fanden und Gandhi ohne die Eröffnung einer eigentlichen Widerstandskampagne durch einen Kompromiß den Streit zwischen Grundherrn und Pächtern beilegen konnte.[7]

Um den offiziellen Verharmlosungen der Konsequenzen nuklearer Kriegführung zu begegnen, publizierte die internationale Atomwaffengegnerbewegung in ihren Zeitungen, Zeitschriften und Broschüren wissenschaftliche Untersuchungen der Auswirkungen. Höhepunkt dieser Bemühungen, der Propaganda der Regierung zu konterkarieren, dürfte wohl das von der Londoner Wochenzeitung »Peace News« herausgebrachte Farbbuch »Black Paper« zu den Möglichkeiten eines Luftschutzes im atomaren Krieg sein, – bezeichnend für die Schwierigkeiten einer solchen Bewegung, solch umfassendes Material in solcher Form herauszubringen, ist allerdings, daß dieses Farbbuch erst 1963 herauskam, also nachdem die gewaltfreien Protestaktionen des »Komitees der 100« schon abgeklungen waren.

Die Beschaffung und Auswertung von Informationen über bestimmte Mißstände ist häufig nicht nur eine Frage des Fleißes und des Fachwissens, sondern auch der Findigkeit: dunkle Machenschaften und geheimes Herrschaftswissen müssen aufgedeckt werden. Dies ist legal nicht immer möglich, und darum kann das Sammeln und Veröffentlichen bestimmter Informationen bisweilen schon einen Akt zivilen Ungehorsams darstellen. Wenn beim Beschaffen von Informationen nicht nur im Sinne der Gesetze des jeweiligen Landes, sondern auch im Sinne der grundsätzlichen Offenheit der gewaltfreien Aktion etwas »krumme Touren« angewandt werden wie das Ausspionieren von Vorgängen oder die Täuschung von Informanten über die eigene Identität, so sollten die Ergebnisse solcher Informationssuche in persönlicher Verantwortung veröffentlicht werden. Ein lehrreicher Fall ist hier das Vorgehen der englischen »Spione für den Frieden« (Spies for Peace). Sie hatten

7 S. M. K. Gandhi: An Autobiography, a. a. O., S. 298–313; Rajendraprasad: Satyagraha in Champaran, Ahmedabad 1949; P. C. Ray Chaudhury: Gandhiji's First Struggle in India, Ahmedabad 1955; G. Sharp: Gandhi Wields the Weapon of Moral Power, a. a. O., S. 10–37.

sich geheime Pläne des Regierungsevakuierungsbunkers RSG 6 (Regional Seat of Government) verschafft und sie Ostern 1963 in einer hektographierten Dokumentation anonym auf dem Aldermaston–London Marsch der Atomwaffengegner verteilt und der Presse, den Parlamentsabgeordneten und einflußreichen Persönlichkeiten zugesandt.[8] Während in der Atomwaffengegnerbewegung Einmütigkeit über die Zweckmäßigkeit der Veröffentlichung der geheimen Pläne herrschte, wurde die Anonymität der Aktion kritisiert, weil sie die »Spione« in den Geruch der Staatsfeindschaft bringen und dem Respekt vor der Aufrichtigkeit und Furchtlosigkeit der Atomwaffengegner, wie er in den bisherigen offenen gewaltfreien Aktionen mühsam aufgebaut worden wäre, Abbruch tun würde.[9] Zur Rechtfertigung der Heimlichkeit der Aktion wurde angeführt: »Wenn die Publikation des RSG-Flugblattes im voraus mit dem Namen und der Adresse des Verantwortlichen angekündigt worden wäre, hätte die Polizei zugegriffen, und man hätte von den geheimen regionalen Regierungsbunkern nichts mehr gehört außer ein paar vagen Gerüchten [...] Es ist nicht einzusehen, warum der Informant unbedingt mehrere Jahre Gefängnis auf sich nehmen sollte. So aber besteht die Möglichkeit, daß er unbeschadet davonkommt und vielleicht noch weitere Informationen geben kann. Die anonymen Verteiler des Flugblattes können fortfahren mit ihrer Tätigkeit, was ihnen nicht möglich wäre, wenn sie im Gefängnis wären.«[10]

Der erste Teil der Argumentation über die geheime Vorbereitung der Dokumentation mag einleuchten, aber nach den Erfahrungen mit offenen Widerstandsaktionen wäre von einer persönlich verantwortlichen Publikation eine nachhaltigere Wirkung ausgegangen. Im Gegensatz zu den Erwartungen der »Spione für den Frieden«, daß sich die Atomwaffengegnerbewegung nun zu einer »revolutionären Massenbewegung [...] gegen den autoritären und bürokratischen Apparat« entwickeln würde[11], wurde es rasch still um diese dubiose, anonyme Initiative der »Spione für den Frieden«, mit deren Methoden und unklaren, zumindest nicht vertrauenerweckenden politischen Zielen sich keine einflußreichen Organisationen oder Persönlichkeiten identifizieren wollten.

Die Presse hatte in den vorausgehenden Jahren über den offenen

[8] Vgl. Christopher Driver: The Disarmers. A Study in Protest, London 1964, S. 148 bis 154.
Wichtige, aber weder immer vollständige, noch korrekte Informationen über Zweck und Wirkung der Aktion enthält die von der Independent Labour Party, der London Federation of Anarchists, der Syndicalist Workers Federation und Mitgliedern des Committee of 100 herausgebrachte Broschüre: Resistance Shall Grow ... The story of the ›Spies for Peace‹ and why they are important for the future, London, Juni 1963, 34 S.

[9] Nellie Warren: Broken Trust (Leserbrief). In: *Peace News*, 26. 4. 1963.

[10] Arthur W. Uloth: Why Blame Ourselves (Leserbrief). In: *Peace News*, 3. 5. 1963.

[11] Resistance Shall Grow, a. a. O., S. 33.

Widerstand des »Komitees der 100« zuweilen mit einer gewissen Sympathie berichtet. Vielleicht wäre dies bei einer persönlich verantwortlichen Aktion der Spione und einer anschließenden Verurteilung auch der Fall gewesen. Da die Pressekommentare auf die anonyme Friedensspionage jedoch allgemein ablehnend waren, lag es für um Einsicht bemühte Atomwaffengegner nahe, auch bei dieser Aktion auf den Zusammenhang zwischen Mitteln und Zielen hinzuweisen.[12] Auch scheint der Mißerfolg der Friedensspionage bei den meinungsbildenden Organen die Anfangsthese zu stützen, daß der Stil der Untersuchungen und die aus dem richtigen gewaltfreien Stil resultierende Austauschbarkeit der Perspektiven entscheidend für die Wirkung ist.

Agitation und Aufklärung

Die Untersuchungen über die Ursachen des Konflikts, die Dokumentation konkreter Mißstände und die sich daraus ergebenden politischen Forderungen der Aufständischen müssen in eine der breiten Öffentlichkeit und den Herrschenden faßliche Form gebracht werden. In der Praxis sind hier die verschiedensten Übergangs- und Zwischenformen möglich. Während bei den »Umfragen« Danilo Dolcis und dem Farbbuch von »Peace News« der Nachdruck auf der Dokumentation lag, standen bei der »Freiheitscharta« (Freedom Charter) der Afrikanischen Nationalen Kongreß-Partei die prinzipiellen Forderungen und konkreten politischen Zielsetzungen im Vordergrund.
Die südafrikanische »Freiheitscharta« scheint am ehesten geeignet, den Modellfall für die agitatorische Vorbereitung eines Aufstands abzugeben. Sie wurde am 25./26. Juni 1955 in Kliptown (Johannesburg) vom »Volkskongreß« (Congress of the People), »der vielleicht ersten repräsentativen Versammlung in der Geschichte der Südafrikanischen Union«, angenommen.[13] Albert Luthuli schreibt über ihre agitatorische Bedeutung: »Nichts in der Geschichte der südafrikanischen Befreiungsbewegung hat die Phantasie des Volkes so erfaßt wie diese Charta. Selbst in den entlegensten Gebieten begriff man die Bedeutung dessen, was vor sich ging. Die lautstarke Opposition des größten Teils der weißen Presse wies auf den Kongreß und die Charta wirkungsvoller hin, als uns dies mit unseren dürftigen technischen Hilfsmitteln möglich gewesen wäre. (Die meisten Afrikaner fühlten: Wenn die weiße Presse in diesem Maße Einspruch erhebt, muß es eine gute Sache sein!) Und so breitete sich das Erwachen immer weiter aus.«[14]
Um dieses Erwachen zu beschleunigen und die Kampfbereitschaft

[12] Ted Dunn: Means and Ends (Leserbrief). In: *Peace News*, 17. 5. 1963.
[13] A. Luthuli: Let My People Go, a. a. O., S. 158.
[14] A. a. O., S. 159.

zu steigern, kann die Leitung der Kampagne alle mit dem Wahrheitsprinzip übereinstimmenden propagandistischen Mittel einsetzen. Sie hier im einzelnen aufzuzählen, würde zu weit führen. Gandhi hat verschiedentlich betont, daß »das schweigende und undemonstrative Handeln in Wahrheit und Liebe weit dauerhaftere Ergebnisse zeitige als Rhetorik und das Abziehen einer Show«[15]. Dennoch sind zur Vorbereitung von gewaltfreien Kampagnen alle bekannten Mittel moderner Massenpropaganda eingesetzt worden, soweit sie den Aufständischen überhaupt zugänglich waren.

Das Schlagwort »Swaraj« (Selbstherrschaft) hat die indische Unabhängigkeitskampagne, »Freedom Now« (Freiheit jetzt) die Bürgerrechtsbewegung der amerikanischen Neger in den Jahren 1963/64 und »Act or Perish« (Handle oder stirb) den »Aufstand der Sitzstreiker« des englischen Komitees der 100, beherrscht.

Auch der »Schlachtruf« spielte eine wichtige Rolle. Was den Kreuzrittern »Deus vult!«, das war den Indern »Mahatma Gandhi ki jai!« (Sieg für Mahatma Gandhi). Ein amerikanischer Reporter schreibt über einen Massenmarsch von 100000 bis 200000 Hindus durch Bombay: »Wie schwere Brandung kamen die Schreie der Hindus auf uns zu. ›Gandhiji ki jai! Gandhiji jai!‹ und dann in einem dunklen Rhythmus ›Boykott, Boykott!‹ Das zweisilbige Wort ›Boykott‹ dröhnte wie schwerer Trommelschlag.«[16] Die südafrikanische Widerstandsbewegung einigte der Zulu-Ruf: »Mayibuye i Afrika!« (etwa: Afrika soll kommen!), und die amerikanischen Neger vereinigten Anspruch und Hoffnung in ihrem Lied »We shall overcome« (etwa: Wir werden überwinden).

Für die Einschätzung des agitatorischen Wertes von Symbolen sei paradigmatisch Gandhi zitiert, der hier ausspricht, was einem Europäer nach den Erfahrungen der faschistischen Epoche kaum mehr möglich wäre: »Eine Flagge ist eine Notwendigkeit für alle Völker. Millionen sind für eine Flagge gestorben. Es ist ohne Zweifel eine Art der Bilderanbetung, und es wäre eine Sünde, sie zu beseitigen. Denn eine Flagge vertritt ein Ideal. Die Entfaltung des Union Jack weckt in der Brust des Engländers Gefühle, deren Stärke nur schwer zu ermessen sein dürfte. Die ›Stars and Stripes‹ bedeuten für den Amerikaner eine Welt. Der ›Stern und der Halbmond‹ werden den Mohammedaner zur größten Tapferkeit bewegen. Auch für uns Inder – Hindu, Mohammedaner, Christen, Juden, Parsen und alle, die wir in Indien unsere Heimat lieben – wird es nötig, eine gemeinsame Flagge zu bestimmen, für die wir leben und sterben können.«[17]

[15] Zit. in: G. Dhawan: The Political Philosophy of Mahatma Gandhi, a. a. O., S. 185.

[16] Negley Farson in: *Chicago Daily News*, 5. 5. 1930, zit. in: G. Sharp: Gandhi Wields the Weapon of Moral Power, a. a. O., S. 123 (Die Nachsilbe -ji ist eine Devotionsformel.).

[17] Die nationale Flagge. In: *Young India*, 13. 4. 1921. In: Mahatma Gandhi: Jung Indien, a. a. O., S. 156.

Wenn also die deutschen außerparlamentarischen Oppositionsgruppen bei ihren Umzügen sich gewisser Schlachtrufe bedienen, Fahnen mitführen, Kampflieder singen oder Sprechchöre skandieren,[18] befinden sie sich damit formal durchaus noch in der Nachbarschaft gewaltfreier Bewegungen. Wem die roten Fahnen nicht passen und wer die Namen von Führern oder Parteivorsitzenden im Massenchor nicht hören kann, der muß auch bereit sein, den indischen Fahnen- und Persönlichkeitskult anhand derselben Emanzipationskriterien zu beurteilen. Dies ist in gewaltfreien Gruppen in Westeuropa und Amerika auch üblich. Porträts von Gandhi oder King auf einem Demonstrationszug würden weniger als Bekenntnis zur Gewaltfreiheit denn als kritiklose Abhängigkeit von Autoritäten interpretiert.

Neben den mehr das Solidaritätsgefühl ansprechenden Mitteln der Propaganda sollten die Mittel der politischen Aufklärung in gewaltfreien Kampagnen eine hervorragende Rolle spielen. Um auf Massenversammlungen vor Analphabeten zu sprechen, sind Gandhi und J. Nehru durch ganz Indien gereist. Ähnliches gilt von Martin Luther King, der auch Seminaren mit kleineren Gruppen große Bedeutung beimaß. Mit unermüdlichem Eifer haben englische Atomwaffengegner das Schweigen der Presse zu den Gefahren der atomaren Verteidigung auszugleichen versucht, indem sie über Jahre hin Millionen von Flugblättern verteilten. In Berlin haben die Studenten nach dem 2. Juni 1967 die Bevölkerung durch Gespräche auf der Straße und in vielen kleinen Veranstaltungen über ihre politischen Zielsetzungen und die Hintergründe des Todes von Benno Ohnesorge zu informieren gesucht. »Unter der extremen Bedrohung der Pogromstimmung gegen die Studenten unternahmen diese eine verzweifelte Anstrengung, die Wand des Hasses zwischen sich und der Bevölkerung zu durchbrechen, indem sie sich undifferenziert mit Tausenden von Flugblättern an diese Bevölkerung wandten und so eine populistische Gegenöffentlichkeit schaffen wollten, die der jahrelangen Manipulation von seiten der Springerpresse begegnen sollte.«[19]

Von größter Bedeutung für die Vorbereitung gewaltfreier Kampagnen ist die Erarbeitung und Veröffentlichung von Programmschriften und die Herausgabe eines regelmäßig erscheinenden Publikationsorgans der Bewegung. Es ist keine Seltenheit, daß fast die Hälfte der Arbeitszeit und der finanziellen Mittel einer Kampagne in diese programmatische und publizistische Tätigkeit in-

[18] In der Agitation waren die Sprechchöre die einzige originelle Leistung der deutschen außerparlamentarischen Opposition, die kein Lied und kein neues Symbol fand. Zusammenstellung von Sprechchören im Anhang von Hans-Joachim Winkler: Das Establishment antwortet der APO, Köln 1968.

[19] B. Rabehl: Der SDS und die Strategie der direkten Aktionen in Westeuropa. In: *Neue Kritik*, 50, Okt. 1968, S. 43.

vestiert werden.[20] Wenn die Herrschenden die Bedeutung einer kritischen Gegenöffentlichkeit erkennen, versuchen sie zuweilen schon hier mit Sanktionen – meist Vertriebsbehinderungen – einzugreifen. Zuweilen machen solche Sanktionen diese Publikationen auch erst interessant.

Gandhis Programmschrift »Hind Swaraj« wurde durch das zeitweilige Verbot der englischen Zensur nur noch einflußreicher. Die englische »Kampagne für nukleare Abrüstung« (Campaign for Nuclear Disarmament, CND) hat ihre eigene Zeitung »Sanity« in einer Auflage von etwa 40000–50000 herausgebracht. Die Blätter »Indian Opinion«, »Young India« und »Harijan«, die Gandhi nacheinander herausgab, konnten sich zwar in der Auflagenhöhe mit den Tageszeitungen Bombays oder Kalkuttas nicht messen, hatten aber für die Bestimmung der Richtlinien der Politik des gesamten Freiheitskampfes maßgebende Bedeutung.

Als wichtigstes Mittel der Aufständischen, ihre Mitbürger auf eine Kampagne vorzubereiten, sei noch die Unterschriftensammlung für eine Massenpetition genannt. Ihr Wert sollte nicht allein danach bemessen werden, ob sie unmittelbar Erfolg verspricht, sondern nach ihrer Bedeutung für die Mobilisierung der öffentlichen Meinung. Mit dem Abgeben der Unterschrift ist meist der erste direkte Kontakt zur Organisation der Aufständischen hergestellt. Beim Einholen der Unterschrift vermag der Vertreter der Aufständischen sachliche Informationen und individuellen Appell ideal zu verbinden. Für viele kann das Abgeben einer Unterschrift die erste offene Entscheidung für die Sache der Aufständischen sein, und bei Nichterfüllung der Forderungen kann es auch leicht zum ersten Schritt auf dem Weg zum aktiven Widerstand werden.

Die Information und Agitation dient dem Zweck, die Mitbürger von der Notwendigkeit der gewaltfreien Aktion zu überzeugen, für den Fall, daß die Herrschenden nicht im letzten Augenblick noch nachgeben sollten. Daß die Information in den Einzelheiten der Wahrheit entspricht und in der Auswahl nicht unvollständig ist, wird nicht allein vom Streben der Aufständischen nach Austauschbarkeit der Perspektiven, sondern indirekt von den Herrschenden gewährleistet, die mit ihren meist technisch überlegenen Nachrichtenmitteln unrichtige Darstellungen der Aufständischen leicht korrigieren könnten.

Während sich die Agitationsarbeit auf die potentiellen Mitkämpfer beschränkt, richtet sich die Aufklärungsarbeit nicht nur an diese, sondern – und dies ist charakteristisch für den gewaltfreien Kampf – auch an die Herrschenden. Wenn der Gegner nicht physisch kampfunfähig gemacht werden kann, wie in der militärischen Ausein-

[20] Vgl. Erfahrungen der Arbeitsgruppe Kritischer Konsum mit ihrer »Kampagne Christliche Weihnacht« im Jahre 1969: Volker Hornung: Bilanz der Kampagne Christliche Weihnacht. In: *Gewaltfreie Aktion. Vierteljahreshefte für Friede und Gerechtigkeit*, 1, März 1970.

andersetzung, muß er letzten Endes davon überzeugt werden, daß sich mit den Aufständischen leben läßt, und daß sie keine Gefährdung seiner Existenz darstellen.

Da die Befürchtungen der Herrschenden deren wesentlicher Antrieb zur Ausübung von Gewalt sind, werden die Aufständischen die Ursachen dieser Befürchtungen untersuchen müssen. Das Geschäft, diese Befürchtungen zu widerlegen oder ihre eventuell vorhandenen Ursachen abzustellen, wurde in den Kampagnen der Vergangenheit jedoch mit unterschiedlicher Intensität betrieben. Albert Luthuli hat vermutlich andersdenkende Parteimitglieder im Auge, wenn er schreibt: »Ich war niemals der Ansicht, daß meine Verpflichtungen gegenüber südafrikanischen Mitbürgern auf meine Tätigkeit innerhalb der Kongreßpartei beschränkt sind. Deshalb habe ich immer dann, wenn sich eine Gelegenheit bot, unter den Weißen aufklärend zu wirken, mit beiden Händen zugegriffen.« Er meinte dabei ein ermutigendes Interesse gefunden zu haben. Bei diesen Gelegenheiten nannte er solche Befürchtungen der Weißen beim Namen, wie die Furcht, »überschwemmt« zu werden und als Rasse in Mischehen unterzugehen. Die sachlichen Argumente, die Luthuli im einzelnen dagegen vorbrachte, interessieren in diesem Zusammenhang nicht, wohl aber sein Kommentar zu dieser Aufklärungsarbeit: »Diese Befürchtungen wurzeln in Gefühlen, und darum ist es nicht einfach, sie offen darzulegen. Ich habe Verständnis für Leute, die von ihnen erfaßt sind, aber ich kann dem nicht zustimmen, daß es weise oder gesund ist, seine Anschauungen auf ein Bündel von Befürchtungen zu gründen. Die Befürchtungen der Weißen waren jedenfalls meist bloße Ausgeburten ihrer Phantasie.«[21]

Der Aufklärungsarbeit liegt die Annahme zugrunde, daß Aussicht besteht, unbewußte Befürchtungen schließlich zu überwinden, wenn man sie beim Namen nennt und in konkreten Einzelheiten erörtert. Die Aufständischen erwarten jedoch im Unterschied zu Nur-Aufklärern nicht, daß sachliche Argumente den in seinen Gefühlen und Rollenzwängen gefesselten Menschen allein zu überzeugen und zu befreien vermögen. Wie in dem Abschnitt über die Motivationen schon gezeigt wurde, wirkt die gewaltfreie Aktion dadurch, daß das aufklärende Argument durch die Macht von unten gestützt und notfalls durch die Schocktherapie freiwilligen Leidens, das nicht allein an den Verstand, sondern auch an das Gefühl appelliert, ergänzt wird. Die Schocktherapie setzt aber die vorhergehende Aufklärung voraus, so wie die Bewässerung eines trockenen Feldes nur wirksam ist, wenn zuvor gesät wurde. Wenn darum auch vor Beginn der gewaltfreien direkten Aktionen noch keine Erfolge der Aufklärungsarbeit sichtbar werden, so kann Umfang und Intensität solch frühzeitiger Aufklärung doch entscheidend für den späteren Erfolg der Kampagne werden.

[21] A. Luthuli: Let My People Go, S. 213–214.

Wenn die Aufständischen prinzipielle Vorstellungen von Menschenwürde gesellschaftlich durchzusetzen suchen, richtet sich ihre Kritik und ihr Protest nicht nur gegen irgendwelche Befürchtungen, die allein in der Phantasie der Herrschenden existieren, sondern gegen konkrete soziale Institutionen, die Ausdruck der bisherigen Privilegien der Herrschenden und Gegenstand ihrer nunmehrigen Befürchtungen sind. Den Aufständischen mögen diese Institutionen zwar als »institutionalisierte Ungerechtigkeit« erscheinen; die strukturell-funktionale Analyse läßt jedoch auch erkennen, daß diese bekämpften Institutionen bisher, wie unzureichend auch immer, eine gesellschaftliche Ordnungsfunktion erfüllt haben. Die anarchistische Methode, mit subversiven Aktionen die bestehenden Institutionen funktionsunfähig zu machen und dann gläubig abzuwarten, welche Institutionen das Volk sich schaffe, muß auf den entschiedenen Widerstand der Herrschenden stoßen. In einer Diskussion mit Vertretern der Hamburger außerparlamentarischen Opposition formulierte der dortige CDU-Landesvorsitzende diese Haltung in typischer Weise: »Ich bin seit zwölf Jahren in diesem Establishment. Ich könnte eine Reihe negativer Erscheinungen der Diskussion hinzufügen, aber ich sage nicht: das Ganze ist Scheiße. Im Grunde geht es doch darum, daß die APO nein zu diesem Staat sagt. Das Gebäude dieses Staates hat viele Risse, viele Fehler. Aber bevor es eingerissen wird, möchte ich sehen, wie das nächste Haus aussieht.«[22]

Die Aufständischen werden sich bemühen müssen, die Lauterkeit ihrer Absichten und die Wirksamkeit ihres funktionalen Ersatzes zu beweisen, indem sie entweder ihre Alternative selbständig aufbauen oder, soweit dies technisch und politisch nicht möglich ist, doch detaillierte Pläne und praktikable Vorstellungen für die Bewältigung des Übergangs vom einen zum andern System auszuarbeiten suchen. Dies kann bedeuten, daß die Aufständischen Verfassungen, Gesetze, Satzungen und Organisationspläne vorlegen. Ohne die Ausübung gewaltfreier Macht werden die Alternativvorschläge das Establishment selten überzeugen können. Die konstruktive Alternative sieht schließlich den radikalen Abbau ihrer Privilegien vor. Es kann jedoch dem Selbstvertrauen der Herrschenden und ihrer Anhänger einen schweren Schlag versetzen, wenn erkennbar wird, daß für die Wohlfahrt der Gesellschaft und die Sicherheit des Staates ohne ihre Privilegien besser gesorgt werden kann.

Diese dem Protest parallel gehenden Alternativangebote wurden von den meisten Theoretikern und Praktikern der gewaltfreien

[22] Fritz Strempel: »Wie wird die Polizei mit uns Terroristen fertig?« In Hamburg diskutierte die APO mit dem CDU-Landesvorsitzenden Rollmann. In: *Frankfurter Rundschau*, 17. 3. 1969.

Aktion unter der Bezeichnung »konstruktives Programm« oder auch »konstruktive Aktion« als wesentlicher Teil einer Kampagne betrachtet. April Carter hat in ihrer systematischen Darstellung der »direkten Aktion« den Widerstandsmethoden immer sogleich auch die entsprechenden »konstruktiven Gegenstücke« zur Seite gestellt.[23] Charles Walker hat in dem »Handbuch für Planung und Durchführung von direkten gewaltlosen Aktionen« eine erste Definition versucht: »Ein konstruktives Aktionsprogramm ist ein durchdachter Plan, der Übelstände und Ungerechtigkeiten an der Wurzel angreift, der den Betroffenen hilft, der durch Aktionen gewaltlose Haltungen beispielhaft verdeutlicht und – wie Vinoba Bhave sagt – ›das Selbstvertrauen des Volkes‹ stärkt.«[24]

Einen Musterfall eines umfassenden konstruktiven Programms bietet die indische Unabhängigkeitskampagne unter Gandhis Leitung in den Jahren 1919–1947.[25] Gandhi entwickelte ein konstruktives Programm auf politischem, sozialem, religiösem, wirtschaftlichem und militärischem Gebiet. Der Erfolg seiner Bemühungen war unterschiedlich. Auf politischem Gebiet schuf er die moderne Organisationsform der Kongreß-Partei, die in der Kampfzeit als Parallelregierung zur englischen Kolonialregierung fungierte und die dann 1948 bereit war, die englischen Herrschaftsfunktionen zu übernehmen. Auf sozialem Gebiet sah er die wichtigsten konstruktiven Aufgaben in der Beseitigung des Analphabetentums und der »Selbstreinigung« von der Diskriminierung der »Unberührbaren«, der Parias, die Gandhi Harijans, Kinder Gottes, nannte.[26] Indem Gandhi Frauen mit prominenten Aufgaben im Freiheitskampf betraute, suchte er deren Emanzipation durchzusetzen.[27] Gandhi betrachtete die gewaltfreie Kampagne und insbesondere deren konstruktives Aktionsprogramm als Läuterungsprozeß: »Der Teufel kann nur gewinnen, wenn ihm seine Gesellen helfen. Er weiß immer Vorteil aus unseren Schwächen zu ziehen, wenn er uns bezwingen will. Und im gleichen Sinne bleibt die Regierung im Besitz ihrer Macht über uns, infolge unserer Schwachheiten oder Laster. Und wenn wir uns gegen ihre Machenschaften festmachen wollen, müssen wir unsere Schwächen austilgen [...] Sobald dieser Prozeß vollendet, muß die gegenwärtige Herrschaft zusammenfallen, weil ihr damit der nötige Boden entzogen wird – wie die Moskitos aufhören, einen Ort heimzusuchen, wenn dessen Senkgruben ausgefüllt und trockengelegt werden.«[28] In diesem Sinne hoffte er auch auf reli-

[23] April Carter: Direct Action, London 1962, S. 34.
[24] Charles Walker: Handbuch für die Planung und Durchführung von direkten, gewaltlosen Aktionen, Offenbach 1963, S. 6.
[25] M. K. Gandhi: Constructive Programme. Its Meaning and Place, Ahmedabad 1941.
[26] M. K. Gandhi: The Removal of Untouchability, compiled and edited by B. Kumarappa, Ahmedabad 1954.
[27] M. K. Gandhi: Women and Social Injustice, Ahmedabad 1942.
[28] Die Sünde der Unberührbarkeit. In: *Young India*, 19. 1. 1921. In: Mahatma Gandhi: Jung Indien, a. a. O., S. 220.

giösem Gebiet die Freundschaft zwischen Hindus und Moslems herzustellen, deren blutige Feindschaft ein wichtiger Grund war, die englische Ordnungsmacht zu erhalten. Im Wirtschaftsteil seines konstruktiven Programms strebte er nach einer Sanierung der Dörfer durch Wiederbelebung der bäuerlichen Heimindustrie. Die Charkha, das Spinnrad, und der darauf erzeugte Khadi wurden zu den Symbolen der ganzen Widerstandsbewegung.[29] Als konstruktiven Ersatz für die englische Militär- und Polizeimacht sah er eine Freiwilligenorganisation und den gewaltfreien Widerstand gegen Aggressionen vor.[30]

Das konstruktive Programm ist nur die Voraussetzung für den Erfolg eines gewaltfreien Aufstands, jedoch kein Ersatz für diesen selbst. Ossip K. Flechtheim hat, ausgehend von der Kultursoziologie Alfred Webers, auf das Beharrungsvermögen auch derjenigen Institutionen hingewiesen, die durch alternative Institutionen schon überflüssig gemacht wurden: »Eine Institution ist dann nicht leicht zu beseitigen, wenn sie, auch nachdem ihr ursprünglicher, primärer Sinn entfallen ist, immer noch eine sekundäre Funktion erfüllt und wenn massive Interessen – so kurzsichtig diese auch sein mögen! – mit der Aufrechterhaltung dieser Institution verbunden sind. Bringt zudem eine neue Institution, welche die entstandene Lücke ausfüllen soll, neue Risiken mit sich, so wird der Mensch, wenn überhaupt, nur unter Qualen auf das Alte verzichten.«[31] Anders ausgedrückt, nur unter dem Druck subversiver Aktionen und ziviler Usurpationen werden die Herrschenden bereit sein, sich an die neuen Institutionen anzupassen.

[29] M. K. Gandhi: Cent per Cent Swadeshi or, The Economics of Village Industries, Ahmedabad 1938; s. G. Dhawan: The Political Philosophy of Mahatma Gandhi, a. a. O., S. 195–203.

[30] Qualifications of a Peace Brigade. In: *Harijan*, 18. 6. 1938. In: M. K. Gandhi: Satyagraha, a. a. O., S. 88–90; Gene Sharp: Gandhi's Defence Policy. In: T. K. Mahadevan et al. (eds.): Civilian Defence. An Introduction, Ahmedabad 1967, S. 15 bis 52.

[31] O. K. Flechtheim: Sind Armeen unentbehrlich? Ist Abrüstung unmöglich? In: *Tages-Anzeiger*, Zürich, 11. 3. 1967, S. 5.

8. Kampf-in-Sicht-Verhandlungen

Glaubwürdige Entschlossenheit zum Kampf als Verhandlungsvoraussetzung

Wenn der Nachweis konstruktiver Alternativen nicht zum Erfolg führt, werden die Aufständischen zunächst mit der Ankündigung gewaltfreier Aktionen die Herrschenden zu beeindrucken suchen. Gandhi hat auch den Vorbereitungen auf gewaltfreie Aufstände die Aufgabe gestellt, die Kampagne selbst möglichst überflüssig zu machen: »Die gewaltlose Armee sollte so wohl vorbereitet sein, daß der Krieg unnötig wird.«[1]

Gandhi ging, wie auch Martin Luther King, davon aus, daß aufklärende Argumente allein nicht zum Erfolg führen, wenn sie den Gegner veranlassen sollen, eine privilegierte Position aufzugeben.[2] Der sofortigen Wirkung des bloßen Austausches von Ansichten in entspannter Atmosphäre stand Gandhi sehr skeptisch gegenüber, obwohl er in seinem Bestreben, mit dem Gegner in Kontakt zu kommen und das gegenseitige Verständnis zu fördern, nie ein Gespräch, um das man ihn ersuchte, ausschlug, und sich vielfach selbst ohne Prestigerücksichten um diese Gespräche bemühte. Es gibt ein bezeichnendes Beispiel für diese Verbindung von Skepsis und Kontaktsuche. Anfang des Jahres 1929, also noch bevor die Vorbereitungen auf die Kampagne des Jahres 1930–1932 voll angelaufen waren, nahm Gandhi in Delhi an einem Tee teil, zu dem neben ihm die wichtigsten indischen Führer und auch Lord Irwin, der englische Vizekönig eingeladen waren. Die Presse vermutete, der Tee wäre von Patel, dem Sprecher der gesetzgebenden Versammlung arrangiert worden, um durch ein Gespräch zwischen Indern und Engländern die schon angekündigte Kampagne des Jahres 1930 zu vermeiden. Gandhi antwortete auf diese Vermutungen in einem desillusionierenden Artikel in »Young India«. Wohl habe Patel zum Tee eingeladen, »um sozusagen das Eis zu brechen. Aber bei einer privaten Teegesellschaft kann von Eisbrechen nicht groß die Rede sein. Meiner Meinung nach kann sich nur dann etwas Greifbares ergeben, wenn beide Teile dazu bereit sind. Und wir wissen, daß wir das noch nicht sind. England wird erst dann Indiens Wünsche befriedigen, wenn es dazu gezwungen wird. Die britische Herrschaft ist nicht philanthropisch, sondern ein furchtbar ernstes Ge-

[1] *Harijan*, 2. 12. 1939; zit. in: G. Dhawan: The Political Philosophy of Mahatma Gandhi, a. a. O., S. 216.
[2] S. M. L. King: Stride Toward Freedom, a. a. O., S. 107.

schäft, das von einem Tag zum anderen mit tödlicher Genauigkeit ausgearbeitet wird.«[3]
Zu Verhandlungen, die Aussicht auf Erfolg haben, kann es darum nur kommen, wenn unmißverständliche Kampfesvorbereitungen dem Herrschenden verdeutlicht haben, daß Zugeständnisse für sie vorteilhafter sein dürften, als die schwierige und eventuell unmögliche Unterdrückung eines Aufstands. Wenn Gandhi anschließend an obengenannte Teegesellschaft durch die Provinzen reiste, Kleider aus ausländischen, das heißt meist englischen Stoffen öffentlich auf Scheiterhaufen verbrennen ließ und zum Boykott hochversteuerter und gesundheitsschädlicher Alkoholika aufforderte, zeigte dies, daß er vermutete, daß die Engländer von solch drastischen Warnungen nachhaltiger beeindruckt und eventuell zu Zugeständnissen veranlaßt würden als durch ein charmantes Lächeln über den Rand einer Teetasse.
Am wirkungsvollsten sind solche Vorbereitungen, wenn sie dem Herrschenden die Folgen des Kampfes selbst veranschaulichen, was zuweilen bei noch wenig erprobten gewaltfreien Kampfformen jedoch ziemlich schwierig ist. Manche Methoden der Kampfführung und die entsprechenden Auswirkungen sind noch lange nicht so berechenbar wie die Methoden und Folgen einer Auseinandersetzung zwischen Gewerkschaften und Kapitaleignern. Gelingt es jedoch, diese Folgen exemplarisch zu veranschaulichen, so dürfte die Verhandlungsbereitschaft der Privilegierten erheblich steigen. Im Mai 1968 haben die am Otto-Suhr-Institut (OSI) der Freien Universität Berlin lehrenden Professoren die Ankündigung der sozialistischen Studenten, das Institut zu besetzen beziehungsweise es unter dem Druck der anrückenden Polizei nicht zu verlassen, verstanden und die Konsequenzen eines offenen Konfliktes zu taxieren gewußt. Die Besetzungen anderer Institute und Universitäten waren warnende Beispiele. Ohne daß es zur Konfrontation mit der Polizei und erklärtermaßen zur Besetzung des Otto-Suhr-Institutes kam, konnten die Parteien sich schließlich auf eine neue Institutssatzung einigen,[4] welche eine drittelparitätische Vertretung der Studenten, der Ordinarien und des akademischen Mittelbaus in den Selbstverwaltungsgremien vorsah. Dieser spektakuläre Teilerfolg der Demokratisierungsbewegung an den deutschen Universitäten zeigte den Studenten, daß eine kluge Kombination von Kampfansage und Verhandlungsbereitschaft im Sinne Gandhis »den Krieg unnötig machen« beziehungsweise Energie und Opferbereitschaft für andere Konflikte bewahren konnte. Es war ein hoffnungsvolles Zeichen, daß Guevaras Guerillaparole »Schaffen wir zwei, drei, viele Vietnam!« gerade von den radikalen Studenten in den tendenziell gewaltfreien Slogan »Schaffen wir zwei, drei, viele OSIs!« umgewandelt wurde.

[3] Zit. nach: Louis Fischer: Das Leben des Mahatma Gandhi, München 1951, S. 271.
[4] Rudolph Ganz hätte seinen Bericht in der *Frankfurter Rundschau* vom 28. 5. 1968 »Wie das Otto-Suhr-Institut besetzt wurde« besser mit dem Titel »Wie das OSI *nicht* besetzt wurde« überschrieben.

Wenn die Glaubwürdigkeit der Entschlossenheit zum Kampf durch die Vorbereitungen bewiesen wurde und mit einer gewissen Verhandlungsbereitschaft von seiten der Herrschenden gerechnet werden kann, werden die Vertreter der Aufständischen nichts unversucht lassen, auf dem Verhandlungswege ihr Kampfziel zu erreichen.

Eine wesentliche Voraussetzung solcher Verhandlungen sah Gandhi darin, daß die Forderungen möglichst klar und deutlich formuliert wurden. Klar insofern, als die Notwendigkeit ihrer Durchsetzung jedermann einleuchten sollte, und deutlich insofern, als die Grenzen dieser Forderungen eindeutig festgelegt sein sollten. Daß es sich bei diesem Vorgehen um keine Selbstverständlichkeit handelt, bezeugt J. Nehrus Bericht über eine Stellungnahme Gandhis zu einem Verhandlungsprogramm des Khilafat-Komitees vom Januar 1920: »Gandhi wandte ein, der Entwurf sei unklar und geschwätzig und enthalte keine eindeutige Angabe der minimalsten Forderungen, die die Moslems stellen müßten [. . .] Sie dürften keine Forderungen stellen, die sie wieder aufheben müßten; notwendig sei, die Minimalforderungen klar und unzweideutig zu formulieren und bis zum Tode darauf zu beharren. Wenn sie es ernst meinten, sei dies der einzig richtige und ehrenhafte Weg. In politischen und anderen Kreisen Indiens war dies ein völlig neuartiges Argument. Wir waren an unbestimmte Übertreibungen und eine blumenreiche Sprache gewöhnt, immer hatten wir einen Handel im Auge.«[5]

Da gewaltfreie Kampagnen normalerweise nicht einmalige Positionsforderungen zum Ziele haben, sondern den Zugang zu diesen Positionen institutionell neu zu regeln suchen, ist für sie das Erheben prinzipieller Minimalforderungen und der Versuch der Durchsetzung von Verfassungsprinzipien charakteristisch. Gandhi vertrat die Ansicht, daß es bei solchen Forderungen kein Herauf- und Herunterhandeln geben dürfe. Minimal- und Mximalforderungen seien hier identisch.[6]

Die Herrschenden haben sich an diese Verhandlungsmethode anzupassen versucht, indem sie die prinzipiellen Minimalforderungen an einigen Stellen erfüllten, es aber so einrichteten, daß die qualitativen symbolischen Zugeständnisse keine quantitativen Folgen hatten. Wenn in den Südstaaten der USA ein einzelner Neger an eine bisher rein weiße Universität zugelassen wird, ist dadurch zwar prinzipiell die Rassentrennung aufgehoben, aber quantitativ noch fast nichts erreicht worden. Die amerikanischen Neger haben diese Taktik des Gegners »Zeichentun« (tokenism) genannt, und Martin Luther King hat sie definiert als »eine Praxis, die hier und dort sym-

[5] Indiens Weg zur Freiheit, a. a. O., S. 51.

[6] M. K. Gandhi: Satyagraha in South Africa, a. a. O., S. 209; s. auch G. Dhawan: The Political Philosophy of Mahatma Gandhi, a. a. O., S. 218–219.

bolisch gezeigten guten Willen für die bare Münze der großen Tat ausgibt«. Er stellte sich darum auf den Standpunkt, man dürfe sich in Verhandlungen nicht überreden lassen, »symbolische Siege als Beweis für echten und befriedigenden Erfolg hinzunehmen«.[7]
Auch wenn man die Verhandlungen der Führer des indischen Unabhängigkeitskampfes mit der englischen Kolonialregierung verfolgt, ergibt sich als Charakteristikum der letzten Verhandlungen vor gewaltfreien Kampagnen, daß die Gewaltfreien feste und präzise Versprechungen und zuweilen gewisse Vorleistungen zum Beweis für die spätere Erfüllung der Versprechungen verlangen. Als die Kongreß-Partei 1929 eine neue Unabhängigkeitskampagne angekündigt hatte, versprach der Vizekönig im sogenannten »Momentous Statement« (Bedeutsame Erklärung) vage den Dominion-Status für Indien.[8] Die indischen Führer antworteten darauf mit einem Manifest, in dem sie als Vorleistungen unter anderem eine Amnestie für die politisch Gefangenen als Ausdruck des Gesinnungswandels der Engländer verlangten. Gandhi begründete diese Forderung: »Der Buchstabe eines Dokumentes bedeutet nichts, wenn die Gesinnung in Wirklichkeit die alte bleibt. Ich kann auf die schriftliche Dominion-Verfassung warten, wenn ich in der Verfassungswirklichkeit den Dominion-Status schon bekomme. Das bedeutet, daß ein wirklicher Gesinnungswandel sichtbar werden muß: Das englische Volk muß in Indien eine freie und sich selbst achtende Nation sehen, und die Verwaltungsbeamten müssen zu echten Dienern werden. Das heißt, daß an die Stelle der Herrschaft durch stählerne Bajonette die freiwillige Zustimmung des Volkes treten muß.«[9] Im Grunde verlangt Gandhi nichts anderes, als daß der Verhandlungspartner neue Verfassungsprinzipien akzeptieren und hieraus sofort konkrete Folgerungen ziehen solle. Ein bloßes »Zeichentun« wäre mit einem solchen Gesinnungswandel nicht vereinbar.

Wirkung der Verhandlungen auf die gewaltfreien Mitkämpfer

Gandhis Art, vor Kampfbeginn zu verhandeln, ist in Indien nicht ohne Kritik geblieben: Wenn er vor Kampfbeginn mit dem Gegner verhandle, den Ausbruch des Kampfes dabei gar hinauszögere und seine Forderungen auf ein Minimum beschränke, würde bei der schließlich doch erfolgenden Eröffnung der Kampfhandlungen die auch für gewaltfreie Aktionen notwendige Kampfstimmung fehlen.[10]

7 M. L. King: Onkel Toms Snackbar. In: *konkret*, 6, Juni 1963, S. 7.
8 S. Gene Sharp: Gandhi Wields the Weapon of Moral Power, a. a. O., S. 46.
9 Zit. in: G. Sharp, a. a. O., S. 46.
10 S. G. Dhawan: The Political Philosophy of Mahatma Gandhi, a. a. O., S. 137.

G. Dhawan hat darauf hingewiesen, daß solchen Vorwürfen ein Mißverständnis der gewaltfreien Kampfweise zugrunde liegt: »Der Erfolg von gewaltsamen Revolutionen ist davon abhängig, daß die Gefühle der Massen aufgeputscht werden und eine Hochspannung entsteht, die unmittelbar zu einer Explosion führt. Jeder Friedensfühler wäre eine fatale Ablenkung für solch eine Bewegung. Anders steht es um eine gewaltfreie Widerstandsbewegung. Diese sucht konstruktive, einigende Gefühle zu erwecken, Liebe für den Gegner, den Geist der Nicht-Vergeltung und das Bestreben zu leiden, um zu dienen.«[11]

Beim Vergleich der Kampagnen in Südafrika, Indien, den Südstaaten der USA und in Europa scheint die Phase ein charakteristischer Teil jeder Kampagne zu sein, in der versucht wird, auf dem Verhandlungswege die geforderten Positionen zu erlangen und einen Ausgleich der Interessen zu finden. Gandhi stellte als Grundverhaltensregel den Satz auf: »Ein gewaltfreier Kämpfer erschöpft zunächst alle anderen Mittel, bevor er seine Zuflucht zum gewaltfreien Aufstand nimmt.«[12] Nkrumah ist dieser Verhaltensregel genau gefolgt, als er im Jahre 1949 vor der Kampagne um die Unabhängigkeit Ghanas feststellte, in das letzte Stadium würde die »Positive Aktion« erst eintreten, »wenn alle Mittel, die Selbstregierung zu erlangen, erschöpft seien«[13]. Ein Musterbeispiel für ein Gandhis Regel entsprechendes Vorgehen gibt auch das Vorspiel der Kampagne für Rassenintegration in Birmingham (Alabama, USA) im Jahre 1963 ab. M. L. Kings Bericht über die Vorphase der Verhandlungen scheint charakteristisch für das Selbstverständnis der gewaltfreien Aufständischen zu sein: »Im September vergangenen Jahres (1962) bot sich die Gelegenheit zum Gespräch mit einigen Wirtschaftsführern der Stadt. Im Laufe der Verhandlungen machten die Geschäftsleute gewisse Versprechungen, so zum Beispiel die, daß sie die verletzenden Rassenschilder von den Geschäften entfernen wollten. Auf diese Versprechungen hin beschlossen Rev. Shuttlesworth und die Führer der Christlichen Bewegung für Menschenrechte, alle Demonstrationen einzustellen. Wochen und Monate vergingen, bis wir erkannten, daß wir ein Opfer uneingelöster Versprechungen geworden waren. Die Schilder an den Geschäften blieben. Wie schon so oft sahen wir auch jetzt wieder unsere Hoffnungen zunichte gemacht, und die dunklen Schatten tiefer Enttäuschung fielen über uns. So blieb uns keine andere Wahl. Wir mußten uns auf die direkte Aktion vorbereiten.«[14]

Keine andere Wahl mehr zu haben, ist ein viel entscheidenderes Moment für die Kampfmoral als etwa das »Aufputschen der Gefühle«. Die Aufständischen müssen die Überzeugung gewinnen, daß

[11] A. a. O., S. 138.
[12] *Young India*, 20. 10. 1927. In: M. K. Gandhi: Sarvodaya, a. a. O., S. 91.
[13] Schwarze Fanfare, a. a. O., S. 113.
[14] Why We Can't Wait, a. a. O., S. 78.

der Starrsinn der Herrschenden ihnen den Kampf aufgezwungen hat und daß es keinen anderen »ehrenhaften Ausweg« mehr gibt als die gewaltfreie Aktion.[15] Das bedeutet, daß der endliche Entschluß zum gewaltfreien Kampf nicht auf eine Explosion hochgeputschter Gefühle, sondern auf eine echte Gewissensnot zurückgehen muß. Diese seelischen Bedingungen scheinen die einem gewaltfreien Kampf angemessene innere »Atmosphäre« zu bilden, da ein Gefühlsumschwung hier kaum zu erwarten ist und darum der Kampf mit der Entschlossenheit durchgehalten werden kann, wie sie die Welt 1930 beim Angriff auf die Dharasana-Salzwerke[16] oder 1963 bei den Straßendemonstrationen in Birmingham[17] faszinierte. Gandhi hat besonders auf diesen letzten inneren Anstoß des Gewissens hingewiesen: »Der gewaltfreie Aufständische wird beständig und fortgesetzt mit den bestehenden Behörden Fühlung halten, an die öffentliche Meinung appellieren, die öffentliche Meinung beeinflussen, seine Sache ruhig und kühl jedem vortragen, der ihn anhören will, und erst, wenn er all diese Wege zu Ende gegangen ist, wird er zu Kampfhandlungen greifen. Aber wenn er den eindringlichen Ruf seiner inneren Stimme vernommen und sich in den gewaltfreien Kampf gestürzt hat, so hat er sein Schiff hinter sich verbrannt, und es gibt kein Zurück.«[18]

Verpflichtung der Aufständischen

Bevor nach dem Scheitern der Kampf-in-Sicht-Verhandlungen die Kampfhandlungen nun eröffnet werden, müssen die organisierten Freiwilligen und potentiellen Mitkämpfer über den Ausgang dieser Verhandlungen und über die nächsten Schritte unterrichtet werden. Dies kann über das gedruckte Wort geschehen, eventuell auch über Rundfunk und Fernsehen; der Vorzug wird aber, wo immer dies möglich ist, der Beratung in kleinerem Kreise oder der Massenversammlung gegeben werden, je nach der Zahl der Teilnehmer der bevorstehenden gewaltfreien Aktionen. In Beratung und Versammlung kann der einzelne in die Kampfgemeinschaft einbezogen, engagiert und zum Handeln gebracht werden. Die Massenversammlung richtet sich vor allem an diejenigen potentiellen Mitkämpfer der bevorstehenden Kampagne, die nicht schon in der im vorhergehenden Kapitel behandelten Ausbildung der Freiwilligen – zu dem, was wir Kader oder Avantgarde nannten – angesprochen und gewonnen werden konnten.
Diese Beratungen und vor allem die Massenversammlungen spielen bei den letzten Vorbereitungen von Aufständen eine solch wichtige

[15] G. Dhawan: The Political Philosophy of Mahatma Gandhi, a. a. O., S. 137.
[16] L. Fischer: Das Leben des Mahatma Gandhi, a. a. O., S. 286–288.
[17] M. L. King: Why We Can't Wait, a. a. O., S. 51–109.
[18] *Young India*, 20. 10. 1927. In: M. K. Gandhi: Sarvodaya, a. a. O., S. 91.

Rolle, daß sie sich in fast allen Kampagnen nachweisen lassen. Ihre Bedeutung geht allein schon aus der Ausführlichkeit hervor, mit der im allgemeinen Führer oder Mitkämpfer in der rückschauenden Betrachtung über sie berichten. Einige besonders typische Fälle seien hier aufgezählt.

Der Beschluß zu Gandhis erster Satyagraha-Kampagne gegen ein speziell die Inder diskriminierendes Paßgesetz wurde am 11. September 1906 im Empire-Theater von Johannesburg (Südafrika) von 3000 Indern gefaßt. Gandhi hat über die Versammlung 1928 ausführlich berichtet, um seinen indischen Mitkämpfern ein Beispiel richtigen Verhaltens in der bevorstehenden großen Unabhängigkeitskampagne, die am 1. Januar 1930 beginnen sollte, zu geben.[19] Durch diesen Bericht Gandhis ist die Johannesburger Versammlung zum Prototyp derartiger Versammlungen geworden. Sie gingen nahezu allen indischen gewaltfreien Kampagnen voraus, so der Khilafat-Kampagne 1921/22, den Kampagnen der Bauern in Kheda (Distrikt Gujarat) 1918 und Bardoli (Distrikt Surat in der Präsidentschaft Bombay). Am 12. Februar 1928 legte Vallabhai Patel den Dorfführern und Bauern Bardolis eine Resolution zum Steuerboykott vor, die sie nach gründlichen Beratungen und im Bewußtsein der Folgen dieses Vorgehens zu der ihren machten.[20]

Der »Mißachtungs-Kampagne« (Defiance Campaign) der Afrikanischen Nationalen Kongreß-Partei im Jahre 1952 gingen derartige Versammlungen unter freiem Himmel voraus. Leo Kuper schildert eine solche Versammlung von etwa 4000 Afrikanern. Sie war von dem für Südafrika typischen Wechselgesang und dem Dialog zwischen Redner und Zuhörerschaft geprägt; eine direkte Aktion zivilen Ungehorsams folgte ihr unmittelbar, ausgeführt von in der Versammlung gefundenen Freiwilligen.[21]

In Montgomery (Alabama, USA) beschlossen 3000–4000 schwarze Bürger am 5. Dezember 1956 in der Holt Street Kirche nach dem ersten, mehr spontan zu nennenden Erfolg dieser Aktion, die Busse zu boykottieren, bis ihre Forderungen auf gleiche Behandlung aller Fahrgäste gewährt würden.[22]

Auch den Sitzprotesten der englischen Atomwaffengegner gingen in den Jahren 1961/62 zumeist Massenversammlungen voraus, in denen neben Bertrand Russell auch eine größere Anzahl anderer prominenter Persönlichkeiten die Entschlossenheit und das Verantwortungsbewußtsein der zivilen Ungehorsam Leistenden zu steigern suchten.

Der Ablauf dieser Versammlungen und der Inhalt der auf ihnen gehaltenen Reden läßt eine typisierende Darstellung zu, die im fol-

[19] Satyagraha in South Africa, a. a. O., S. 102–107.
[20] Mahadev Desai. The Story of Bardoli. Being a History of the Bardoli Satyagraha of 1928 and Its Sequal, Ahmedabad 1929, S. 27–36.
[21] Passive Resistance in South Africa, a. a. O., S. 12–19.
[22] S. M. L. King: Stride Toward Freedom, a. a. O., S. 58–62.

genden an besonders markanten Punkten auch durch Beispiele belegt werden soll.
Am Eingang solcher Versammlungen steht gewöhnlich die Information über das Scheitern der jüngsten Verhandlungen, die den Zweck hat, den Zuhörern klarzumachen, daß alle Anstrengungen gemacht wurden, die Kampfziele ohne direkte Aktionen zu erreichen. Um der Zuhörerschaft diese Kampfziele nochmals zu verdeutlichen, schließt sich meist eine umfassende Darstellung der Konfliktsituation an. So begann Martin Luther King seine Rede in der Holt Street Church damit, daß er den casus belli, die Verhaftung von Rosa Parks, schilderte, die einem Weißen nicht hatte Platz machen wollen. »Dann«, berichtet er, »ließ ich die lange Geschichte der Rüpeleien und Beleidigungen, die Negerbürger in den Stadtbussen erfahren hatten, Revue passieren«[23]. Diese umfassenden Informationen sollen den Zuhörern die Gewißheit geben, daß sie für eine gerechte Sache kämpfen werden.
Typisch für gewaltfreie Kampagnen ist, daß den potentiellen Mitkämpfern klargemacht wird, daß der Kampf nicht um irgendwelche sachlichen Einzelforderungen, sondern um Prinzipien geführt wird und darum ein Abgehen von den Minimalforderungen nicht möglich ist. Vallabhai Patel erklärte den über eine 22prozentige Steuererhöhung empörten und zur Steuerverweigerung entschlossenen Bauern von Bardoli: »Es geht heute nicht um ein paar Rupien, sondern um unsere Selbstachtung. Es ist ein grundlegendes Prinzip des Regierens, daß es keine Steuerveranlagung ohne Volksvertretung (no taxation without representation) geben darf. Die Regierung hätte nichts unternehmen dürfen, ohne eure Ansichten zu berücksichtigen. Euer Widerstand richtet sich gegen die willkürliche Art und Weise, mit der die Regierung nach ihren eigenen absurden Vorstellungen Steuern festlegt.«[24]
Bezeichnend für die einer gewaltfreien Kampagne vorausgehende Versammlung ist auch der Unterricht über die Kampfmethoden und die Erläuterung von deren Wirkungsweise. Nkrumah berichtet über die letzte Massenversammlung vor Beginn der »Positiven Aktion«: »Ich prägte der Menge ein, es dürfe kein Plündern, kein Anzünden von Gebäuden, keinen Aufruhr und keine sonstigen Verwüstungen irgendwelcher Art geben, und der Erfolg hinge einzig und allein von dem gewaltlosen und friedlichen Charakter unseres Kampfes ab.«[25]
Wenn die Agitatoren des Aufstandes mit ihren Argumenten erreicht haben, daß die Menge ihre neugewonnene Aggressivität auch mit einer gewaltfreien Einstellung zum Gegner verbindet,[26] besteht die Gefahr, daß die Versammlung nun aus der allgemeinen Erregung

[23] Stride Toward Freedom, a. a. O., S. 59.
[24] Zit. in: M. Desai: The Story of Bardoli, a. a. O., S. 35.
[25] Schwarze Fanfare, a. a. O., S. 115.
[26] S. M. L. King: Stride Toward Freedom, a. a. O., S. 57–60.

heraus Beschlüsse faßt, die der einzelne, auf sich allein gestellt, später nicht mehr durchzuhalten gewillt ist. Er mag sich sagen, er habe in der Versammlung die Konsequenzen seiner Zustimmung zu einem Aufstand nicht erkannt. Die Versammlungsleitung wird darum alles versuchen, den Beschlüssen der einzelnen bindenden Charakter zu geben. Gandhi hat darauf bestanden, daß vor jeder Kampagne den Freiwilligen nicht nur die wahrscheinlichen, sondern auch die extremen Formen der Unterdrückung ausgemalt werden und daß die Verpflichtungen der Freiwilligen für einen Aufstand unter härtesten Bedingungen abgelegt werden. Seine Ausführungen im Empire-Theater in Johannesburg sind dafür bezeichnend: »Einige Worte nun zu den Konsequenzen. Hoffen wir zunächst einmal auf den günstigsten Fall. Wenn sich die Mehrheit der Inder zum Widerstand verpflichtet, und wenn alle, die sich verpflichten, sich auch ihrer Verpflichtung treu erweisen, dann ist es durchaus möglich, daß die Gesetzesvorlage (im weißen Parlament – Th. E.) abgelehnt wird, oder daß das Gesetz, falls es durchgeht, doch bald wieder aufgehoben wird. Es ist möglich, daß von uns überhaupt keine Leiden gefordert werden. Aber wenn ein Freiwilliger, der sich verpflichtet, einerseits ein robuster Optimist sein muß, so muß er doch auf der anderen Seite auch auf das Schlimmste vorbereitet sein. Darum möchte ich euch eine Vorstellung vermitteln vom Schlimmsten, das uns in diesem Kampf widerfahren kann. Stellt euch einmal vor, daß alle hier Anwesenden – es sind hoch geschätzt 3000 – sich verpflichten, nicht aber die restlichen 10000 Inder. Auch ist es wohl möglich, daß trotz der augenblicklichen Warnung einige oder viele, die sich verpflichteten, schon bei der allerersten Bewährungsprobe schwach werden. Es ist möglich, daß wir ins Gefängnis müssen und daß man uns dort beleidigen wird. Wir müssen vielleicht hungern und größte Hitze oder Kälte ertragen. Man verurteilt uns vielleicht zu harter Zwangsarbeit. Grobe Wärter werden uns vielleicht verprügeln. Es ist auch denkbar, daß man uns zu hohen Geldstrafen verurteilt und unseren Besitz beschlagnahmt und ihn sogar versteigert, wenn nur noch ein paar Widerstandskämpfer übriggeblieben sein werden. Heute noch reich, mögen wir morgen schon bettelarm sein. Vielleicht deportiert man uns auch. Einige von uns könnten unter den Entbehrungen des Gefängnislebens krank werden und sogar sterben. Kurz gesagt, es ist keineswegs unmöglich, daß wir all die Mühsale, die wir uns vorstellen können, zu erdulden haben werden, und darum ist es weise, wenn wir uns unter der Voraussetzung verpflichten, daß wir all dies und Schlimmeres zu erleiden haben werden.«[27]
Patel hatte die Dorfältesten des Bezirkes Bardoli schon vor der entscheidenden öffentlichen Versammlung zu sich gerufen, sie mit den Konsequenzen einer gewaltfreien Kampagne vertraut gemacht und

[27] Zit. in: M. K. Gandhi: Satyagraha in South Africa, a. a. O., S. 106.

ihnen dann sieben Tage Bedenkzeit gegeben. Als sie am 11. Februar 1928 mit einer größeren Zahl einfacher Bauern wieder in Bardoli zusammenkamen, warnte sie Patel noch einmal: »Überlegt es euch zweimal, bevor ihr den Sprung wagt [...] Wenn ihr kläglich versagt, wird es Jahre brauchen, bis ihr euch wieder aufzurappeln vermögt.«[28]

Solche Warnungen haben zuweilen einen niederschlagenden Effekt. J. Nehru berichtet über die Wirkung einer solchen Rede Gandhis anläßlich der Khilafat-Kampagne im Jahre 1920 in Allahabad: »Nachdem sie ihm zugehört hatten, blickten sie noch ängstlicher drein als vorher [...] Die militärischen Anspielungen und der unnachgiebige Ernst des Mannes ließ die meisten seiner Zuhörer erschauern.«[29] Um die ernüchternde Wirkung auszugleichen und zu heroischer Entschlossenheit überzuleiten, folgt solchen Warnungen gewöhnlich ein Appell an das Sendungsbewußtsein der Zuhörerschaft. M. L. King zögerte nicht, den bevorstehenden Busprotest als eine Schlacht von welthistorischer Bedeutung zu interpretieren: »Wenn ihr mutig protestieren werdet und doch mit Würde und christlicher Liebe, dann werden, wenn in zukünftigen Generationen die Geschichtsbücher geschrieben werden, die Historiker eine Pause machen und sagen, ›Es lebte einst ein großmütiges Volk – ein schwarzes Volk –, das neue Bedeutung und Würde in die Adern der Zivilisation goß‹. Dies ist die Herausforderung der Geschichte an uns, und diese überwältigende Verantwortung müssen und werden wir tragen.«[30]

Den Abschluß der Versammlung oder Beratung pflegt eine Resolution zu bilden, in der die in den vorausgegangenen Beratungen und Aussprachen erörterten Kampfziele und Methoden knapp zusammengefaßt werden. Für die Annahme der Resolution gibt es sich steigernde Formen des persönlichen Engagements, das von der bloßen anonymen Akklamation bis zur eidlichen Verpflichtung reicht.

Die Führer der Kampagne haben ein Interesse daran, ihre Mitkämpfer so fest wie möglich zu binden, da ihnen keine Zwangsmittel zur Verfügung stehen, die geschlossene Widerstandsfront unter härtesten Bedingungen zu erhalten. Die Mitkämpfer ihrerseits sind daran interessiert, sich mit einer möglichst großen Anzahl Gleichgesinnter durch eine feierliche Verpflichtung solidarisch zu verbinden. Damit aber aus dieser Interessenlage und der enthusiastischen Kampfstimmung der Versammlung heraus nicht leichtfertig Verpflichtungen eingegangen werden, pflegte Gandhi an dieser Stelle nochmals deutlich den Charakter einer solchen Verpflichtung zu erläutern. In der Versammlung im Empire-Theater führte er aus: »Zweifellos ist die Gelegenheit gekommen für ein Kampf-

[28] Zit. in: M. Desai: The Story of Bardoli, a. a. O., S. 34.
[29] Indiens Weg zur Freiheit, a. a. O., S. 52–53.
[30] Stride Toward Freedom, a. a. O., S. 61.

gelübde. Aber jeder muß mit sich selber abmachen, ob er den Willen und die Fähigkeit hat, dieses Gelübde abzulegen. Beschlüsse dieser Art können nicht durch einen Mehrheitsentscheid angenommen werden. Nur diejenigen, die das Gelübde ablegen, sind auch daran gebunden. Dieses Gelübde ist keine Show, und es wird nicht wegen seiner Wirkung auf die Außenstehenden abgelegt. Niemand sollte sich Gedanken darüber machen, welche Wirkung es auf die Regierung von Südafrika, England und Indien haben könnte. Jeder darf nur in seinem Herzen forschen, und nur wenn ihm die innere Stimme versichert, daß er die zum Durchhalten nötige Stärke hat, darf er sich durch ein Gelübde verpflichten, und nur dann wird das Gelübde auch fruchten.«[31]

Gandhi wies seine Mitkämpfer deutlich darauf hin, daß es keine Kollektiv-, sondern nur Individualverpflichtungen gäbe: »Wer weder den Willen noch die Fähigkeit hat, durchzuhalten, selbst wenn er ganz allein steht, der darf das Gelübde nicht nur nicht ablegen, der muß sogar seine Gegnerschaft offen bekennen, bevor über die Resolution abgestimmt wird [...] Wenn wir das Gelübde auch alle zusammen leisten, so darf sich doch keiner einbilden, daß das Versagen von einem oder von vielen die übrigen von ihrer Verpflichtung entbindet. Jeder einzelne soll seine Verantwortung voll wahrnehmen, sich dann unabhängig von den anderen verpflichten und dabei wissen, daß er seinem Gelübde treu sein muß, was auch immer andere tun mögen – und sei es bis in den Tod.«[32]

Gandhi ließ den Aufständischen keine Illusion darüber, daß diese Kampagne wirklich den vollen Einsatz jedes einzelnen verlange: »Wenn mich jemand fragt, wann und wie dieser Kampf enden mag, kann ich die Behauptung aufstellen: Wenn der gesamte indische Bevölkerungsteil männlich der Prüfung standhält, wird das Ende nah sein. Wenn viele von uns unter dem Ansturm der Leiden nachgeben, wird sich der Kampf in die Länge ziehen. Aber ich kann kühn, getrost und sicher erklären, daß, solange auch nur eine Handvoll Männer ihrem Gelübde treu bleibt, es für diesen Kampf nur ein Ende geben kann: den Sieg.« Gandhi berichtet, daß das Bild, das sich dann geboten habe, sich seinem Gedächtnis unauslöschlich eingeprägt habe. Alle Anwesenden hätten aufrecht mit erhobenen Händen und mit Gott zum Zeugen einen Eid abgelegt, daß sie sich dem Paßgesetz nie beugen würden.[33] Zu einer ähnlich feierlichen Verpflichtung, wenn auch nicht in der Form eines Eides, kam es in Montgomery. Ralph Abernathy, der engste Mitarbeiter Kings, forderte die Neger auf: »Alle, die der Resolution zustimmen, mögen sich von ihren Plätzen erheben.« Alle Sitzenden sprangen von ihren Plätzen, die schon Stehenden hoben ihre Hände. Der Jubel und der Beifall übertrug sich auf die Menge vor der Kirche. King meinte

[31] Zit. in: M. K. Gandhi: Satyagraha in South Africa, a. a. O., S. 105.
[32] A. a. O., S. 107.
[33] A. a. O., S. 106–107.

feststellen zu können, daß der Beschluß einstimmig angenommen worden sei und daß »der wahre Sieg dieser Massenversammlung in dem neuen Sinn für Würde und schicksalhafte Verpflichtung« bei den Negern bestanden habe.[34]

Als typisches Beispiel einer Resolution soll wegen ihrer Übersichtlichkeit und wegen ihres hohen prinzipiellen Gehaltes das Gelöbnis der Bauern des Kheda-Distriktes aus dem Jahre 1918 genannt sein: »Im Bewußtsein, daß die Ernteerträge in unseren Dörfern weniger als vier Annas betragen, forderten wir von der Regierung, die Einziehung der Ertragssteuer bis zum folgenden Jahr auszusetzen; doch die Regierung hat unserer Bitte nicht entsprochen. Deshalb erklären wir, die Unterzeichneten, feierlich, daß wir der Regierung den ganzen oder den noch ausstehenden Steuerbetrag für das laufende Jahr nicht freiwillig zahlen werden. Wir werden es dulden, daß die Regierung alle ihr geeignet erscheinenden gesetzlichen Schritte unternimmt und werden zuversichtlich alle Konsequenzen unserer Zahlungsverweigerung ertragen. Wir werden eher unseren Grundbesitz pfänden lassen, als daß wir durch freiwillige Zahlung unsere gerechte Sache und unsere Selbstachtung kompromittieren.«[35]

Charakteristisch für die Annahme solcher Resolutionen und das Ablegen solcher Gelübde ist der feierliche Rahmen, in dem dies geschieht. In der Versammlung zum Busprotest in Montgomery verstand sich dieser feierliche Rahmen von selbst, da die Versammlung in einer Kirche stattfand und sie dementsprechend mit dem religiösen Lied »Onward Christian Soldiers« (Vorwärts, Christi Streiter) eröffnet und mit einem Gebet geschlossen wurde.[36] In der entscheidenden Versammlung in Bardoli wurde dieser Rahmen geschaffen durch das Rezitieren heiliger Texte aus dem Koran und das Singen einer Hindu-Hymne. Nachdem die ganze Versammlung das Ramanama, das Vaterunser der Hindus, gebetet hatte, erfolgte die Resolution »in feierlicher Stille«.[37]

Nur in Ausnahmefällen kann in solchen Versammlungen die Gesamtheit der potentiellen Widerstandskämpfer der bevorstehenden Kampagne erfaßt werden. Im Regelfall strömte in den vergangenen Kampagnen die Masse der Mitkämpfer erst nach der Eröffnung der Kampfhandlungen zu. Diese nachträglich Hinzukommenden werden gewöhnlich dadurch im oben geschilderten Sinne engagiert, daß man sie eine Verpflichtung unterzeichnen läßt.

So wurden in Indien beispielsweise bei der Khilafat-Kampagne und der Steuerverweigerungskampagne in Bardoli sogenannte »Satyagraha-Gelöbnisse« unterzeichnet. Vor der Unabhängigkeitskampagne des Jahres 1930 waren sich Gandhi und die Kongreß-Partei

[34] Stride Toward Freedom, a. a. O., S. 62.
[35] Zit. in: M. K. Gandhi: An Autobiography, a. a. O., S. 321.
[36] S. M. L. King: Stride Toward Freedom, a. a. O., S. 59–62.
[37] S. M. Desai: The Story of Bardoli, a. a. O., S. 36.

über die Stimmung und die Aktionsbereitschaft des indischen Volkes nicht im klaren. Die einjährigen organisatorischen Vorbereitungen hatten für eine intensive Schulung und Verpflichtung größerer Kaderbestände außerhalb des engeren Mitarbeiterstabes der Kongreß-Partei nicht ausgereicht. J. Nehru schildert die unsichere Lage der Führung und das in dieser Situation ergriffene Aushilfsmittel: »Noch war die Zukunft ungewiß. Trotz der in der Kongreßsitzung gezeigten Begeisterung wußte niemand von uns, wie die Antwort des Landes auf ein Programm der Tat ausfallen würde. Wir hatten die Brücken hinter uns abgebrochen und konnten nicht mehr zurück, doch vor uns lag ein fast fremdes und noch unerforschtes Land. Um unserem Feldzug Antrieb zu geben, zum Teil auch, um die Stimmung des Landes zu erforschen, wurde der 26. Januar 1930 als der Tag der Unabhängigkeit bestimmt, an dem ein Gelübde der Unabhängigkeit über das ganze Land hinweg abgelegt werden sollte.«[38]

In der Antiapartheid-Kampagne des Jahres 1952 wurde statt einer solchen ausdrücklichen Kampfverpflichtung die noch etwas schwächere Form des Beitritts zur Afrikanischen Nationalen Kongreß-Partei gewählt. Bei der zunehmenden Härte des Kampfes sollte sich diese Bindung später als zu schwach und die Zahl der Mitglieder als zu gering erweisen.[39]

Das »Komitee der 100« der englischen Atomwaffengegner verlangte von seinen Mitkämpfern in schriftlichen Verpflichtungen zwar ein volles Engagement; dieses erfolgte aber unter zwei wesentlichen Einschränkungen. Die Verpflichtung galt immer nur für eine Aktion an einem bestimmten Tag – und wurde nur dann gültig, wenn eine bestimmte Zahl weiterer Teilnehmer sich verpflichtet hatte. Diese Verpflichtungen unterschieden sich damit deutlich von Gandhis Vorstellungen vom Wesen einer Verpflichtung zum gewaltfreien Widerstand, wie er sie am 11. September 1906 in Johannesburg dargelegt hatte. Die vom »Komitee der 100« geforderte Verpflichtung war für viele Engländer leichter abzulegen als die absolute Dauerverpflichtung im Sinne Gandhis, und sie war zu diesem Zeitpunkt vielleicht auch das Maximum an Engagement, das von einer größeren Zahl von Menschen erreicht werden konnte. Der begrenzte Charakter der Verpflichtungen bedingte dann aber auch, daß die Leitung des »Komitees der 100«, statt eine Gesamtkampagne entwerfen zu können, von der Hand in den Mund leben mußte und die »nächste Aktion« und die »Teilnehmerzahl« das Denken immer mehr beherrschten.

Im Sommer 1962 wurden die Nachteile solch kurzfristiger Verpflichtungen offenkundig, die der Anwerbung von Soldaten für nur eine Schlacht glichen. Im »Official Secrets Act«-Prozeß hatte

38 Indiens Weg zur Freiheit, a. a. O., S. 199; vgl. auch S. Gopal: The Viceroyalty of Lord Irwin 1926–1931, Oxford 1957, S. 55.

39 S. W. R. Miller: Nonviolence, a. a. O., S. 282–283.

Pat Pottle, einer der angeklagten Organisatoren des »Komitees der 100«, den im Zeugenstand stehenden Air Commodore Magill gefragt: »Würden Sie auf einen gewissen Knopf drücken, wenn Sie wüßten, daß dies Millionen von Menschenleben auslöschen würde?« Magill hatte darauf erklärt: »Wenn die Umstände es erforderten, täte ich es.«[40] Bertrand Russell rief nun im Anschluß an den Prozeß im Namen des Komitees zu einer Protestdemonstration vor dem Luftfahrtministerium auf. Dies sollte jedoch nur stattfinden, wenn sich insgesamt 7000 verpflichteten, »gewaltfreien zivilen Ungehorsam« zu leisten. Der Text der Verpflichtung lautete: »Vorausgesetzt, daß 6999 weitere Verpflichtungen eingehen, verpflichte ich mich, am Sonntag, dem 9. September, pünktlich um 15 Uhr beim Luftfahrtministerium zu Ihnen (Bertrand Russell und dem Komitee der 100 – Th. E.) zu stoßen.«[41] Im Zeichen des Nachlassens der Ost-West-Spannungen konnte trotz sorgfältiger Vorbereitungen und intensiver Werbung nur die Zahl von 3900 Verpflichtungen erreicht werden. Dies war zwar die höchste Zahl Verpflichtungen, die das Komitee je erhalten hatte, aber nach nochmaliger ganztägiger Beratung am 3. September wurde beschlossen, die Demonstration gemäß dem Inhalt der Verpflichtung ausfallen zu lassen.[42] Eine zeitlich nicht begrenzte, absolute Verpflichtung waren im »Komitee der 100« nur die hundert auf vielen Flugblättern genannten und das für den Fall der Verhaftung dieser existierende »Schattenkomitee« eingegangen.

In der deutschen außerparlamentarischen Opposition ist mit Verpflichtungen kaum experimentiert worden. Auf Massenversammlungen wurden die Anwesenden zwar meist zutreffend über den Stand des Konfliktes informiert, aber eine realistische Einschätzung der eigenen Kraft und einen Kostenvoranschlag, der auch die gegnerischen Sanktionen einzukalkulieren suchte, hat es kaum im Ansatz gegeben. Einer der Vorsitzenden des SDS sah im Herbst 1968 in der »Sorglosigkeit die Bedingung, daß überhaupt große Aktionen durchgeführt wurden«. Die Presse habe diese »Potenzprahlerei« dann aufgegriffen und bestätigt; dadurch sei »jedes kritische Bewußtsein unterminiert« worden.[43] Verpflichtungen im Sinne des indischen und englischen Vorbildes hat es in der deutschen außerparlamentarischen Opposition nur im Berliner »Komitee der 100

[40] Zit. in: Chr. Driver: The Disarmers, a. a. O., S. 165.

[41] Diese Verpflichtung fand sich auf den Flugblättern, die trotz polizeilicher Verfolgung im Londoner Stadtgebiet verteilt wurden.

[42] S. *Peace News*, 31. 8. 1962 und 7. 9. 1962. Die Demonstration wurde am 23. 9. 1962 als öffentliche Protestversammlung mit improvisierten Reden vor dem Luftfahrtministerium mit etwa 2000–3000 Teilnehmern durchgeführt. Die Polizei hatte nur den Innenhof des Ministeriums abgeriegelt, schritt jedoch nicht zu Verhaftungen. Der Verfasser nahm an dieser Versammlung teil; s. At Peace with the Police. Disarmers outside Air Ministry. In: *The Guardian*, 24. 9. 1962.

[43] Frank Wolff: Organisation: Emanzipation und Widerstand. In: *Neue Kritik*, 50, Okt. 1968, S. 8.

für die Freiheit Griechenlands« gegeben. Bis zur behördlichen Genehmigung ihrer unangemeldeten direkten Aktion erhielt das Komitee etwa 1500 Verpflichtungen folgenden Inhalts: »Hiermit erkläre ich mich bereit, an dem Sitzprotest vor der Greichischen Militärmission am 3. Februar 1968 teilzunehmen, sofern das Komitee der 100 weitere 2999 Unterschriften erhält. Ich verpflichte mich zu einem gewaltfreien Verhalten.«[44] Dieser Versuch, Strategie und Kosten einer Kampagne im voraus zu klären, hat nicht rasch genug Schule gemacht,[45] und nach dem Attentat auf Rudi Dutschke am Gründonnerstag 1968 unternahmen am Abend dieses Tages die prominenteren Sprecher der außerparlamentarischen Opposition in Berlin nicht einmal mehr den Versuch, die Auswirkungen möglicher Aktionsabläufe zu erörtern. »Bestürzend war für mich«, schreibt ein linksliberaler Journalist, »der vorbehaltlose Aufruf zur Gewalt – ohne irgendeinen präzisen Hinweis, was denn nun am Springer-Hochhaus (dem Ziel des Protestmarsches – Th. E.) zu geschehen habe.«[46] Die außerparlamentarische Opposition hätte sich manche Enttäuschung ersparen können, wenn sich die Träger der Aktionen umfassender instruiert und zuverlässiger verpflichtet hätten.

Ultimative Ankündigung direkter Aktionen

Die mit einer Verpflichtung der Aufständischen verbundene Annahme der Kampfresolution kann unmittelbar zur Eröffnung der Kampfhandlungen führen, wenn die Gegenseite auf diese Herausforderung hin die Verhandlungen abbricht. J. Nehru schildert einen solchen Fall aus dem Jahre 1931, der nach dem Gandhi-Irwin-Pakt von Delhi einer weiteren Unabhängigkeitskampagne vorausging: »Der Ausschuß von Allahabad hielt eine große Bauernkonferenz ab, die eine vorläufige Resolution annahm. Darin empfahl man den Bauern, falls keine besseren Vereinbarungen erlangt werden könnten, Pacht und Steuern zurückzuhalten. Diese Resolution erregte die Regierung aufs höchste, und indem sie sie als casus belli behandelte, weigerte sie sich, weiter mit uns zu verkehren.«[47]
Würde man gewerkschaftliche Erfahrungen, die bei legalen Streiks in Rechtsstaaten gesammelt wurden, für gewaltfreie Aufstände heranziehen, so könnte man zu dem Schluß kommen, daß die Auf-

44 Rolf Niemann: Sitzprotest des »Komitees der 100« vor der Griechischen Militärmission. In: Th. Ebert u. H.-J. Benedict (Hrsg.): Macht von unten, a. a. O., S. 151 bis 152; Th. Ebert: Probleme der gewaltfreien, direkten Aktion in einer Formaldemokratie. Sitzprotest des »Komitees der 100« vor der Griechischen Militärmission. In: *Neue Sammlung*, Göttingen, 3, Mai/Juni 1968, S. 235.
45 Zu den Nachwirkungen siehe: R. Niemann, op. cit., S. 171–177.
46 Manfred Rexin: Ostern 1968. Augenzeugenbericht. In: *liberal*, Bonn, 5, Mai 1968, S. 366–367.
47 Indiens Weg zur Freiheit, a. a. O., S. 303.

ständischen unmittelbar im Anschluß an die Kampfresolution mit den Kampfhandlungen beginnen sollten. In einer Schulungsschrift des Deutschen Gewerkschaftsbundes heißt es: »Ist der Kampf beschlossen, das Kampfziel umrissen und die organisatorische Vorbereitung endgültig eingeleitet, dann darf es kein Zurück mehr geben. Die Urabstimmung ist der letzte Akt, der den sozialen Gegenspieler nicht darüber im Zweifel lassen darf, daß die Kampfhandlung durchgeführt wird. Sie ist die letzte ultimative Maßnahme zur Einleitung der Kampfhandlung. Hat die Entwicklung das vorbezeichnete Ausmaß erreicht, dann entscheidet nur noch der Einsatz der Macht. Keine Macht aber, die ihr Ansehen aufrechterhalten will, darf mobilisieren, ohne den festen und unbeugsamen Willen zum entscheidenden Angriff zu haben. Die Einbuße, die eine mobilisierte Macht erleidet, wenn sie nicht angreift, ist nicht abzuschätzen. Lediglich die Kapitulation des Gegners, mindestens aber die Anerkennung eines maßgeblichen Teiles der erhobenen Ansprüche, dürfen zur Aufhebung der eingeleiteten Maßnahmen führen. Einen anderen Weg als diesen sollte es bei einer Arbeitskampfmaßnahme nicht geben. Die Urabstimmung sollte der letzte Akt vor der Aktion sein.«[48]

In gewaltfreien Kampagnen ist jedoch häufig die Kampfresolution noch nicht der letzte Akt vor der Aktion; ein »Ultimatum« wird noch dazwischengeschoben. Dies hat einen organisatorischen Grund. Ein Arbeitgeberverband ist sich auch schon bei den Verhandlungen vor der Urabstimmung über die Stärke der gegnerischen Gewerkschaft im klaren; die Urabstimmung gibt ihm nur noch Auskunft über die Entschlossenheit der Arbeiter. In gewaltfreien Kampagnen ist jedoch die Stärke der Aufständischen vor der Kampfresolution und der feierlichen Verpflichtung vielfach noch so unklar, daß ein ultimativer verhandlungstechnischer Vorstoß mit der Kampfresolution einer bestimmten, eventuell vom Gegner nicht erwarteten hohen Anzahl von Freiwilligen im Rücken durchaus erfolgversprechend sein kann.

Joan Bondurant sieht im Ultimatum einen wesentlichen Schritt einer gewaltfreien Kampagne: »Ein letzter starker Appell sollte an den Gegner gerichtet werden, falls kein Abkommen erzielt werden kann. Die Formulierung und das Überbringen des Ultimatums sollte so geschehen, daß sich ein weiter Spielraum für ein Abkommen ergibt und der Gegner das Gesicht nicht zu verlieren braucht, wenn er darauf eingeht. Das Ultimatum sollte eine konstruktive Lösung des Problems vorschlagen.«[49]

Das Ultimatum hatte in den Kampagnen der Vergangenheit meist die Form eines Schreibens der Organisation der Aufständischen an die Herrschenden. Gandhi bediente sich am 2. März 1930 eines per-

[48] Hermann Grote: Der Streik. Strategie und Taktik, Köln 1952, S. 151.
[49] Conquest of Violence, a. a. O., S. 40.

sönlichen Schreibens an den Vizekönig, das er durch Reginald Reynolds, einen jungen englischen Quäker, überbringen ließ.[50] Ähnliche charakteristische Ultimatumsbriefe sandten K. Nkrumah am 15. Dezember 1949 im Auftrag des Exekutivkomitees der »Vereinigten Volkspartei«[51] und Dr. J. S. Moroka und W. M. Sisulu, der Präsident und der Generalsekretär der Afrikanischen Nationalen Kongreß-Partei, im Dezember 1959[52] an die jeweiligen Regierungen.

Als Ultimata werden diese Briefe meist dadurch gekennzeichnet, daß ein bestimmtes, naheliegendes Datum genannt wird, bis zu dem Forderungen der zum Widerstand entschlossenen Partei erfüllt sein müssen. Gandhi hatte in seinem Brief vom 2. März 1930 an Lord Irwin geschrieben: »Wenn Sie keinen Weg finden, mit obengenannten Mißständen fertig zu werden, und mein Brief nicht an Ihr Herz zu appellieren vermag, werde ich am 11. März zusammen mit meinen Mitarbeitern aus meinem Ashram darangehen, die Salz-Gesetze zu brechen.«[53]

In derselben Weise hatte er am 9. Februar 1922 vor der geplanten Kampagne zivilen Ungehorsams im Bezirk Bardoli an die Kolonialregierung geschrieben: »Wenn Sie einen Weg sehen, die nötige Erklärung innerhalb sieben Tagen von der Veröffentlichung des vorliegenden Manifestes an zu geben, bin ich bereit, Verschiebung des aggressiven zivilen Ungehorsams anzuordnen, bis die eingekerkerten Mitarbeiter nach ihrer Entlassung die Situation übersehen und von neuem Stellung dazu nehmen können.«[54]

Nkrumah berichtet nicht, daß sein Schreiben vom 15. Dezember 1949 ein bestimmtes ultimatives Datum enthalten habe. Er zeigt jedoch einen indirekten Weg, den Kontrahenten auf den ultimativen Charakter eines Schreibens hinzuweisen und dabei den direkten Affront zu vermeiden. Am Tage der Absendung seines Schreibens mit der undatierten Kampfansage veröffentlichte er in seinem Parteiblatt den Artikel »Die Ära der ›Positiven Aktion‹ rückt näher«, und am Abend desselben Tages erklärte er in einer Massenversamm-

[50] S. L. Fischer: Das Leben des Mahatma Gandhi, a. a. O., S. 280.

[51] S. K. Nkrumah: Schwarze Fanfare, a. a. O., S. 115.

[52] Vollständiger Text in: L. Kuper: Passive Resistance in South Africa, a. a. O., Appendix B, S. 233–235. – Der Brief ist undatiert. Ob es sich hier um ein Versehen oder um irgendeine Absicht handelt, ist aus der Darstellung Kupers (a. a. O., S. 106) nicht erkennbar. Dem Schreiben der Afrikanischen Nationalen Kongreß-Partei folgte am 20. 2. 1952 ein datierter Brief entsprechenden Inhalts von seiten der Südafrikanischen Indischen Kongreß-Partei. S. L. Kuper, a. a. O., S. 235–239.

[53] Vollständiger Text in: G. Sharp: Gandhi Wields the Weapon of Moral Power, a. a. O., S. 66.

[54] Brief an den Vizekönig. In: *Young India*, 9. 2. 1922. In: Mahatma Gandhi: Jung Indien, a. a. O., S. 416–417. Die geplante Kampagne wurde von Gandhi überraschend abgeblasen, da es in Chauri Chaura zu Gewalttaten indischer Massen gekommen war (s. Das Verbrechen von Chauri Chaura. In: *Young India*, 16. 2. 1922, a. a. O., S. 421–432). Diese »Civil Disobedience«-Kampagne, die im Rahmen der Khilafat-Kampagne geplant war, ist zu unterscheiden von der von V. Patel geführten Steuerverweigerungskampagne in Bardoli im Jahre 1928.

lung im Stadion von Accra, daß dann, »wenn die britische Regierung nichts unternehmen sollte, um unseren Wünschen nach Einberufung einer verfassunggebenden Versammlung Rechnung zu tragen, die ›Positive Aktion‹ zu irgendeinem Zeitpunkt darauf in Kraft treten werde.«[55]

Das Schreiben der Afrikanischen Nationalen Kongreß-Partei dagegen enthielt alle Daten mit einer Präzision, die an Deutlichkeit nichts zu wünschen übrigließ und die es in die Nähe der Ultimaten kriegführender Staaten rückte. Es unterschied sich deutlich von den Ultimaten Gandhis, die bei aller Sachlichkeit immer in einem sehr persönlichen, beinahe herzlich zu nennenden Ton gehalten waren. Vom 15. bis 17. Dezember 1951 war die Jahreskonferenz der Afrikanischen Nationalen Kongreß-Partei zusammengetreten und hatte Beschlüsse gefaßt, denen Moroka und Sisulu nun in ihrem Ultimatumsbrief nachzukommen hatten: »Die Konferenz hat einstimmig beschlossen, die Regierung aufzufordern, die vorgenannten Gesetze für ungültig zu erklären, und zwar *bis spätestens zum 29. Februar 1952.* Wenn dies unterbleibt, wird die Afrikanische Nationale Kongreß-Partei am 6. April 1952 Protestdemonstrationen und Protestversammlungen abhalten, die das Vorspiel zur Durchführung des Plans der Mißachtung ungerechter Gesetze bilden werden.«[56]

Die in einem Ultimatum abgehandelten Themen ergeben sich aus seiner Auffassung als »letztem starkem Appell« (Joan Bondurant).

Wenn es nicht schon hinlänglich klar ist, wird am Eingang des Ultimatums das Verhältnis der Aufständischen zu den Herrschenden geklärt. Es wird darauf hingewiesen, daß das System als solches, nicht jedoch die einzelnen Mitglieder der Gruppe der Herrschenden bekämpft werden. Die Afrikanische Nationale Kongreß-Partei versicherte Premierminister Malan in ihrem Schreiben: »Der Kampf, zu dem unser Volk bereit ist, richtet sich nicht gegen eine Rasse oder eine nationale Gruppe, sondern gegen ungerechte Gesetze, die weite Teile der Bevölkerung dauernd unterdrücken und zum Elend verdammen.«[57] Im selben Sinne äußerte sich die Südafrikanische Indische Kongreß-Partei: »Ohne Zögern und mit Nachdruck stellen wir fest, daß unser Kampf sich nicht gegen irgendeine nationale Gruppe richtet, daß wir gegen niemand finstere Anschläge oder bösen Willen im Herzen tragen und daß sich unser Kampf allein gegen ungerechte Gesetze richtet.«[58]

Nach dieser grundsätzlichen Aussage, die sich in der Einleitung oder auch an späterer Stelle finden kann, versucht das appellierende Ultimatum noch einmal, den Herrschenden die Augen zu öffnen für die Lage der Aufständischen, meist an Hand einer umfassenden

[55] Schwarze Fanfare, a. a. O., S. 115.
[56] L. Kuper, a. a. O., S. 234.
[57] L. Kuper, a. a. O., S. 235.
[58] L. Kuper, a. a. O., S. 246.

Analyse des Systems oder dem Hinweis auf einige krasse, aber bezeichnende Einzelfälle.

Diese Darstellung der Fakten nimmt meist den größten Teil des Ultimatums ein. Sie ist als Angabe der Ursachen des Aufstands ein wesentlicher Bestandteil des Ultimatums – insbesondere auch nach seiner Ablehnung zur Aufklärung der Mitkämpfer, an die es auch gerichtet ist.

Eine wichtige Einzelheit des Schreibens Gandhis an Irwin ist, daß die sofortige Notwendigkeit eines gewaltfreien Aufstands nicht nur aus dieser Analyse des Systems erklärt wird, sondern auch aus dem Umstand, daß er der gewaltsamen Konkurrenz der Terroristen, die gleichfalls zum Handeln entschlossen sind, zuvorkommen will. »Es ist offenkundig, daß die Befürworter gewaltsamer Aktionen, so desorganisiert sie im Augenblick auch sein mögen, Boden gewinnen und sich bemerkbar machen [...] Wenn ich stillsitze, reißen sie die Führung an sich. Da ich einen vom Zweifel freien und felsenfesten Glauben an die Wirksamkeit der gewaltfreien Methode habe, würde ich mich schuldig machen, wenn ich länger zuwarten würde.«[59]

Bevor oder während das Ultimatum auf den Kampfplan und die vorgesehene Dauer der Aktion zu sprechen kommt, erfolgt meist eine ausdrückliche Zusicherung des gewaltfreien Verhaltens der Aufständischen. Nkrumah schrieb der Regierung, daß die Kampagne der »Positiven Aktion« auf dem »Prinzip der Gewaltlosigkeit und der Verweigerung weiterer Zusammenarbeit beruhe«.[60]

Die Südafrikanische Indische Kongreß-Partei berief sich in ihrem Ultimatum von 1952 auf die Gandhische Tradition bei den Südafrikanern indischer Abstammung: »Sie sind die stolzen Erben der Lehre und des Beispiels Mahatma Gandhis.«[61] Während der ausdrückliche Hinweis auf den gewaltfreien Charakter der Kampagne der Afrikanischen Nationalen Kongreß-Partei im ersten Ultimatumsschreiben noch fehlte, wurde dieser in einem zweiten vom 11. Februar 1952 nachgeholt: »Wir haben das Bedürfnis, mit allem Nachdruck festzustellen, daß wir die Absicht haben, diese Kampagne auf friedfertige Weise zu führen, und daß jeglicher Aufruhr, falls es überhaupt zu einem solchen kommen sollte, nicht von uns angezettelt sein wird.«[62]

Entsprechend dem offenen Charakter des Widerstands, der nicht Furcht einflößen, sondern an Herz und Vernunft des Gegners appellieren will, bildet den logischen Abschluß eines Ultimatums der Hinweis auf die ersten gewaltfreien Aktionen, die ausgelöst werden, wenn den Forderungen nicht entsprochen wird.

Keines der Ultimaten vergangener Kampagnen enthielt einen di-

[59] G. Sharp, a. a. O., S. 64–65.
[60] Schwarze Fanfare, a. a. O., S. 115.
[61] L. Kuper, a. a. O., S. 246.
[62] L. Kuper, a. a. O., S. 241.

rekten Hinweis oder ließ in seinem Tenor den Schluß zu, daß man auch nach Eröffnung der Kampfhandlungen nicht jederzeit zu Verhandlungen bereit wäre. Das Ultimatum als Appell traut dem Gegner in jedem Augenblick eine teilweise oder völlige Sinnesänderung zu.

Reaktion auf das Ultimatum

Die Aussichten, daß die Herrschenden den Forderungen des Ultimatums nachkommen, sind gering. Als R. H. Soloway, der englische Kolonialsekretär in Accra, nach dem Ultimatumsbrief Nkrumah zu sich bitten ließ, gab er bei aller Sympathie für die Forderung der Vereinigten Volkspartei nach einer verfassunggebenden Versammlung doch deutlich dem typisch zu nennenden Regierungsstandpunkt Ausdruck: »Die Dinge haben sich jetzt so weit entwickelt, daß ich mich gezwungen sehe, auf irgend eine Weise Ordnung im Lande zu schaffen ... Ist Ihnen denn nicht klar, daß diese ›Positive Aktion‹, die Sie planen, Chaos und größte Unordnung in das Land bringen wird?«[63]

Sich nach einem Ultimatum auf Verhandlungen mit den »Rebellen« einzulassen, würde von den Herrschenden als Eingeständnis dafür empfunden, nicht mehr imstande zu sein, Gesetz und Ordnung aufrechtzuerhalten. Es würde außerdem bedeuten, daß sie zumindest nicht die alleinigen Repräsentanten des Volkswillens sind, und damit würden sie meist das Kernstück ihres Herrschaftsanspruchs preisgeben. Als die Inder Südafrikas 1906 gegen das diskriminierende Paßgesetz, das »Schwarze Gesetz«, wie sie es nannten, in einem Brief unter Ankündigung von Widerstand protestierten, wurden die Mitglieder der gesetzgebenden Versammlung von Transvaal »rot vor Zorn« über dieses »Ultimatum« – wie Präsident Smuts in diesem Zusammenhang zum ersten Mal die Ankündigung einer gewaltfreien Kampagne nannte – und billigten das Gesetz »einstimmig und enthusiastisch«.[64] Als Gandhi die Reaktion der Regierung anläßlich der Steuerverweigerungskampagne in Kheda (Gujarat-Distrikt, Indien) im Jahre 1918 beschrieb, gelangte er zu der Auffassung, daß »die Regierung nicht in der Stimmung gewesen sei, zuzuhören und die Forderung des Volkes als Lèse Majesté (Majestätsbeleidigung) betrachtet habe«.[65]

Bei dieser Einstellung der Herrschenden ist es möglich, daß sie auf das Ultimatum gar nicht oder nur durch eine knappe Empfangsbestätigung reagieren. So ließ Lord Irwin Gandhis umfangreichen Brief vom 2. März 1930 durch seinen Sekretär mit einem vier Zei-

[63] K. Nkrumah: Schwarze Fanfare, a. a. O., S. 116.

[64] M. K. Gandhi: Satyagraha in South Africa, a. a. O., S. 198. Gandhi entnahm diesen Stimmungsbericht Pressemeldungen.

[65] An Autobiography, a. a. O., S. 321.

len umfassenden Schreiben beantworten: »Seine Exzellenz [...] haben mit Bedauern davon Kenntnis genommen, daß Sie ein Unternehmen beabsichtigen, das eine eindeutige Übertretung der Gesetze darstellt und den öffentlichen Frieden gefährdet.«[66]
Wenn die Antwort länger ausfällt, so ist der Grundtenor doch meist derselbe wie in dem Bestätigungsschreiben des Sekretärs des Vizekönigs. Wie Gandhi hat auch Albert Luthuli die Antwortschreiben der Regierung etwas bitter kommentiert: »Der Austausch von Schreiben zwischen den Kongreß-Parteien und den staatlichen Autoritäten war fruchtlos. Ich sage ›Austausch‹. Genaugenommen war es dies nicht. Unsere Schreiben wurden manchmal völlig ignoriert, wenn auch ein oder zwei Antwortschreiben vom ›Amt des Premierministers‹ kamen [...] Wenn sie antworteten, so geschah dies entweder, um uns dafür zu tadeln, daß wir unsere Briefe an die falsche Person gesandt hatten, oder um uns nochmals darauf hinzuweisen, daß wir ›keine angeborenen Rechte‹ hätten, noch je solche erhalten würden, oder um uns damit zu drohen, daß ›die Regierung den ganzen ihr zur Verfügung stehenden Apparat einsetzen werde, um Unruhen zu unterdrücken und um anschließend mit den für die subversiven Aktivitäten Verantwortlichen angemessen zu verfahren‹.«[67]
Luthuli sah die Hauptschwierigkeit für echte Verhandlungen darin, daß Aufständische und Herrschende bei der Beurteilung der Erscheinungen ihrer Umwelt und ihrer eigenen Einordnung von verschiedenen Wertsystemen ausgehen. »Eines lehrte uns die Korrespondenz mit der Regierung: Es gab nicht einmal eine gemeinsame Sprache, in der wir unsere quälenden Probleme hätten diskutieren können. Die Herrenmenschen aus der National-Partei (Nationalist Party) können mit Afrikanern nicht sprechen, es sei denn mit dem beschränkten Vokabular des weißen Baaskap. Sie können nicht diskutieren. Sie wissen schon alles, ordnen nur noch an und geben Befehle. Wir dagegen können unsererseits nicht die Phraseologie der Unterwerfung und der Dienstbarkeit anwenden, wir können nicht die unwirkliche Haltung ›guter eingeborener Boys‹ gegenüber guten, allwissenden und wohltätigen weißen Herren einnehmen. Unser ganzer Protest basiert auf unserem Anspruch auf menschliche Würde. Wir können diesen Anspruch nicht aufgeben in unseren Verhandlungen mit denen, die ihn mißachten.«[68]
Sobald und solange diese Charakteristik der »Sprachschwierigkeiten« auf die beiden Verhandlungspartner zutrifft, muß jedes Verhandeln erfolglos bleiben; Kampfhandlungen müssen nun neue soziale Beziehungen und entsprechende Wertsysteme schaffen.
So erklärte auch Ahmed Katharda, einer der Führer der südafri-

[66] Zit. in: G. Sharp: Gandhi Wields the Weapon of Moral Power, a. a. O., S. 66–67.
[67] A. Luthuli: Let My People Go, a. a. O., S. 116.
[68] A. Luthuli, a. a. O., S. 116.

kanischen »Mißachtungskampagne« am 19. Juni 1952: »Der Zeitpunkt ist gekommen, mit dem weißen Mann in der einzigen Sprache zu reden, die er versteht: der Sprache des Kampfes.«[69] Gandhi äußerte sich nach Empfang des Bestätigungsschreibens des Sekretärs von Irwin in derselben Weise: »Die englische Nation antwortet nur auf eine Machtprobe, und ich bin nicht erstaunt über die vizekönigliche Antwort. Der einzige staatliche Friede, der von dieser Nation gekannt wird, ist der Friede der staatlichen Gefängnisse. Indien ist ein großes Gefängnis. Ich weise diese Art Gesetzgebung zurück und betrachte es als meine heilige Pflicht, die traurige Monotonie dieses Zwangsfriedens zu brechen.«[70]

69 Zit. in: L. Kuper: Passive Resistance in South Africa, a. a. O., S. 114.
70 Zit. in: G. Sharp: Gandhi Wields the Weapon of Moral Power, a. a. O., S. 67.

9. Beginn der Kampfhandlungen

Ökonomie der Kräfte und Stufenplan

Für den Einsatz gewaltfreier Kampfmaßnahmen gilt der Grundsatz der Verhältnismäßigkeit der Mittel: Immer sollte das schwächste Mittel, welches das Ziel gerade noch erreicht, eingesetzt werden. So war Gandhi darauf bedacht, »das kleinstmöglichste Risiko einzugehen und nur die Opfer zu verlangen, die unbedingt notwendig waren, um das erstrebte Ziel zu erreichen«.[1] In diesem Grundsatz unterscheidet sich die Strategie gewaltfreier Aufstände nicht von der militärischen Strategie, über deren Prinzip des wirtschaftlichen Kräfteeinsatzes B. H. Liddell Hart schreibt: »Für den Erfolg einer Strategie kommt es zuerst und vor allem auf die richtige Einschätzung und Koordinierung von Ziel und Mittel an. Das Ziel muß der Gesamtheit der verfügbaren Mittel angepaßt sein, und die Mittel, die zum Erreichen von Zwischenzielen eingesetzt werden, müssen deren Wert im Hinblick auf das Endziel entsprechen. Ein Zuviel kann dabei genauso schädlich sein wie ein Zuwenig. Eine richtige Abstimmung zwischen Mittel und Zweck würde zu einer vollkommenen Form des wirtschaftlichen Kräfteeinsatzes [...] führen.«[2]

Da aber im voraus nicht genau abgeschätzt werden kann, wie stark die Mittel sein müssen, die zum Ziel führen, ist für den gewaltfreien Aufstand ein Stufenplan von Kampfmaßnahmen mit sich steigernder Kampfkraft und sich erhöhenden Anforderungen an die Opferbereitschaft der Aufständischen charakteristisch. Ein Stufenplan kennt grundsätzlich vier Möglichkeiten der Steigerung: erstens der Zahl der Aufständischen, zweitens der räumlichen und drittens der zeitlichen Ausdehnung der Aktionen und viertens der Verschärfung der Kampfmaßnahmen.

Die Strategie der »Mißachtungskampagne« (Defiance Campaign) der südafrikanischen Kongreß-Parteien im Jahre 1952 sah drei Stufen vor, bei denen sich die Zahl der Aufständischen und der Umfang des Operationsgebietes steigerten, die Kampfmaßnahme, die Mißachtung der als ungerecht erklärten Gesetze, jedoch dieselbe blieb:

1. Ausgewählte und ausgebildete Freiwillige treten in Hauptstädten des Landes in Aktion,

[1] G. Dhawan: The Political Philosophy of Mahatma Gandhi, a. a. O., S. 234.
[2] B. H. Liddell Hart: Strategie, Wiesbaden o. J., S. 397.

2. Steigerung der Zahl der Freiwilligen und der Operationsorte,
3. Massenwiderstand über das ganze Land, nicht nur in den Städten, sondern auch in den ländlichen Gebieten.[3]

In der Khilafat-Kampagne der Jahre 1920–1922 sah Gandhi vier Stufen der legalen Nichtzusammenarbeit und des zivilen Ungehorsams vor:

1. Niederlegen aller Titel und Ehrenämter,
2. Niederlegen von Regierungsämtern,
3. Austritt aus Polizei und Heer,
4. Allgemeine Steuerverweigerung.[4]

Dieser Vierstufenplan sah damit zunächst nur eine Steigerung der Zahl der in die Kampagne Einbezogenen und eine Verschärfung der Kampfmaßnahmen vor. Im Verlauf der Kampagne hielt Gandhi es jedoch für zweckmäßig, die vierte Stufe in sich wieder räumlich abzustufen und die Steuerverweigerungskampagne zunächst auf den Bezirk Bardoli zu beschränken. In diesem leicht überschaubaren Gebiet von nur 137 Dörfern und 87000 Einwohnern, die außerdem von Kadern aus der Kongreß-Partei noch besonders geschult worden waren, hoffte er, das Experiment des zivilen Ungehorsams wagen zu können, um dann, wenn Bardoli eine vorbildliche Disziplin bewies, diese Kampfmaßnahme auf immer weitere Gebiete Indiens ausdehnen zu können.[5]

Jede Stufe kann in sich eine Fülle ähnlicher Kampfmaßnahmen enthalten. So gehörte zur ersten Stufe der Khilafat-Kampagne auch das Nichtzeichnen von Staatsanleihen, das Einstellen der Rechtsanwalttätigkeit und das Beilegen von Zivilprozessen durch private Schiedsgerichte und schließlich der Boykott der staatlichen Schulen durch die Eltern; alles Maßnahmen, die unter sich durch das gemeinsame Charakteristikum der legalen Nichtzusammenarbeit und somit eines geringen Risikogrades verbunden wurden.[6]

Wahl des Angriffspunktes

Bei der Aufstellung des Stufenplanes ist es eine für den Erfolg der Kampagne entscheidende Aufgabe, den richtigen Angriffspunkt zu finden. Aus der Vielfalt der Konfliktstellen in den gesellschaftlichen Beziehungen muß die Konfliktstelle herausgegriffen werden, die in einem Brennpunkt symbolisch die anderen Konflikte zusammenfaßt. Aus dem indischen Unabhängigkeitskampf von 1930/31, den

[3] S. L. Kuper: Passive Resistance in South Africa, a. a. O., S. 101.
[4] S. Wie die Non-Kooperation ins Werk zu setzen. In: *Young India*, 5. 5. 1920. In: Mahatma Gandhi: Jung Indien, a. a. O., S. 68–69.
[5] S. M. K. Gandhi: Wo stehen wir heute? In: *Young India*, 10. 11. 1921. In: Mahatma Gandhi: Jung Indien, a. a. O., S. 388–391; L. Fischer: Das Leben des Mahatma Gandhi, a. a. O., S. 203–207.
[6] S. M. K. Gandhi: Wie gehandelt werden soll und wann. In: *Young India*, 7. 7. 1920. In: Mahatma Gandhi: Jung Indien, a. a. O., S. 101.

Gandhi mit seinem berühmten Salzmarsch eröffnete, und von der »Mißachtungskampagne« in Südafrika im Jahre 1952 liegen aufschlußreiche Berichte zeitgenössischer Beobachter dieser Suche nach einem Brennpunkt des Aufstandes vor.
S. Gopal berichtet von Gandhis strategischen Überlegungen, die anzustellen er sich in seinen Ashram zurückgezogen hatte und auf deren Ergebnis ganz Indien mit Spannung wartete: »Gandhi schwieg und brütete vor sich hin, intuitiv nach einer praktischen und simplen Formel suchend. Er hatte das Unabhängigkeitsprogramm in elf Punkte kristallisiert in der Hoffnung, es dadurch den einfachen Leuten verständlicher zu machen; und wenn diese Punkte auch nicht erschöpfend behandelten, was die Freiheit für Indien bedeuten würde, waren sie doch klug gewählt, um die Sympathie jeder sozialen Gruppierung zu gewinnen. Die Forderung nach einem Alkoholverbot sprach die konservativen Kreise an und die Forderung nach der Freilassung der politischen Gefangenen und der Abschaffung der Geheimpolizei die politisch Interessierten, mit der Forderung nach Senkung der Bodensteuern und der Abschaffung der Salzsteuer rechnete man die Bauern zu gewinnen [...] Die Mittelklassen begrüßten die vorgeschlagene Senkung der Militärausgaben und der obersten Gehälter. Aber diese Liste war kein Schlachtruf. Was Gandhi suchte, war nicht ein kompliziertes Programm, sondern ein direkter Fall.«[7] J. Nehru hat über das Ergebnis von Gandhis strategischen Überlegungen geschrieben: »Salz wurde plötzlich zu einem geheimnisvollen Wort, einem Wort der Macht.«[8] Die Salzsteuer wurde zu einem Symbol der rücksichtslosen Ausbeutung der Bauern Indiens durch die englischen Kolonialherren, denn Salz brauchte der Bauer noch mehr als die wohlhabenden Inder. Mit öffentlichem Salzsieden und dem demonstrativen Verkauf dieses illegalen Produkts begann der Aufstand.
In Südafrika wurden in der »Mißachtungskampagne« vergebliche Anstrengungen gemacht, einen Brennpunkt des Apartheid-Konfliktes zu finden, der den Widerstandswillen der Landbevölkerung und der politisch differenzierter denkenden städtischen Bevölkerung hätte in sich sammeln können. Die Apartheid-Bewegung fand ihr Stadt und Land einigendes »Salz« nicht. So versuchte sie, neben dem städtischen Brennpunkt »Paßgesetz« einen zweiten Brennpunkt für den Widerstand der Landbevölkerung zu schaffen und beide Aufstandsbewegungen parallel anlaufen zu lassen. Leo Kuper berichtet: »Die Aufgabe des Vereinigten Planungskomitees (der beiden Kongreß-Parteien – Th. E.) war es, Angriffsziele des Widerstandes zu finden, die als südafrikanische Gegenstücke zu der Salzsteuer angesehen werden konnten und die den Widerstand zu einer Massenbewegung hätte werden lassen. Der Planungsstab dachte, diese An-

7 The Viceroyalty of Lord Irwin 1926–1931, a. a. O., S. 56.
8 Indiens Weg zur Freiheit, a. a. O., S. 206.

griffsziele seien für die Landbevölkerung das Gesetz zur Einschränkung der Viehhaltung für Afrikaner und das Binnenwanderungsgesetz. Er empfahl der afrikanischen Landbevölkerung, während des (städtischen – Th. E.) Kampfes gegen die Paßgesetze mit der Regierung nicht zusammenzuarbeiten bei der Auswahl des Viehs oder der Einschränkung des Bestandes, und er schlug als eine Möglichkeit im Widerstand von der zweiten zur dritten Stufe des Massenwiderstandes vor, daß organisierter Widerstand aller Landesteile gegen das Binnenwanderungs- und Registrierungsgesetz geleistet werde. Der Kampf gegen die Begrenzung des Viehbestandes mußte als geeigneter Brennpunkt des Widerstandes erschienen sein, da auf dem Land das soziale Ansehen eines Afrikaners von der Zahl seiner Rinder abhängt. Die Rinder sind Quelle des Reichtums, und an ihr Vorhandensein sind Rechte und Pflichten der afrikanischen Familie gebunden. Während jedoch die Salzsteuer die kämpferische Phantasie des indischen Bauern erregt hatte, erregte die Einschränkung des Viehbestandes in Südafrika nur Gefühle der Bitterkeit und nur vereinzelte Widerstandsaktionen. Die Erklärung für diese unterschiedliche Reaktion ist teilweise darin zu suchen, daß in Südafrika die Inspiration eines Mahatma Gandhi fehlte, und teilweise darin, daß die südafrikanische Regierung ihre Politik der Einschränkung des Viehbestandes nicht stur durchzusetzen suchte. In ähnlicher Weise mußte das Binnenwanderungs- und Registrierungsgesetz als geeignetes Angriffsziel erscheinen, da es eine allgemeine Verpflichtung, sich registrieren zu lassen, auferlegt und sich dadurch geradezu zum passiven Widerstand auf Massenbasis anbietet. Wiederum erfüllten sich die Hoffnungen auf einen Widerhall bei den Massen nicht. Die Registrierung wird vorgenommen ohne jedes Anzeichen von Widerstand.«[9]

Bei der Rassenintegrationskampagne in den Vereinigten Staaten wurden nacheinander eine ganze Reihe von Brennpunkten für den Einsatz gewaltfreier Aktionen gefunden. Am Anfang waren es die Busse mit ihren »schwarzen« und »weißen« Sitzplätzen. Auf den Busboykott in Montgomery im Jahre 1957 folgten die »Freiheitsfahrten« (Freedom Rides) symbolisch integrierter Busse in die Südstaaten.[10] Dem Bedürfnis des »Koordinierungskomitees gewaltloser Studenten« (Student Nonviolent Coordinating Committee, SNCC) und des »Kongresses der rassischen Gleichheit« (Congress of Racial Equality, CORE) nach rasch und ohne große finanzielle Mittel zu organisierenden gewaltfreien Aktionen entsprach die Methode der Sit-ins an den neuen Brennpunkten: Imbißtheken (lunchcounters). Die Zahl der möglichen Brennpunkte für gewaltfreie Aktionen wurde rasch erweitert. Mit Schul-

9 Passive Resistance in South Africa, a. a. O., S. 103.

10 J. Peck: Freedom Ride, a. a. O., S. 114–152; W. R. Miller: Nonviolence, a. a. O., S. 313–320; Mary Hamilton, Louise Inghram a. o.: Freedom Riders Speak For Themselves, Detroit 1961.

streiks wurde gegen Rassentrennung und ungleiche Ausbildungsmöglichkeiten protestiert. »Weiße Kirchen« wurden aus Pietätsgründen nur für kleinere Gruppen zu Invasionsobjekten[11], dagegen wurden Firmen, die verhältnismäßig wenig oder gar keine Neger beschäftigten, zu wichtigen mit Boykottmaßnahmen belegten Angriffszielen.

Mit der Zunahme der Zahl möglicher Brennpunkte für den Angriff wuchs auch die Bedeutung der strategischen Entscheidung für einen bestimmten Angriffspunkt, auf den die Kräfte konzentriert werden sollten. Martin Luther King berichtet über die strategischen Erwägungen, die der »Durchbruchsschlacht« von Birmingham (Alabama) im Jahre 1963 vorausgingen: »Während wir unsere Kampagne in Albany (Georgia) analysierten,[12] fanden wir, daß einer der entscheidenden Fehler, die wir dort begangen hatten, darin lag, daß wir unsere Streitkräfte zu sehr verzettelt hatten. Wir hatten uns so draufgängerisch in unseren Kampf gegen die Segregation in ihrer Gesamtheit gestürzt, daß wir es gänzlich unterließen, unsere Kräfte wirksam auf ein einziges Ziel zu konzentrieren. So kamen wir überein, daß wir mit geeigneten und mächtigen Stoßtrupps viel durchschlagendere Siegesaussichten besaßen, solange wir unsere Kräfte nur auf einen ganz bestimmten Teil des üblen und weitverbreiteten Systems der Rassentrennung richteten. Aus diesem Grunde entschlossen wir uns, unser Vorgehen in Birmingham so abzustimmen, daß wir mit geeinten Kräften mit einem Boykott gegen die Handels- und Wirtschaftsunternehmer losschlugen.«[13]

Auch die deutsche außerparlamentarische Oppositionsbewegung hat in ihrem Aufstand gegen das autoritäre, kapitalistische System und für einen demokratischen Sozialismus immer wieder neue Angriffspunkte gesucht. Sie mobilisierte sich in Kampagnen gegen die Notstandsgesetze, gegen die den Pressemarkt beherrschende Stellung des Springerkonzerns, für die Drittelparität an den Hochschulen und für die Politisierung der individuellen Kriegsdienstverweigerung. Der Vorwurf, daß die außerparlamentarische Opposition von »parasitärer Publizität« lebe,[14] indem sie den Organisatoren anders motivierter Veranstaltungen durch ihr provozierendes Auftreten die Show stehle, trifft so generell nicht zu und zeigt höchstens an, daß der außerparlamentarischen Opposition mitunter die organisatorische Kraft gefehlt hat, eigene Kampagnen nicht nur zu proklamieren, sondern auch durchzuhalten.

Am meisten Resonanz hat die Kampagne für die drittelparitätische Besetzung der Selbstverwaltungsorgane an den Hochschulen ge-

[11] Jackson Church Admits Negroes. In: *The New York Times*, 17. 6. 1963.

[12] Howard Zinn: Albany. A Study in National Responsibility, Atlanta 1962; W. R. Miller: Nonviolence, a. a. O., S. 320–328.

[13] Why We Can't Wait, a. a. O., S. 54.

[14] S. Erwin K. Scheuch (Hrsg.): Die Wiedertäufer der Wohlstandsgesellschaft, Köln 1968.

funden,[15] wo beispielsweise mit der Reformsatzung des Otto-Suhr-Institutes an der Freien Universität Berlin ein Erfolg erzielt wurde.[16] Die »Enteignet Springer!«-Kampagne hatte zwar einen guten Start, indem sie Springer als Symbolfigur neokapitalistischer Manipulation herauszustellen vermochte,[17] aber die reformistischen Alternativentwürfe zur Pressegesetzgebung waren weniger zugkräftig als beispielsweise die einfache Formel von der Drittelparität. Auch die Kampagne gegen die Notstandsgesetze[19] und gegen die Disziplinierung der zukünftigen Lohnabhängigen in der Bundeswehr[20] erfaßten wie in einem Brennpunkt typische Erscheinungsformen der »formierten Gesellschaft«,[21] aber im Falle der Notstandsgesetze war ein ziviler Ungehorsam gegen diese präventiv »auf Vorrat« geschaffenen Gesetze nicht möglich[22] und bei dem Aufruf zur Kriegsdienstverweigerung fehlte gerade auf dem verteidigungspolitischen Sektor ein konstruktives Alternativprogramm, das in der Konzeption der Sozialen Verteidigung zwar grundsätzlich zur Verfügung stand, das aber nicht genügend durchdacht und herausgestellt wurde.[23]

Keine dieser Kampagnen ist abgeschlossen, aber ihre Parolen sind

[15] Vgl. Wolfgang Nitsch u. a.: Hochschule in der Demokratie. Kritische Beiträge zur Erbschaft und Reform der deutschen Universität, Neuwied 1965; Jürgen Habermas: Protestbewegung und Hochschulreform, Frankfurt/M. 1969.

[16] Satzung des OSI. In: *Berliner Zeitschrift für Politologie*, 2, Aug. 1968, S. 2–5. Zur Analyse der Möglichkeiten der neuen Satzung siehe: A. Schwan u. K. Sontheimer (Hrsg.): Reform als Alternative, Köln 1969 (aus der Sicht der Reformer unter den Ordinarien), und Gerd Weghorn: Kritik der Waffe: OSI-Satzung. In: *Sozialistische Politik*, 1. April 1969, S. 5–9 (aus der Sicht der sozialistischen ad-hoc-Gruppe der Studenten).

[17] Arno Klönne und Bernd Jansen (Hrsg.): Imperium Springer – Macht und Manipulation, Köln 1968; Peter Brokmeier: Kapitalismus und Pressefreiheit. Am Beispiel Springer (Herausgegeben im Auftrag des Republikanischen Clubs Berlin), Frankfurt/M. 1969.

[18] Republikanischer Club: Springer Enteignen? Materialien zur Diskussion, Berlin, Okt. 1967 (mit dem »Entwurf eines Bundesgesetzes zur Wahrung der Pressefreiheit«, S. 48–51).

[19] Zur letzten Phase des Kampfes gegen die Notstandsgesetze siehe: *Konkret*, 6, Juni 1968 und *Der Spiegel*, 23, 3. 6. 1968, und 24, 10. 6. 1968. Zur Begründung der Kampagne siehe: Helmut Ridder u. a.: Notstand der Demokratie. Referate, Diskussionsbeiträge und Materialien vom Kongreß am 30. 10. 1966 in Frankfurt, Frankfurt/M. 1967; W. Hofmann und H. Maus (Hrsg.): Notstandsordnung und Gesellschaft in der Bundesrepublik, Reinbek 1967; Walter Schlenker: Warum wir die Notstandsgesetze ablehnen. Informationen und Argumente, Stuttgart: Kirchliche Bruderschaft in Württemberg, 1968.

[20] Zur Strategie der Bundeswehr-Kampagne. In: H. Mahler u. a.: Big Lift oder Freiheit für die Deserteure, Berlin 1969, S. 39–58.

[21] Vgl. Reinhard Opitz: Der große Plan der CDU: die »Formierte Gesellschaft«. In: *Blätter für deutsche und internationale Politik*, 9, Sept. 1965; Eugen Kogon: Der Ausbau des autoritären Leistungsstaates in der Bundesrepublik. In: *Frankfurter Hefte*, 4, April 1966, S. 229–237.

[22] Vgl. Th. Ebert: Strategie der außerparlamentarischen Opposition im Notstandsstaat. In: *Junge Kirche*, 9, Sept. 1968, S. 518–523.

[23] Vgl. Th. Ebert: Soziale Verteidigung – Alternative zum internationalen Drohsystem. Thesen zur Friedensforschung und zum pazifistischen Engagement. In: *Gewaltfreie Aktion*, 1/2, Dez. 1969, S. 57–76 (besonders These 9, S. 72–74).

nicht mehr »Worte der Macht«, wie Nehru dies für das Salz in Indien feststellen konnte. Der Mass-appeal von Angriffspunkten nützt sich ab und zwar um so schneller, je dichter sie aufeinander folgen und je leichtfertiger sie proklamiert und wieder fallen gelassen werden.

Zu einem Angriffspunkt mit betont langfristiger Perspektive[24] scheint der Aufruf zur Konsumverweigerung an Weihnachten zu werden, mit dem die Arbeitsgruppe Kritischer Konsum das profitorientierte Wirtschaftssystem der Bundesrepublik treffen will, das die öffentlichen Sozialleistungen und die Entwicklungshilfe vernachlässigt zugunsten des privaten Konsums. Auf dem Evangelischen Kirchentag 1969 in Stuttgart wurde auf Flugblättern zur »Kampagne Christliche Weihnacht« aufgerufen, »weil Millionen von Menschen jedes Jahr den Hungertod sterben, während wir an der großen Verschwendung beteiligt sind, die jedes Jahr zu Weihnachten ihren Höhepunkt erreicht«[25]. Eine Broschüre der Arbeitsgruppe begründete noch näher, warum die Konsumverweigerung zu Weihnachten zum ersten Brennpunkt des kritischen Konsums bestimmt wurde: »Zu Weihnachten erreichen Werbeaufwand und Verschwendungskonsum ihren jährlichen Höhepunkt. Der ehedem christliche Charakter dieses Festes ist angesichts des wirtschaftlichen Aufwandes in den Hintergrund getreten. Die christliche Kirche gerät zusehends in eine Situation, in der sie dazu dient oder mißbraucht wird, einer von Werbe- und Verkaufsstrategen organisierten Orgie des Verschwendungskonsums die religiösen Weihen zu verleihen, das Ganze emotional anzureichern.«[26]

An diesem Beispiel wird auch deutlich, daß mit der Wahl des Brennpunkts einer Kampagne auch eine gewisse Vorentscheidung über ihre mutmaßlichen Träger getroffen wird. Wenn der kritische Konsum an Weihnachten einsetzt, werden engagierte Christen seine wichtigsten Träger sein. Wenn sich diese Basis aber für den kritischen Konsum zu schmal erweisen sollte, werden neue Brennpunkte gefunden werden müssen, welche kirchlich nicht gebundene Gruppen zu engagieren vermögen.

[24] Um vorschnellen Erfolgshoffnungen zu begegnen, weist die Arbeitsgruppe Kritischer Konsum in ihrer ersten Programmschrift darauf hin, daß sie sich »in mehrmonatiger Arbeit den Umfang ihres Unternehmens und die Enttäuschungen kurzatmiger Protestaktionen klar zu machen gesucht« habe. »Die Konsumverweigerung zu Weihnachten 1969 kann nur der Vortest eines großangelegten, sozialen Experimentes sein [. . .] Mit wirtschaftspolitisch bedeutungsvollen Auswirkungen ist frühestens 1970, wahrscheinlich aber erst im Laufe einiger Jahre zu rechnen, da es gilt, sich von eingefleischten Gewohnheiten und unbedachten Bräuchen zu befreien« (Arbeitsgruppe Kritischer Konsum, Kampagne Christliche Weihnacht. Aufruf zum kritischen Konsum, Berlin 1969, S. 2).

[25] Volker Hornung: Konsumverweigerung. Kampagne Christliche Weihnacht. In: *Gewaltfreie Aktion*, 1/2, Dez. 1969, S. 19.

[26] AKK, Kampagne Christliche Weihnacht, a. a. O., S. 32.

Zur strategischen Planung einer Kampagne gehören neben der Wahl des Angriffspunktes auch noch grundsätzliche Überlegungen über die Intensität und das Tempo, mit denen die Kampagne vor sich gehen soll. Im Kampf gegen die Apartheid in Südafrika wurde die Erfahrung gemacht, daß eine Aufstandsbewegung zunächst zu einer radikalen Verschlimmerung der Lage der Unterdrückten führen kann, da sie den Gegner zwingt, die letzten Konsequenzen aus seiner Herrschaftsideologie zu ziehen. Der Aufstand mag die Unterdrücker zwingen, ihre Herrschaftsvorstellungen und Positionsansprüche gesetzlich zu institutionalisieren. Dadurch bekennen sie sich bewußt zu ihnen und legen sich persönlich mit ihrem gesamten Prestige auf sie fest. Leo Kuper schreibt über die Entwicklung der Apartheid-Politik in Südafrika: »Die Apartheid ist eine in sich konsequente totalitäre Ideologie, und die zu ihrer Durchsetzung nötigen Gesetze wurden systematisch vorbereitet. Der passive Widerstand modifizierte die Details der institutionellen Veränderungen, deren Tempo und Verabschiedung im Parlament. Er unterstützt die Regierung darin, die Apartheid wirkungsvoll durchzuführen [. . .] Die Verabschiedung der neuen Gesetze verankerte die Prinzipien der Apartheid in den Gefühlen der gesetzgläubigen Weißen und bezog mehr und mehr Menschen ein in die verwaltungstechnische Durchführung der Apartheid, wodurch deren weltanschauliche Grundlagen zur bürokratischen Routineangelegenheit wurden. Die institutionellen Veränderungen wirkten auf die Anschauungen der Weißen ein und trugen ihrerseits zur Steigerung des Apartheiddenkens bei, und dieses gesteigerte Apartheiddenken, das noch durch materielle Vorteile stimuliert wurde, förderte seinerseits wieder die institutionellen Veränderungen.«[27]

Kuper steht nicht allein mit dieser Auffassung. Albert Luthuli vertritt die Ansicht, daß mit der Eröffnung einer Kampagne regelmäßig die noch relativ gemäßigten Unterdrücker von radikalen Vertretern abgelöst werden: »Es gibt eine Logik des Totalitarismus, die seine Förderer zu immer extremeren Maßnahmen zwingt. Sie scheinen bis auf weiteres zu einer Revision ihrer Ansichten unfähig. Stur und unbarmherzig verfolgen sie den falschen Weg.«[28]

Die strategische Planung der Widerstandskampagne muß darum mit einer zunehmenden Intensität der Unterdrückung und einer Steigerung des Tempos der Unterdrückungsmaßnahmen rechnen und muß im voraus Überlegungen anstellen, ob die Aufstandsbewe-

[27] Passive Resistance in South Africa, a. a. O., S. 209.

[28] Let My People Go, a. a. O., S. 161. Die Einbeziehung der Apartheidherrschaft in die gegenwärtige Totalitarismusdiskussion wäre wünschenswert; vorläufig muß die Etikettierung als »totalitär« aber noch bezweifelt werden. Da aber der von Kuper und Luthuli beschriebene Vorgang vermutlich nicht nur bei Aufständen gegen totalitäre Regime festzustellen sein dürfte, wurden beide Autoren hier zitiert.

gung dieses Vorgehen der Gegenseite zu verkraften vermag. Der ideale Aufstandsplan muß als letzte Stufe eine äußerste Steigerung des Einsatzes kennen, welchem die Unterdrückungsmaßnahmen der Herrschenden nicht mehr gewachsen sein werden.

Gandhi hat keinen Zweifel daran gelassen, daß die strategische Planung eines gewaltfreien Aufstands vor keinem noch so hohen Einsatz zurückschrecken darf: »Ich würde nötigenfalls Millionen von Menschenleben daran wagen, unter der Voraussetzung, daß es sich um Freiwillige handelt.«[29] Solche Einsätze in Aktionen zivilen Ungehorsams oder ziviler Usurpation dürfen – aufgrund des Prinzips der Freiwilligkeit – nicht nur in der Phantasie einiger Planer möglich sein; auch die Freiwilligen selbst müssen darauf vorbereitet sein. Es darf zwar im Laufe der Kampagne mit einer gewissen Steigerung der Einsatzbereitschaft gerechnet werden, die Planer sollten jedoch vor Beginn einer Kampagne möglichst genau feststellen, wo die oberste Grenze der Einsatzbereitschaft der Freiwilligen liegt und die Aufständischen dann in Gedanken entsprechend klassifizieren.

Bei aller Kalkulation mit der Eskalation der Kampfmaßnahmen ist bei der Planung jedoch grundsätzlich darauf zu achten, daß eine gewaltfreie Kampagne nicht zu einem strategischen Spiel wird, bei dem »Menschenmaterial« eingesetzt wird. Würde die gewaltfreie Führung diese Haltung einnehmen, so wäre der Unterdrücker um so eher versucht, in den Aufständischen nicht auf ihrem Recht und ihrer Würde bestehende Individuen zu sehen, sondern abstrakte, symbolische Gegner, mit denen eine Zusammenarbeit in einem neuen sozialen System nicht möglich scheint.

Die Kampfmaßnahmen von Aufstand und Unterdrückung eskalieren nicht zwangsläufig. Wie den Aufständischen die Courage zur Eskalation ausgehen kann, so auch den Herrschenden das Selbstvertrauen zur Unterdrückung. Wenn die Herrschenden ihre Unterdrückungsmaßnahmen stark eskalieren, kann es zu Differenzen in deren eigenen Reihen und zu einem verstärkten Einfluß der relativ liberalen Gruppierungen kommen. In einer solchen Situation kann es für die Aufständischen zweckmäßig sein, in den subversiven Aktivitäten eine Pause für Verhandlungen einzulegen oder die Kampfmaßnahmen während der Verhandlungen zu deskalieren. Aber auch in dem Fall, daß die Herrschenden ihre Privilegien nicht aufgeben, kann die Aufstandsplanung eine Pause in den Kampfhandlungen vorsehen, um einen noch übermächtigen Gegner nicht zu schärfster Unterdrückung und zur planvollen Reduzierung des Toleranzspielraums zu reizen. Ein gewaltfreier Aufständischer ist kein gehörnter Siegfried, und es ist einer nüchternen Planung nur dienlich, wenn die Grenzen der Opferbereitschaft öffentlich erörtert werden.

[29] Further Questions Answered. In: *Young India*, 2. 6. 1920. In: Mahatma Gandhi: Young India, Vol. I, 1919–1922, a. a. O., S. 157.

Der günstigste Moment für den Beginn eines Aufstands ist erreicht, wenn der Aufbau der Kampforganisation, die Analyse des Herrschaftssystems, die Bereitstellung konstruktiver Alternativen und die Mobilisierung der öffentlichen Meinung so weit fortgeschritten sind, daß das zum optimalen Stand noch Fehlende während des Kampfes nachgeholt werden kann. Der günstigste Stand ist diese Untergrenze deshalb, weil während des Kampfes auch auf seiten der Aufständischen durch die allgemeine Erregung und Anspannung mit einer Beschleunigung und Intensivierung des Einsatzes der Freiwilligen gerechnet werden kann. Erfahrungsgemäß kann nicht abgewartet werden, bis alle von der Unterdrückung Betroffenen und damit potentiellen Aufständischen sich freiwillig einer intensiven Ausbildung für die subversiven und konstruktiven Aktionen unterzogen haben.
Wenn die Kampagne nicht von vornherein auf einen Ort beschränkt ist, sondern das ganze Land erfassen muß, um erfolgreich zu sein, ist ein besonders schwer zu lösendes Problem die regional gleichmäßige Vorbereitung. Typisch ist dieses Problem für den gewaltfreien Aufstand deshalb, weil er in weit geringerem Maße als die militärische Kriegführung mit beweglichen Verbänden arbeitet und auf die dezentralisierte und örtliche Aufstellung von Freiwilligengruppen angewiesen ist. Nach den Erfahrungen der südafrikanischen »Mißachtungskampagne« von 1952 sollte über den Beginn der Kampfhandlungen nicht im Blick auf die bestvorbereiteten Landesteile, sondern im Blick auf die am schlechtesten vorbereiteten Teile entschieden werden, sofern deren Kampfstärke nicht von vornherein für den Ausgang der Kampagne unwesentlich ist. Albert Luthuli berichtet, wie diese an sich vorhandene strategische Einsicht von der Kampagnenführung nicht in die Tat umgesetzt werden konnte: »Eine Reihe von Widerstandszentren fieberte nach dem Befehl, mit dem Boykott zu beginnen, und in Port Elizabeth und im Reef-Gebiet waren die Widerstandspläne schon ausgearbeitet. Aber es stellte sich heraus, daß einige Plätze für den Boykott voll vorbereitet waren und andere wiederum gar nicht. Dies war unser Dilemma. Die Führungsgruppe in der Kongreß-Partei konnte es sich nicht leisten, langsamer vorzugehen als die allgemeine Mitgliedschaft – und doch war ihr klar, daß viele Gebiete noch unvorbereitet sein würden, wenn sie jetzt zum Boykott aufrief.«[30]
Sind die Vorbereitungen zur Kampagne abgeschlossen und ist die Frist des Ultimatums abgelaufen, gilt es häufig die Anteilnahme bisher nichtorganisierter Massen zu gewinnen. Die Kampfperiode braucht dann einen erregenden Auftakt. Gandhi verwandte hierfür mehrmals den Hartal, den meist auf 24 Stunden begrenzten General-

[30] Let My People Go, a. a. O., S. 147.

streik, der von religiösen Feiern und allgemeinem Fasten begleitet war und der Ausdruck der Besinnung und Selbstreinigung der Bevölkerung sein sollte. So wurden die Kampagne gegen die Rowlatt-Gesetze im Jahre 1919[31] und die Unabhängigkeitskampagne von 1930/31[32] jeweils mit einem Hartal eröffnet. Der Beginn der Khilafat-Kampagne wurde der indischen Bevölkerung dadurch angezeigt, daß Gandhi am 1. August 1920 seine englischen Verdienstorden an die englische Regierung zurücksandte.[33] Auch Gandhis Salzmarsch, der bis zur Ankunft an der Küste bei Dandi am 5. April 1930 noch keine Aktion zivilen Ungehorsams darstellte, kann gleichfalls als ein solcher auf die Massenstimmung gezielter erregender Auftakt einer Kampagne angesehen werden. Danilo Dolci zog im Oktober 1963 die Blicke der italienischen Öffentlichkeit auf eine Kampagne für den Bruca-Staudamm, indem er 10 Tage vor Beginn der eigentlichen Massenaktion eines örtlichen »Komitees der 100« mit einem Hungerstreik begann.[34]

Neben solchen offensiven Auftakten für Kampagnen ist es auch denkbar, daß die Widerstandsorganisation eine Provokation durch das Unterdrückungsregime abwartet oder aber eine der vielen Provokationen hochspielt und ausbaut oder sie gar selber in günstiger Weise herbeiführt. Letzteres Verfahren wurde bisher noch nie wirklich angewandt, da in der Vergangenheit die Provokationen des Gegners erst die Widerstandsvorbereitungen auslösten. Der Ausbruch des Busboykotts von Montgomery läßt jedoch vermuten, daß die genau berechnete Provokation von Provokationen im Bereich des Möglichen liegt. Die weiße Presse in Montgomery vermutete nämlich, daß Rosa Parks, eine frühere Sekretärin der »Nationalen Vereinigung zur Förderung der farbigen Bevölkerung« (National Association for the Advancement of Colored People, NAACP), von Negern, die eine Widerstandskampagne ausgeheckt hatten, in einen Bus »gepflanzt« worden sei, um durch ihre Weigerung, vor einem Weißen aufzustehen, den erregenden Zwischenfall herbeizuführen und den Start des Busboykotts zu einem den Negern genehmen Zeitpunkt zu ermöglichen.[35] Die weiße Presse hielt das Aussprechen dieser Vermutung für opportun, da sie den Negern nicht den psychologischen Vorteil lassen wollte, ihren Busboykott als defensive Maßnahme, als Reaktion auf eine Provokation zu interpretieren.

[31] J. Bondurant: Conquest of Violence, a. a. O., S. 79.
[32] J. Bondurant, a. a. O., S. 94.
[33] N. D. Parikh: Sardar Vallabhbhai Patel, Vol. I, Ahmedabad 1953, S. 110.
[34] Harold Bing: How the Sicilians Won their Dam. In: *Peace News*, 8. 11. 1963.
[35] M. L. King: Stride Toward Freedom, a. a. O., S. 41.

Zwangssituation für den Beginn einer Kampagne

Beim Beginn einer Kampagne sind eine Reihe von Umständen zu berücksichtigen, die sich von den Aufständischen entweder überhaupt nicht oder nur teilweise beeinflussen lassen. Eine Kampagne in einem Agrargebiet muß die Erntezeiten beachten, eine Konsumverweigerungskampagne die Daten der Feste, zu denen größere Einkäufe getätigt werden, eine Studentenbewegung die Semesterzeiten. Diese Daten haben immerhin den Vorteil, daß sie lange im voraus bekannt sind und sich auch vom Gegner nicht manipulieren lassen. Will aber eine Kampagne beispielsweise in einen Gesetzgebungsprozeß eingreifen, so hat der Gegner die Möglichkeit, die Daten der Lesung und Verabschiedung des Gesetzes selbst festzusetzen. Er kann damit Beginn und Tempo einer Kampagne beeinflussen. Diese Erfahrung machte die deutsche außerparlamentarische Opposition vor allem bei ihrer Kampagne gegen die Notstandsgesetze. Darüber hinaus können sich aber Zwangssituationen für den Beginn einer Kampagne auch aus der psychischen und organisatorischen Verfassung einer Aufstandsbewegung ergeben. Hier gilt die Regel: Je gefestigter die Kampforganisation ist, desto freier ist auch die Entscheidung über den Beginn des Aufstandes. Für die Einheit und Festigkeit der Organisation gibt es jedoch eine Reihe von Gefahren.

Ungeduld der eigenen Anhänger. Das Kampfbedürfnis eilt zuweilen dem Fortschritt der Vorbereitungen auf die Kampagne weit voraus. Es kann geschehen, daß die Führung sich außerstande sieht, die Ungeduld der eigenen Anhänger zu zügeln und den Aufruf zum Kampf erlassen muß, wenn sie nicht die Führung an unbesonnene Elemente verlieren will. Als sich Albert Luthuli auf einem Kongreß der Nationalen Afrikanischen Kongreß-Partei für eine Verschiebung der Mißachtungskampagne, die am 6. April 1952 beginnen sollte, einsetzte, weil Natal noch völlig unvorbereitet sei, hieß ihn eine Delegierte einen Feigling. Luthuli antwortete sofort: »Es ist besser, ich gestehe meine Feigheit hier auf der Versammlung ein, als daß ich meinen Mund halte und weggehe – und dann draußen wirklich den Feigling spiele.« Dem Rest der Führer fehlte jedoch die Zivilcourage, den schlechten Stand der Vorbereitungen vor der ungeduldigen Gefolgschaft einzugestehen. Luthuli berichtet jedoch weiter: »Außerhalb der Konferenzhalle vertrauten mir einige Mitglieder aus anderen Provinzen an, sie fürchteten, daß die Kampagne darunter leiden würde, daß die Vorbereitungen zu eilig vorgenommen worden wären.«[36]

Konkurrierende gewaltfreie Widerstandsorganisationen. Nur im Idealfall ist der Wille zum Aufstand in einer einzigen Organisation konzentriert, die ein für alle verbindliches Programm und darüber

[36] Let My People Go, a. a. O., S. 112.

hinaus noch die Organisation integrierende Koordinatoren hat. Häufig wirken die Entfremdungserscheinungen des bekämpften Systems auch auf die Aufstandsorganisation ein. Persönliche Rivalitäten und dogmatische Arroganz führen dazu, daß Machtkämpfe innerhalb einer Organisation dadurch ausgetragen werden, daß man durch immer rascheres und radikaleres Handeln die Gunst der Mitglieder und der Massen zu gewinnen sucht. Treten aber von vornherein zwei oder mehr Aufstandsorganisationen auf, so ist die Koordination noch schwieriger. Es kann geschehen, daß programmatische Differenzen so hoch bewertet werden, daß die eine Gruppe der anderen mit der Eröffnung der Kampfhandlungen zuvorzukommen sucht, was zu einem vorzeitigen Abnutzen der wirkungsvollsten Maßnahmen des gewaltfreien Arsenals führen kann. So entstand der Afrikanischen Nationalen Kongreß-Partei (African National Congress, ANC) in der Panafrikanischen Kongreß-Partei (Pan-African Congress, PAC) eine Konkurrenz; Luthuli vermutete, daß diese »Rivalität möglicherweise die Samen einer Tragödie in sich trage.«[37] Diese Vorahnung sah er schon 1960 bestätigt: »Die ANC rüstete sich zu einem weiteren gewaltfreien Angriff auf die Paßgesetze. Unsere Vorbereitungen steckten weder in den Kinderschuhen, noch waren sie ganz ausgereift. Es war unsere Absicht, die neue Kampagne nicht eher zu starten, als bis unsere Leute gründlich informiert und völlig bereit wären, teilzunehmen und durchzuhalten. Aber die PAC beabsichtigte ebenfalls ein Agitationsprogramm gegen die Pässe durchzuführen. Ihre Methode sah so aus: zur Polizeistation marschieren, die Pässe zu Hause lassen, Arrest herausfordern. Verglichen mit der Größe des Landes war diese Organisation nur auf wenige Orte beschränkt. Der Führer der Panafrikanisten, Robert Sobukwe, forderte alle Afrikaner auf, gleich ihm ihren Paß zu Hause zu lassen und dies der Polizei mitzuteilen, obwohl er durchaus mit der Ansicht der ANC vertraut war, daß die Leute noch nicht soweit seien, die Anti-Paß-Kampagne zu beginnen. Sein Aufruf durchkreuzte die Pläne der ACN für eine geordnete, sorgfältig aufgebaute und mit einem wohlerwogenen Höhepunkt geplante Kampagne. Abgesehen von einer kleinen Zahl von Orten in Transvaal und am Kap war das Echo auf Sobukwes Appell schwach. Kein Anzeichen deutete darauf hin, daß sich die Kampagne im Schneeballsystem ausbreiten würde – und ehe das nicht geschah, war nicht mit ihrem Erfolg zu rechnen, da keine im ganzen Lande wirkende Organisation dahinterstand.«[38]

Konkurrenz der Terroristen. In der Vergangenheit gab es kaum eine gewaltlose Widerstandskampagne, in deren Vorphase nicht einige Agitatoren auch für Gewalttaten eingetreten wären. So verschaffte sich Subhas Chandra Bose 1929 unmittelbar vor Gandhis groß-

[37] A. Luthuli, a. a. O., S. 187.
[38] A. Luthuli, a. a. O., S. 221–222.

angelegter gewaltloser Unabhängigkeitskampagne in Bengalen eine Massengefolgschaft mit dem Ruf: »Gebt mir Blut, und ich verspreche euch Freiheit.«[39] Auch in Südafrika gab es von Anfang an Aufständische, die im Kampf gegen die Apartheid auch zu gewaltsamen Aktionen bereit waren. Nach dem vorläufigen Scheitern von gewaltfreien Aufstandsversuchen sollten sie sich in Sabotage- und Terrororganisationen zusammenschließen. Aus der ANC ging die Sabotageorganisation »Umkonto We Sizwe« und aus der PAC die Terrororganisation »Poqo« hervor.[40]

Sobald sich eine solche gewalttätige Konkurrenz zeigt, geraten die gewaltfreien Aufständischen unter Zeitdruck, und sie werden zu raschen Aktionen gezwungen, die nur mangelhaft vorbereitet werden können und bei denen darum die Gefahr besteht, daß sie dem Gegenschlag der Unterdrücker nicht standhalten oder aber ihrerseits zu Gewalttaten entarten. Gandhi hat die schwierige Lage der gewaltfreien Aufständischen und den Zwang zum raschen, gewagten Handeln schon 1920 anläßlich der Khilafat-Kampagne gekennzeichnet, als er sich noch nicht einmal einer terroristischen Konkurrenz, sondern nur einer allgemeinen Unruhe der Massen gegenübersah: »Ich gebe zu, daß die Nichtzusammenarbeit nicht ohne Risiko ist. Doch ist das Risiko einer Untätigkeit angesichts schwerer Entscheidungen unendlich viel größer als die Gefahr etwaiger Gewalttaten, die aus dem Organisieren der Nichtzusammenarbeit entspringen könnten. Nichts unternehmen heißt Gewalttaten mit Sicherheit herbeiführen.«[41]

Auch Martin Luther Kings Versuch, im Jahre 1963 mit dem konzentrierten Angriff auf Birmingham, die Hochburg der Rassentrennung und gewalttätigen Unterdrückung in den Südstaaten, der Integrationsbewegung zum großen Durchbruch zu verhelfen, stand unter dem Druck der rapide wachsenden Anhängerzahl der »Schwarzen Moslems«.[42] Tatsächlich gelang es den gewaltfreien Bürgerrechtsorganisationen 1963 auch noch einmal, ihrer Konkurrenz den Rang abzulaufen.

Eine ganz eindeutig von gewalttätiger Konkurrenz herbeigeführte Zwangssituation bestand 1930 für Gandhi vor der großen Unabhängigkeitskampagne, wie S. Gopals Bericht und Kommentar zur Lage Gandhis zeigt: »Seit Jahren hatte er seine Truppen gedrillt und die Partei und die Nation organisiert. Er war immer noch nicht sicher, daß der zivile Ungehorsam, wenn er proklamiert würde, in den Massen auch genügend Widerhall finden würde, um die Nation vorwärts zum Siege mitzureißen. Aber er fühlte, daß er keine Wahl

[39] Zit. in: G. Sharp: Gandhi Wields the Weapon of Moral Power, a. a. O., S. 40.
[40] S. *Time*, 10. 5. 1963.
[41] Wie die Non-Kooperation ins Werk zu setzen. In: *Young India*, 5. 5. 1920. In: Mahatma Gandhi: Jung Indien, a. a. O., S. 69.
[42] Rassenkonflikt (Titelgeschichte). In: *Der Spiegel*, 22. 5. 1963, S. 66; The Black Muslims in U.S. Race Crisis. In: *Life*, 9. 9. 1963.

hatte und daß er das Risiko eingehen müsse.« Gopal zitiert in diesem Zusammenhang Feldmarschall Rommel: »Es können Situationen entstehen, in denen sogar ein gefährliches Spiel gerechtfertigt sein mag, wie zum Beispiel, wenn bei einer normalen Entwicklung der Ereignisse die Niederlage nur eine Frage der Zeit ist, wenn darum der Zeitgewinn sinnlos ist und die einzige Chance in einer Operation großen Risikos liegt.«[43] Eine solche Situation schien nach Gopals Ansicht im Jahre 1930 in Indien gegeben zu sein: »Gandhi meinte zwar, daß die Bevölkerung im ganzen gesehen noch an die Gewaltfreiheit glaubte, aber der Geist der Gewalt war deutlich im Kommen und, wenn er Zeit und Gelegenheit fände, würde er das Land in Unheil stürzen. Selbst die Kongreß-Partei, die sich feierlich zur Verabscheuung der Gewalt verpflichtet hatte, konnte nur mit Mühe dazu überredet werden, den Mordanschlag auf den Vizekönig[44] zu verurteilen. Die Nation wollte ihre Stärke fühlen, und dieses Verlangen mußte kanalisiert werden.«[45]

[43] B. H. Liddell Hart: The Rommel Papers, London 1953, S. 201; zit. in: S. Gopal: The Viceroyalty of Lord Irwin 1926–1931, a. a. O., S. 54.
[44] Am 23. 12. 1929 war kurz vor der Einfahrt in den Bahnhof von Delhi von einer unbekannten Terroristengruppe ein Bombenattentat auf den Zug Lord Irwins verübt worden; S. Gopal: The Viceroyalty of Lord Irwin 1926–1931, a. a. O., S. 52–53.
[45] The Viceroyalty of Lord Irwin 1926–1931, a. a. O., S. 54.

Dritter Teil: Form und Wirkung ausgewählter Kampfmaßnahmen

10. Protestaktionen

Bedeutung von Protestaktionen

»Es waren Tage voll erregender Neuigkeiten: Umzüge und Gegenangriff (der Polizei – Th. E.) mit Knüppeln und Schußwaffen, häufige Streiks, um bekanntgewordene Verhaftungen zu feiern und besondere Gedenktage, wie der Peshawar-Tag, Garhwali-Tag und so weiter. Der Boykott von fremdem Tuch und allen britischen Waren war so gut wie vollständig.«[1] Schon dieser kurze Ausschnitt aus J. Nehrus Bericht über die Aktionsmethoden am Beginn der Unabhängigkeitskampagne des Jahres 1930 zeigt, welche Fülle von Kampfmaßnahmen der gewaltfreie Aufstand kennt. Es ist möglich, daß sich eine Kampagne auf eine bestimmte Methode beschränkt, wie etwa den wirtschaftlichen Boykott oder den Hungerstreik. Bei größer angelegten Kampagnen, wie beispielsweise der indischen Unabhängigkeitskampagne von 1930/31 oder der Rassenintegrationskampagne in den Vereinigten Staaten im Jahre 1963, werden gewöhnlich mehrere Methoden zugleich oder hintereinander eingesetzt.
Es würde zu weit führen, wollte man diese Methoden alle im einzelnen aufzählen und zu beschreiben suchen.[2] Um eine gewaltfreie Kampagne modellhaft begreifen zu können, ist es zweckmäßiger, einige besonders typische und mit geschichtlichen Beispielen leicht zu illustrierende Methoden der gewaltfreien Aktion herauszugreifen und sie nach dem Grad der Herausforderung an die Herrschenden anzuordnen, gemäß dem strategischen Grundsatz der Verhältnismäßigkeit der Mittel und dem Bestreben, das politische Ziel unter kleinstmöglichem Risiko zu erreichen.
Protest- und Gesinnungsdemonstrationen stehen hier am Anfang der Reihe der Kampfmittel, weil sie die Herrschaftsausübung noch nicht direkt behindern und das Wirtschaftsleben nicht lahmlegen. Sie wirken subversiv, weil sie dem Prestige der Herrschenden abträglich sind, und sie wirken konstruktiv, indem sie Lernprozesse auslösen und das Zusammengehörigkeits- und Machtgefühl der Aufständischen stärken.
Gesinnungsdemonstrationen, wie zum Beispiel das Tragen von Ab-

[1] J. Nehru: Indiens Weg zur Freiheit, a. a. O., S. 210.
[2] Verwiesen sei hier auf Gene Sharps Katalog von 125 gewaltlosen Kampfmethoden, den er in drei Gruppen einteilt: Methoden des gewaltlosen Protests, Methoden der Nichtzusammenarbeit und Methoden der gewaltlosen Intervention. G. Sharp: The Politics of Nonviolent Action, Philadelphia 1970.

zeichen oder die Teilnahme an einer Kundgebung oder einem Umzug, ermöglichen vielen Menschen ein erstes offenes Engagement für die Sache des Aufstandes bei meist sehr geringem persönlichem Risiko. Zu Beginn der Anti-Apartheid-Kampagne in Südafrika sah Leo Kuper die Bedeutung solcher Aktionen darin, daß durch sie die Massen ein neues Gefühl der Selbstachtung gewinnen und die Kader sich zur Aufstandsbewegung ausweiten konnten.[3]
In Protestaktionen werden Mißstände angeprangert und Forderungen angemeldet. Die Herrschenden können diese aber noch ignorieren, da sie ihr Herrschaftssystem nicht unmittelbar und mit sofortiger Wirkung gefährden. Sie werden gewöhnlich jedoch auch schon gegen Gesinnungs- und Protestdemonstrationen einschreiten, da die Grundlage ihrer Herrschaft die fraglose Verinnerlichung der jeweiligen Ideologie durch die Beherrschten ist und da sie die Protestaktionen nicht isoliert sehen, sondern als Beginn eines Aufstandes mit sich verschärfenden Kampfmaßnahmen.

Symbolische Kampfmittel der Gesinnungsdemonstration

Die gewaltsame Aktion hat meist sichtbare Waffen, und seien diese auch nur die geballten Fäuste. Über die kämpferische Gesinnung der Waffenträger kann somit kein Zweifel aufkommen. Für den waffenlosen gewaltfreien Widerstand ist es ein Problem, die kämpferische Gesinnung sichtbar und hörbar zu machen. Grundsätzlich wird dabei so vorgegangen werden müssen, daß das normale Erscheinen und Handeln so geändert wird, daß das neue Verhalten in symbolischer Form eine »verdichtende repräsentative Gestaltung des (beim Aufstand – Th. E.) Gemeinten«[4] ist.
April Carter schreibt in ihrer Anleitung zur »direkten Aktion« für englische Atomwaffengegner: »Der psychologische Einfluß von Abzeichen und symbolischen Aktionen darf nicht unterschätzt werden [. . .] Die Bedeutung äußerer Haltungen ist zu allen Zeiten erkannt worden: Die straffe Aufmerksamkeit paradierender Soldaten und der Rhythmus des Marschgleichschritts tragen dazu bei, den Soldaten zu Disziplin und Gehorsam zu erziehen. Auch die meisten Religionen kennen äußere Haltungen: der meditierende Priester schreitet langsam, der Betende kniet. In Wirklichkeit sind alle symbolischen Aktionen in gewissem Sinn religiöse Handlungen, in denen Farbe, Form, Musik und Bewegung verbunden werden zur Darstellung des Kampfes zwischen ›Gut‹ und ›Böse‹. Die symbolische Demonstration nimmt so die Form eines Dramas an.«[5]
Carters Ausführungen über die symbolische Bedeutung, die gewisse Aufstandshandlungen annehmen können, werden durch Mar-

[3] Passive Resistance in South Africa, a. a. O., S. 77.
[4] Artikel »Symbol«. In: Der Große Brockhaus, Wiesbaden 1957.
[5] Direct Action, a. a. O., S. 5.

tin Luther Kings Interpretation der Bedeutung des Busprotestes von Montgomery bestätigt: »Der Geist des Protestes war so sehr Bestandteil des Alltagslebens der Neger geworden, daß es manche sogar vorzogen, zu Fuß zu gehen, wenn ihnen jemand eine Gelegenheit zum Mitfahren anbot. Das Zu-Fuß-Gehen war für viele eine Handlung von symbolischer Bedeutung geworden. Einmal hielt einer der freiwilligen Protestautofahrer neben einer älteren Frau, die offensichtlich nur mit Mühe ihren Weg zu Fuß zurücklegte. ›Steig ein, Großmutter‹, rief der Fahrer. ›Du brauchst nicht zu laufen.‹ Sie winkte ab. ›Ich laufe nicht für mich‹, erwiderte sie, ›ich laufe für meine Kinder und Enkel.‹ Und sie setzte ihren Heimweg zu Fuß fort.«[6]

Aus der Fülle der Formen symbolischer Gesinnungsdemonstrationen können nur einige markante Beispiele genannt werden.

In allen politischen Bewegungen hat man seit jeher seiner politischen Einstellung durch Änderung der Kleidung oder Haartracht Ausdruck zu verleihen versucht. Während Bewegungen mit gewaltsamen Kampfmethoden zur totalen Uniformierung und zur Rangbezeichnung tendieren, ist in gewaltfreien Bewegungen dem individuellen Einfallsreichtum viel Spielraum belassen, und die gemeinsame Kennzeichnung beschränkt sich auf ein Minimum. In der indischen Unabhängigkeitsbewegung war das Tragen eines weißen Schiffchens, der sogenannten Gandhi-Kappe, und das Tragen von Kleidungsstücken aus selbstgesponnenen Khadi, einem weißen Baumwolltuch, symbolischer Ausdruck des Widerstandes und ein augenfälliges Erkennungszeichen für die Freiwilligen bei Demonstrationen. Die Zugehörigkeit oder die Sympathie mit außerparlamentarischen Oppositionsbewegungen und die Ablehnung der Konsumentenmanipulation wird in den westlichen Formaldemokratien häufig durch das Tragen robuster Kleidung und eines gewissen Wildwuchses in der Haar- und Barttracht zum Ausdruck gebracht – um den Preis gesteigerter Verständigungsschwierigkeiten mit der angepaßten Bevölkerung. Bei den schwarzen Amerikanern hat das in der Bürgerrechtsbewegung gesteigerte Selbstbewußtsein sich nicht nur in der Parole »Schwarz ist schön« (Black is beautiful) niedergeschlagen, sondern auch zum Tragen einer betont gekrausten Haartracht geführt.

Auch schon das einfache Tragen von Abzeichen als gegenseitiges Erkennungszeichen ist eine Gesinnungsdemonstration. Das aus dem internationalen Flaggenalphabet abgeleitete Symbol der Atomwaffengegner und das zerbrochene Gewehr der »Internationale der Kriegsdienstgegner (War Resisters' International) haben weltweite Verbreitung gefunden und können als Beispiele für die Bedeutung legaler Widerstandssymbole gelten, die offen die Zugehörigkeit zu einer gewaltfreien Bewegung zum Ausdruck bringen.

[6] Stride Toward Freedom, a. a. O., S. 71–72.

Erwähnenswert sind in diesem Zusammenhang jedoch auch die mehr indirekten Formen symbolischer Widerstandsabzeichen, die ohne Kommentar nicht verständlich sind, da die Abzeichen dem Außenstehenden entweder nichts oder etwas völlig anderes sagen.
Wenn jemand im Dritten Reich einen Judenstern trug, besagte dies, daß er Jude war und sich dem Joch des Nationalsozialismus beugte. Trug jedoch ein Nichtjude dieses diskriminierende Zeichen, so gewann es eine andere Bedeutung. Als die deutsche Besatzungsmacht in Dänemark im Herbst 1942 anordnete, daß die dänischen Juden den Davidstern tragen müßten und daß ein jüdisches Ghetto gebildet werde, soll König Christian von Dänemark erklärt haben, daß es ihm eine Ehre sei, seinen Palast in ein Ghetto zu verlegen. »Wenn die Deutschen den gelben Stern in Dänemark einführen wollen, werden ich und meine ganze Familie ihn als Zeichen höchster Auszeichnung tragen.«[7]
Als die deutsche Besatzungsmacht in den Niederlanden anordnete, daß auch die holländischen Juden Davidsterne zu tragen hätten, antwortete eine gewaltlose Widerstandsgruppe, welche die Untergrundzeitung »De Vonk« herausgab und deren prominentestes Mitglied die pazifistische Autorin Henriette Roland Holst war, darauf in ähnlicher Weise wie der dänische König. Sie verteilte 300000 Judensterne mit der Aufschrift »Juden und Nichtjuden sind eins«.[8]
Eine immer wieder angewandte symbolische Demonstrationsform ist auch das Tragen von Trauerkleidung aus politischen Anlässen. In Südafrika trugen weiße Frauen bei Protestdemonstrationen vor dem Parlamentsgebäude gegen neue Apartheid- und Unterdrückungsgesetze schwarze Armbinden. Sie waren Mitglieder der 1955 gegründeten Black Sash-Bewegung.[9] Während der deutschen Besatzungszeit im Zweiten Weltkrieg trugen viele Franzosen an bestimmten Tagen schwarze Krawatten.[10]
Als am 2. Juni 1967 bei den Protestdemonstrationen gegen den Schah-Besuch in Berlin Benno Ohnesorge das Opfer einer polizeilichen Bürgerkriegsübung geworden war,[11] trauerten die deutschen Studenten auch mit schwarzen Krawatten und Trauerflor an ihren Fahrzeugen um den toten Kommilitonen, was ihnen manche Anfeindung aus der Bevölkerung eintrug.
Als im Jahre 1956 die Nachricht, daß die ungarische Freiheitsbewegung von russischen Panzern niedergewalzt und zusammengeschos-

[7] *Associated Press*, 11. 10. 1942; zit. in: R. B. Gregg: The Power of Nonviolence, a. a. O., S. 29. Nach Ansicht dänischer Historiker ist dieser Ausspruch apokryph, jedoch historisch relevant, da er zeigt, was die Dänen von ihrem König erwarteten. (Harold Flender: Rescue in Denmark, London 1963, S. 22–23.)
[8] Werner Warmbrunn: The Dutch under German Occupation 1940–1945, Stanford 1963, S. 236.
[9] A. Luthuli: Let My People Go, a. a. O., S. 214.
[10] Auskunft eines Pariser Teilnehmers solcher Aktionen an den Verfasser.
[11] P. Damerow u. a.: Der nicht erklärte Notstand. In: Kursbuch 12, Frankfurt/M., April 1968.

sen worden war, Leipzig erreichte, erschienen am folgenden Tag die Schüler des Thomas-Gymnasiums zum ersten Mal vollzählig zum Fahnenappell. Nur, die etwa 40 Schüler und Schülerinnen der Oberklassen trugen Trauerkleidung. Die SED-Funktionäre verstanden. Die Schule wurde sofort geschlossen, was sich rasch herumsprach und sogar durch die ausländische Presse ging. Bestraft wurden die Schüler nicht, da sie weder einen Anstifter noch das allzu offensichtliche Motiv für das Tragen der schwarzen Kleider nannten.[12]

Einfache wie auch ausgesprochen raffinierte und nur um den Preis der Lächerlichkeit bestrafbare symbolische Widerstandsformen haben sich Jugendliche im Widerstand gegen die deutsche Besatzungsmacht im Zweiten Weltkrieg ausgedacht. Norwegische Schulkinder trugen Büroklammern im Rockaufschlag, um zu zeigen, daß sie zusammenhalten wollten gegen Fremdherrschaft und Quisling-Regime.[13] Französische Studenten demonstrierten am Tag des Waffenstillstands mit Angelruten auf den Champs Elysées. Um die symbolische Bedeutung dieser Aktion zu erkennen, mußte man wissen, daß General de Gaulle den Krieg gegen Deutschland fortsetzte, sein Widerstandssymbol, das lothringische Kreuz, in Frankreich jedoch verboten war, und daß Angelrute auf französisch »la gaule« heißt.[14]

In den Bereich der Gesinnungsdemonstrationen gehören auch bestimmte Grußformen. So war der Gruß der Mitglieder der Afrinischen Nationalen Kongreß-Partei die geschlossene rechte Hand mit nach oben gerichteten Daumen.[15] In Frankreich waren während des Zweiten Weltkrieges ein ähnliches Widerstandszeichen die zu einem V (victoire) gespreizten Finger. Der erste Takt von Beethovens Fünfter Symphonie, das Erkennungszeichen des Europadienstes von BBC (British Broadcasting Corporation), wurde als Hupsignal (kurz, kurz, kurz, lang) im Straßenverkehr eine Ausdrucksform des Glaubens an den Sieg der Alliierten.[16]

Zusammenfassend läßt sich über diese Formen der Gesinnungsdemonstration sagen, daß »das Symbol eine Verdichtung von Energien darstellt und daß seine tatsächliche Bedeutung in keinem Verhältnis steht zu der augenscheinlichen Trivialität der bloßen Form«[17].

[12] Verfasser befragte eine der Schülerinnen nach ihrer späteren Flucht in die Bundesrepublik.

[13] G. Sharp: Tyranny Could Not Quell Them, London o. J. (1963), S. 6–8.

[14] Alexander Werth: Der zögernde Nachbar. Frankreich seit dem letzten Weltkrieg, Düsseldorf 1957, S. 23–24.

[15] Siehe Photographie der (156) Angeklagten des Hochverratsprozesses von 1956. In: Lionel Forman and E. S. Sachs: The South Africa Treason Trial, London 1957, S. III.

[16] Auskunft eines Pariser Teilnehmers solcher Aktionen an den Verfasser.

[17] Artikel »Symbolism« (Edward Sapir). In: Encyclopaedia of the Social Sciences, New York 1934.

Der Entschluß zum gewaltfreien Aufstand reift normalerweise immer dann, wenn Meinungen, die von denen der Herrschenden abweichen, in den demokratischen Mechanismen von Wahlen und Abstimmungen überhaupt nicht oder nur unzureichend zum Ausdruck gebracht werden können. Das erste, dringendste Bedürfnis der Aufständischen wird es darum in solchen Situationen sein, dem Herrschenden und der Öffentlichkeit zu zeigen, wie stark die Gruppe der Aufständischen ist. Am Anfang von gewaltfreien Kampagnen stehen darum gewöhnlich Protestdemonstrationen auf Massenbasis. In Frage kommen dafür vor allem Versammlungen und Märsche.

Wenn es bei einer Kampagne um die Durchsetzung naturrechtlich begründeter Ansprüche geht, haben die Protestdemonstrationen, welche die Aufstände einleiten, vielfach religiösen Charakter. In Südafrika hatte dies den zusätzlichen Grund, daß Gebetsversammlungen nicht unter das Versammlungsverbot fielen. 1952 nahmen in Port Elizabeth ungefähr 10000 Menschen an solchen Gebetsversammlungen teil. »Sie hatten sich auf einem Hügel versammelt, von dem aus man die Stadt und das Meer überblicken konnte, und der machtvolle Klang ihrer Lieder tönte zur Stadt hinunter.«[18] Von der überfüllten Versammlung am Abend des ersten Tages des Busboykotts in Montgomery in der Holt Street-Kirche berichtet Martin Luther King: »Die Versammlung wurde mit dem altbekannten Lied eröffnet ›Vorwärts, Christi Streiter‹. Als die vielen tausend Menschen sich erhoben und zu singen begannen und die Stimmen von draußen einfielen, klang es, wie wenn vom Himmel selbst das Echo zurückkäme.«[19]

Die von solchen Versammlungen ausstrahlende Entschlossenheit und Zuversicht ist von entscheidendem Einfluß auf die Kampfmoral der Aufständischen. Leo Kuper kommentiert die Bedeutung solcher Versammlungen in der Anti-Apartheid-Kampagne von 1952: »Alles in allem waren diese Versammlungen eine überzeugende Demonstration der wachsenden Stärke der nichtweißen Organisationen.«[20]

Versammlungen haben jedoch den Nachteil, daß sie gewöhnlich nur die Anhänger einer Bewegung anziehen und ihr Ablauf von den Noch-nicht-Engagierten und Gegnern nicht beobachtet werden kann. Umzüge und Märsche erfüllen diese Erfordernisse eher und nehmen darum in gewaltfreien Kampagnen einen wichtigen Platz ein. Gandhis Salzmarsch (1930) und der »Marsch auf Washington«[21] in der Rassenintegrationskampagne (1963) sind die bekanntesten

[18] L. Kuper: Passive Resistance in South Africa, a. a. O., S. 111.
[19] Stride Toward Freedom, a. a. O., S. 59.
[20] Passive Resistance in South Africa, a. a. O., S. 111.
[21] Bayard Rustin: The Meaning of the March on Washington. In: *Liberation*, New York, Nr. 8, Okt. 1963, S. 11–13.

Beispiele. Die Kampagnen für nukleare Abrüstung in England und der Bundesrepublik Deutschland haben den Massenmarsch an Ostern zur Hauptform ihrer Kampagne überhaupt gemacht.[22] Die außerparlamentarische Opposition hat in Berlin am 1. Mai 1968 den Achtungserfolg gehabt, für ihren Zug durch das Arbeiterviertel Neukölln annähernd soviel Menschen auf die Beine zu bringen, als die im Parlament vertretenen Parteien vor dem Reichstagsgebäude versammeln konnten.[23]

Der Bericht des »Bombay Chronicle« über Gandhis Zug durch Ahmedabad auf dem Weg zur Küste von Dandi vermittelt einen Eindruck von der Bedeutung solcher Märsche für die Gewinnung von Massen für einen Aufstand: »Die ganze Armee marschierte in vollkommener Disziplin. Der dynamische General an der Spitze war Quelle der Begeisterung für alle. Zwischen dichtgedrängten Menschenreihen marschierte die Armee [...] Mit der Ausnahme von Kindern und Kranken mußte praktisch jeder Bewohner der Stadt die große Prozession gesehen haben, die mindestens zwei Meilen lang war. Wer auf der Straße, durch die die Armee marschierte, keinen Platz finden konnte, versuchte sein Glück auf Dächern und Galerien, Mauern und Bäumen. Dieser Anlaß von geschichtsmächtiger Bedeutung schien die ganze Stadt in Festtagsstimmung zu versetzen. Die Rufe ›Gandhijiki Jay‹ (Sieg für Gandhi) erschollen entlang der ganzen Marschsäule.«[24]

Wenn Gefahr besteht, daß die Unterdrücker Versammlungen unter freiem Himmel oder Massenmärsche mit Gewalt aufzulösen suchen, und damit zu rechnen ist, daß die Menge gewaltsam reagiert und eine Straßenschlacht entsteht, werden gewöhnlich als Methoden der Gesinnungsdemonstration Vorformen des Generalstreiks wie der »Bleib-zu-Hause«-Streik (stay at home) oder die Einlage von Schweigeminuten in den Tagesablauf verwandt. Ein solcher eintägiger »Bleib-zu-Hause«-Streik wurde am 26. Juni 1950 in Südafrika als Protest gegen ein Gesetz zur sogenannten »Unterdrückung des Kommunismus« durchgeführt; nach Ansicht Albert Luthulis war er in Johannesburg, Port Elizabeth und Durban erfolgreich.[25] Es handelt sich hier um Übergangsformen zwischen Protestdemonstration und legaler Nichtzusammenarbeit.

Für diese Protestdemonstrationen auf Massenbasis werden häufig wieder in sich symbolische Daten gewählt, so daß gewissermaßen Feiertage des Widerstandes entstehen. Während der indischen Unabhängigkeitskampagne des Jahres 1930 wurde der vierte Tag jedes Monats zum Gandhi-Tag und der letzte Sonntag jedes Monats zum

[22] Zum Ostermarsch 1958 von London nach Aldermaston s. Chr. Driver: The Disarmers, a. a. O., S. 54–62.

[23] An dem Zug der APO nahmen 30000–40000, an der Kundgebung vor dem Reichstag 50000–70000 teil. In: *Berliner Extra-Dienst*, 36, 4. 5. 1968.

[24] Zit. in: G. Sharp: Gandhi Wields the Weapon of Moral Power, a. a. O., S. 73.

[25] A. Luthuli: Let My People Go, a. a. O., S. 109–110.

Tag des Hissens der Nationalflagge erklärt.[26] Sonntag, der 10. August 1930, wurde zum »Tag des politischen Gefangenen« bestimmt. Die Bevölkerung im allgemeinen und die Freiwilligen insbesondere wurden aufgefordert, an diesem Tage zu fasten, Umzüge durchzuführen und auf öffentlichen Versammlungen gegen die Behandlung der Gefangenen zu protestieren.[27]
Mehrere Formen der Protestdemonstrationen können zu einem sich über mehrere Tage erstreckenden Demonstrationsprogramm vereinigt werden. So rief Gandhi in der Khilafat-Kampagne für die Zeit vom 6.–13. April 1920 zu einer »Nationalwoche« auf, die mit einem Hartal begann und endete: »Die Nationalwoche soll zu einer Woche der Läuterung, der Gewissensprüfung, der Aufopferung, der Selbstbeherrschung und des Ausdrucks jener Gefühle werden, die allen teuer sind.«[28]
Der Erfolg von Protestdemonstrationen auf Massenbasis und die weitgehende Straffreiheit oder die doch geringfügigen Opfer der Teilnehmer hängen davon ab, daß alle Demonstrierenden das gleiche tun und keiner mehr als der andere wagt und die Herrschenden sich auf diese Weise einer uniformen Menge gegenübersehen. Entschließen sich die Herrschenden jedoch zur gewaltsamen Auflösung von Protestaktionen, muß sich die Menge vor ihren Augen in Einzelwesen aufgliedern und es zu einer Konfrontation von Mensch zu Mensch kommen, welche die Selbstverwirklichungsmotivation im Unterdrücker stimuliert.

Politisches Happening und Straßentheater

Die Massenbasis, die für wirkungsvolle Umzüge erforderlich ist, kann in gewaltfreien Aufständen nicht immer vorausgesetzt werden, sondern muß zuweilen durch eine Serie von direkten Aktionen erst geschaffen werden.[29] Die besondere Schwierigkeit, der sich außerparlamentarische Oppositionsgruppen in Formaldemokratien gegenübersehen, ist die oft beschworene »Manipulation« der Bevölkerung,[30] die dazu führen kann, daß die potentiellen Aufständischen das emanzipatorische Defizit nicht einmal ahnen oder sein Vorhandensein für unabänderlich halten. In einer solchen Situation kann

[26] G. Sharp: Gandhi Wields the Weapon of Moral Power, a. a. O., S. 173.
[27] Ebd., S. 176.
[28] Der 6. und der 13. April. In: *Young India*, 10. 3. 1920. In: Mahatma Gandhi: Jung Indien, a. a. O., S. 49.
[29] Siehe Erstauflage von Gewaltfreier Aufstand, Freiburg 1968, S. 272–356.
[30] Vgl. Liselotte Hinz: Meinungsmarkt und Publikationsorgane. In: G. Schäfer und C. Nedelmann (Hrsg.): Der CDU-Staat, München 1967, S. 151–165; Republikanischer Club (Hrsg.): Springer enteignen? Materialien zur Diskussion, Berlin 1967, 51 S.; Zum Problem der Manipulation der Konsumenten siehe: Arbeitsgruppe Kritischer Konsum: Kampagne Christliche Weihnacht. Aufruf zum kritischen Konsum, Berlin 1969, S. 7–30.

es die erste Aufgabe einer Protestaktion sein, dieses Defizit bewußt zu machen, das heißt, bestimmte Mißstände, gefährliche Entwicklungstendenzen und konstruktive Alternativen mit einem Eklat öffentlich zu machen. So hielt Martin Luther King bei umfassender Manipulation eine Schocktherapie mit direkten Aktionen für angemessen: »Die Gesellschaft muß gezwungen werden, den Tatsachen ins Auge zu blicken. Die direkte Aktion soll eine Streitfrage so dramatisieren, daß sie nicht länger ignoriert werden kann.«[31]
Wo die einfachen Formen des Picketing[32] und der Flugblattverteilung kein Aufsehen (mehr) erregen und die Zielgruppe indirekt über die Massenkommunikationsmittel angesprochen werden muß, sind manchmal politische Happenings ein drastisches Mittel der Provokation und Aufklärung. Das Happening ist eine Art agitatorischer Mummenschanz, bei dem die Demonstranten Masken oder Puppen den latenten Konflikt dramatisieren lassen. Mit Hilfe von Happenings können auch relativ kleine Gruppen, denen es an Phantasie und etwas dramatischem Geschick nicht fehlt, ein Publikum finden und es zum Nachdenken zwingen.
Das politische Happening will nicht nur die Autoritäten lächerlich machen, es will neben dem Abbau des traditionellen Respekts vor dem Establishment auch das System in seiner ganzen grausamen Wirklichkeit offenbaren. Ein bloßes Happening war es, als der Berliner Hofnarr Fritz Teufel dem Regierenden Bürgermeister Klaus Schütz im Auditorium Maximum der Freien Universität einen Nikolausbart umzubinden suchte.[33] Ein echtes politisches Happening war es jedoch, als Künstler der englischen Kampagne für Abrüstung Ostern 1966 bei der Abschlußkundgebung auf dem Trafalgar Square eine Monster-Show veranstalteten. Eine Monster-Puppe Premierminister Harold Wilsons versuchte durch Worttiraden (über Lautsprecher) ein schreiendes Baby zu beruhigen, und die Phrasen wurden immer hohler, bis das rosa Baby schließlich zu brennen anfing und Blut aus dem Munde Wilsons triefte. »Ekelhaft«, schrie einer der Zuschauer.[34] Und er hatte recht, ein politisches Happening muß heute oft ekelhaft sein. Ihm darf zwar der sozialkritische Witz und ein gewisser ästhetischer Reiz nicht fehlen, aber die Pointe sollte doch

[31] M. L. King: Why We Can't Wait, a. a. O., S. 79.
[32] »picket-lines« sind ursprünglich »Ketten von Streikposten«; Einzel-Demonstranten gehen in regelmäßigen Abständen zueinander vor bestreikten Firmen, boykottierten Geschäften oder mißbilligten Versammlungen in langer, lockerer Reihe auf und ab oder beziehen auch einen festen Standort. Auf mitgeführten Plakaten wird über die Ziele der Aktion informiert. Von »sandwich«-Männern wird gesprochen, wenn die Demonstranten vorne und hinten ein Plakat umgehängt haben (sandwich = doppeltes, belegtes Butterbrot).
[33] Zur Politisierung des Happenings siehe: Th. Ebert: Vom politischen Happening zur Befreiung der Institutionen. In: *Zivil. Zeitschrift für Kriegsdienstverweigerer*, Stuttgart, 13. Jg., Nr. 2, Febr. 1968, S. 16–18.
[34] Michael Kustow: Pageant, Spectacle and Happening. In: *Peace News*, 20. 4. 1966; Bildbericht über Vietnam-Happenings: Harry Barash: The Living Theatre of Montreal. In: *Sanity*, Montreal (Canada), 4. Jg., Nr. 7, Juni 1967, S. 4–5.

die Entlarvung der Grausamkeit des Systems sein. Die Krönung des persischen Kaiserpaares und das einjährige Jubiläum der Bonner Großen Koalition im Herbst 1967 hätten sich für solch ein politisches Happening durchaus geeignet. Den Parteitag der Labour Party nahm das »Committee of 100« der englischen Atomwaffengegner im Oktober 1967 zum Anlaß, um die Labour Party in einem mit der amerikanischen Flagge bedeckten Sarg am Strand von Scarborough mit bourgeoisem Brimborium zu Grabe zu tragen.[35] Dieses Happening hatte gegenüber der von einem Künstler-Team getragenen Monster-Show auf dem Trafalgar Square den Vorteil, daß das Publikum auch aktiv an dem Happening teilnehmen konnte.

In der Bundesrepublik wurden in den Jahren 1967–1968 unter politischen Happenings meist nur die Späßchen der Berliner Kommune I verstanden; aber es wurden auch hier schon Happenings durchgeführt, die in der Öffentlichkeit ernster genommen wurden. So gelang es Mitte April 1968 nur einem halben Dutzend Demonstranten, die drei Frankfurter Zeitungen zu veranlassen, mit Bild und Text über ihre Mahnwache vor dem griechischen Konsulat und ihren Informationsstand zu berichten. Drei von ihnen hatten sich im Kostümverleih Sträflingskleider ausgeliehen, um darin im Namen von Amnesty International gegen das Los der mehr als 2000 politischen Gefangenen in Griechenland zu protestieren und um für die Organisation Spender und Mitarbeiter zu gewinnen. Sie gewannen die Sympathie der Öffentlichkeit, weil sie sich nicht selbst darstellten wie die Kommune, sondern sich mit dem Schicksal anderer sichtbar identifizierten.[36]

Charakter einer solchen Aktion entspräche, dann könnte ein solches Während der Frankfurter Sträflingsprotest noch eine Aktionsform zwischen Mahnwache und Happening darstellt, sind die »Sozialistischen Straßentheater«, die nach Ostern 1968 debütierten,[37] schon eine Art institutionalisiertes politisches Happening. Das Berliner Straßentheater hatte an der Maikundgebung auch mehr Pfiff und populäre Überzeugungskraft als die etwas großspurigen Parolen vieler Redner der außerparlamentarischen Opposition. Die späteren Darbietungen zu den Notstandsgesetzen waren dann aber schon wieder so schablonenhafte Agitation, daß einem vor Ärger über die »witzlosen« Vereinfachungen und Verkürzungen der Problematik der Spaß an der Aufklärung verging.

Mit einer Mischung aus Picketing und stummem Straßentheater hat die Berliner Arbeitsgruppe Kritischer Konsum auf ihre »Kampagne Christliche Weihnacht« an zwei verkaufsoffenen Samstagen im Dezember 1969 aufmerksam zu machen gesucht. Das Happening war eine »Dankprozession Berliner Unternehmer für das Christkind« auf dem Mittelstreifen der Tauentzien, der wichtigsten Geschäftsstraße Berlins. Zehn Demonstranten hatten sich mit Hilfe

[35] John Whitfield: Funeral in Scarborough. In: *Peace News*, 6. 10. 1967.

[36] *Frankfurter Rundschau*, *Frankfurter Allgemeine Zeitung* und *Frankfurter Neue Presse* vom 18. 4. 1968.

[37] *Der Spiegel*, 29. 4. 1968, S. 184–185.

ihrer Examens- oder Hochzeitsanzüge piekfein eingeschalt und schwarze Hüte im Kostümverleih entliehen. Über ihren weiß geschminkten Gesichtern trugen sie Schilder mit provozierenden Parolen wie beispielsweise »O du fröhliche, o du selige umsatzfördernde Weihnachtszeit«. »O Heiland reiß die Geldbeutel auf« und »Stille Nacht, heilige Nacht, alles zahlt, Hertie lacht«. Zwei der Herren hielten ein großes Transparent mit einem »Vaterunser der Unternehmer«.[38] Dem Zug voran schritt ein weißgekleideter, silberbeflügelter Engel, der ein mit Weihnachtspaketen belastetes großes schwarzes Kreuz trug. Auf den Bürgersteigen verteilten ein halbes Dutzend weiterer Engel Flugblätter, welche das Happening erläuterten, sofern sein Sinn nicht schon durch eine dem Zug nachfolgende »picket-line« von normal gekleideten Demonstranten verdeutlicht wurde. Die Schilder dieser Gruppe waren mit der Hungerhand von »Brot für die Welt« beklebt und lauteten beispielsweise »Rüstung 200 Mrd./Jahr« und »Hungertote 10 Mio./Jahr«.

Das Happening wollte nicht einfach die Berliner auffordern, mehr für kirchliche Entwicklungsprojekte zu spenden, sondern wollte Wirtschaftsstrukturen als Ursache des Versagens dramatisieren. »Schauen Sie sich die seriösen, schwarzgekleideten Herren genau an!«, hieß es auf dem Flugblatt. »Sie sind die freie Marktwirtschaft. Diese Herren denken nur an Umsatz und Profit. Aus der Geburt Christi haben sie eine Konsumorgie gemacht. Ihnen ist jedes Mittel der Werbung recht, um uns Dinge aufzuschwatzen, die uns nicht glücklicher machen. Wir haben ihre Gesichter weiß gekalkt, weil wir meinen, daß sie sich selbst nicht kennen. Sie sind genau wie wir Sklaven unseres Wirtschaftssystems: Sie gehetzt vom Profitstreben – wir gehetzt vom Schenkzwang.«

Das Happening erreichte die angestrebte Publizität: Berliner Presse, Rundfunk und Regionalfernsehen berichteten ausführlich, und auch einige überregionale Zeitungen und Radiostationen nahmen das Happening zum Anlaß, um die Probleme des kritischen Konsums zu erörtern.[39] Nach einer Absprache mit dem Zweiten Deutschen

[38] *Vaterunser der Unternehmer*

Vater unser im Himmel
gepriesen sei Dein Werbeeinfall
Dein Sohn kam und unser Umsatz steigt
leider erst auf Erden und noch nicht im Himmel.

Unsere Umsatzsteigerung garantiere uns heute
und gib uns Gewinn
wie auch wir zahlen unsere Kirchensteuer.

Und führe die Menschen nicht auf dumme Gedanken
sondern befreie sie von ihren Kaufhemmungen.

Denn Dir gehört die Idee
und uns der Profit
hoffentlich jetzt und in Ewigkeit. Amen.

[39] Volker Hornung: Bilanz der Kampagne Christliche Weihnacht. In: *Gewaltfreie Aktion*, 1, April 1970.

Fernsehen wurde das Happening gewissermaßen »auf Bestellung« wiederholt.
Zielgruppe der beiden Happenings waren selbstverständlich auch die Käufer in der Tauentzienstraße. Den älteren Leuten ging die Provokation teilweise zu weit; einzelne beschimpften die flugblattverteilenden Engel unflätig. Im allgemeinen schien die Engelskleidung der Mädchen und jungen Frauen jedoch Aggressionen nicht aufkommen zu lassen, und auch die Unternehmerprozession wurde besonders von jüngeren Leuten mit verständigem Grinsen quittiert.
Im Idealfall sollte ein politisches Happening dieselben Forderungen erfüllen, die Bertolt Brecht an sein episches Theater gestellt hat: »Unser Theater muß die Lust am Erkennen erregen, den Spaß an der Veränderung der Wirklichkeit organisieren. Unsere Zuschauer müssen nicht nur hören, wie man den gefesselten Prometheus befreit, sondern sich auch in der Lust schulen, ihn zu befreien. Alle die Lüste und Späße der Erfinder, der Triumphgefühle der Befreier müssen von unserem Theater gelehrt werden.[40]

[40] B. Brecht: Schriften zum Theater. Über eine nichtaristotelische Dramatik, Frankfurt 1957, S. 127.

11. Hungerstreik und Selbsttötung

Anwendung von Hungerstreiks außerhalb Indiens

Ein Kennzeichen vieler von Gandhis Ideen und Methoden beeinflußter gewaltfreier Kampagnen ist die Verwendung des Fastens als bevorzugtem Mittel der gewaltfreien Aktion. Das Fasten oder der Hungerstreik wurden ursprünglich, wie die gewaltfreie Aktion überhaupt, als typische indische und auf dieses Land beschränkte Aktionsmethode angesehen. In Europa und den Vereinigten Staaten wurde die Verweigerung der Nahrungsaufnahme nur von politischen Häftlingen in Gefängnissen als Druckmittel angewandt. Die aufsehenerregendsten Hungerstreiks wurden von Suffragetten und irischen Freiheitskämpfern durchgeführt.[1] Nach Gandhis Tod haben Fastenaktionen in den Vereinigten Staaten, in England, Frankreich, Italien und Deutschland im politischen Kampf nicht nur innerhalb, sondern vor allem auch außerhalb der Gefängnisse nach anfänglicher Skepsis immer weitere Verbreitung gefunden.

Danilo Dolci ist durch seine Hungerstreiks zugunsten der Entwicklung Westsiziliens in ganz Italien und Europa bekannt geworden.[2] Das englische »Komitee der 100« hat zur konstruktiven Ergänzung seines Antiatomwaffenprotestes mehrfach öffentliche Fastenaktionen durchgeführt, bei denen das am Essen gesparte Geld an Organisationen überwiesen wurde, die Hungerleidende in Entwicklungsländern unterstützten.[3] Mitglieder des »Schottischen Komitees der 100« bewegten im Oktober 1962 den Prediger der Kathedrale von Glasgow durch einen zweitägigen Hungerstreik vor dem Kirchenportal dazu, im sonntäglichen Gottesdienst zur Problematik der nuklearen Abschreckungsstrategie selbst Stellung zu nehmen.[4]

Im Februar 1964 haben die Mitglieder des Quebec-Guantanamo (Kuba)-Marsches des »Komitees für gewaltlose Aktion« (Committee for Nonviolent Action, CNVA) nach ihrer Festnahme in Albany (Georgia, USA) ihre Freilassung aus dem Gefängnis und das Recht

[1] S. Artikel »Hungerstrike« (S. K. Ratcliffe). In: Encyclopaedia of the Social Sciences, New York 1934.

[2] James McNeish: Fire under the Ashes. The Life of Danilo Dolci, London 1965, S. 196–219.

[3] Die erste einwöchige Fastenaktion wurde durchgeführt von einem halben Dutzend Protagonisten gewaltfreier Aktionen aus dem Londoner Stadtteil Chiswick. An »Oxfam« wurden 45 Pfund überwiesen (s. *Peace News*, 24. 8. 1962). Weitere Fastenaktionen anderer Mitglieder des »Komitees der 100«, insbesondere über die Weihnachtsfeiertage, folgten.

[4] *The Guardian*, 22. 10. 1962.

auf eine gemischtrassige Demonstration durch einen unbefristeten, sich mehrere Wochen hinziehenden Hungerstreik gewonnen.[5] In Frankreich wurde die gesetzliche Anerkennung des Rechtes auf Kriegsdienstverweigerung im Jahre 1962 durch einen unbefristeten Hungerstreik des 74jährigen Louis Lecoin, des Herausgebers der anarchistischen Zeitung »Liberté«, erzwungen.[6]
In der Bundesrepublik ist mit öffentlichen Hungerstreiks mehrfach experimentiert worden, häufig jedoch ohne Kenntnis der spezifischen Voraussetzungen und Wirkungen erfolgversprechender Fastenaktionen. Im Juni 1967 kam es im Heim der Evangelischen Studentengemeinde in Berlin zum ersten spektakulären, vom Sozialistischen Deutschen Studentenbund veranstalteten zweitägigen Hungerstreik, mit dem die sofortige Freilassung des in Untersuchungshaft befindlichen Studenten Fritz Teufel gefordert wurde.[7] Der Hungerstreik brachte nicht nur Publizität und Solidaritätsbewußtsein bei den Hungerstreikenden, sondern veranlaßte auch kirchliche Stellen bis hinauf zum Bischof zugunsten des verhafteten Studenten zu intervenieren. Teufel meinte die Vermittlungsvorschläge, die auf eine freiwillige Präsenzverpflichtung hinausliefen, jedoch ablehnen zu müssen, so daß der Hungerstreik schließlich ohne sichtbaren Erfolg endete. Die Wirkung von Hungerstreiks ist von sozialistischen Studenten nie untersucht worden, und es herrscht heute eher eine Tendenz, sie von vornherein abzuqualifizieren als ein »lahmes« und »äußerst schwaches Mittel«.[8] Dennoch ist fast in allen Kampagnen der außerparlamentarischen Opposition von einzelnen oder Gruppen zu diesem Mittel gegriffen worden.
Marburger Studenten beschlossen während der Kampagne gegen die Notstandsgesetze auf einem Teach-in, mit einem 48stündigen Hungerstreik vom 19.–21. Mai 1968 gegen die bevorstehende abschließende Lesung dieser Gesetze im Bundestag zu protestieren. Go-ins bei Behörden und Parteibüros und eine Verkehrsblockade hatten zur Diskussion gestanden und waren als Aktionsform abgelehnt worden. In der Presseerklärung der 89 beteiligten Studenten klang aber auch ihre Skepsis gegenüber der Wirksamkeit des Hungerstreiks noch durch: »Die am Hungerstreik beteiligten Studenten beabsichtigen, durch ihre Aktion möglichst breite Bevölkerungsschichten noch in letzter Minute auf die bevorstehende Verabschiedung der Notstandsgesetze hinzuweisen, zur Information über die

[5] *Peace News*, 14.–28. Februar 1964.
[6] Louis Lecoin Has Won. In: *Peace News*, 29. 6. 1962, S. 1.
[7] Vgl. K.-B. Hasselmann: Politische Gemeinde. Ein kirchliches Handlungsmodell am Beispiel der ESG an der FU Berlin, Hamburg 1969, S. 66–73.
[8] Die etwa 130 Teilnehmer des Berliner Hungerstreiks waren eher darauf bedacht, den besinnlichen Charakter einer Fastenaktion durch eine hektische Abfolge von Seminaren, kabarettistischen Einlagen und aktuellen Meldungen zu überspielen. Auch von einem betont gewaltfreien Charakter dieser Aktion konnte man angesichts einer Versteigerung von Büchern zugunsten von Waffenkäufen der Nationalen Befreiungsfront Südvietnams nicht sprechen.

Grundgesetzänderung beizutragen, vor allem aber die Konsequenzen für die Demokratie in Deutschland aufzuzeigen. Da mit dieser Aktion kein direkter Einfluß auf die Verabschiedung der Notstandsgesetze genommen werden kann, werden die am Hungerstreik beteiligten Studenten mit zahlreichen Dozenten, Assistenten und Professoren der Universität in diesen beiden Tagen Formen des Widerstands nach der Verabschiedung der Notstandsgesetze diskutieren. Die Ohnmacht dieser Aktion zwingt eine derartige Diskussion über eventuelle effektive Formen des Widerstands auf.«

Der Hungerstreik erreichte durch seine Publicity auch wie vorgesehen breite Bevölkerungsschichten, aber zur intensiven Beratung von Widerstandsformen kam es infolge interner Spannungen und mangelnder Vorbereitungen nicht. Auch der ursprünglich von evangelischen und katholischen Studentengemeinden angestrebte Dialog mit der Bevölkerung kam nur in Ausnahmefällen zustande, als vor Marburger Kirchen Flugblätter zum Hungerstreik verteilt wurden. Der Hungerstreik wurde von vielen Teilnehmern nicht als Erfolg gewertet, und es war kein Zufall, daß ein großes Nachrichtenmagazin das wenig gesammelte Auftreten einiger Studenten benutzen konnte, um die Aktion durch den Hinweis auf den Appetit eines Teilnehmers vor und nach dem Streik lächerlich zu machen.[9]

Die Resonanz auf einen gleichzeitigen und ähnlich motivierten Hungerstreik auf den Treppen des Doms in Bremen war günstiger. »Die gewaltlosen Protestler, ein Student und zwei Schüler, fanden Sympathie. Die Domtreppen waren drei Tage hindurch und bis in die Nächte hinein umlagert von diskutierenden Bürgern [...] Passanten schlugen vor, es sollten Listen ausgelegt werden. Cornelius, Renate und Heiko zweifelten anfangs: ›Wer wird sich da aus Sympathie mit unserem Protest eintragen?‹ Innerhalb von 30 Stunden aber hatten 1200 Bremer unterschrieben. Die Listen wanderten ins Rathaus.«[10]

Schüler haben in schulinternen Konflikten noch öfter zum Hungerstreik als Prostestmittel gegriffen. Konfliktgegenstand war dann gewöhnlich das Unterrichtsgebaren eines Lehrers[11] oder die Gefahr, daß ein politisch engagierter Schüler von der Schule verwiesen werden sollte.[12] Diese Hungerstreiks lösten starke Reaktionen aus, weil die Zielpersonen des Hungerstreiks sich der Konfrontation mit den Schülern nicht entziehen konnten.

Diesen erfolgversprechenden Umstand der persönlichen Konfrontation suchte Weihnachten 1969 auch eine Heidelberger Gruppe von Kritischen Konsumenten zu nutzen, die vom Nachmittag des

[9] Hungerstreik: Doppelte Portion. In: *Der Spiegel*, 27. 5. 1968.

[10] *Die Zeit*, 31. 5. 1968.

[11] Wolfgang Röhl: Alle Lehrer sind Hempelmänner. Kieler Schüler traten in den Hungerstreik. In: *Konkret* 13, 21. 10. 1968.

[12] Lehrer und Schüler verhandeln. Oberurseler Schüler haben Hungerstreik nach vier Tagen beendet. In: *Frankfurter Rundschau*, 2. 7. 1969.

Heiligen Abend bis zum zweiten Weihnachtsfeiertag in der Jesuitenkirche fasten wollten, um die Besucher der Gottesdienste »auf den gerade zu Weihnachten maßlos hohen Konsum des einen reichen Drittels der Weltbevölkerung hinzuweisen«[13]. Als der Gemeinderat der Jesuitenkirche ihnen das Obdach verweigerte, hungerten die 20 Studenten vor der Kirche in einem notdürftig geheizten Zelt.[14]
Die Hungerstreiks in der Bundesrepublik haben bislang ihre Wirkung mehr durch die Zahl der Beteiligten als durch die Prominenz einzelner Hungerstreikender zu erzielen gesucht. Der Grund war, daß Prominente sich nicht beteiligten. Man könnte jedoch in Zukunft aus dieser Not eine Tugend machen. Auch wenn Prominente in zukünftigen Hungerstreiks für Aufsehen sorgen würden, sollten diese innerhalb einer Gruppe von weniger bekannten Personen auftreten, so daß in jedem Hungerstreik die Möglichkeit zur massenhaften Ausweitung erkennbar bliebe. Als ein wissenschaftlicher Assistent der Universität Freiburg, der als Mitarbeiter von Amnesty International das griechische Obristenregime aus der Perspektive der 2000 politischen Gefangenen dieses Landes sehen gelernt hatte, im Dezember 1969 die Bundesregierung durch einen 14tägigen Hungerstreik mahnte, Griechenland aus dem Europarat auszuschließen, blieb er nicht wie Gandhi bei vergleichbaren Aktionen allein, sondern fand spontan für kürzere oder längere Zeit mehr als hundert griechische und deutsche Nachahmer in den Universitätsstädten München, Gießen, Aachen und Berlin.[15]
Die Möglichkeiten des Hungerstreiks auf Massenbasis wurden in der Bundesrepublik bis jetzt nicht genutzt und kaum erkannt. Die Relegation radikaler Studenten von den Universitäten ließe sich durch notfalls unbefristete Hungerstreiks der Betroffenen und ihrer Freunde wohl eher verhindern als durch die bislang vorgeschlagenen Vorlesungs- und Seminarstreiks. Wenn tausend Personen 48 Stunden lang über ein Wochenende einen Hungerstreik durchführen würden und dies in einer Form gelänge, die dem mahnenden Charakter einer solchen Aktion entspräche, dann könnte ein solches Fasten für die Beobachter aufrüttelnder und für die Teilnehmer emanzipatorischer sein als ein Protestzug in zehnfacher Zahl. Ein Hungerstreik von Gruppen der Berliner außerparlamentarischen Opposition in der Technischen Universität wäre vielleicht eine eindrucksvollere erste Antwort auf das Attentat gegen Rudi Dutschke gewesen als die Märsche durch die Innenstadt und die ohnmächtigen Versuche symbolischer Gegengewalt am Springer-Hochhaus und am Rias-Gebäude. Ein Hungerstreik wäre Symbol persönlichen Betroffenseins gewesen. Die Brandfackeln, Steine, roten Fahnen und Zusammenstöße mit der Polizei lieferten den Regierenden ein Alibi,

[13] *Frankfurter Rundschau*, 23. 12. 1969.
[14] Ausführliche Berichte in der Lokalpresse und Bildbericht in der *Frankfurter Rundschau*, 29. 12. 1969.
[15] *Frankfurter Rundschau* vom 5. 12., 8. 12., 10. 12. und 12. 12. 1969.

Rechts- und Linksextremisten über einen Kamm zu scheren und als Garanten der Ordnung um neues Vertrauen zu werben; eine aufkeimende Sympathie in der Bevölkerung mit der außerparlamentarischen Opposition konnte sich nicht entwickeln. Ein Hungerstreik hätte die emotionale Basis für Verhandlungen mit den Regierenden schaffen können und falls diese nicht zum Ziele geführt hätten, für Aktionen disziplinierten zivilen Ungehorsams. Die häufige Verwendung des Hungerstreiks durch spanische oppositionelle Arbeiter[16] zeigt, daß dieses Kampfmittel von den auf ihr revolutionäres und proletarisches Image sehr bedachten deutschen Studenten nicht verworfen zu werden braucht.

Möglichkeiten und Grenzen von Fastenaktionen

Gandhi hat das Fasten als gewaltfreie Aktion »par excellence« bezeichnet.[17] Er sah in ihm die reinste Waffe des gewaltfreien Kampfes, da es unmißverständlich gewaltfrei und absolut ungeeignet sei, »dem Gegner den geringsten körperlichen oder materiellen Schaden zuzufügen«[18]. Es besteht bei dieser Aktionsform auch die geringste Gefahr, daß sie aus Mangel an Disziplin zu Gewalttätigkeiten entartet. Gibt der Gegner aufgrund des Fastens der Aufständischen nach, so erscheint dies in den Augen der Öffentlichkeit als ritterliche Tat, und der Gegner braucht darum nicht zu befürchten, an persönlichem Prestige zu verlieren. Nach Gandhis Interpretation will das Fasten im Gegner »nur das Beste wachrufen. Selbstleiden ist ein Appell an seine bessere Natur, so wie die Wiedervergeltung an seine niedrigen Gefühle«[19].

Gandhi hat das politische Fasten aufgrund seiner persönlichen Erfahrungen als »die stärkste und wirksamste Waffe im Arsenal« der gewaltlosen Aktionen bezeichnet.[20] Man wird diese Aussage nicht verabsolutieren dürfen; die Zweckmäßigkeit des Einsatzes von Fastenaktionen hängt von der allgemeinen kulturellen und der speziellen tagespolitischen Situation ab und dann vor allem auch davon, ob der Gegner in erster Linie über die Selbstverwirklichungsmotivation angesprochen werden soll. Mit einem gewissen Anspruch auf Allgemeingültigkeit wird man sagen können, daß die Kampfkraft

[16] »Die ganze Belegschaft oder einzelne Abteilungen verweigern das Essen während und nach der Arbeitszeit. In den Pausen verläßt niemand den Arbeitsplatz. Bei Arbeitsschluß versammeln sich alle Arbeiter in einer Halle oder auf dem Hof und beschließen dort die Nacht über ohne Nahrungsaufnahme bis zum Arbeitsbeginn zu bleiben. In den meisten Fällen hat die Polizei dann auf Bitten der Direktion das Gelände geräumt.« (Bernhard Schütze: Rekonstruktion der Freiheit. Die politischen Oppositionsbewegungen in Spanien, Frankfurt/M. 1969, S. 92).
[17] *Harijan*, 26. 7. 1942. In: M. K. Gandhi, Sarvodaya, a. a. O., S. 87.
[18] Ebd., S. 87.
[19] Ebd., S. 87.
[20] Ebd., S. 87.

von Fastenaktionen von ihrem umsichtigen und besonders sparsamen Einsatz abhängt. Gandhi vertrat die Ansicht, daß, wer sich zu einer Fastenaktion entschließe, sich zuvor prüfen solle, ob er auch einen inneren Zwang und einen deutlichen Ruf des Gewissens für diese Handlungsweise verspüre.[21] Wenn jemand nur seinen Körper auf Nahrungsverzicht trainiert, was willensstarken Menschen möglich ist, so wird die dabei entstehende geistige Haltung des Fastenden den Kontrahenten unberührt lassen. Das Fasten kann auf diese Weise zur bloßen Show für die Öffentlichkeit und zum Publicityrummel werden und die Dauer der Fastenaktion zu einer besonderen Art sportlicher Leistung. Wenn aber die Beobachter nicht mehr auf die geistige Haltung des Fastenden achten, sondern nur noch auf die Rekorddauer der Aktion, so wird diese Waffe rasch abgenutzt beziehungsweise immer schwieriger einsetzbar, da Fastenaktionen dann immer darauf angelegt werden müssen, die schon erreichten Rekordzeiten zu überbieten, wenn sie überhaupt noch Aufmerksamkeit erregen wollen. Das gilt insbesondere für wiederholte Fastenaktionen derselben Personen. Gandhi hat sich gegen Ende seines Lebens scharf gegen »lächerliche Fastenaktionen, die sich wie eine Seuche ausbreiten und schädlich sind«,[22] wenden müssen.

Bei vorsichtiger Handhabung bietet eine Fastenaktion jedoch taktische Vorteile gegenüber anderen Methoden der gewaltfreien Aktion. Das Fasten ist in seinen Bedingungen, wie zum Beispiel durch einen zusätzlichen Verzicht auf Flüssigkeitsaufnahme, fein graduierbar und in seinem zeitlichen Umfang regulierbar. Bei Fastenaktionen kann darum der Grundsatz des ökonomischen Kräfteeinsatzes am ehesten befolgt werden.

Besondere Bedeutung hat das Fasten dafür erlangt, Verhandlungen zwischen Kontrahenten herbeizuführen und zu beschleunigen. Die Fastenaktion selbst gibt einerseits Zeit zu Verhandlungen und verhindert andererseits durch den absehbaren Schwund der Kräfte des Fastenden, daß die Verhandlungen steckenbleiben. So gelang es Gandhi in Indien und Dolci in Italien mehrfach, durch Fastenaktionen Entschlüsse herbeizuführen, wie sie bei dem bisher üblichen Verhandlungsgebaren nicht vorstellbar gewesen wären. Gandhis letztes Fasten anläßlich des Gemetzels zwischen Hindus und Moslems nach der Teilung Indiens gibt ein bezeichnendes Beispiel ab. Am 13. Januar 1948 hatte er in Delhi ein »totales, indefinitives Fasten« begonnen, das er nur dann beenden wollte, wenn Delhi »zum Frieden im wahrsten Sinne des Wortes zurückgekehrt« wäre. Während Indien mit Spannung die ärztlichen Bulletins und Gandhis Gebetsansprachen über Rundfunk und Presse verfolgte, verhandelte Rajendra Prasad, der Präsident der Kongreß-Partei, mit den Füh-

[21] S. G. Dhawan: The Political Philosophy of Mahatma Gandhi, a. a. O., S. 148.

[22] Fastings in the Air. In: *Harijan*, 21. 4. 1946. In: M. K. Gandhi, Satyagraha, a. a. O., S. 324.

rern der Religionsgemeinschaften. Am 18. Januar konnte das Abkommen über den von Gandhi gewünschten echten Religionsfrieden abgeschlossen werden und Gandhi nach einigem Zögern sein Fasten abbrechen.[23]

Zusammenfassend läßt sich über die Bedeutung des Fastens als Methode der gewaltfreien Aktion sagen, daß es auch im außerindischen Bereich Aufmerksamkeit verdient, der Erfolg jedoch von einer sorgfältigen Beachtung taktischer Regeln und von einer gründlichen vorhergehenden Beschäftigung mit dem Wesen und der Wirkung von Fastenaktionen abhängt.

Einer weltweiten Durchsetzung von Fastenaktionen als Methode des gewaltfreien Kampfes ist auch noch ein gewisser Purismus in der Gandhi-Literatur hinderlich. Es ist dort üblich, zwischen »Satyagraha-Fasten« und »Hungerstreik« zu unterscheiden. Dabei wird unter »Satyagraha-Fasten« der reine Appell an die Selbstverwirklichungsmotivation des Gegners verstanden, unter dem »Hungerstreik« jedoch ein bloßes politisches Druckmittel. Gandhis Aktionen wurden als »Satyagraha-Fasten«, Nahrungsverweigerung von Gefangenen dagegen als »Hungerstreik« interpretiert.[24] Otto Wolff hat nun aber in einer Untersuchung von Gandhis Fastenaktionen nachgewiesen, daß sie trotz der religiösen Aura, die sie umgab, auch massive politische Druckmittel waren,[25] die einen Gegner zum Nachgeben zwingen konnten, ohne ihn zu überzeugen.[26]

Auch bei den erfolgreichen Fastenaktionen Danilo Dolcis ist eine Einwirkung auf alle drei von uns hypostatierten Motivationsarten feststellbar. Er selbst bezeichnete sein Fasten als »Hungerstreik« (sciopero della fame), da von einem Fasten (digiuno) nach dem italienischen Sprachgebrauch nur eine religiöse Wirkung auf das fastende Individuum, aber keine soziale Wirkung erwartet worden wäre, auf die es ihm vor allem ankam.

Der Ausdruck »Hungerstreik« läßt sich jedoch nicht als Sammelbegriff für alle durch freiwilligen Nahrungsverzicht gekennzeichneten Aktionen verwenden, da er das »Sühnefasten« nicht trifft, das im gewaltfreien Kampf meist dann eine wichtige Rolle spielt, wenn es gilt, die Atmosphäre von Gewalttaten zu reinigen, die sich nur angeblich gewaltfreie Aufständische haben zu Schulden kom-

[23] S. G. Sharp: Gandhi Wields the Weapon of Moral Power, a. a. O., S. 227–289.

[24] Vgl. G. Dhawan: The Political Philosophy of Mahatma Gandhi, a. a. O., S. 146. Die konstruktiven, selbstkritischen Aspekte von Satyagraha-Aktionen werden von Joan V. Bondurant sehr eindringlich dargelegt und den mit Vorurteilen behafteten, nur Zwang ausübenden Duragraha-Aktionen gegenübergestellt. Bei dieser Gegenüberstellung entsteht jedoch der irreführende Eindruck, daß nur Duragraha-Aktionen Zwang ausüben, Satyagraha-Aktionen jedoch nicht. (J. V. Bondurant: Satyagraha versus Duragraha. The Limits of Symbolic Violence. In: R. Ramachandran und T. K. Mahadevan (eds.): Gandhi. His Relevance for our Times, S. 67–81).

[25] O. Wolff: Indiens Beitrag zum neuen Menschenbild, a. a. O., S. 83–87.

[26] Gandhi war jedoch darauf bedacht, Fastenaktionen nie als reines Druckmittel zu verwenden. (J. V. Bondurant: Conquest of Violence, a. a. O., S. 118).

men lassen. Es wird darum der alle Formen des Nahrungsverzichts aus politischen Motiven umfassende Begriff »Fastenaktion« verwandt und nach der Wirkung dieser Fastenaktionen erstens auf den Fastenden selbst, zweitens seine Mitkämpfer, drittens die neutrale Öffentlichkeit und viertens die Herrschenden gefragt.

Wirkung auf das fastende Individuum

Aus der Perspektive des Fastenden ist diese Aktionsform viel weniger als die anderen Methoden des Protests, der Nichtzusammenarbeit und des zivilen Ungehorsams auf den politischen Effekt hin kalkuliert. Es ist vielfach ein spontaner Akt des Protestes, der aus der Verzweiflung angesichts der Übermacht der sozialen Verhältnisse entspringt. Gandhi hat sogar gefordert, man solle nur auf den unmittelbaren Anruf des Gewissens zu einer Fastenaktion greifen; dann aber wirke diese auch wie eine Erlösung aus der Anspannung des Untätigseins. Als sich Gandhi im Januar 1948 zum Fasten entschloß, hatte er sich zuvor »hilflos« gefühlt gegenüber den blutigen Religionswirren. »Als ich alles, was Menschen tun können, erschöpft hatte, legte ich meinen Kopf in Gottes Schoß [...] Gott sandte mir das Fasten.« Drei Tage hatte er über die Lage nachgedacht. »Der Entschluß zum Fasten machte mich ganz glücklich.«[27] Für Gandhi war auch eine politische Fastenaktion ein Gebet und damit auch ohne äußeren politischen Erfolg – den er allerdings nie aus den Augen verlor – eine an und für sich sinnvolle Aktion. »Das Fasten belebt den Gebetsgeist, das Fasten ist sozusagen ein geistlicher Akt und daher an Gott gerichtet.«[28]

Wieweit diese Erfahrung der Wirkung einer Fastenaktion auf den Fastenden selbst nicht nur für Gandhi, sondern auch für andere gewaltfreie Aufständische gilt, ist auf Grund fehlender Tagebuchaufzeichnungen oder Berichte von anderen Teilnehmern an Fastenaktionen schwer festzustellen. Daß bei Danilo Dolcis erster Fastenaktion ein ähnlicher Gewissensanspruch und ein »ununterdrückbares Verlangen, der Wahrheit zum Ausdruck zu verhelfen«[29], vorgelegen haben dürfte, läßt sich aus seiner Handlungsweise schließen. Wenige Monate, nachdem er sich entschlossen hatte, in Trappeto auf Westsizilien als Sozialhelfer tätig zu sein, starb im Dezember 1952 in diesem Dorf ein Mädchen Hungers. Die Mutter des Kindes hatte nur dreimal in vierzehn Tagen eine kleine Mahlzeit Spaghetti gehabt. Dolci stellte alle Arbeit ein, ging in das Haus des toten Kindes, legte sich auf die Pritsche, auf der das Kind gestorben war, und erklärte: »Wir haben gegenüber diesen Menschen, die unsere Brüder

[27] Zit. in L. Fischer: Das Leben des Mahatma Gandhi, a. a. O., S. 514–515.
[28] *Harijan*, 21. 12. 1947. In: M. K. Gandhi, Sarvodaya, a. a. O., S. 87.
[29] M. K. Gandhi: Requirements for Satyagraha Fast. In: *Harijan*, 6. 5. 1933. In: ders.: Satyagraha, a. a. O., S. 319.

sind, eine Unterlassungssünde begangen, die wir sofort wiedergutzumachen haben. Diese Tat der Liebe müssen wir sogleich ausführen, um sie und uns zu retten. Man kann nicht mehr warten. Warten läßt den Tod anderer Opfer verschulden. – Ab heute werde ich nicht mehr essen, es sei denn, wir erhalten die erforderlichen 30 Millionen Lire, um den Ärmsten sofort Arbeit zu geben.«

Dolcis Hungerprotest blieb in den ersten Tagen fast unbemerkt. Einige Lokalblätter sprachen von der »Geste eines Exaltierten«. Dolci wurde ohnmächtig, und ein Arzt konnte ihn nur noch durch Spritzen am Leben erhalten. Ungefähr gleichzeitig erschien in Norditalien eine Gedichtsammlung jüngerer italienischer Dichter; einer der überzeugendsten war Danilo Dolci. Nur durch diesen Zufall wurde die große Presse auf den Fastenden aufmerksam und schlug Alarm. Die Regierung konnte es sich nun nicht mehr leisten, Dolci sterben zu lassen. Das Geld wurde bewilligt.[30]

Gandhis und Dolcis Fastenaktionen ist der innere Zwang zum Handeln gemeinsam, der vor Beginn der Aktion keine Wahrscheinlichkeitsrechnung über ihren Erfolg mehr zuläßt. Vom Fastenden her gesehen können diese Aktionen darum auch religiöse Handlungen sein. Die Fastenaktion als Mittel der gewaltfreien Aktion innerhalb einer bestimmten Kampagne unterscheidet sich jedoch vom rein religiösen Fasten, wie es beispielsweise von Jesus nach der Taufe durch Johannes für »vierzig Nächte« in der Wüste gehalten worden sein soll[31], dadurch, daß es erstens einen sozialen Anlaß hat, zweitens öffentlich erfolgt und von der Umwelt beobachtet werden soll und drittens eine soziale Änderung anstrebt.

Wirkung auf Anhänger und Mitkämpfer

Die Fastenaktion kann in einer gewaltfreien Kampagne zu einem wichtigen Führungsmittel werden, und zwar erstens in der Form des Sühnefastens, als Mittel, die Atmosphäre von Gewalttaten von seiten der Aufständischen zu reinigen und zweitens als Mittel der Stärkung einer abflauenden Kampfmoral. Als Beispiele mögen hierfür zwei von Gandhis Fastenaktionen dienen; er war bis jetzt der einzige bekannte Führer, der vor allen anderen die eigenen Anhänger zu Adressaten mancher seiner Fastenaktionen machte.

Am 5. Februar 1921 wurden in Chauri Chaura (United Provinces) von Indern einige Polizisten ermordet. Gandhi fühlte sich für diese Morde mitverantwortlich. Er fragte sich: »War ich nicht unmittelbar die Ursache, die diese ungeheuren Energien des Volkes in Bewegung gebracht hat?«[32] Gandhi brach die Khilafat-Kampagne ab

[30] Theodor Ebert: Danilo Dolci, der gewaltfreie Revolutionär Siziliens. In: *Die Friedensrundschau*, XVIII, 1, Jan. 1964, S. 17.

[31] Matthäus 4, 1–2.

[32] Zit. in O. Wolff: Indiens Beitrag zum neuen Menschenbild, a. a. O., S. 84.

und begann ein fünftägiges Sühnefasten. »Mir, der ich bankrott bin, blieb nichts anderes übrig. Ich muß Gott um weiteren Kredit bitten, seine Geschäfte zu führen. Das kann ich nur tun, indem ich mich selbst erniedrige, indem ich im Staub vor ihm krieche, indem ich die Nahrung ausschlage, die er gegeben hat.«[33] Gleichfalls wegen Gewalttaten seiner Landsleute hatte Gandhi schon 1919 in Ahmedabad ein dreitägiges Bußfasten auf sich genommen und die Bevölkerung aufgefordert, ein eintägiges Fasten zu beobachten.[34]
Diese Sühnefasten Gandhis stillten entweder Aufruhr und Mord, oder sie schufen nach einem vorläufigen, von der Fastenaktion unabhängigen Abebben der Unruhen wieder eine für gewaltfreie Aktionen günstige Atmosphäre. Indem Gandhi nach den Morden von Chauri Chaura eingestand, daß es eine »himalayagroße Fehlkalkulation« gewesen sei, daß er ohne ausreichende Vorbereitung die Massen zum gewaltfreien Widerstand aufgerufen habe,[35] schuf er bei den Engländern wieder Vertrauen für seine Behauptung, daß ihm an einer echten gewaltfreien Kampagne gelegen und die proklamierte Gewaltfreiheit kein Deckmantel sei für die Vorbereitung einer gewaltsamen Erhebung. Das an die eigenen Anhänger gerichtete Sühnefasten hatte somit auch eine wichtige Nebenwirkung auf den Kontrahenten.
Das Fasten zur Stärkung der absinkenden Kampfmoral seiner Mitkämpfer wandte Gandhi 1919 anläßlich eines Streikes der Textilarbeiter in Ahmedabad an. Nach zweiwöchiger Streikdauer hatten die Arbeiter zu verzweifeln begonnen und waren in immer geringerer Zahl zu Gandhis Streikversammlungen erschienen. Gandhi hatte gefühlt, daß er unbedingt etwas tun mußte, wenn der Streik nicht zusammenbrechen sollte. Am nächsten Morgen erklärte er unvermittelt und, wie er sagt, für ihn selbst überraschend: »Wenn die Arbeiter ihre Reihen nicht wieder schließen, um weiterzustreiken, bis eine Einigung erzielt ist oder alle die Spinnereien verlassen haben, werde ich kein Essen mehr anrühren.« Gandhi berichtet, daß die Arbeiter auf diese Mitteilung hin »wie von Donner gerührt« dagestanden hätten, dann selbst sich an dem Fasten hätten beteiligen wollen und schließlich, nachdem er ihnen dies ausgeredet, mit neuem Mut und neuer Ruhe den Streik fortgesetzt hätten.
Wenn Gandhi bei seinem Fasten auch nur die Wirkung auf die streikenden Arbeiter im Auge hatte, so hatte doch das Fasten eine für den Streikausgang bedeutsame Nebenwirkung auf die Arbeitgeber selbst, mit denen Gandhi zum Teil eng befreundet war, und die durch sein Fasten unter starken moralischen Druck gesetzt wurden.
Hätte Gandhi diesen moralischen Druck kalkulierend ausgeübt,

33 Zit. in O. Wolff, a. a. O., S. 83–84.
34 M. K. Gandhi: An Autobiography, a. a. O., S. 345; N. D. Parikh: Sardar Vallabhbhai Patel, Ahmedabad 1956, Vol. I., S. 100–102.
35 M. K. Gandhi: An Autobiography, a. a. O., S. 346–347.

wären die freundschaftlichen Bande darüber vermutlich zerrissen, so aber gab er sein Dilemma offen zu und bezeichnete es als einen »schweren Fehler« seines Fastens, daß es nicht nur die Kampfmoral der Arbeitnehmer stärke, sondern auch die Nebenwirkung habe, auf die Arbeitgeber Zwang auszuüben. Die Fabrikanten warfen Gandhi zwar ob dieser Einsicht »delikate Bissen von Sarkasmus« an den Kopf, aber Gandhis Fasten schuf doch aufs Ganze gesehen eine »Atmosphäre des guten Willens«, und nach dreitägigem Fasten und Verhandeln konnte nach 21 Streiktagen eine Einigung auf ein Schiedsgerichtsverfahren erzielt werden, das den Arbeitern schließlich die geforderten 35 Prozent Lohnerhöhung zuerkannte.[36]

Wirkung auf die noch nicht engagierte Öffentlichkeit

In der westlichen Welt ist das Fasten als Mittel der Propaganda verschiedentlich von solchen Personen oder Gruppen eingesetzt worden, denen die Massenkommunikationsmittel zur Publizierung ihrer Anliegen auf andere Weise nicht zugänglich waren. Solche Fastenaktionen gehen zusätzlich zum Gewissenszwang von der einfachen Überlegung aus, daß die Öffentlichkeit neugierig darauf ist zu erfahren, warum jemand fastet, da man annimmt, daß niemand freiwilligen Nahrungsverzicht auf sich nimmt, ohne daß er einen ernsten Grund hat. Gandhi hat im Fasten eines der wirksamsten Mittel der Massenbeeinflussung gesehen: »Die einzige Sprache, die die Massen verstehen, ist die Sprache des Herzens, und das Fasten ist diese Sprache des Herzens, vorausgesetzt, daß es vollkommen selbstlos ist.«[37]

Musterbeispiele für erfolgreiche Publicity-Fastenaktionen sind Danilo Dolcis jeweils 10tägigen Hungerstreiks für die Staudämme an Iato (1962) und Bruca (1963), welche die Blicke Italiens auf das »Entwicklungsland« Westsizilien lenkten. Dolcis Fasten dramatisierte das Elend in den sizilianischen Dörfern vor der Welt und gab ihren Bewohnern Hoffnung auf Änderung. Bei seiner zweiten Fastenaktion für einen Staudamm im Oktober 1963 blieb er darum auch nicht allein mit seiner Fastenaktion, sondern ein »Komitee der 100« bildete sich in Roccamena, das sich für 24 Stunden an Dolcis Hungerstreik beteiligte. In England und der Bundesrepublik Deutschland unterstützten etwa 60 Menschen in 15 Städten in einem Sympathiefasten von mindestens 24 Stunden Länge diese Aktion der Sizilianer.[38]

Als Gandhi im Jahre 1942 im Gefängnis von der englischen Kolo-

[36] J. Bondurant: Conquest of Violence, a. a. O., S. 65–73; M. K. Gandhi: An Autobiography a. a. O., S. 317–319.

[37] Zit. in G. Dhawan: The Political Philosophy of Mahatma Gandhi, a. a. O., S. 147.

[38] Roland Föll: Danilo Dolcis gewaltfreier Kampf erfolgreich. In: *konsequent*, Stuttgart, Nr. 5, Nov./Dez. 1963, S. 3–4.

nialregierung beschuldigt wurde, an den Gewalttaten im Lande schuld zu sein, begann er im Februar 1943 ein 21tägiges Fasten. Die Regierung hatte dem Gefangenen jegliche öffentliche Stellungnahme zu den Beschuldigungen unmöglich gemacht. Das Fasten war das letzte Mittel, das ihm blieb, das Land darüber zu informieren, daß er gegen diese Auffassung der Regierung protestiere, die durch Unterdrückungsmaßnahmen die Bevölkerung zum Wahnsinn treiben würde.[39]

Die Information der Öffentlichkeit ist aber meist nicht Selbst- beziehungsweise Endzweck, sondern nur das Mittel, um auf die staatlichen Organe einzuwirken. Die Einwirkung auf die Öffentlichkeit ist darum im Zusammenhang mit der Wirkung der Fastenaktion auf die Herrschenden zu betrachten.

Wirkung auf die Herrschenden

Die Fastenaktion kennt zwei Arten der Einwirkung auf den Gegner, eine direkte und eine indirekte. Bei der ersten appelliert der Fastende direkt an Herz und Vernunft des Gegners, bei der zweiten übt er indirekt über die öffentliche Meinung Druck auf den Gegner aus. Beide Arten der Einwirkung sind in den meisten Fastenaktionen gleichzeitig vorhanden, und es gibt höchstens Unterschiede der Intensitätsgrade. Bei manchen Fastenaktionen ist der Appell an das Selbstverwirklichungsmotiv der Herrschenden unverkennbar, bei anderen scheint allein der Druck zu entscheiden, den die öffentliche Meinung ausübt.

Obwohl Gandhi immer Wert darauf legte, seine Fastenaktionen als direkte Appelle zu interpretieren, war auch ihnen die Druckwirkung über die öffentliche Meinung nicht fremd. Lord Linlithgow, der englische Vizekönig, schrieb am 5. Februar 1943 anläßlich Gandhis bevorstehender 21tägiger Fastenaktion an diesen: »Ich halte ein Fasten aus politischen Gründen für eine Art politischer Erpressung.«[40] Das sizilianische »Komitee der 100« für den Bruca-Staudamm ist am 28. August 1963 nach seiner eigenen Aussage zu dem Zweck gegründet worden, »starken gewaltlosen Druck auszuüben«.[41]

Der politische Druck, der von einer Fastenaktion ausgeht, kann durch die Erhöhung der Zahl der an der Aktion Beteiligten verstärkt werden. Fastenaktionen auf Massenbasis wurden zwar schon vorgeschlagen und auf ihre risikolose Verwendbarkeit als Protestmittel auch unter totalitären Regimen hingewiesen[42], aber abgesehen von

[39] Schreiben Gandhis an Lord Linlithgow vom 29. 1. 1943. In: Gandhiji's Correspondence with the Government 1942–1944, Ahmedabad 1945, S. 25 u. 33.
[40] Gandhiji's Correspondence with the Government 1942–1944, a. a. O., S. 28.
[41] Danilo Dolci Demands New Dam. In: *Peace News*, 20. 9. 1963.
[42] G. Fritz (Hrsg.): Die Gewaltfreie Zivilarmee, Stuttgart 1962, S. 11–12.

den indischen Hartals gelangten sie nur in spanischen Arbeitskämpfen[43] zur Durchführung. Ein bedeutender Versuch für den Übergang vom individuellen Fasten zur Massenaktion war der von Danilo Dolci geplante Hungerstreik am Strande von San Cataldo, der sich gegen die Raubfischer der Mafia richtete, die von der Polizei nicht energisch bekämpft wurden.

Für den 30. Januar 1956 hatte Dolci einen 24stündigen Hungerstreik geplant. 1000 Bürger von Trappeto, Partinico und Balestrate schrieben in einem offenen Brief an den Präsidenten der Republik: »Wir fasten heute nicht aus Verzweiflung, sondern in der Hoffnung, etwas dazu beizutragen, daß Italien ein zivilisiertes Land wird.«

Das Kommissariat der Sicherheitspolizei von Partinico meinte anschließend, einen totalen Mißerfolg des politischen Agitators Dolci feststellen zu können: »Diese Kundgebung sollte ein Protest gegen die Behörden sein, die nicht dafür gesorgt hatten, den Arbeitslosen des Gebietes Arbeit zu geben, und weil sie dem Gesetz für einen geordneten Fischfang auf dem Meer keine Achtung verschafft hatten. Trotz der getroffenen Vorbereitungen hatte die Kundgebung keinen Erfolg, indem sich nur 20 Leute einfanden, die nach Intervention der Ordnungskräfte von ihrem Vorhaben absahen.«[44]

Im Bericht von Dolci nehmen sich die Vorgänge anders aus: »Wir waren entschlossen, einen ganzen Tag gemeinsam zu fasten, um zu zeigen, daß sich die Dinge der Welt nicht ohne gemeinsame Meditation, Reinheit und Opferbereitschaft zum Besseren wenden können. Wir versammelten uns, um in der Stille darüber nachzudenken, was man tun könnte, um unsere kleine Welt zu verändern. Die Beamten für öffentliche Sicherheit luden mich vor und sagten nur, diese Kundgebung sei nicht bewilligt. Ich erwiderte, Fasten sei bestimmt kein Verbrechen, erst recht nicht an einem so einsamen Ort wie dem Strande von San Cataldo [...] Wenn wir einen Abstand voneinander einhalten müßten, sagte ich ihm, würden wir ein Metermaß mitnehmen und in exakter Entfernung von 1 m, 1,20 m, 1,50 m, 2 m voneinander bleiben: so viel er uns angebe [...] An diesem Montag, als wir fasteten, regnete es stark, und wir hatten in der Nacht erfahren, daß die Carabinieri am späten Abend alle Bootsführer von Trappeto und Balestrate davor gewarnt hatten, am Fasten in San Cataldo teilzunehmen. Dieses Verbot erregte viel böses Blut. Da uns das Fasten wichtiger war als der Ort des Fastens, beschlossen wir um vier Uhr morgens, die Fischer von Trappeto und Balestrate sollten in ihren ›Fischerhäusern‹ und die Arbeitslosen von Partinico in der Arbeitskammer [...] bleiben [...] Dieser Entschluß erwies sich als richtig, denn bei einem raschen Augenschein mit Journalisten, Photographen und später einem Berichterstatter des Fernsehens zählten wir rings um Trappeto rund 200 Polizisten

43 B. Schütze: Rekonstruktion der Freiheit, a. a. O., S. 97.

44 Protokoll vom 3. 2. 1956. In: D. Dolci: Banditen in Partinico, Teil II: Zeugnisse, a. a. O., S. 221.

mit Lastwagen usw. Der Gang nach Cataldo hätte, abgesehen vom nutzlosen Sich-verregnen-Lassen während des ganzen Tages, einen Zusammenstoß auslösen können: Uns drängte es aber, allen, vor allem uns selbst, eine Visitenkarte in die Hand zu drücken: ›So sind wir, wir wollen uns als Ehrenleute aufführen.‹ Nur einige wenige, die nicht rechtzeitig benachrichtigt worden waren, begaben sich trotz des strömenden Regens an den Strand von Ciammarita, wurden aber von uns zurückgerufen: Der Druck der Polizei war überflüssig.«[45]

Dolci hatte mit diesem Hungerstreik auf Massenbasis, einer für Sizilien völlig neuen Methode, auch äußerlich erreicht, was er wollte: die Aufmerksamkeit der Öffentlichkeit und einen Aktivitätsbeweis der Polizei, wie er bisher gegen die Mafia nicht zu erreichen gewesen war. Der geballte Einsatz der Polizei weist darauf hin, daß der Hungerstreik auch in europäischen Breiten als Druckmittel für politische Ziele eingesetzt werden kann, da er wie keine andere gewaltfreie Methode letzte Bedrängnis und Entschlossenheit zum Ausdruck bringt.

Demonstrative Selbsttötung

Ein Sonderfall unter den gewaltfreien Kampfmaßnahmen ist die Selbsttötung, die durch die öffentliche Selbstverbrennung der buddhistischen Mönche in Südvietnam im Sommer 1963 bei der Kampagne gegen das Ngo-Regime überraschend als ungemein wirksame Kampfesweise erkennbar wurde.

Adam Roberts beschreibt in seiner Darstellung der buddhistischen Kampagne den Flammentod des ersten Priesters im Detail: »Dann kam der 11. Juni 1963, und die Welt erschrak über eine Form des gewaltfreien Kampfes, die wohl kaum jemand für möglich gehalten hatte. Anschließend an einen öffentlichen Gottesdienst in einer Pagode Saigons für acht Opfer des Massakers von Hué am 8. Mai defilierte ein Zug von Mönchen und Nonnen durch die Straßen. An der Spitze des Zuges fuhr langsam ein älteres Auto, in dem einige buddhistische Priester saßen. An einer Hauptkreuzung bildeten überraschend die 300 Mönche einen dichten, aber weiten Ring um das Auto älteren Baujahrs. Der 70jährige Priester Quang Duc stieg aus und setzte sich auf die Straße. Zwei Mönche gossen aus einem Kanister etwas über den Sitzenden. Ruhig zündete Quang Duc ein Streichholz an und hielt es an die benzingetränkte gelbe Mönchskutte. Mehrere Minuten saß er aufrecht im Lotossitz da, während die Flammen seinen Körper verzehrten. Seine Augen waren geschlossen. Indem er sich aufs äußerste konzentrierte, ertrug

[45] Aussage in der Gerichtsverhandlung in Palermo am 24. 3. 1956. In: D. Dolci: Banditen in Partinico, Teil II: Zeugnisse, a. a. O., S. 231–233.

er die Schmerzen ohne jeden Laut. Dann sank er in einer Flammenlohe langsam tot nach hinten. Auf den Transparenten der umstehenden Mönche und Nonnen stand: Ein buddhistischer Priester verbrennt sich für die Erfüllung von fünf Forderungen.«[46]
Gandhi hat die rasche Selbsttötung als gezielte Kampfmaßnahme nie vorgesehen gehabt. Er gab seine Zustimmung zur Selbsttötung durch Gift nur für die Fälle, in denen dem Individuum eine Entehrung drohte.[47] Eine ähnliche Notwehr- und Kampfmaßnahme wäre eine solche Selbsttötung, wenn ein Mensch bei Verhören unter der Tortur fühlt, daß er nicht länger durchhalten kann und demnächst aus physischer Schwäche Verrat begehen wird.
Wo immer die Möglichkeit für ein Fasten bis zum Tode besteht, ist es der raschen Selbsttötung vorzuziehen, da es als eine Art Ultimatum dem Gegner die Möglichkeit gibt, seinerseits sein Gewissen zu befragen und eventuell nachzugeben. Die Selbsttötung ohne Vorwarnung lastet dem Gegner den Tod eines Menschen auf, ohne daß jenem eine letzte Gelegenheit gegeben wurde, sich zu besinnen. Es können jedoch Fälle eintreten, in denen die Zeit drängt und (oder) eine öffentliche spektakuläre Selbsttötung bedeutend wirkungsvoller ist, als ein Fasten bis zum Tode. In dieser Situation scheinen sich die buddhistischen Mönche im Sommer 1963 befunden zu haben. Auch eine vorherige Ankündigung der Selbsttötung, um dem Diktator noch eine letzte Chance zu geben, wäre unzweckmäßig gewesen, da dieser den seiner Reputation gefährlichen Flammenselbstmord durch Polizeimaßnahmen zu verhindern gesucht hätte, ohne die Forderungen der Buddhisten zu erfüllen.
Die demonstrative Selbsttötung ist das letzte Mittel des gewaltfreien Kampfes. Wenn sich ein Widerstandskämpfer zu diesem Schritt entschließt, erweckt er damit auch den Eindruck, daß alle anderen gewaltfreien Kampfmittel wirkungslos oder nicht einsetzbar sind und daß die Lage der (potentiellen) Aufständischen insgesamt hoffnungslos ist. Die Selbsttötung kann so zum Zeichen perspektiveloser Resignation werden. Aus diesem Blickwinkel ist auch die Selbstverbrennung des Philosophiestudenten Jan Palach am 16. Januar 1969 auf dem Prager Wenzelsplatz von Befürwortern des gewaltfreien Widerstandes kritisiert worden,[48] obwohl dieser Opfertod immerhin noch mit konkreten Forderungen verbunden

[46] Adam Roberts: Die gewaltlose Kampagne der Buddhisten in Südvietnam. In: *konsequent*, Stuttgart, Nr. 6, Jan./Febr. 1964, S. 5.

[47] Women's Ordeal. Death before Dishonour, *Harijan*, 27. 10. 1946. In: Non-Violence in Peace and War, Vol. II, S. 152.

[48] So Adam Roberts und Gene Sharp im Gespräch mit dem Verfasser. Um die Selbstverbrennungen als Methode der gewaltfreien Aktion nicht zu propagieren und um eine Fetischisierung des Leidens zu vermeiden, hatte ich auf ihren dringenden Rat verzichtet, in der ersten Ausgabe dieses Buches im Rombach-Verlag diese Methode aufzuführen. Da es jedoch inzwischen zu zahlreichen politisch motivierten Selbstverbrennungen – mit zuweilen erschreckend geringer Wirkung – in den USA, der UdSSR und anderswo gekommen ist, hielt ich eine zurückhaltende Würdigung dieser Methode nun doch für angebracht.

war, öffentliche Hungerstreiks mitten im Winter in einem Zelt am Ort der Selbstverbrennung auslöste[49], im Trauerzug Gelegenheit zu einer »eindrucksvollen, obschon völlig inoffiziellen Schaustellung nationaler Eintracht« bot[50] und, wie Trauerbezeigungen ein Jahr nach dem Flammentod beweisen, zu einem nationalen Gedenktag zu werden verspricht.[51]

Bei allen Vorbehalten gegen die demonstrative Selbsttötung als Mittel der gewaltfreien Aktion wird man sie in Zukunft doch immer dann zu berücksichtigen haben, wenn im Widerstand gegen totalitäre Regime keine Alternative zum gewaltsamen Vorgehen mehr vorhanden zu sein scheint. Unmittelbar vor und nach dem Ausbruch des Zweiten Weltkrieges wäre die öffentliche Selbstverbrennung ein angemessenes Kampfmittel im Widerstand gegen die nationalsozialistische Herrschaft gewesen; einige tausend Selbstverbrennungen hätten möglicherweise die Deutschen gezwungen, über ihre Führung kritisch nachzudenken und ihr schließlich konsequent die Zusammenarbeit zu verweigern. Öffentliche, provokative Selbsttötungen wären eine denkbare gewaltfreie Alternative und ein moralisches Äquivalent zum gewaltsamen Umsturzversuch des 20. Juli 1944 gewesen. Die demonstrative Selbsttötung setzt jedoch mehr als jede andere gewaltfreie Kampftechnik die bewußte Bindung an eine Wertordnung voraus, in welcher die Erhaltung des eigenen Lebens nicht der oberste Wert ist.

49 *Der Spiegel*, 27. 1. 1969.

50 A. Roberts: Eine Schlacht gewonnen, den Krieg verloren? Zwischenbilanz des Widerstandes in der CSSR. In: *Gewaltfreie Aktion*, 1/2, Dez. 1969, S. 55.

51 Zur allgemeinen Grundstimmung siehe jedoch: Harry Schleicher: Die Erben Palachs haben die Hoffnung begraben. An den Universitäten in der CSSR sind Apathie und Resignation eingekehrt. In: *Frankfurter Rundschau*, 19. 1. 1970.

12. Nichtzusammenarbeit und konstruktive Rolleninnovation

Funktion von Nichtzusammenarbeit und Obstruktion

Es gibt nur freiwillige Knechtschaft, und alle hierarchischen Systeme sind letzten Endes auf die Unterstützung der Unterstellten und Unterdrückten angewiesen; diese Überlegung hat Gene Sharp als die wichtigste Hypothese in Gandhis politischer Theorie des Verhältnisses der Beherrschten zu den Herrschenden bezeichnet.[1] »Despoten verschaffen sich die Zustimmung der Regierten oft mit Gewalt; aber selbst die abgefeimteste Despotie könnte sich nicht an der Macht halten ohne diese Gefügigkeit der Beherrschten. In dem Augenblick, in dem die Beherrschten aufhören, die Sanktionen der Herrschenden zu fürchten, löst sich deren Machtstellung auf.«[2]

Gandhi gilt heute als der bedeutendste Theoretiker und Praktiker der Nichtzusammenarbeit (non-co-operation), da er »der erste war, der über einen längeren Zeitabschnitt ein ganzes System des Widerstands, das auf dieser Hypothese vom freiwilligen Charakter der Knechtschaft beruhte, entwickelte«.[3] Ferner gelang ihm die für die Eskalation der Kampfmaßnahmen bedeutsame Abstufung der Nichtzusammenarbeit in die »legale Nichtzusammenarbeit« und den per definitionem illegalen »zivilen Ungehorsam«.[4] Gandhi suchte sich als erster Klarheit darüber zu verschaffen, in welchen politischen Konstellationen die Nichtzusammenarbeit angewandt werden kann, welche organisatorischen Vorbereitungen getroffen sein müssen, welche speziellen Methoden eingesetzt werden können und in welchen Bereichen des politischen Lebens dieser Einsatz besonders erfolgversprechend ist.

Für Gandhi bedeutete Nichtzusammenarbeit nicht einen Zustand passiven Nichtstuns, sondern »einen Zustand intensivster Aktivität«.[5]

[1] Gene Sharp: Gandhi on the Theory of Volontary Servitude. In: *Anarchy*, London, No. 14, April 1962, S. 120–128.
[2] M. K. Gandhi in *Young India*, 30. 6. 1920. In: N. K. Bose: Selections from Gandhi, a. a. O., S. 122.
[3] Gene Sharp: Gandhi on the Theory of Volontary Servitude. In: *Anarchy*, April 1962, S. 128.
[4] Wenn Gandhi von »Nichtzusammenarbeit« (non-co-operation) sprach, dann meinte er immer die »legale Nichtzusammenarbeit«; an diese Sprachregelung werde ich mich im folgenden auch halten.
[5] Non-Kooperation und Religion. In: *Young India*, 25. 8. 1920. In: Mahatma Gandhi, Jung Indien, a. a. O., S. 147.

Erklären läßt sich diese paradoxe Aussage damit, daß in Gandhis Kampagnen die Nichtzusammenarbeit immer mit drei weiteren Aktivitäten kombiniert wurde: erstens der Propaganda der eigenen Vorstellungen und Forderungen zur Gewinnung einer breiten Anhängerschaft, zweitens dem Aufbau einer Organisation disziplinierter Freiwilliger, die aus der breiten Masse der durch die Aufklärung gewonnenen Anhängerschaft ausgewählt und zu einer gewaltfreien Verhaltensweise verpflichtet wurden, und drittens dem Einsatz von Freiwilligen und Anhängerschaft in konstruktiven Aktionen, insbesondere auf dem Sektor der legalen Rolleninnovation.
Für Gandhi gab es nur die einfache Alternative: Zusammenarbeit, das heißt institutionenimmanente konstruktive Mitarbeit, oder Nichtzusammenarbeit. Zur Nichtzusammenarbeit riet er, sobald er zu der Überzeugung gelangt war, daß durch konstruktive Zusammenarbeit mit dem Regime keine laufende Besserung, sondern nur eine Verlängerung des Übels erreicht werde. Anläßlich der Khilafat-Kampagne hat er am Beispiel der Nichtzusammenarbeit der Richter und Rechtsanwälte erklärt, wann von der reformerischen Zusammenarbeit zur revolutionären Nichtzusammenarbeit überzugehen sei: »Solange wir glaubten, daß die Macht schrittweise von den Engländern auf die Inder übergeben werde, haben wir jede Berufung eines Inders zu einem hohen richterlichen Amt mit Jubel begrüßt. Nun da wir wissen, daß das System keiner Verbesserung fähig ist, muß jede solche Berufung um der Täuschung willen, die in ihr liegt, als ein Übel betrachtet werden. Aus diesem Grunde also hilft jeder Anwalt, der seine Praxis aufgibt, das Ansehen der Gerichte zu untergraben, und insofern wird jedes Aufgeben der Praxis zu einem Gewinn für die einzelnen und für die Gesamtheit.«[6] Andere indische Politiker, wie Deshbandhu Das, die gleichfalls nicht an eine evolutionäre Besserung des englischen Kolonialsystems glaubten, sahen jedoch neben der Nichtzusammenarbeit noch die »Obstruktion« als dritte Möglichkeit. Statt die sogenannten »gesetzgebenden Räte« zu boykottieren, wollten sie sich in sie wählen lassen und dann durch Obstruktion von innen offenbar machen, daß die englische Propagandathese von der »Doppelherrschaft« (Dyarchy) in Indien nicht mit der Verfassungswirklichkeit übereinstimme, sondern daß der Vizekönig autokratisch herrsche und sich über die Wünsche der angeblich gesetzgebenden indischen Repräsentanten hinwegsetze.[7] Die Obstruktion sollte eine Methode des Aufstands in der Form der institutionenimmanenten Aktivität sein.

[6] Der Aberglaube an die Gerichte. In: *Young India*, 6. 10. 1920. In: Mahatma Gandhi, Jung Indien, a. a. O., S. 176. Die Frage, ob »ein System der Verbesserung (d. h. hier der systemüberwindenden Reform – Th. E.) fähig ist« oder nicht, läßt sich nicht, wie Gandhi meint, aufgrund objektiven Wissens entscheiden, sondern nur aufgrund der Bewertung von Erfahrungen und einer Prognose, die zur sich selbst erfüllenden Prophetie werden kann.
[7] S. N. D. Parikh: Sardar Vallabhbhai Patel, Vol. I, S. 174–188.

Gandhi glaubte nicht an die Wirksamkeit der Obstruktion. Die straffe Obstruktion der irischen Parlamentsabgeordneten habe auf das englische Unterhaus nicht den geringsten Eindruck gemacht.[8] Sie verführe zu der Selbsttäuschung, daß etwas zur Abänderung geschehe, während sich in Wahrheit gar nichts ändere.[9] Im übrigen war Gandhi jede Methode, die den Gegner durch irgendwelche Tricks zu übertölpeln suchte, von vornherein suspekt, da er annehmen konnte, daß sie seiner Strategie, vor allem auch auf das Selbstverwirklichungsmotiv des Gegners einzuwirken, zuwiderlaufen würde.

Ob die Anhänger der Obstruktionstheorie recht hatten oder die Vertreter der Theorie der Nichtzusammenarbeit, läßt sich nicht eindeutig feststellen, da weder Obstruktion noch Nichtzusammenarbeit in Indien zu einem raschen Enderfolg führten und beide Methoden dem englischen Kolonialregime unangenehm waren. In Indien war jedoch sowohl der Nichtzusammenarbeit als auch der Obstruktion eigen, daß beide völlig offen und ohne Verschleierung der Motive erfolgten, – es damit auch jedermann sofort erkennbar war, daß es sich um Widerstandsaktionen handelte und die Herrschenden sich vor der Öffentlichkeit auf eine auch nur vorgetäuschte Mitarbeit der Obstruktionisten nicht berufen konnten.

Richtet sich die Obstruktion gegen totalitäre Regime, ist der Tatbestand des Widerstandes meist der Öffentlichkeit und den Herrschenden nicht klar erkennbar, da es sich dann meist um eine Mischung von loyaler Mitarbeit auf Gebieten, die als systemneutral betrachtet werden, und *heimlicher* Obstruktion handelt. Hans Rothfels hat in seiner verständnisvoll nachsichtigen Würdigung der deutschen Opposition gegen Hitler wie Gandhi auch auf das Element der Selbsttäuschung hingewiesen, das diesem Doppelspielertum innewohnt: »Es kann die Ansicht vertreten werden, daß es keine gefährlichere Fehlmeinung gab als den Glauben, daß man Exzesse mildern und ›Schlimmeres verhüten‹ könne, wenn man sich nur beteilige oder in die Partei eintrete. Im Gesamtbild und ins Große gesehen war dies ohne Zweifel eine Fehlmeinung. Es war oft nicht mehr als ein Mittel bequemer Selbsttäuschung. Manche rückblikkende Beobachter sind der Ansicht, daß es ohne die Mitarbeit und Sachkunde von Beamten, Betriebsführern und anderem geschulten Personal sehr frühzeitig schon zu einem Niederbruch in Verwaltung und Wirtschaft des nationalsozialistischen Regimes gekommen wäre.«[10]

[8] Boykottierung der gesetzgebenden Räte. In: *Young India*, 14. 7. 1920. In: Mahatma Gandhi, Jung Indien, a. a. O., S. 114.

[9] S. Diskussion der Obstruktionstheorie bei W. E. Mühlmann: Mahatma Gandhi, a. a. O., S. 70, 79 u. 167–168.

[10] H. Rothfels: Die deutsche Opposition gegen Hitler. Eine Würdigung. Frankfurt/M. 1958, S. 34.

Die meisten Formen der politischen Nichtzusammenarbeit finden sich exemplarisch in der sogenannten »Khilafat«- oder »Non-cooperation«-Kampagne von 1920–1922 in Indien vereinigt. An ihren Aktionen sollen im folgenden einige Merkmale der Form und Wirkung dieser Kampfmethode dargestellt werden.
Gandhi hat selbst in seiner Zeitung »Young India« in einem Leitartikel »Wie gehandelt werden soll und wann« eine Liste der Formen der Nichtzusammenarbeit aufgestellt, die der strategische Ausschuß der Kongreß-Partei ausgearbeitet und aufeinander zugeordnet hatte:

»1. Verzicht auf alle Ehrentitel und Ehrenämter
2. Nichtbeteiligung an den Anleihen des Staates
3. Einstellung der Rechtsanwalttätigkeit und Beilegung von Zivilprozessen durch private Schiedsgerichte
4. Boykott der Staatsschulen durch die Eltern
5. Boykott des Rates für konstitutionelle Reformen
6. Verweigerung der Beteiligung an den offiziellen Empfängen und allen übrigen offiziellen Funktionen
7. Ablehnung aller zivilen und militärischen Ämter, Ablehnung der Anwerbung für die Armee.«[11]

Der Verzicht auf Ehrentitel und Ehrenämter kann auch noch zur Kategorie der Protestaktionen gerechnet werden, hier soll er aber zusammen mit den Methoden der Nichtzusammenarbeit behandelt werden, da diese Handlung meist anzeigt, daß man gewillt ist, die Nichtzusammenarbeit auch auf andere Gebiete auszudehnen. Die Rückgabe von Titeln und Ehrenämtern kann einer offenen Kriegserklärung gleichkommen. In diesem Sinne wollte Gandhi es auch verstanden wissen, als er am 1. August 1920 an den englischen Vizekönig schrieb: »Nicht ohne schmerzliche Bewegung sende ich Ihnen hier die goldene Kaiser-i-Hind-Medaille zurück, die mir von Ihrem Vorgänger für meine humanitären Bestrebungen in Südafrika verliehen worden, die Zulukrieg-Medaille, die mir im Jahre 1906 in Südafrika für meine Verdienste als Offizier des freiwilligen indischen Sanitätskorps überreicht worden, endlich die Burenkrieg-Medaille, die ich als stellvertretender Leiter des freiwilligen indischen Sanitätskorps während des Burenkrieges von 1899 bis 1900 erhalten. Wenn ich diese Medaillen zurückzusenden wage, geschieht es in Befolgung der Vorschrift der Nichtzusammenarbeitsbewegung, die heute im Zusammenhang mit der Khilafat-Kampagne eingeleitet wird. So wertvoll mir die verliehenen Auszeichnungen auch sind, kann ich sie doch nicht guten Gewissens tragen, solange meine mohammedanischen Landsleute zu leiden haben unter einem

[11] 7. 7. 1920. In: Mahatma Gandhi, Jung Indien, a. a. O., S. 109.

Unrecht, das ihrem religiösen Empfinden angetan worden.[12] Die Ereignisse des vergangenen Monats haben mich in der Überzeugung bestärkt, daß die Kaiserliche Regierung in der Angelegenheit des Khilafats in skrupelloser, unsittlicher und ungerechter Weise vorgegangen ist und von Unrecht zu Unrecht gegriffen hat, um die einmal begangene Ungerechtigkeit zu verteidigen. Einer solchen Regierung kann ich nicht länger Achtung oder Zuneigung wahren.«[13] Die Rückgabe solcher Ehrenbezeichnungen ist besonders wirksam, wenn sie von seiten hochangesehener Persönlichkeiten erfolgt. So verzichtete neben Gandhi als prominentester Inder auch der Nobelpreisträger Rabindranath Tagore auf seinen englischen Adelstitel.

Nach Ansicht von J. Nehru hat Gandhi mit der Aufforderung zur demonstrativen Rückgabe von Orden und Titel die Hauptstützen der britischen Herrschaft, »die Furcht, das Prestige, die freiwillige oder erzwungene Mitarbeit des Volkes«, untergraben. »Zwar kamen nur wenige Titelträger dieser Forderung nach, doch das Volk verlor die Achtung vor diesen von den Briten verliehenen Titeln, und sie wurden zu Symbolen der Erniedrigung.«[14]

Dem Verzicht der Prominenten auf Auszeichnungen durch das bekämpfte Regime entspricht bei den einfachen Bürgern der Boykott von politischen Parade- und Vergnügungsveranstaltungen. Gandhi hat es 1920 geradezu als eine religiöse Pflicht bezeichnet, daß man mit einem ungerechten Regime nicht nur die Zusammenarbeit verweigerte, sondern auch seine Wohltaten, die wieder nur auf Kosten anderer vergeben werden könnten, nicht akzeptiere: »Lieber wäre mir ein Bettelsack als die reichste Gabe von den Händen, die befleckt sind mit dem Blut der Unschuldigen von Jallianwalla.[15] Lieber, viel lieber ein Haftbefehl als honigsüße Worte von denen, die das religiöse Empfinden der siebzig Millionen meiner mohammedanischen Brüder mutwillig verletzt haben.«[16]

Wohl der umstrittenste von Gandhis Vorschlägen zur Nichtzusammenarbeit war die Anweisung an die Anwälte, ihre indischen Landsleute nicht mehr vor Gericht zu vertreten. Gandhi, der als erfahrener Anwalt hier als intimer Kenner der Möglichkeiten zu diesem Ver-

[12] Im Friedensvertrag von Sèvres vom 10. August 1920 hatte die englische Regierung, entgegen ihren Versprechungen anläßlich der Rekrutierung von indischen Moslems während des Krieges, den Kalifen nicht geschont, sondern ihm große Teile seines Reiches genommen.

[13] An den Vizekönig (II). In: *Young India*, 4. 8. 1920. In: Mahatma Gandhi, Jung Indien, a. a. O., S. 128.

[14] J. Nehru: Entdeckung Indiens, a. a. O., S. 474–475.

[15] Am 13. April 1919 wurde in Amritsar auf dem Jallianwalla-Platz auf Befehl von General Dyer ohne Warnung das Feuer auf eine unbewaffnete und ruhige Menge eröffnet, da sie ein Versammlungsverbot mißachtet hatte. 25 Soldaten erschossen in 10 Minuten 379 Inder und verwundeten 1137. Von 1650 Schuß waren 1516 Treffer. – L. Fischer: Das Leben des Mahatma Gandhi, a. a. O., S. 191.

[16] Non-Kooperation und Religion. In: *Young India*, 25. 8. 1920. In: Mahatma Gandhi, Jung Indien, a. a. O., S. 148.

halten riet, begründete dies damit, daß niemand so eng mit der Regierung zusammenarbeite wie der Anwalt. Er lege dem Volk die Gesetze aus und unterstütze dadurch die Obrigkeit. Man könne ihn geradezu einen »Ehrenbeamten« nennen.[17] »Das größte Unrecht, das die Rechtsanwälte unserem Land zugefügt haben, besteht darin, daß sie Indien noch fester in den Griff der englischen Herrschaft gebracht haben. Es kann sich doch wohl niemand vorstellen, daß die Engländer ihre Herrschaft ohne Gerichtshöfe aufrechterhalten könnten? Wer meint, daß Gerichtshöfe zum Nutzen des Volkes eingerichtet wurden, irrt. Wenn das Volk seine eigenen Streitigkeiten selbst beilegen würde, wäre eine dritte Partei nicht fähig, Autorität über sie auszuüben [...] Das wichtigste ist, [...] daß man beachtet, daß ohne Rechtsanwälte Gerichtshöfe weder eingerichtet noch funktionsfähig erhalten werden können und daß ohne die Gerichte die Engländer nicht herrschen könnten. Angenommen, es gäbe nur englische Richter, englische Anwälte und englische Polizei, dann könnten diese nur über Engländer herrschen. Die Engländer würden ohne indische Richter und ohne indische Anwälte nicht auskommen.«[18]
Gandhi drang jedoch gegen die materiellen Interessen der Rechtsanwälte, die fürchteten, ihre Klienten an ›Kollaborateure‹ zu verlieren, nicht durch. Es erregte aber immerhin großes Aufsehen, daß neben anderen ein solch prominenter Anwalt wie Motilal Nehru, der Vater Jawaharlals, seine Praxis aufgab und sich ganz in den Dienst der Nichtzusammenarbeitsbewegung stellte.[19]
Erfolgreicher war 1920/21 der Boykott der unter englischer Aufsicht stehenden Schulen und Universitäten. Risiko und persönliches Opfer waren geringer. Diese Maßnahme erfaßte größere Bevölkerungskreise als die Nichtzusammenarbeit der Rechtsanwälte, und sie bedeutete auch nicht den finanziellen Ruin für die Teilnehmer. Unter dem Einfluß von Gandhi-Anhängern stehende Stadtverwaltungen, wie die von Ahmedabad, suchten den gesamten Schulbetrieb in eigene Regie zu nehmen. Sie erklärten sich unabhängig von der Schulaufsicht der Regierungsbürokratie und verzichteten damit auch auf die finanziellen Zuwendungen der Regierung für die Schulen, die ungefähr die Hälfte der Gesamtkosten trugen.[20] Der Zweck des Schulboykotts war vor allem, der englischen Kolonialregierung die Möglichkeit zu nehmen, loyale Untertanen heranzuziehen.

[17] Zum Boykott der Gerichtshöfe und Schulen: *Young India*, 11. 8. 1920. In: Mahatma Gandhi, Jung Indien, a. a. O., S. 141.
[18] M. K. Gandhi: Hind Swaraj or Indian Home Rule, a. a. O., S. 56–57.
[19] J. Nehru: Indiens Weg zur Freiheit, a. a. O., S. 69. – Vergleichbar ist die Nichtzusammenarbeit südafrikanischer farbiger Krankenhausärzte, von denen 170 (aus 300) zum 1. April 1969 kündigten, um gegen das rassistische Besoldungssystem, das ihnen nur die Hälfte des Einkommens ihrer weißen Kollegen zubilligt, zu protestieren. (*Der Spiegel*, 14. 4. 1969).
[20] N. D. Parikh: Sardar Vallabhbhai Patel, Vol. I, a. a. O., S. 129–144.

Der am deutlichsten meßbare Erfolg der Nichtzusammenarbeit in der Khilafat-Kampagne war der Boykott der Wahlen zur sogenannten gesetzgebenden Versammlung. Die Kongreß-Partei stellte überhaupt keine Kandidaten auf, und die Parteien der »Gemäßigten« (Moderates) und »Liberalen« (Liberals), die mit der englischen Regierung zusammenarbeiteten, erhielten im Höchstfall 1–5% der Stimmen der Wahlberechtigten. Sie konnten darum nicht in überzeugender Weise als Repräsentanten des Volkes auftreten.[21]
Als besonders eindrucksvolle und für das Prestige der Kolonialmacht abträgliche Form der Nichtzusammenarbeit erwies sich im Laufe der Khilafat-Kampagne auch die »Verweigerung der Beteiligung an den offiziellen Empfängen«. Um die Sympathiegefühle der indischen Bevölkerung für das englische Königshaus gegen die Nichtzusammenarbeitskampagne auszuspielen und um die Aufmerksamkeit der Bevölkerung von der Widerstandskampagne abzulenken und nach Möglichkeit Gandhis Popularität zu schmälern, lud Vizekönig Lord Reading den englischen Thronanwärter, den damaligen Prinzen von Wales und späteren König Edward VII., nach Indien zu einer Rundreise ein. Sobald Gandhi davon erfuhr, erklärte er, daß die Inder gegen die Person des Prinzen von Wales keinerlei Antipathien hätten, daß sie aber mit ihm als Repräsentanten des englischen Empire nicht zusammenarbeiten könnten. Der 17. November 1921, der Tag seiner Landung, wurde von der Leitung der Nichtzusammenarbeitskampagne zum nationalen Trauertag erklärt. Wohin immer der Prinz auf seiner Reise auch kam, blieben Fenster und Geschäfte geschlossen, und die Straßen von Lahore, Delhi, Allahabad und anderen Städten säumten schweigende Menschen, die schwarze Trauerfahnen schwenkten.[22]
Eine extreme Form der Nichtzusammenarbeit, die 1921 nicht zum Einsatz kam, wohl aber in der indischen Unabhängigkeitskampagne

[21] N. D. Parikh: Sardar Vallabhbhai Patel, Vol. I, a. a. O., S. 116. – Einen vergleichbaren Erfolg hatte die Nichtzusammenarbeit der spanischen Studenten mit der Zwangsgewerkschaft Asociación Profesionales de Estudiantes (APE). »Alle Funktionäre der APE konnten frei gewählt werden. Die Wahl war jedoch Pflicht, wodurch man die Stimmen der unpolitischen Studenten zu bekommen hoffte [...]. Die Studenten beantworteten die Zwangsgründung mit Wahlboykott. Sie gaben weiße Zettel ab oder votierten für Sophia Loren, Fidel Castro und den bekannten Stierkämpfer El Cordobes. In manchen Fakultäten waren nicht einmal Kandidaten aufzutreiben. Ergebnis der Wahl: Die APE war von Anfang an nicht repräsentativ, da sie nur wenige Stimmen erhielt.
Im Studienjahr 1966/67 kämpfte die APE bereits um ihre Existenz. Der Vorsitzende Escos wurde auf einer Werbereise an allen Universitäten ausgepfiffen. In die Wahlen im November ging die APE mit dem Slogan: ›Wählt nicht das illegale SDE, wählt legal!‹ Dieser Spruch war die beste Werbung für das SDE. Die Mehrheit stimmte für das Sindicato Demócratico des Estudiantes [...] In der Philosophischen Fakultät Madrid forderten die gewählten APE-Vertreter als erste Amtshandlung freie Gewerkschaften. Im Juni war es dann so weit: der nationale Ausschuß der APE wurde aufgelöst, weil alle Funktionäre gemeinsam ihre Mandate niedergelegt hatten.« (B. Schütze: Rekonstruktion der Freiheit, a. a. O., S. 117).
[22] N. D. Parikh: Sardar Vallabhbhai Patel, Vol. I, a. a. O., S. 125–126.

von 1930/31, ist die »Hidschra« (indische Schreibweise: hijrat oder hizrat), die selbstgewählte Auswanderung. Der Terminus Hidschra ist übernommen von Mohammeds Hidschra im Jahre 622, als er von Mekka nach Medina auswanderte, da er die Auswanderung der Unterwerfung unter das tyrannische Regime von Mekka vorzog. 1930 zogen erhebliche Teile der Bevölkerung des Bezirkes Bardoli in einem großen Treck in den Bezirk Borsad, da dort die britische Kolonialmacht keine Gerichtshoheit besaß und somit gegen die Leute aus Bardoli nicht vorgehen konnte, die ihre Steuern als eine Maßnahme zivilen Ungehorsams nicht bezahlt hatten.

Gandhi hielt es für wünschenswerter, daß die Aufständischen im Lande blieben und durch im wahrsten Sinne des Wortes standhaften Widerstand den Gegner von der Ungerechtigkeit oder praktischen Unhaltbarkeit seiner Position überzeugten. Wenn jedoch abzusehen war, daß die Bevölkerung eine gewaltfreie Kampagne nicht durchstehen, sondern sich unterdrücken oder zu Gewalttaten provozieren lassen würde, hielt er die Hidschra für einen ehrenvollen Ausweg. So empfahl er die Auswanderung 1928 der Bevölkerung von Bardoli und Limbdi und 1931 der Bevölkerung von Janughad und Vithalgadh.[23]

In welch prekäre Lage Massenauswanderungen eine Regierung bringen können, haben noch besser als die indischen Beispiele der Auszug der römischen Plebs auf den Heiligen Berg im Jahre 494 v. Chr. und die Massenfluchtbewegung aus der DDR bewiesen. Ohne die gewaltsame Verhinderung der Massenflucht durch die Errichtung der Berliner Mauer am 13. August 1961 wäre bei einer sich weiter steigernden Fluchtbewegung das SED-Regime vor wirtschaftliche Schwierigkeiten gestellt worden, die es zumindest aus eigener Kraft kaum hätte bewältigen können. Das deutsche Beispiel offenbarte jedoch auch die große Schwäche der Hidschra. Leichter noch als andere Maßnahmen der Nichtzusammenarbeit läßt sich die Auswanderung gesetzlich verbieten, das heißt die Nichtzusammenarbeit zu einem Akt zivilen Ungehorsams stempeln. Mit den modernen technischen Hilfsmitteln ist dann jedes genügend skrupellose Regime fähig, eine offene Massenauswanderung oder auch eine geheime Massenflucht der Unterdrückten wirksam zu verhindern.

Legale Rolleninnovation

Wenn bei der Behandlung der Vorbereitungen auf eine gewaltfreie Kampagne schon allgemein auf die Bedeutung der konstruktiven Alternativen hingewiesen wurde, so gilt auf dem Gebiet der politischen Nichtzusammenarbeit meist geradezu eine Notwendigkeit,

[23] S. G. Dhawan, The Political Philosophy of Mahatma Gandhi, a. a. O., S. 248.

die unterlassenen Handlungen durch konstruktive alternative Aktionen zu ersetzen.
Als die Inder ihre Kinder während der Khilafat-Kampagne nicht mehr in die unter englischer Oberaufsicht stehenden Schulen und Universitäten schicken wollten, erwuchsen aus der Nichtzusammenarbeit sachnotwendige Bemühungen, ein alternatives Schulwesen aufzubauen, in dem die Kinder im Gedanken der nationalen Souveränität erzogen würden.[24] An die Stelle der gleichfalls boykottierten englischen Gerichte sollten auf Gandhis Vorschlag außergerichtliche Vergleiche und Schiedsgerichtsverfahren treten.[25]
Nach den blutigen Unruhen in Lahore und Amritsar im Jahre 1919[26] hatte die indische Kongreß-Partei die Einsetzung einer Untersuchungskommission durch die Regierung gefordert. In das schließlich von der Regierung eingesetzte Hunter-Komitee, das aus sieben Mitgliedern bestand und nach seinem Vorsitzenden benannt war, waren jedoch nicht der von der Kongreß-Partei geforderte jeweils eine Vertreter der Moslem-Liga (Muslim League) und ihrer eigenen Partei berufen worden. Die Kongreß-Partei beschloß darauf, nun nicht allein das Hunter-Komitee zu boykottieren, das heißt ihre Leute anzuweisen, ihm die notwendigen Auskünfte zu verweigern, sondern auch eine eigene Untersuchungskommission einzusetzen, der neben anderen Juristen auch Gandhi und Motilal Nehru angehörten.[27]
Die oppositionellen Berliner Studenten haben nach dem polizeilichen Überfall vom 2. Juni 1967 spontan zur Rolleninnovation gegriffen. Da die Berliner Massenpublikationsmittel meist studentenfeindlich eingestellt waren und der polizeilichen Verfolgung eine Verurteilung vor Gericht zu folgen versprach, bildeten die Studenten Kommissionen, welche Bildmaterial über die Demonstrationen gegen den Schah-Besuch und Augenzeugenaussagen sammelten und zu Dokumentationen[28] und Strafanzeigen gegen prügelnde Polizisten auswerteten. Im Republikanischen Club wurde sogar überlegt, ob man – ähnlich wie die indische Kongreß-Partei im Falle des Hunter-Komitees – parallel zum parlamentarischen Untersuchungsausschuß[29] auch einen außerparlamentarischen einsetzen und öffentlich tagen lassen solle. Die Überlegungen kamen aber etwas zu spät und wären mit einem organisatorischen Aufwand verbunden gewesen, der in dieser Periode der andauernden Straßendemonstrationen nicht aufzubringen war.

[24] N. D. Parikh: Sardar Vallabhbhai Patel, Vol. I, a. a. O., S. 129–144.
[25] Zum Boykott der Gerichtshöfe und der Schulen. In: *Young India*, 11. 8. 1920. In: Mahatma Gandhi, Jung Indien, a.a. O., S. 142.
[26] S. L. Fischer: Das Leben des Mahatma Gandhi, a. a. O., S. 189–194.
[27] N. D. Parikh: Sardar Vallabhbhai Patel, Vol. I, a. a. O., S. 107–108.
[28] P. Damerow u. a.: Der nicht erklärte Notstand. Dokumentation und Analyse eines Berliner Sommers. In: »Kursbuch 12«, April 1968.
[29] Bericht des Untersuchungsausschusses vom 3. 7. 1968. In: *Colloquium. Eine deutsche Studentenzeitschrift*, Berlin, 9/10, Okt. 1968, 56 S. (Beilage).

Ein nächster Versuch der legalen Rolleninnovation war die »Kritische Universität«, die aber ihr anspruchsvolles Programm[30] nur in seltenen Fällen mit Veranstaltungen füllte, die den Anspruch erheben konnten, ein kritisches Äquivalent zu den herkömmlichen Universitätsveranstaltungen zu bilden. Nachdem der Versuch zwei Semester gelaufen war und die Teilnehmerzahl immer geringer wurde, erwies es sich als aussichtsreicher, im Rahmen der Universität Reformen durchzusetzen und Freiräume für ein kritisches Lehr- und Forschungsprogramm zu schaffen.
Ähnliche Bemühungen, parallel zu den kritisierten Institutionen modellhaft emanzipierte Institutionen aufzubauen, hat es auch in den Kirchen gegeben. Im September 1968 entstand auf dem Katholikentag in Essen die Aktion und Zeitschrift »Kritischer Katholizismus«[31], und in Berlin bildete sich einen Monat später aus evangelischen Studenten- und Jugendgruppen die »Kritische Synode«, welche mit Vorlagen und Kommentaren in die offizielle Synode der Evangelischen Kirche in Deutschland einzugreifen suchte.[32]
Der Zweck solcher kritischer Parallelinstitutionen ist einerseits, außerhalb des Kontrollbereichs der etablierten Institutionen mit neuen Ideen und Verhaltensweisen zu experimentieren, andererseits aber durch diese Experimente und dabei sich ergebende Argumente auf die etablierten Institutionen reformierend oder revolutionierend einzuwirken, sofern es nicht gelingt, diese etablierten Institutionen überhaupt als überflüssig erscheinen zu lassen.
Die spontanen studentischen Bemühungen haben aber auch die Bedingungen erfolgreicher Rolleninnovation deutlich gemacht. Sie können daran scheitern, daß den innovierenden Gruppen für ihre Parallelinstitutionen von vornherein das Fachwissen fehlt oder die in Frage gestellten Institutionen eine rasche Teilanpassung vornehmen und die qualifiziertesten Kräfte der Opposition kooptieren und integrieren. Eine langfristig konzipierte systemüberwindende Rolleninnovation bedarf neben der fachlichen Vorbereitung einer finanziellen Absicherung, und häufig ist auch eine gesetzliche Anerkennung der Leistungen der Parallelinstitutionen erforderlich. So ist die Kritische Universität auch daran gescheitert, daß in ihren Arbeitskreisen die examensnotwendigen Seminarscheine nicht erworben werden konnten. Weil Fachwissen, finanzielle Mittel und

[30] Kritische Universität. Freie Studienorganisationen der Studenten in den Hoch- und Fachschulen von Westberlin, Programm und Verzeichnis der Studienveranstaltungen im Wintersemester 1967/68, 76 S.; Kritische Universität, Sommer 1968. Berichte und Programm, 121 S.

[31] Zu den Aktionen und der Programmatik des »kritischen Katholizismus« siehe die seit Oktober 1968 in Bochum erscheinende gleichnamige Zeitschrift und: Ben van Onna und Martin Stankowski (Hrsg.): Kritischer Katholizismus. Argumente gegen die Kirchen-Gesellschaft, Frankfurt/M. 1969.

[32] Dietrich Lange u. a. (Hrsg.): Ad hoc: Kritische Kirche. Eine Dokumentation, Gelnhausen u. Berlin-Dahlem 1969, S. 129–138. – Die »Kritische Synode« gibt ein gleichnamiges Informationsblatt heraus, das in unregelmäßiger Folge erscheint.

legale Anerkennung der Leistung oft nur innerhalb des kritisierten Systems zu erlangen sind, muß man es wahrscheinlich als ein Charakteristikum der legalen, konstruktiven Rolleninnovation ansehen, daß sie auch noch als innerhalb des kritisierten Systems befindlich interpretiert werden kann.

Begrenzte Wirkung der Nichtzusammenarbeit als Einzelwaffe

Während auf psychologischem Gebiet der Erfolg der Nichtzusammenarbeit in der Khilafat-Kampagne von 1920–1922 unverkennbar war, da »die große Stütze der britischen Herrschaft – das Ansehen – sichtbar ins Schwanken geriet«[33], wurden die weitergehenden Erwartungen nicht erfüllt. Gandhi hatte auf den Tagungen der Kongreß-Partei in Kalkutta und Nagpur im September und Dezember 1920 erklärt, daß die indische Selbstregierung innerhalb eines Jahres Wirklichkeit würde, wenn die Inder die Nichtzusammenarbeit geschlossen und ohne jede Gewaltanwendung durchführten.[34] Diese Vorhersage erfüllte sich jedoch nicht, da die Begeisterung für die Nichtzusammenarbeit nur bei denen besonders groß und lautstark war, die auch bisher nicht eng mit der Regierung zusammengearbeitet hatten. Über das freiwillige Ausscheiden von Beamten aus dem Staatsdienst liegen nur Berichte aus Stadtgemeinden vor, in denen die Stadtverwaltung die materiellen Interessen der nicht länger mit der Regierung Zusammenarbeitenden zu wahren suchte. So versprach die Stadtverwaltung von Ahmedabad, die Gehaltsansprüche der Lehrer zu befriedigen. Im Frühjahr 1922 erreichte die Nichtzusammenarbeit dort auf dem Schulsektor folgenden Stand: 43 Schulen mit 270 Lehrern und 8400 Schülern wurden von den Gandhi-Anhängern, 57 Schulen mit 250 Lehrern, aber nur 2000 Schülern, von der Regierung betrieben.[35] Im übrigen scheint der Regierungsapparat als solcher die Periode der Nichtzusammenarbeit, die mit ihren lokalen Ausläufern bis etwa 1924/25 dauerte, völlig intakt überstanden zu haben.

Wenn man demzufolge die in der Theorie der Nichtzusammenarbeit und des zivilen Ungehorsams üblichen Bilder aus der Mechanik verwenden will, so scheint es bei der Nichtzusammenarbeit noch nicht angebracht, davon zu sprechen, daß sie, wie angeblich der zivile Ungehorsam, »wie eine Bremse wirke, die die Regierungsmaschinerie zum Stillstand bringe«[36], sondern eher davon, daß Nichtzusammenarbeit der breiten Masse der Bevölkerung den Regierungsmotor ohne Möglichkeit der Gangschaltung eine Zeitlang leerlaufen läßt. Soll die Nichtzusammenarbeit als isolierte Kampf-

[33] J. Nehru: Indiens Weg zur Freiheit, a. a. O., S. 73.
[34] N. D. Parikh: Sardar Vallabhbhai Patel, Vol. I, a. a. O., S. 115–118.
[35] N. D. Parikh: Sardar Vallabhbhai Patel, Vol. I, a. a. O., S. 141.
[36] H. D. Thoreau: Walden. On the Duty of Civil Disobedience, a. a. O., S. 229.

maßnahme wirklich zu einer dauerhaften Paralyse der Regierungstätigkeit führen, so ist es notwendig, daß die Nichtzusammenarbeit in Form von freiwilligen Amtsniederlegungen und Rücktritten auf den Regierungsapparat selbst übergreift. Wo jedoch dieser Apparat mit loyalen Anhängern der Regierungspolitik besetzt ist, wie dies bei den Antiapartheid-Kampagnen in Südafrika und der Rassenintegrations-Kampagne im Süden der Vereinigten Staaten der Fall war, ist durch Nichtzusammenarbeit schwerlich eine rasche Kapitulation der bisherigen Machthaber zu erzwingen. Um daher zum Leerlauf nun wirklich noch die Bremswirkung hinzuzufügen, wurden auch in der Khilafat-Kampagne bald ergänzende Kampfformen erwogen. Wirtschaftliche Kampfmaßnahmen, wie der Boykott englischer Tuche und hochversteuerter Spirituosen und ziviler Ungehorsam in der Form der Steuerverweigerung, sollten die Kolonialherrschaft unrentabel machen, und schließlich sollten Meutereien im Heer und bei der Polizei auch die rücksichtslosesten Bemühungen, die englische Kolonialmacht aufrechtzuerhalten, zum Zusammenbruch bringen.

Gandhi mußte die Khilafat-Kampagne noch vor Einsatz dieser ergänzenden Kampfmaßnahmen vorzeitig abbrechen, da die Polizistenmörder von Chauri Chaura die von ihm gesetzte Bedingung für die Erlangung der »Selbstregierung in einem Jahr«, nämlich das disziplinierte gewaltfreie Verhalten, völlig mißachtet hatte. In der indischen Unabhängigkeitskampagne von 1930/31 hat sich dann die kombinierte Anwendung von Nichtzusammenarbeit, wirtschaftlichen Boykottmaßnahmen und zivilem Ungehorsam bewährt. Die Nichtzusammenarbeit wurde seitdem nicht mehr als isolierte Kampfmethode angewandt.

13. Wirtschaftlicher Boykott

Kaufkraft als Waffe

Erfahrungsgemäß hat die beherrschende Stellung der Gruppe, gegen die sich ein Aufstand richtet, ihre Basis nicht allein in der Kontrolle der Verwaltung und Justiz, sondern auch der Wirtschaft eines Landes. Wird nun die Methode der politischen Nichtzusammenarbeit auf die wirtschaftlichen Beziehungen zwischen den Aufständischen und den Herrschenden übertragen, so ergeben sich als Kampfformen, Streik und Boykott. Streik bedeutet die zeitweilige Weigerung, Arbeitskraft einzusetzen;[1] wirtschaftlicher Boykott die zeitweilige Weigerung, Kaufkraft einzusetzen. »Ein Boykott ist eine gemeinsame Anstrengung, wirtschaftliche und soziale Beziehungen zu gegnerischen Gruppen oder Individuen abzubrechen und andere zu bewegen, dasselbe zu tun.«[2]
Im Unterschied zu den Protestaktionen soll wie mit der politischen Nichtzusammenarbeit auch mit dem wirtschaftlichen Boykott das Herrschaftssystem in seiner Funktionsfähigkeit beeinträchtigt werden. »Da bei den gegenwärtigen wirtschaftlichen Organisationsformen der ununterbrochene Absatz von Gütern und Dienstleistungen eine dringende Notwendigkeit geworden ist, ist dieser Markt auch erheblich verwundbar; die Verminderung der Profite durch einen Käuferboykott oder einen Verzicht auf Dienstleistungen kann darum von größerer sozialer Durchschlagskraft sein als ein offener Konflikt (mit gewaltsamen Zusammenstößen – Th. E.).«[3]
Der wirtschaftliche Boykott ist immer wieder in gewaltlosen Kampagnen als Kampfmaßnahme eingesetzt worden, da seine Wirksamkeit auch denjenigen unmittelbar einleuchtet, die mit den

[1] Der Streik als gewaltfreie Kampfmaßnahme soll hier nicht näher beschrieben werden, da die Gewerkschaftsbewegung hierzu eine umfangreiche Literatur hervorgebracht hat; u. a. auch einige systematische Darstellungen des Streiks als Mittel des Arbeitskampfes: Eduard Bernstein: Der Streik. Sein Wesen und sein Wirken, Frankfurt/M. 1905; E. T. Hiller: The Strike. A Study in Collective Action, Chicago 1928; Hermann Grote: Der Streik. Strategie und Taktik, Köln 1958; Alwin W. Gouldner: Wildcat Strike. A Study of Unofficial Strike, London 1955. Eine knappe Beschreibung von 21 verschiedenen Streikformen findet sich in G. Sharp: The Politics of Nonviolent Action, Philadelphia 1970. Der Generalstreik wird im Zusammenhang mit dem »zivilen Ungehorsam« behandelt werden, da er von den meisten Herrschaftssystemen, gegen die sich Aufstände richten, als illegale Kampfmaßnahme betrachtet und behandelt wird.
[2] Artikel »Boycott« (Harry W. Laidler). In: Encyclopaedia of the Social Sciences, a. a. O.
[3] Artikel »Boycott«, a. a. O.

Grundbegriffen gewaltfreier Strategie noch nicht näher vertraut gemacht werden konnten und die sich von Kampfformen, die primär an das Gewissen des Gegners appellieren sollten, wie etwa der Hungerstreik, keinen Erfolg versprochen hätten. Streik und Boykott sind mit der gewaltsamen Aktion gesinnungsmäßig dadurch eng verwandt, daß sie auch von Menschen wirksam durchgeführt werden können, die den Herrschenden statt mit Wohlwollen mit Haß begegnen. Außerdem bietet speziell der Boykott den Vorteil völliger Anonymität. Infolge dieser Anonymität haben die Boykottierenden außer dem Konsumverzicht auch keine gesetzliche Strafe zu befürchten. Die Summe dieser Eigenschaften macht den wirtschaftlichen Boykott zu einer auch von wenig organisierten Massen leicht zu handhabenden Kampftechnik, da die Aufgabe der Aufstandsorganisation sich im wesentlichen darauf beschränkt, die Öffentlichkeit über Gegenstand und Sinn des Boykotts zu unterrichten.

Der wirtschaftliche Boykott hat als wichtige Kampftechnik in drei bedeutenden gewaltfreien Kampagnen der letzten drei Jahrzehnte Anwendung gefunden, in der indischen Unabhängigkeitskampagne, im Kampf gegen die Apartheid in Südafrika und in der Rassenintegrationsbewegung in den Vereinigten Staaten. In der deutschen außerparlamentarischen Opposition wurde von kirchlichen Gruppen ein Konzept entwickelt, das in der Konsumverweigerung einen zentralen Angriff auf ein asoziales kapitalistisches System sieht. Die Formen und Wirkungsweisen des wirtschaftlichen Boykotts und des kritischen Konsums sollen im folgenden an Beispielen erörtert werden, die aus dem Geschehen dieser Kampagnen ausgewählt wurden.

Kartoffelboykott in Südafrika (1959)

Im Kampf gegen die Apartheid-Politik hatten die farbigen Afrikaner im Jahre 1952 Protestdemonstrationen in Form von Märschen und Versammlungen und den zivilen Ungehorsam in Form des Übertretens der Paßgesetze versucht. Auf beide Aktionsformen, bei denen die Regierung persönlich greifbare Gegner vor sich sah, hatte sie mit schärfsten Unterdrückungsmaßnahmen reagiert. Die Afrikaner mußten in dieser Situation nach einer Aktionsform suchen, welche die Aufständischen nicht gefährdete und doch den Protest der Afrikaner gegen die bestehenden Verhältnisse unmißverständlich machte.

Der wirtschaftliche Boykott in seiner Anonymität hätte diesen Anforderungen entsprochen, die Schwierigkeit bestand jedoch darin, irgend ein Produkt als »nationalistisch«, das heißt als repräsentativ für die Apartheid-Politik zu kennzeichnen. Die Afrikanische Nationale Kongreß-Partei wollte auf keinen Fall die Falschen treffen.

Wie das Salz in Indien, so wurde schließlich in Südafrika die Kartoffel aufgrund der Art ihrer Erzeugung zum Symbol von Unterdrückung und Ausbeutung der Afrikaner durch die Apartheid-Politik. In den kartoffelanbauenden Gebieten Südafrikas herrschte Arbeitskräftemangel. Um diesem abzuhelfen, wurde in einer »unheiligen Allianz« zwischen der Polizei und den weißen Farmern[4] das System der Farmgefängnisse eingeführt. Afrikaner, die die Paßgesetze übertreten hatten – eine halbe Million pro Jahr – wurden aus den Gefängnissen geholt und in den sicheren Gewahrsam der Farmer übergeben. Diese Sträflinge – einige davon waren fast noch Kinder – mußten mit bloßen Händen die Kartoffeln ausgraben. Aufseher überwachten sie mit Peitschen und machten von diesen hemmungslos Gebrauch. Sie lebten in elenden Baracken, und ihre Verpflegung war noch miserabler als die Gefängniskost.

Diese Zustände mochten vielleicht nur in wenigen Gefängnisfarmen geherrscht haben, aber es waren gerade die extremen Fälle, die die Phantasie der Afrikaner beschäftigten. Als darum die Afrinische Nationale Kongreß-Partei im Jahre 1959 zum Boykott der unter diesen Bedingungen erzeugten Kartoffeln aufrief, fand dieser Boykott bei der gesamten afrikanischen Bevölkerung spontane Zustimmung, »weil er ein ganz besonderes und entsetzliches menschliches Leiden und Elend ans Tageslicht brachte«[5]. Obwohl die Kartoffel das Hauptnahrungsmittel der Afrikaner war und ihnen der Konsumverzicht nicht leicht fiel, mußte der Boykott, der ursprünglich auf einen Monat begrenzt war, auf den Wunsch der afrikanischen Bevölkerung um zwei Monate verlängert werden.

Der Kartoffelboykott in Südafrika muß weitgehend als Protestdemonstration und als Gesinnungsdemonstration afrikanischer Einheit interpretiert werden, da er das Apartheid-System als Ganzes entlarven sollte[6] und nicht mit Hilfe wirtschaftlichen Druckes spezielle Einzelzugeständnisse erreichen wollte. Besonders deutlich wurde dieser Demonstrationscharakter im Jahre 1957 bei dem Busboykott von Johannesburg, der als spontaner Protest gegen eine Erhöhung des Fahrgeldes entstanden war. Die afrikanischen Arbeiter gingen täglich fünfundzwanzig Kilometer und mehr zu Fuß zur Arbeit. Als die weißen Arbeitgeber sich bereit erklärten, für die Fahrgelderhöhung aufzukommen, da ihr Verdienstausfall durch die Ermüdung der Arbeiter auf dem Fußmarsch größer war als der geringfügige Fahrgeldzuschuß, wollten »viele Leute den Boykott, da er so ungemein erfolgreich war, weiterführen, ganz gleich, ob die Forderungen der Boykottierenden erfüllt wurden oder nicht«[7]. Diese Afrikaner sahen den eigentlichen Gegner nicht in der Omnibusgesellschaft, sondern in der Regierung, deren Schikanen es nicht

[4] A. Luthuli: Let My People Go, a. a. O., S. 218.
[5] Ebd., S. 219.
[6] Ebd., S. 218.
[7] Ebd., S. 178.

gelungen war, den Busboykott zum Scheitern zu bringen. Der eigentliche Zweck des Boykotts war nach den vergangenen weniger erfolgreichen Apartheid-Kampagnen die Wiedererweckung des Glaubens an die eigene Macht und die Erziehung der schwarzen Bevölkerung in der Widerstandsgesinnung gewesen. Dieses Ziel darf bei wirtschaftlichen Boykotts innerhalb gewaltfreier Kampagnen als typische Haupt- oder Nebenabsicht und als Erklärung für den Elan solcher Boykotte betrachtet werden.

Tuchboykott in Indien (1930/31)

Auch bei den wirtschaftlichen Boykottaktionen im indischen Unabhängigkeitskampf spielten die am südafrikanischen Beispiel erörterten psychologischen Kampfziele eine wichtige Rolle. Im Unterschied zu den gesamtwirtschaftlich unmaßgeblichen Boykotten von Omnibussen und Kartoffeln war jedoch der indische Boykott englischer Tuche in der Khilafat-Kampagne von 1920/21 und der Unabhängigkeitskampagne von 1930/31 ein wirksames politisches Druckmittel, mit dem eine Änderung der Regierungspolitik erzwungen werden konnte, was die Afrikanische Nationale Kongreß-Partei von ihren Boykottaktionen nicht erwarten durfte. Der gesamte englische Export nach Indien fiel von 1924 bis 1929 von 90,6 auf 78,2 Millionen Pfund und schließlich im Boykottjahr 1930 auf 52,9 Millionen Pfund, wofür nicht allein die gleichzeitige Weltwirtschaftskrise verantwortlich gemacht werden kann. Der Import von fertigen Baumwollwaren sank von 1929 auf 1930 um 14 Prozent und zwischen Oktober 1930 und April 1931, als die Kampagne ihren Höhepunkt erreichte, um 84 Prozent.[8] In der Baumwollindustrie von Lancashire mußten 300000 der 600000 Arbeiter entlassen werden. Abordnungen der Spinnereibesitzer und Spinnereiarbeiter wandten sich darauf an den für Indien zuständigen Staatssekretär mit der Forderung, »etwas für Indien zu tun«.[9]
Im Gandhi-Irwin-Pakt von Delhi (5. März 1931) kommt die politische Bedeutung des wirtschaftlichen Boykotts und der massive Druck, der durch ihn ausgeübt werden kann, deutlich zum Aus-

[8] K. Shridharani: War Without Violence, a. a. O., S. 24.
In Telegrammen vom 24. u. 25. März 1931 an den Staatssekretär für Indien machte Lord Irwin, der englische Vizekönig, folgende Angaben:

Importe aus Großbritannien		1929	1930	Rückgang
Graue Baumwolle	Millionen Yard	532	291	45%
Weiße Baumwolle	Millionen Yard	446	305	31%
Gefärbte Baumwolle	Millionen Yard	285	197	31%
Baumwollgarn	Millionen engl. Pfund	22	12	45%
Zigaretten	Tausend engl. Pfund	4926	3471	30%
Arzneimittel	Tausend Rupien	8996	7417	18%
Kosmetika	Tausend Rupien	2666	2152	19%

S. Gopal: The Viceroyalty of Lord Irwin 1926–1931, a. a. O., S. 97.
[9] Zit. in K. Shridharani: War Without Violence, a. a. O., S. 25.

druck: »Der Boykott nichtenglischer Güter hat sich während der Bewegung des Zivilen Ungehorsams hauptsächlich, wenn nicht ausschließlich gegen englische Güter gerichtet. Dieser Boykott wurde zugestandenermaßen durchgeführt, um wirtschaftlichen Druck zur Erreichung politischer Ziele auszuüben [...] Es wird vereinbart, daß nicht nur der Zivile Ungehorsam nicht fortgesetzt wird, sondern auch der Boykott englischer Waren nicht weiter als politische Waffe eingesetzt wird. Es soll denjenigen, die in der Zeit politischer Erregung aufgehört haben, englische Waren zu kaufen oder mit ihnen zu handeln, völlig freigestellt werden, ihre Haltung zu ändern, wenn sie dies wünschen.«[10]

Boykotts in der Rassenintegrationskampagne in den Vereinigten Staaten (1963)

Im Kampf um die ihnen vorenthaltenen Bürgerrechte haben die 20 Millionen amerikanischen Neger, die ein jährliches Einkommen von 27 Milliarden Dollar haben, die Erfahrung gemacht, daß »das Herz der Weißen direkt unter ihrer Brieftasche schlägt«.[11] Das Nachrichtenmagazin »Time« kam in einem Artikel »Durch Boykott zu Bürgerrechten« zu der Auffassung, daß die wirkungsvollste Kampftechnik der Neger das »auswählende Einkaufen« (selective buying) beziehungsweise der Boykott gewesen wäre.[12]
Im Norden der Vereinigten Staaten wurden gewöhnlich Geschäfte boykottiert, die sich weigerten, Neger in dem Einwohneranteil angemessener Zahl anzustellen. 1962 forderten 300 Pfarrer in Detroit ihre Gemeinden auf, kein Brot der Marke »Tip-Top« und keine Milch Marke »Borden« zu kaufen. Nichtkirchgänger wurden über Flugblätter und Boykottposten vor den betreffenden Geschäften informiert. Die genannten Firmen stellten nicht nur rasch Neger ein und beförderten die vorhandenen, es folgten auch vierzig weitere Firmen diesem Beispiel auf die bloße Ankündigung hin, daß ihre Namen auf die Boykottliste kämen. Die Pfarrer von Philadelphia wiederholten diese Taktik bei den Firmen A. & P. Sun Oil, Tasty Baking Co. und Breyer's Ice Cream. Als Ergebnis meinten sie feststellen zu können, tausend neue Stellen für Neger gewonnen zu haben.[13]
Im Süden der Vereinigten Staaten, wo die Diskriminierung keine Einzelerscheinung, sondern Geschäftspraxis fast aller Firmen war, konnte vom Boykott einzelner Firmen zum Boykott ganzer Ge-

[10] Vollständiger Text des Vertrages in G. Sharp: Gandhi Wields the Weapon of Moral Power, a. a. O., S. 215; vgl. auch S. Gopal: The Viceroyalty of Lord Irwin, a. a. O., S. 97 und 107–108.
[11] The Boycott Road to Rights. In: *Time*, 7. 6. 1963, S. 65.
[12] Ebd., S. 65.
[13] Ebd., S. 65.

schäftsviertel übergegangen werden, – und zwar besonders dann, wenn der Anteil der schwarzen Kundschaft ziemlich hoch war. Als sich die »Konferenz der christlichen Führer der Südstaaten« (Southern Christian Leadership Conference, SCLC) entschloß, Birmingham (Alabama) zum Angriffsziel ihrer Kampagne gegen die Rassendiskriminierung zu machen, versprach man sich den durchschlagendsten Erfolg, wenn man sich auf die Kampfmethode des wirtschaftlichen Boykotts konzentrierte. Martin Luther King, der Leiter dieser Kampagne, berichtete: »Wir entschlossen uns, mit geeinten Kräften gegen die Handels- und Wirtschaftsunternehmen loszuschlagen. Wir wußten, daß der Marktanteil der Negerbevölkerung genügend hoch war, um durch Boykottmaßnahmen in vielen Geschäften anstelle des bisherigen Gewinns wirtschaftlichen Ruin heraufzubeschwören [...] Da es unsere Absicht war, die Kaufleute unseren Druck fühlen zu lassen, meinten wir, daß unsere Kampagne während der Osterzeit ihren Höhepunkt erreichen sollte, da es sich hier, von der Vorweihnachtszeit abgesehen, um die zweitgrößte Einkaufsperiode des Jahres handelt.«[14]

Die Negerbevölkerung folgte diszipliniert dem Aufruf, die Geschäfte im Zentrum von Birmingham zu boykottieren. Die Organisatoren stellten in einer, nach Aussage von Martin Luther King, sorgfältigen Studie fest, daß einige Tage vor Ostern weniger als zwanzig Neger die Läden im Geschäftsviertel der Stadt betreten hatten.[15] Die Geschäftsleute schätzten ihre Verluste auf 750000 Dollar wöchentlich.[16]

Die Verluste kamen nicht allein durch den Boykott der Neger zustande. Da die Neger parallel zu dem Boykott Straßendemonstrationen durchführten, fürchteten weiße Hausfrauen, daß es dabei zu Tumulten kommen könnte, und gingen gleichfalls nicht zum Einkaufen in das Geschäftsviertel.[17] John A. Williamson, ein Mitglied der Handelskammer von Birmingham, zog das Fazit: »Unruhe ist schlecht fürs Geschäft, und die Geschäftswelt muß derartige Schwierigkeiten vermeiden – unbeschadet ihrer persönlichen Ansichten und Sympathien.«[18]

Am 9. Mai 1963 entsprachen schließlich die Geschäftsleute von Birmingham in ihrer Vertretung durch einen Ältestenrat (Senior Citizen Committee) nach langen Verhandlungen den Forderungen der Neger nach Aufhebung der Rassenschranken in Gaststätten und Anproberäumen und bei der Einstellung von Arbeitskräften.[19]

Ob der Druck des Boykotts und der Verdienstausfall durch die Unruhen für dieses Nachgeben entscheidender waren als der Druck

[14] Why We Can't Wait, a. a. O., S. 54–55.
[15] Ebd., S. 69.
[16] The Boycott Road the Rights. In: *Time*, 7. 6. 1963, S. 65.
[17] Hella Pick: The Birmingham Struggle. In: *The Guardian*, 11. 5. 1963.
[18] Rassenkonflikt (Titelgeschichte). In: *Der Spiegel*, 22. 5. 1963, S. 62–63.
[19] M. L. King, Why We Can't Wait, a. a. O., S. 105–106.

der öffentlichen Meinung Amerikas und der Welt, die über das brutale Vorgehen der Polizei gegen die demonstrierenden Neger empört war, ist nicht zu entscheiden. Das Gewicht der moralischen und der materiellen Erwägungen mag auch bei den einzelnen Geschäftsleuten verschieden verteilt gewesen sein. Für die entscheidende Wichtigkeit wirtschaftlicher Erwägungen sprechen aber die Aussagen einzelner Geschäftsleute aus anderen Städten, in denen es zu keinen skandalösen Konfrontationen zwischen Polizei und Demonstranten kam. Als sich die Handelskammer von Atlanta für die Aufhebung der Rassenschranken entschied, kommentierte dies eines ihrer Mitglieder: »Die Männer, die dafür stimmten, sind weder Anhänger der Rassenintegration noch der Rassentrennung. Sie sind nüchterne Geschäftsleute.«[20] Der Soziologe Charles Grigg kam nach einer Untersuchung der Arbeitsweise weiß-schwarzer Verhandlungskomitees zu der Auffassung: »Kompliziert werden diese Verhandlungen dadurch, daß die professionellen Vorkämpfer der Bürgerrechte immer die Nächstenliebe in diese Verhandlungen hineinbringen wollen. Und dabei gehört die Nächstenliebe überhaupt nicht zu den Verhandlungsbedingungen.«[21] Greenfield Pitts, ein weißer Vorkämpfer der Rassenintegration in Nashville, akzeptierte selbst diesen Geschäftsstandpunkt: »Wir unterhalten uns nie über moralische Probleme. Wir kümmern uns allein um die geschäftlichen Seiten der Angelegenheit.«[22] Dieses Vorgehen schließt aber nicht aus, daß die moralischen Aspekte des Boykotts nicht doch die Atmosphäre dieser Verhandlungen entscheidend beeinflussen.

Kritischer Konsum: Aufruf zur Konsumverweigerung zu Weihnachten (1969)

Bei den Boykottaktionen in Südafrika, Indien und den USA wurde die Kaufkraft nur vorübergehend zurückgehalten, um bestimmte Ziele durchzusetzen. Der Boykott richtet sich nicht gegen die Qualität der boykottierten Güter. Im Jahre 1969 wurde nun in Berlin von dem »Arbeitskreis Kritischer Konsum« zur Konsumverweigerung zu Weihnachten aufgerufen. Dieser Aufruf forderte keinen vorübergehenden Boykott bestimmter Waren, sondern richtete sich gegen die kapitalistische Marktwirtschaft, weil dieses Wirtschaftssystem einerseits zum Verschwendungskonsum anreize[23] und andererseits unfähig sei, für ausreichende Sozialleistungen (Bildungsinvestitionen, Alters- und Krankenversorgung usw.) und eine emanzipatorische Entwicklungshilfe zu sorgen.

[20] *Newsweek*, 17. 6. 1963.
[21] Ebd.
[22] *Newsweek*, 8. 7. 1963.
[23] Vgl. Vance Packard: Die große Verschwendung, Frankfurt/M. 1964.

Die Strategie dieses Aufrufs zum kritischen Konsum und zur Konsumverweigerung zielt darauf, daß »die Verbraucher ihre Geldscheine an den Kassen der Geschäfte wie Stimmzettel an der Wahlurne einsetzen«.[24] Mit der Verweigerung des Verschwendungskonsums sollten die Verbraucher gegen ein Wirtschaftssystem stimmen, das die private Profitmaximierung zum Grundgesetz hat. Langfristig soll der stockende Absatz von Konsumgütern die Regierung, welche eine Arbeitslosigkeit vermeiden muß, zwingen, in die »freie Marktwirtschaft« gemäß den Interessen der Bürger planend einzugreifen, durch Steuererhöhungen bei den höheren Einkommen Kaufkraft abschöpfen und auf dem Sektor Sozialleistungen zu investieren.

Der kulturrevolutionäre Aspekt des Aufrufs zum kritischen Konsum ist, daß er beim Verbraucher einen Wandel seiner Einstellung zum privaten Konsum erreichen will; aus dem manipulierten Konsumenten soll ein kritischer Wirtschaftsbürger werden. John Kenneth Galbraith stellt von diesem kulturrevolutionären Standpunkt aus fest, daß wir uns »seltsam unvernünftig benehmen, sobald wir zwischen verschiedenen Arten von Gütern und Dienstleistungen unterscheiden. Die Produktion mancher durchaus unwichtiger Dinge erfüllt uns mit Stolz, während wir andererseits die Erzeugung sehr bedeutsamer Güter und zivilisatorisch wichtige Dienstleistungen geradezu bedauerlich finden«[25]. In der Änderung dieser unvernünftigen Einstellungen sieht die Arbeitsgruppe Kritischer Konsum die Voraussetzung für die Überwindung privatkapitalistischer Verhaltensweisen.

Ausgehend von der Feststellung, daß Christen und Sozialisten zwar sozialkritische Theorien vertreten mögen, sich aber im Alltag noch als voll integrierte Konsumenten verhalten, sah die Arbeitsgruppe Kritischer Konsum nicht in Protestdemonstrationen mit roten Fahnen und ähnlichen Symbolen des Antikapitalismus, sondern in der Konsumverweigerung den direkten Angriff auf das privatkapitalistische System.[26] Da der individuelle Verschwendungskonsum und das damit verbundene Prestigestreben an Weihnachten seinen Höhepunkt erreicht, wählte die Arbeitsgruppe Kritischer Konsum als Ansatzpunkt für ihre praktische Systemkritik die »Kampagne Christliche Weihnacht«. Als Vorbild diente ihr hier die schwedische »Kampagne gegen den Weihnachtsterror« des Jahres 1968.[27] Die Arbeitsgruppe, die sich Anfang 1969 in der Berliner evangelischen Kirchengemeinde Alt-Tempelhof-Ost sofort als überkonfessionelle

[24] Arbeitsgruppe Kritischer Konsum, Kampagne Christliche Weihnacht. Aufruf zum kritischen Konsum, Berlin 1969, S. 47.

[25] Gesellschaft im Überfluß, München 1959, S. 147.

[26] Vgl. Th. Ebert, Zur Strategie der gewaltfreien Revolution. Direkte Aktionen zur Demokratisierung der Industriegesellschaft. In: *Junge Kirche*, Beiheft, Mai 1969, S. 4–5.

[27] Vgl. *Der Spiegel*, 23. 12. 1968, S. 112.

Gruppe konstituiert hatte, entwickelte ihr Programm in einer 80seitigen Broschüre. Die Broschüre analysierte die Verschwendungswirtschaft und die Rolle der Werbung in der modernen Industriegesellschaft. Da Weihnachten vom christlichen Fest zur Konsumorgie umfunktioniert worden sei, forderte diese Schrift dazu auf, die bisher für häufig unnötige Weihnachtsgeschenke ausgegebene Summe an bestimmte Alphabetisierungsprojekte in Afrika zu überweisen.[28]

Die Arbeitsgruppe rechnete mit keiner sofort erkennbaren Einwirkung auf das Wirtschaftssystem der Bundesrepublik; das Anwachsen des Weihnachtskonsums im Vergleich zum Vorjahr um 8 bis 10 Prozent wurde nicht als Widerlegung ihrer Bemühungen, sondern eher als Bestätigung für deren Notwendigkeit angesehen. »Die Konsumverweigerung zu Weihnachten 1969 kann nur der Vortest eines großangelegten, sozialen Experiments sein«, hieß es Illusionen vorbeugend in der Broschüre. »Mit wirtschaftspolitisch bedeutsamen Auswirkungen ist frühestens 1970, wahrscheinlich aber erst im Laufe einiger Jahre zu rechnen, da es gilt, sich von eingefleischten Gewohnheiten und unbedachten Bräuchen zu befreien.«[29]

Für die vorläufige Erfolgskontrolle der Arbeitsgruppe Kritischer Konsum waren die entscheidenden Daten, daß ihre Broschüre in drei Monaten eine verkaufte Auflage von 4200 Stück erreichte, daß Politische Nachtgebete in Berlin, Köln und Minden, Vortrags- und Seminarveranstaltungen in mehreren Städten der Bundesrepublik kritische Konsumenten direkt ansprachen und ein Happening vor Berliner Kaufhäusern und ein öffentlicher Hungerstreik in Heidelberg Presse, Rundfunk und Fernsehen veranlaßten, über den kritischen Konsum zu Weihnachten ausführlich und meist zustimmend zu berichten. Die Spenden, die in mehreren Fällen dem normalen Weihnachtsaufwand entsprachen, bedeuteten für die von der Arbeitsgruppe herausgestellten drei Projekte eine deutlich spürbare Förderung.[30]

Da sich in Berlin und Westdeutschland weitere Arbeitsgruppen für Kritischen Konsum konstituierten und das Interesse nach Weihnachten nicht nachließ, ist es nicht auszuschließen, daß der Kritische Konsum als systemüberwindende Form des Boykotts zum wirtschaftspolitischen Faktor in der Bundesrepublik werden wird.

[28] Im einzelnen beschrieben wurden drei Projekte von Amnesty International in Rhodesien, von Brot für die Welt in Namibia (Südwestafrika) und der Europäischen Baptistischen Missionsgesellschaft in Sierra Leone. Auf die Aktionen von Adveniat, Misereor, Aktionsgemeinschaft »Für die Hungernden« und Terre des Hommes, SOS-Kinderdörfer und UNICEF wurde mit einer Kurzcharakteristik ihrer Arbeit hingewiesen (S. 64–69).

[29] Kampagne Christliche Weihnacht, a. a. O., S. 2.

[30] Bei Abschluß des Manuskripts lagen die endgültigen Zahlen noch nicht vor. Es sei verwiesen auf den Bericht von Volker Hornung in *Gewaltfreie Aktion*, 1, April 1970.

14. Ziviler Ungehorsam und zivile Usurpation

Theorien des reformatorischen und revolutionären zivilen Ungehorsams

Wenn Protestdemonstrationen und legale Nichtzusammenarbeit und ihre konstruktiven Ergänzungen die Herrschenden nicht zur Erfüllung der Forderungen der Aufständischen zu bewegen vermögen, bleibt diesen als ultima ratio, die Gesetze und Anordnungen der Herrschenden zu mißachten (ziviler Ungehorsam)[1] und entsprechend ihren eigenen alternativen Vorstellungen zu handeln (zivile Usurpation).[2] Im folgenden soll zunächst nur der subversive zivile Ungehorsam behandelt werden.
Wenn Aufständische durch zivilen Ungehorsam ihre Forderungen durchsetzen beziehungsweise neue Ansprüche der Herrschenden

[1] Die Bezeichnung wird auf Henry David Thoreaus Essay »Resistance to Civil Government« (1848) zurückgeführt, der später unter dem Titel »On the Duty of Civil Disobedience« bekannt wurde. Thoreau stellt in diesem Essay einige grundsätzliche Überlegungen zur Kontrolle demokratischer Regierungen durch die Gehorsamsverweigerung der Staatsbürger an. Angeregt wurden diese Gedanken durch seine persönliche Weigerung, die Kopfsteuer zu bezahlen, womit er seine radikale Mißbilligung eines amerikanischen Krieges gegen Mexiko zum Ausdruck bringen wollte. Er wurde für diesen Akt individuellen zivilen Ungehorsams ins Gefängnis gesperrt, bis – schon nach einem Tag – gegen seinen Willen Verwandte die Steuer für ihn bezahlten. (S. Einleitung von Gene Sharp zu H. D. Thoreau: On the Duty of Civil Disobedience, London 1963, S. 1–4, und Walter Harding (ed.): Variorum Civil Disobedience, New York 1966). Politisch wirksam wurde Thoreaus Aufsatz erst im 20. Jahrhundert. Nachdem Gandhi in einem südafrikanischen Gefängnis diese »meisterliche Abhandlung« gelesen hatte, erklärte er seinen politischen Gegnern die Übertretung von Gesetzen, welche die Inder diskriminierten, nicht mehr als »passiven Widerstand«, sondern als »zivilen Ungehorsam«. (N. K. Bose: Selections from Gandhi, a. a. O., S. 40).

[2] Die Bezeichnung »zivile Usurpation« ist eine Neuprägung des Verfassers. Die von Gene Sharp vorgeschlagene Bezeichnung »gewaltfreie Intervention« (nonviolent intervention) ist etwas weiter, da sie auch rein subversive Interventionshandlungen wie den Massensitzstreik in Verkehrszentren und psychologische Interventionshandlungen wie das Fasten umfaßt. (G. Sharp: The Politics of Nonviolent Action, a. a. O., S. 321–352).
Der Terminus »gewaltfreie Intervention« ist aber in anderem Zusammenhang eine nützliche Wortprägung, da sie eine Unterscheidung von mehr passiven Unterlassungshandlungen (acts of omission) und aktiven Einsatzhandlungen (acts of commission) zuläßt (vgl. L. Kuper: Passive Resistance in South Africa, a. a. O., S. 72); bei letzteren ist eine sorgfältige Instruktion der Freiwilligen unerläßlich.
Die von Johan Galtung vorgeschlagene Bezeichnung »positives Rollenspiel« (positive role-playing) hat den Vorteil, daß sie den konstruktiven Aspekt betont; sie läßt aber die für die Eskalation der Kampfmaßnahmen wichtige Unterscheidung von legaler Rolleninnovation und illegaler Rollenusurpation nicht zu. (J. Galtung: On the Meaning of Nonviolence. In: *Journal of Peace Research*, Oslo, II, 3, 1965, S. 248–250).

blockieren wollen, können sie den subversiven zivilen Ungehorsam auf zweierlei Art leisten. Erstens können sie einzelne Gesetze mißachten, die ihnen ungerecht scheinen, und ihren Ungehorsam ausdrücklich auf diese Gesetze einschränken; zweitens können sie aber auch einzelne, viele oder alle von den Herrschenden erlassenen Gesetze und Anordnungen ignorieren, ohne ihrem Ungehorsam deutliche Grenzen zu setzen.

Zu der limitierten Form des zivilen Ungehorsams greifen meist Minderheitengruppen, die durch die einzelnen Gesetze spezielle Ansprüche beeinträchtigt sehen, im übrigen aber die geltenden Regeln des politischen Entscheidungsprozesses nicht grundsätzlich zu ändern beabsichtigen. Diese eingeschränkte Form der Mißachtung von Gesetzen und Anordnungen soll als reformatorischer ziviler Ungehorsam bezeichnet werden.

In den angelsächsischen Ländern ist diese reformbedachte Spielart des zivilen Ungehorsams als eine »legitime Protestmethode in extremen Fällen« bezeichnet worden. Man wollte sie als »Ergänzung zu den von der politischen Theorie des Liberalismus durchdachten Formen der Demokratie, nicht als deren Negation« verstanden wissen. »Eine echte demokratische Ordnung könnte gerade aus der Wechselwirkung von Gesetz und Verfassung auf der einen Seite und Protest und gewaltfreier Aktion auf der anderen Seite entstehen.«[3]

Der amerikanische Staatsrechtslehrer Harrop A. Freeman ist der Ansicht, daß der demonstrative zivile Ungehorsam den Schutz des ersten Amendments,[4] das die Meinungsfreiheit garantiert, erhalten müsse. Zu dieser Interpretation des ersten Verfassungszusatzes gelangt Freeman, weil er im zivilen Ungehorsam eine Prozedur zur Überprüfung der Gültigkeit von Gesetzen sieht. Er belegt diese Auffassung durch Zitate aus mehreren Entscheidungen des Obersten Gerichtshofs, aus denen seiner Ansicht nach hervorgeht, daß die Rechte des ersten Amendments den zivilen Ungehorsam schützen und der Supreme Court die Meinung vertrete, daß die Wahrheit in freier Auseinandersetzung als »Wahrheit auf der Straße« (truth of the market place) zu finden sei.[5]

Gene Sharp hat diese Vorstellung von einem legitimen zivilen Ungehorsam auf seine praktischen Konsequenzen hin näher durchdacht. Er möchte ein Grundrecht, den reformbedachten zivilen Ungehorsam zu organisieren, gesetzlich verankert wissen, da er befürchtet, daß durch die Verhaftung der organisatorischen »Rädelsführer« dieses Sicherheitsventil der Demokratie verstopft wer-

[3] April Carter: Direct Action, London 1962, S. 32–33.

[4] »Der Kongreß darf kein Gesetz erlassen, das [. . .] die Rede- und Pressefreiheit und das Recht des Volkes einschränkt, sich friedlich zu versammeln und die Regierung durch Petitionen zur Abstellung von Mißständen zu ersuchen.«

[5] H. A. Freeman: Civil Disobedience. In: H. A. Freeman et al.: Civil Disobedience, Santa Barbara: Center for the Study of Democratic Institutions, April 1966, S. 2–10.

den könnte: »Unser gegenwärtiges demokratisches System könnte verbessert werden. Es müßte Vorsorge getroffen werden für das Bedürfnis, extreme Meinungsverschiedenheiten zum Ausdruck zu bringen. Das *Organisieren* von zivilem Ungehorsam müßte als Recht anerkannt werden, so daß nicht schon die organisatorischen Vorbereitungen auf den zivilen Ungehorsam und die Aufforderung dazu verfolgt würden. Das *Leisten* des zivilen Ungehorsams würde natürlich seiner Definition nach weiterhin illegal sein, und solange Verhaftungen und Gerichtsverfahren kraft des für den Ungehorsam ausgewählten Gesetzes vorgenommen würden, wären diese innerhalb des Rahmens der bestehenden parlamentarischen Demokratie als fair und vernünftig zu betrachten. Dies würde der Gesellschaft zu einem demokratischen Ventil für eine extrem abweichende Meinung verhelfen und zu einem Barometer, mit dem die Verbreitung und die Intensität der abweichenden Meinung gemessen werden könnte. Der organisierte zivile Ungehorsam würde in dieser Form einen geordneten, friedfertigen Ersatz für die politischen Gewalttaten, mit den ihnen innewohnenden antidemokratischen Tendenzen, darstellen.«[6]

Die nicht limitierte Form des zivilen Ungehorsams, die das Gesamtsystem blockieren und die Herrschenden zur Anpassung an alternative Verhaltensweisen zwingen will, kann erfolgversprechend nur von einer (zumindest potentiellen) Mehrheit angewandt werden. Es handelt sich hier um eine revolutionäre Form des zivilen Ungehorsams.

Gopinath Dhawan berücksichtigt bei seiner Unterscheidung des reformbedachten beziehungsweise limitierten zivilen Ungehorsams vom revolutionären zivilen Ungehorsam nicht, ob der Träger der Aktion eine Mehrheit oder eine Minderheit ist, sondern allein, ob der zivile Ungehorsam sich gegen einzelne ungerechte Gesetze oder gegen das Gesamtsystem richtet: »Der Umgehorsam kann sich entweder gegen einige besonders ungerechte oder unmoralische Maßnahmen des Staates oder gegen die Gesetze des Staates im allgemeinen richten. Im ersten Falle ist das Ziel des zivilen Ungehorsams, eine Regierung zu zwingen, ein ungerechtes Gesetz oder eine ungerechte Anordnung zurückzuziehen, im letzteren Falle ist das Ziel, eine korrupte Regierung zu paralysieren und an ihre Stelle einen Staat zu setzen, der den Vorstellungen der gewaltfreien Aufständischen entspricht.«[7]

Nach der Definition von Dhawan hätte es sich bei der »Mißachtungskampagne« im Jahre 1952 in Südafrika nicht um revolutionären, sondern um reformbedachten zivilen Ungehorsam gehandelt, da nur einzelne ausgewählte Gesetze, vor allem das »Paßgesetz« mißachtet wurden. Nun war das Paßgesetz jedoch ein Eckstein des ge-

[6] G. Sharp: Civil Disobedience in a Democracy. In: *Peace News*, 22. 2. 1963.
[7] G. Dhawan: The Political Philosophy of Mahatma Gandhi, a. a. O., S. 240–241.

samten »Apartheid«-Systems und war die Kampagne von der gesamten farbigen Bevölkerung, Negern, Indern und Mischlingen getragen.[8] Die weiße Regierung mußte eine Kampagne, auch wenn sie sich nominell nur gegen einzelne Gesetze richtete, allein schon deswegen, weil 80% der Bevölkerung mit ihr sympathisierten, als »Rebellion« interpretieren.[9]

Wenn eine Mehrheit unterdrückt wird, meinte Gandhi eine unausweichliche »Pflicht zur Illoyalität« gegenüber dem Staat konstatieren zu können. So erklärte er 1930 am Beginn der großen Unabhängigkeitskampagne seinen Landsleuten: »Der Anblick von 300 Millionen Menschen, die sich durch die Drohungen von 300 Menschen einschüchtern lassen, ist für die Despoten und ihre Opfer in gleicher Weise demoralisierend. Es ist die Pflicht derjenigen, die den verdorbenen Charakter des Systems erkannt haben, wie attraktiv auch immer einzelne seiner Züge zusammenhanglos gesehen sein mögen, es ohne Zögern zu zerstören.«[10] Den kürzesten und erfolgreichsten Weg, ein nicht reformierbares System zu beseitigen, sah Gandhi im gewaltfreien und disziplinierten zivilen Ungehorsam der Untertanen. »Ihr unterstützt eine Regierung und ihre Verwaltung dadurch am wirksamsten, daß ihr deren Befehlen und Anordnungen folgt. Eine verdorbene Verwaltung verdient aber diesen Gehorsam nicht. Wer ihr gehorcht, macht sich mitschuldig. Ein anständiger Mensch wird darum von ganzem Herzen einem verdorbenen System Widerstand leisten. Der Ungehorsam gegenüber den Gesetzen eines verdorbenen Staates ist darum eine Pflicht.«[11]

Um ein nicht reformierbares System zu paralysieren und zu beseitigen, können damit nach Gandhis Auffassung nicht nur die Gesetze gebrochen werden, die speziell als ungerecht bezeichnet werden, sondern auch systemneutrale Gesetze, gegen die direkt nichts einzuwenden ist und die nach der Revolution beibehalten werden müssen.[12] »Vollständiger ziviler Ungehorsam ist ein Zustand vollständiger Rebellion – man weigert sich, jedes einzelne Gesetz, das der betreffende Staat geschaffen hat, zu beachten.«[13]

[8] Nach der Volkszählung von 1960 sind von den 16 Mill. Einwohnern 19,3% Europäer, 68,2% Bantu, 9,4% Kapfarbige (Mischlinge) und 3% Asiaten; nach Werner Schmitt: Südafrika, Bonn 1963, S. 38–41.

[9] L. Kuper: Passive Resistance in South Africa, a. a. O., S. 86.

[10] Duty of Disloyalty. In: *Young India*, 27. 3. 1930. In: M. K. Gandhi, Satyagraha, a. a. O., S. 238.

[11] Ebd., S. 238.

[12] Aggressive v. Defensive. In: *Young India*, 9. 2. 1922. In: M. K. Gandhi, Satyagraha, a. a. O., S. 175.

[13] Civil Disobedience. In: *Young India*, 14. 8. 1921. In: M. K. Gandhi, Satyagraha, a. a. O., S. 172.

Legitimation und Wirkung des demonstrativen zivilen Ungehorsams in Formaldemokratien

Der gewaltfreie Aufstand hat als Ausgangsbedingung eine Situation, in der die institutionellen Wege der Mitwirkung an den Entscheidungen gewissen Bevölkerungsgruppen verschlossen sind. Demokratien beruhen nun auf dem Übereinkommen, daß die oppositionelle Minderheit sich der herrschenden Mehrheit bis zu den in gewissen Abständen folgenden Wahlen fügt und die Mehrheit für dieses Zugeständnis eine Verfassung und Grundrechte respektiert, welche die Befugnisse der Regierung einschränken und der Opposition eine Chance geben, in den nächsten Wahlen ihre Forderungen durchzusetzen. Die Grundrechte sollen insbesondere garantieren, daß die Staatsbürger sich in ihren elementaren Lebensrechten gesichert und in ihrer Würde geschützt wissen und ihren Gewissensentscheidungen frei folgen können. In einer solchen Demokratie scheint der zivile Ungehorsam keinen Platz zu haben.[14]

Was unter einem menschenwürdigen Leben und unter Gewissensfreiheit zu verstehen ist, erfährt jedoch im geschichtlichen Wandel immer wieder neue, meist weitergehende Auslegungen. Es kann darum auch in einer Demokratie zu Konflikten kommen, in denen eine Minderheit glaubt, daß Gefahr im Verzug ist und daß sie nicht warten kann, bis sie in Wahlen die Mehrheit gewonnen und die Regierung abgelöst hat. So gilt zum Beispiel in den Demokratien Italiens und der Schweiz die Kriegsdienstverweigerung noch als Akt zivilen Ungehorsams und wird mit Gefängnis bestraft, während in der Bundesrepublik Deutschland aufgrund geschichtlicher Erfahrungen die Möglichkeit der Kriegsdienstverweigerung in der Verfassung verankert ist.[15]

In der Regel wird der zivile Ungehorsam in parlamentarisch-rechtsstaatlichen Demokratien damit legitimiert, daß die Manipulationstechniken der Herrschenden eine freie Willensbildung in den Wahlen erst gar nicht zuließen. »Demokratie, wie wir sie im Westen kennen, ist offenbar zu einem fast reibungssicheren Instrumentarium zur Erhaltung des status quo geworden«, meint der amerikanische Politologe Christian Bay. »Geregelter politischer Wandel ist nur noch in dem Maße möglich, in dem die Staatsbürger den verbreiteten Glauben aufgeben, demokratische Verhältnisse seien schon geschaffen und man müsse daher die in unserer Gesellschaft herrschenden Gesetze einhalten. Unter den Bedingungen des demokratischen Pluralismus bedeutet unkritischer Gesetzesgehorsam nicht nur die Vermeidung von Gewalt, sondern auch effektiv, daß man jede überlegte Anstrengung aufgibt, wirksam auf

[14] Vgl. W. R. Miller: Nonviolence, a. a. O., S. 76–79.

[15] Ausführliche Erörterung von möglichen Fällen zivilen Ungehorsams selbst in einer sich gewaltfreien Idealvorstellungen nähernden Demokratie in K. Santhanam: Satyagraha and the State, Bombay 1960, S. 40–44.

eine Änderung des Systems hinzuarbeiten. Denn damit ist man von vornherein einverstanden, unter Regeln zu leben, die in Wirklichkeit bestehen, um die Entwicklung wahrhaft demokratischer Verhältnisse zu verhindern. Die Mächtigen sind mächtiger geworden, die Machtlosen ohnmächtig. Dabei bleibt der äußere Schein von Demokratie gewahrt, was jedoch zunehmend schwieriger wird. Allerdings haben sich die Medien der Kommunikation und der Indoktrination dieser Schwierigkeit gewachsen gezeigt. So ist die Diskrepanz zwischen unseren rosaroten Vorstellungen einer ›Regierung durch das Volk‹ (government by the people) und den starren Realitäten von Armut und Unterdrückung immer weiter gewachsen.«[16]

Jedoch auch in einer solchen Formaldemokratie muß sich die aufständische Minderheit an dem fundamentalen demokratischen Prinzip orientieren, daß die Mehrheit die Richtlinien der Politik zu entscheiden hat. Ziel der Aufständischen wird es darum sein müssen, mit dem Mittel des zivilen Ungehorsams die Mehrheit für ihre Vorstellungen zu gewinnen, bis dahin aber die Durchführung der Entscheidung der Mehrheit, die sie in eine materielle Notlage oder in Gewissenskonflikte brachte, durch ihren opferbereiten Einsatz unter Ausnützen aller organisatorischen und gewaltfreien kampftechnischen Möglichkeiten zu verhindern. Mehr kann der gewaltfreie zivile Ungehorsam als Kampfmittel nicht leisten. Gene Sharp hat an Hand von Beobachtungen des Vorgehens des »Komitees der 100«, der englischen Atomwaffengegner, ausführlich begründet, warum die Minderheit unbedingt die Mehrheit gewinnen muß, und warum ein etwaiger »gewaltfreier Staatsstreich« unmöglich ist: »Diejenigen, die glauben, sie könnten ›Gandhi-Jakobiner‹ werden und, während sie eine klare Minderheit sind, ihren Willen der Mehrheit aufzwingen, die an die augenblickliche Politik glaubt, haben offensichtlich die Natur der gewaltfreien Aktion nicht verstanden und beherbergen in sich Ideen, die unverantwortlich und in höchstem Maße gefährlich sind.« Sharp sieht zwar die Möglichkeit, daß eine wohlorganisierte Minderheit durch Obstruktionstaktiken den Sturz einer Regierung zuwege bringen kann; er hält dieses Vorgehen jedoch für kurzsichtig und letztlich nicht erfolgversprechend: »Die Minderheit würde sich durch die Obstruktionstaktik lediglich die Geneigtheit der Mehrheit entfremden, den Standpunkt der Minderheit aufgeschlossen zu untersuchen. Ein neues Regime, das die alte Politik fortsetzt und die Minderheit energischer unterdrückt, käme an die Macht, – entweder auf verfassungsmäßigem Wege oder durch einen Staatsstreich. Wenn eine Minderheit darum immer nur die Blockierung der Regierungstätigkeit im Auge hat, kann dies dazu führen, daß sie eine noch

[16] Christian Bay: Civil Disobedience als Voraussetzung für Demokratie in Massengesellschaften. In: *Berliner Zeitschrift für Politologie*, 1, Mai 1968, S. 26.

kleinere Minderheit wird, mit schwindenden Chancen, ihr Ziel jemals zu erreichen.«[17]
Ist der Konfliktstoff ein Strukturproblem der Gesellschaft und sind darum Minderheit und Mehrheit in gleicher Weise engagiert, so kann die Minderheit durch zivilen Ungehorsam keine Änderung der Politik erzwingen, solange die Mehrheit im Falle eines Nachgebens sich in ihren elementaren Interessen gefährdet sehen würde. Diese Situation war 1961 gegeben in dem Konflikt zwischen den englischen Atomwaffengegnern des »Komitees der 100« und den Politikern, die vorgaben, der einzig wirksame Schutz vor einer kommunistischen Expansion bestehe in der atomaren Abschreckungsstrategie.
Thoreau hatte in seiner Abhandlung über den zivilen Ungehorsam die Ansicht vertreten, daß die Minderheit »unwiderstehlich ist, wenn sie mit ihrem gesamten Gewicht drückt«.[18] Im »Komitee der 100« glaubten viele Organisatoren und Teilnehmer an Aktionen zivilen Ungehorsams an die Richtigkeit dieser These Thoreaus. Sie mußten jedoch die Erfahrung machen, daß ohne Änderung der Größenverhältnisse der im Konflikt stehenden Gruppen das stärkere Engagement der Minderheit nur eine entsprechend stärkere Unterdrückung von seiten der Mehrheit hervorrief. Das »Komitee der 100« hatte seine Aktivität mit Massensitzstreiks in der Londoner Innenstadt begonnen. Trotzdem bei diesen Sitzprotesten die polizeilichen Anordnungen, die Straße zu räumen, mißachtet wurden, hatten diese Aktionen noch weithin den Charakter von Protestdemonstrationen: Erst mit dem Versuch, die Militärstützpunkte Wethersfield und Ruislip mit Massen seiner Anhänger zu besetzen, dehnte das »Komitee der 100« im Dezember 1961 den zivilen Ungehorsam, genauer gesagt die zivile Usurpation, auf den Komplex der Verteidigungsgesetzgebung aus. Angesichts dieses ernsten Versuches, die Grundkonzeption ihrer Politik umzuwerfen, setzte die Regierung große Mengen Truppen und Polizei ein und ließ über sieben Organisatoren der Aktion Gefängnisstrafen zwischen 12 und 18 Monaten verhängen. Die Regierung hatte damit unmißverständlich klar gemacht, daß sie auf jede Steigerung der Herausforderungen durch die militanten Vertreter einer Minderheit gleichfalls mit schärferen Maßnahmen zu antworten entschlossen sei.
Bei Konfliktstoffen von allgemeinem, gleichem Interesse hat sich der zivile Ungehorsam bis jetzt noch nicht als Druckmittel, sondern nur als besonders drastisches Mittel der Aufklärung bewährt. Bertrand Russell hat den zivilen Ungehorsam geradezu als »Propagandamethode« bezeichnet: »Wir befürworten und praktizieren den gewaltlosen zivilen Ungehorsam, weil wir in ihm eine Methode sehen, den Leuten die Gefahren zur Kenntnis zu bringen, denen sie ausgesetzt sind, und sie zu überreden, sich unserer Opposition anzu-

[17] Gene Sharp: Civil Disobedience in a Democracy. Constitutional issues of the Committee of 100 ›secrets‹ trial. In: *Peace News*, 22. 2. 1963.
[18] H. D. Thoreau: Walden. On the Duty of Civil Disobedience, a. a. O., S. 231.

schließen gegen den Wahnsinn, der zur Zeit viele der mächtigsten Regierungen in der Welt erfaßt hat.«[19]
Um den zivilen Ungehorsam als Methode der Volksaufklärung zu rechtfertigen, verwies Russell darauf, daß es auch in einem demokratischen Lande Umstände gibt, die zu einer einseitigen Information der Öffentlichkeit führen: »Betrachten wir einmal, auf welche Weise in einem angeblich demokratischen Land die öffentliche Meinung fabriziert wird. Große Zeitungen gehören reichen und mächtigen Leuten. Fernsehen und Radio haben starke Gründe, die Regierung nicht anzugreifen. Die meisten Experten würden ihre Stellungen und ihr Einkommen verlieren, wenn sie die Wahrheit sagen würden.«[20]
Russell gibt die Schuld an der mangelhaften Information der Öffentlichkeit aber nicht allein der Abhängigkeit der meinungsbildenden Organe, sondern auch dem Widerwillen der Bevölkerung, unangenehme Tatsachen überhaupt zur Kenntnis zu nehmen.[21] Russell sah in dieser Situation im zivilen Ungehorsam ein Mittel, die meinungsbildenden Organe und über diese auch die Öffentlichkeit selbst zu zwingen, die Ansichten der Minderheit zur Kenntnis zu nehmen: »Es mag im Augenblick so aussehen, als würde die Mehrheit der englischen Öffentlichkeit eine Politik unterstützen, die sie in ein furchtbares Unglück stürzt. Ich glaube, die englischen Wähler würden es sich anders überlegen, wenn ihnen die Tatsachen so nachdrücklich zur Kenntnis gebracht würden, daß sie diese nicht länger vergessen könnten.«[22]
Den Erfolg solcher »spektakulärer Aktionen« sah Russell darin, daß die meinungsbildenden Organe über die illegalen Aktionen wegen ihres »Sensationswertes« berichten würden und nun die Öffentlichkeit auch nach den Motiven dieses zivilen Ungehorsams fragen würde.[23] Der erste Sitzprotest des »Komitees der 100« vor dem Verteidigungsministerium, an dem 4000 Demonstranten teilnahmen, bestätigte Russells Kalkül: »Es war eine sehr bemerkenswerte Tatsache: über die Demonstration vom 18. Februar (1961) wurde nicht nur in allen Teilen der Welt sehr ausführlich berichtet, sondern als unmittelbare Konsequenz haben alle möglichen in- und ausländischen Zeitungen Darstellungen unseres Anliegens angefordert und abgedruckt, die sie bis dahin zurückgewiesen haben würden.«[24]
Wenn der zivile Ungehorsam das Ziel der Aufklärung der Öffentlichkeit erreicht hat, zeigt es sich, ob dies genügte, um aus der Minderheit eine Mehrheit zu machen. Gelang den Aufständischen die Schaffung einer neuen Mehrheit, können sie eventuell auch einen Rücktritt der Regierung und vorzeitige Wahlen erzwingen. Ge-

[19] B. Russell: On Civil Disobedience. London 1961, Flugschrift. (Rede vom 15. 4. 1961 vor der ersten Jahreskonferenz der Midlands Region Youth Campaign for Nuclear Disarmament in Birmingham), S. 1.
[20] Ebd., S. 3.
[21] Ebd., S. 4.
[22] Ebd., S. 5.
[23] Ebd., S. 1.
[24] Ebd., S. 1.

lang ihnen aber dieser quantitative Durchbruch nicht, kann die Kampagne als vorläufig gescheitert betrachtet werden. Ralph Schoenman, der das »Komitee der 100« konzipiert hatte, überschätzte die Kampfkraft dieser Waffen in der Hand einer Minderheit, als er die Regierung vor folgende Alternative stellen wollte: »Wir möchten die Regierung in eine Lage bringen, in der sie sich entscheiden muß, ob sie Tausende ins Gefängnis sperren oder abdanken will.«[25] Schoenman verkannte, daß eine formaldemokratische Regierung keinen Zwang zur Abdankung und sogar die leidige Verpflichtung spürt, die zivilen Ungehorsam Leistenden mit Sanktionen unter Druck zu setzen, solange sie annehmen darf, daß die Mehrheit weiterhin ihre Politik billigt.

Wird die Mehrheit durch die Aufklärungsaktionen des demonstrativen zivilen Ungehorsams nicht gewonnen, so bleibt denjenigen, die in der *gewaltfreien* Aktion den einzigen Weg zum politischen Erfolg sehen, nichts anderes übrig, als die Gründe dafür zu suchen, daß die Mehrheit sich ihre Ansichten nicht zu eigen machte. In solchen Situationen könnte die Lösung in der sorgfältigen Analyse des Konflikts und dem Angebot »konstruktiver Alternativen« liegen. Gene Sharp formulierte in einem Schreiben an James Bristol, den Leiter des Studienprogramms für gewaltfreie Verteidigung der amerikanischen Quäker, die Aufgabe des »Komitees der 100« und der übrigen Organisationen von Atomwaffengegnern: »Wir müssen die Frage anpacken, warum die große Mehrheit der Menschen auf der einen Seite fortfahren [...] militärische Kriegsvorbereitungen zu unterstützen, während sie auf der anderen Seite der Forderung zustimmen, daß kein Krieg stattfinden dürfe [...] Wir müssen ihnen helfen, ein positives Mittel zu finden, um mit solchen Situationen fertig zu werden, in denen sie jetzt den Krieg entweder als wirklichen Kampf oder in der Form einer Abschreckung als notwendiges Übel ansehen.«[26]

Wenn eine gewaltfreie Kampagne mit der Aufklärung ihrer Mitbürger und der Regierung schon soweit fortgeschritten ist, daß die Mehrheit die grundsätzliche Berechtigung ihrer Forderungen nicht mehr offen zu bestreiten wagt, sie aber dennoch nicht erfüllt, kann zum zivilen Ungehorsam auch als reformatorischen Zwangsmittel gegriffen werden. So hat Martin Luther King in einer seiner letzten großen Reden den zivilen Ungehorsam von Massen Arbeitsloser und Unterbeschäftigter vorgeschlagen, um damit in den Slums des Nordens der USA Macht von unten her zu entwickeln. Er dachte in erster Linie an die Blockierung von Stadtzentren durch Tausende von Sitzstreikenden, Sit-ins vor und innerhalb von Fabriktoren und ein großes Lager von arbeitslosen Farbigen bei Washington. Zur Begründung dieser Zwangsmaßnahmen sagte er: »Als Kampfmittel kommen für uns weder die bewaffnete Erhebung noch nutzlose

[25] Zit. nach G. Clark: Second Wind, a. a. O., S. 10.

[26] Zit. in Leserbrief von James E. Bristol zu Gene Sharps Artikel ›India's Lesson for the Peace Movement‹. In: *Peace News*, 10. 1. 1964.

Bitten an eine harthörige Regierung in Frage [...] Wir müssen zum zivilen Ungehorsam greifen. Eine Stadt am Funktionieren zu hindern, ohne sie zu zerstören, kann wirkungsvoller sein als ein Aufruhr, weil der zivile Ungehorsam sich länger durchhalten läßt, und zwar kostspielig, aber nicht blind zerstörerisch ist. Außerdem ist es schwieriger für eine Regierung, gegen zivilen Ungehorsam mit überlegenen Gewaltmitteln vorzugehen. Ziviler Ungehorsam auf Massenbasis kann auch den Zorn als konstruktive und schöpferische Kraft benutzen. Es ist nutzlos, den Negern zu empfehlen, nicht zornig zu sein, wenn sie es tatsächlich sein sollten. Es ist sogar für die Psyche eines Menschen gesünder, wenn er seinen Zorn nicht unterdrückt, sondern seine Energie in einer konstruktiven und friedlichen, aber kraftvollen Weise nutzt, um eine repressive Stadt an ihrem normalen Funktionieren zu hindern.«[27]
King war sich des Risikos solcher Zwangsmaßnahmen bewußt. Sie konnten außer Kontrolle geraten und weiße Rassisten in ihrer ablehnenden Haltung bestärken. Da die Alternative jedoch Fortdauer des Elends und der blutigen Ghettorevolten war, ging er bewußt dieses Risiko ein in der Hoffnung, daß eine disziplinierte gewaltfreie Bewegung des zivilen Ungehorsams, »ohne daß ein Streichholz angezündet und ein Schuß abgefeuert würde, erdbebenartige Proportionen annehmen«[28] und dadurch radikale Reformen sofort erzwingen beziehungsweise beschleunigt herbeiführen würde.

Kampfmethoden des revolutionären zivilen Ungehorsams

Der von Gandhi konzipierte »vollständige zivile Ungehorsam« ist als letzte und kräftigste Waffe der subversiven Aktionen nur selten zur Anwendung gekommen, da entweder die Kampfziele der Kampagnen schon mit schwächeren Mitteln erreicht oder die Kampagnen noch vor dem Eintritt in diesen Kampfabschnitt unterdrückt wurden, wie dies bei der Apartheid-Kampagne in Südafrika der Fall war. Oder aber, die Kampagne mußte kurz vor dem Einsetzen des revolutionären zivilen Ungehorsams abgebrochen werden, weil die gewaltfreie Disziplin nicht gehalten wurde und der gewaltfreie Aufstand in eine gewaltsame Rebellion überzugehen drohte, wie Gandhi dies 1922 in der Khilafat-Kampagne nach den Zwischenfällen von Chauri Chaura annehmen mußte. Von den Kampagnen, die unter dem Einfluß von Gandhis Methodik der gewaltfreien Aktion standen, dürfte allein die Unabhängigkeitskampagne von 1930/31 dem Ideal des vollständigen, revolutionären zivilen Ungehorsams nahe gekommen sein, wenn auch sie bezeichnenderweise durch Verhandlungen beigelegt wurde, bevor es zur letzten Kraft-

[27] M. L. King: Die Krise in Amerikas Städten. In: Th. Ebert und H.-J. Benedict, (Hrsg.): Macht von unten, a. a. O., S. 43.
[28] M. L. King: Die Krise in Amerikas Städten, op. cit., S. 44.

probe kam. Um diese wichtige Erscheinungsform des gewaltfreien Kampfes jedoch nicht nur auf dieses eine Beispiel gestützt abhandeln zu müssen, wird im folgenden auch auf Erfahrungen zurückgegriffen werden, die in Kampagnen gemacht wurden, in denen sowohl gewaltlose wie auch gewaltsame Aktionen eingesetzt wurden. Die drei wichtigsten Kampfmethoden des revolutionären zivilen Ungehorsams waren bislang die Verweigerung der Steuerzahlung, der Generalstreik und die Gehorsamsverweigerung von Verwaltungsbeamten, Polizei und Heer.

Steuerverweigerung. »Eine der schnellsten Methoden, eine Regierung zu stürzen«, nannte Gandhi die Weigerung der Bevölkerung, ihre Steuern zu bezahlen.[29] Als die indischen Bauern im Jahre 1921 während der Khilafat-Kampagne die Steuerzahlung einstellen wollten, warnte er jedoch davor, ohne intensives Training in gewaltfreier Verhaltensweise zu dieser Maßnahme zu greifen: »Bevor die Bauernschaft nicht die Begründung der zivilen gewaltfreien Zahlungsverweigerung und das Verdienstvolle an einer solchen Verhaltensweise verstehen gelernt hat, und bevor sie nicht bereit ist, mit ruhiger Resignation der Konfiskation ihres Besitzes (die allerdings nur vorübergehend sein kann) und dem Zwangsverkauf ihres Viehs und ihrer Gerätschaften zuzusehen, darf man ihr nicht raten, die Steuerzahlung zu verweigern.«[30] Gandhi befürchtete, daß die Bauern zu Gewaltmitteln greifen würden oder aber, daß sie die Steuern dann doch noch bezahlen würden, wenn sie ihr konfisziertes Vieh verhungern und verdursten und ihre Ernte auf den Feldern verderben sehen würden.[31] Im Jahre 1922 schien ihm nur der kleine ländliche Bezirk Bardoli (Gujarat) zur Verweigerung der Bodensteuer bereit. Dort waren die Bauern mit allen Konsequenzen einer Zahlungsverweigerung vertraut gemacht worden, und ein im Vergleich zum restlichen Indien dichtes Netz von Freiwilligen versprach die gewaltfreie Disziplin aufrechtzuerhalten.[32]

Als die Khilafat-Kampagne dann jedoch wegen der Zwischenfälle von Chauri Chaura abgebrochen werden mußte, mußten auch die Bauern von Bardoli mit ihrer Steuerverweigerungskampagne bis 1928 warten. Innerhalb von sechs Monaten zwangen sie die Regierung eine willkürliche Steuererhöhung rückgängig zu machen.[32a] Diese Kampagne war die Generalprobe für den Einsatz der Bauern in der Unabhängigkeits-Kampagne von 1930–1932, in der sie wieder die Steuerzahlung einstellten. Diesmal erfüllte aber auch die Regierung die schlimmsten Erwartungen. »Bauern wurden wahllos verprügelt und beschimpft, ihre bewegliche Habe be-

[29] Non-Payment of Taxes. In: *Young India*, 19. 1. 1922. In: M. K. Gandhi, Satyagraha, a. a. O., S. 140.
[30] Ebd., S. 140–141.
[31] Ebd., S. 141.
[32] N. D. Parikh: Sardar Vallabhbhai Patel, Vol. I, a. a. O., S. 151–159.
arbeit am Otto-Suhr-Institut der Freien Universität Berlin, Oktober 1969, S. 43–45.
[32a] Vgl. die detaillierte Fallstudie in J. v. Bondurant: Conquest of Violence, a. a. O., S. 53–64.

schlagnahmt und zwar weit mehr als zur Deckung der Steueraufkommen nötig gewesen wäre, ihr Land wurde als enteignet erklärt, die Bewässerungsanlagen abgestellt, so daß die Ernte verdorrte.«[33] Dazu kamen als verdeckte Terrormaßnahmen Brandstiftungen Unbekannter in den Steuerverweigerungsgebieten. Als die Bevölkerung die Repressalien der Regierung nicht länger ertragen konnte, wanderten 80000 Einwohner von Bardoli aus in das benachbarte Fürstentum Baroda, das englischer Oberhoheit entzogen war.[34]

Die Steuerverweigerung wurde nicht allein in Indien angewandt. Im Jahre 1861 griffen auch die Ungarn, die von Franz Deak geführt wurden, in ihrem Widerstand gegen die habsburgische Politik zu diesem Mittel. Das Verhalten von Aufständischen und Herrschenden war ähnlich wie in Indien. »Wenn der österreichische Steuereinnehmer kam, um die Steuern einzutreiben, wurde er weder verprügelt, noch verhöhnt – die Ungarn weigerten sich nur zu bezahlen. Sie erklärten dem Steuereinnehmer, er suche einem völlig illegalen Auftrag nachzukommen. Der Steuereinnehmer holte dann die Polizei, und die Polizei beschlagnahmte den Besitz des Ungarn. Der ungarische Versteigerer weigerte sich jedoch, das Beschlagnahmte zu versteigern, und ein österreichischer Berufskollege mußte herangebracht werden. Wenn er ankam, mußte er feststellen, daß er die Käufer auch gleich hätte mitbringen müssen. Die österreichische Regierung fand in kurzer Zeit heraus: die Kosten der vergeblichen Versuche, die Steuern einzutreiben, waren höher als die Steuerbeträge selbst.«[35]

Es ist jedoch kein Zufall, daß der Einsatz der Steuerverweigerung bisher auf primitive Agrarstaaten beschränkt blieb. In hochentwickelten Industriestaaten wäre es leicht möglich, bei den Arbeitgebern Bargeld oder Bankguthaben zu pfänden und bei Arbeitnehmern die Steuerbeträge vom Lohn einzubehalten. Ein Steuerstreik hat in einem Industriestaat nur Aussicht auf Erfolg, wenn er sofort auf Massenbasis eingesetzt und mit Streiks und Besetzungen verbunden wird.

Der einzige Fall, in dem in einem Industriegebiet eine Steuerverweigerung durchgeführt werden sollte, ereignete sich während der Russischen Revolution von 1905. Anfang Dezember rief der Petersburger Sowjet auf Anregung der Allrussischen Bauernvereinigung mit dem von Parvus (Deckname für A. L. Helphand) verfaßten »Finanzmanifest« zum Steuerstreik auf: »Es gibt nur [. . .] einen Weg, um die Regierung zu stürzen – ihr [. . .] ihre Einnahmen zu versagen.«[36]

33 *Young India*, 23. 1. 1930; zit. in G. Sharp: Gandhi Wields the Weapon of Moral Power, a. a. O., S. 197.

34 G. Sharp: Gandhi Wields the Weapon of Moral Power, a. a. O., S. 197.

35 Arthur Griffith: The Resurrection of Hungary, Dublin 1904, S. 57; zit. in W. R. Miller: Nonviolence, a. a. O., S. 238.

36 Zit. in Isaak Deutscher: Trotzki. Der bewaffnete Prophet 1879–1921, Bd. 1. Stuttgart 1962, S. 238.

Dieser von einem Tag auf den anderen improvisierte Steuerstreik wurde nicht mehr durchgeführt, nachdem die Mitglieder der Exekutive des Sowjets verhaftet worden waren. Allein der Umstand, daß die Regierung durch das »Finanzmanifest« zu einem sofortigen Eingreifen gezwungen war, weist darauf hin, daß zumindest das Zarenregime, das bei seinen auswärtigen Gläubigern unbedingt kreditwürdig bleiben mußte, durch einen Steuerstreik hätte getroffen werden können. Mangelnde Vorbereitung und vielleicht auch organisatorische Schwäche verhinderten in Petersburg eine Fortsetzung des Steuerstreiks nach der Verhaftung der Führer. Die Frage, ob der Steuerstreik ganz allgemein in Industriestaaten eine schlagkräftige Waffe ist, kann solange nicht beantwortet werden, als keine historischen Belege für seine Wirksamkeit beigebracht werden können. Die Häufigkeit, mit der die (individuelle) Steuerverweigerung gerade in pazifistischen Kreisen als Mittel des gewaltfreien Kampfes empfohlen und in Einzelfällen auch praktiziert wird,[37] ändert an der Unsicherheit im Umgang mit dieser zumindest unerprobten Waffe nichts.

Generalstreik. Als die wirkungsvollste Waffe des gewaltfreien Aufstandes gegen einheimische Herrschende darf in einer Industriegesellschaft aufgrund historischer Erfahrung der Generalstreik angesehen werden. Wilfried Harris Crook versteht unter ihm »den Streik der Mehrheit der Arbeiterschaft in den wichtigeren Industrien eines bestimmten Ortes oder einer Gegend«.[38] Der Generalstreik ist den Maßnahmen des zivilen Ungehorsams zuzuordnen, da er als revolutionäre Maßnahme die Basis der Herrschenden angreift und von diesen meist ohne Rücksicht auf die Gesetze mit Gewalt zu brechen gesucht wird. Max Quarck sah im Generalstreik, beziehungsweise im politischen Massenstreik, wie er ihn nannte, »eine Streikbewegung, die eine solche Ausdehnung und Bedeutung gewinnt, daß sie ein Übel nicht bloß für die Beteiligten, sondern für die ganze Gesellschaft wird und dadurch den Staat zum Eingreifen auffordert. Ferner muß sie auf die Gesetzgebung und die Verwaltung des Staates nicht nur einen ökonomischen, sondern einen politischen Druck ausüben und namentlich die Gewinnung oder den Schutz eines politischen Rechtes zum Ziele haben.«[39]

Da es in gewaltfreien Kampagnen, die unter dem Einfluß von Gandhis Doktrin standen, bisher selten zu revolutionären Kampfmaßnahmen kam, ist auch der Generalstreik kaum eingesetzt wor-

[37] Nach dem Vorbild amerikanischer Pazifisten (s. Nat Hentoff: Peace Agitator. The Story of A. J. Muste, New York, S. 125–129) bildete das englische »Direct Action Committee« ein Unterkomitee »Against Tax for Nuclear Arms« (s. Chr. Driver: The Disarmers, a. a. O., S. 110). – Zur pazifistischen Steuerverweigerung in den USA siehe: Peacemaker Movement: Handbook on Nonpayment of War Taxes, Raymond, New Hampshire, 2. Aufl. 1966.

[38] The General Strike, a. a. O., S. VII.

[39] Artikel »Politischer Streik«. In: Handwörterbuch der Staatswissenschaften, Jena 1926.

den. Gandhi beschränkte sich in Indien auf die eintägigen Generalstreiks, die Hartals, die mehr demonstrativen Charakter hatten. Im Unabhängigkeitskampf Ghanas wurde im Zeichen der »Positiven Aktion« von Nkrumah im Januar 1956 zum Generalstreik aufgerufen.[40] Aber über den Streik in Ghana, wie über die sporadisch aufflackernden Streiks in der Antiapartheid-Kampagne in Südafrika, gibt es nur wenige, unzureichende Berichte.

Reich dagegen ist die sozialistische Literatur über die von der Gewerkschaftsführung weniger geschätzte Sonderform des politischen Streiks. W. H. Crook hat zwei umfassende Studien über den politischen Generalstreik vorgelegt.[41] Große Generalstreiks, wie der englische Streik von 1926, wurden gesondert untersucht.[42]

Das Scheitern vieler Generalstreiks brachte diesem Kampfmittel den Ruf einer »tragischen Waffe« ein. Der Generalstreik wirft eine große Zahl organisatorischer Probleme auf, die in der Vergangenheit meist nur mangelhaft bewältigt wurden. Der Generalstreik, den die Propaganda der Arbeiter den »Kampf der über der Brust verschränkten Arme« nannte, war nur in der Theorie unwiderstehlich, in der Praxis erwies er sich als höchst schwierig. Aber auch im Scheitern offenbarten manche Streiks, wie etwa die russischen Generalstreiks von 1905, die Streiks in Workuta und in der DDR im Jahre 1953 und der französische Generalstreik im Mai 1968 eine zukunftsweisende Kraft.

Gerade die politischen Massenstreiks in Ländern mit kommunistischer Herrschaft bewiesen, daß das Kampfmittel des Streiks in seiner Wirksamkeit nicht auf kapitalistische Länder mit einer Marktwirtschaft beschränkt ist. Joseph Scholmer hat aus den Erfahrungen mit den Streiks in den Konzentrationslagern von Workuta im Jahre 1953 sogar den Schluß gezogen, daß planwirtschaftlich gelenkte Staaten schon von einer entschlossen streikenden Minderheit zum Nachgeben gezwungen werden könnten, selbst wenn sich die Mehrheit der Bevölkerung über die schweigende Mißbilligung des herrschenden Regimes hinaus nicht engagieren sollte: »Die industrielle Produktion der Sowjetunion ist wegen ihres Planungssystems weitaus empfindlicher für jede Störung. In den Händen des Millionenheeres der Zwangsarbeiter befinden sich die wichtigsten Positionen der Rohstoffindustrie (allein etwa 50 Prozent der Kohlenförderung und annähernd 80 Prozent der Holzgewinnung). Ein Streik, der nicht nur Workuta, sondern alle Rayons der MGB-(Staatssicherheitsdienst)-Lager erfaßte, würde das ganze Gebäude der sowjetischen Wirtschaft in seinen Grundfesten erschüttern.«[43]

[40] K. Nkrumah: Schwarze Fanfare, a. a. O., S. 118–119.
[41] The General Strike. A Study of Labor's Tragic Weapon in Theory and Practice, Chapel Hill 1931; ders.: Communism and the General Strike, Hamden, Conn. 1960.
[42] Julian Symons: The General Strike (1926). A Historical Portrait, London 1957.
[43] Arzt in Workuta. Bericht aus einem sowjetischen Straflager, München 1963, S. 188.

Auch in Lateinamerika hat der Generalstreik als revolutionäres Instrument schon eine wichtige Rolle gespielt. Im Mai 1944 wurde in San Salvador der Diktator Martinez durch Massendemonstrationen und einen anschließenden Generalstreik zum Verlassen des Landes gezwungen. Die Studenten Guatemalas nahmen sich diesen Erfolg zum Vorbild, um ihrerseits Demonstrationen und Streiks zu organisieren. Die Arbeiter nahmen die Generalstreikparole auf, und in zwei Anläufen im Juni und Oktober 1944 wurden zuerst der Sturz des Diktators Ubico und dann auch seines Nachfolgers General Ponce erzwungen und die Voraussetzungen für eine zumindest formaldemokratische Verfassung geschaffen.[44]

Eine wichtige Streitfrage ist, ob der Generalstreik dann die meisten Erfolgsaussichten hat, wenn er überraschend und blitzartig einsetzt, oder dann, wenn er sorgfältig vorbereitet und darum auch das Datum des Streikbeginns bekannt ist. Max Quarck schrieb 1926: »Am wirksamsten hat sich der politische Massenstreik erwiesen, wenn er die Regierung unvermittelt überraschte und von der Sympathie des allgemeinen Publikums getragen wurde. Es scheint also, daß die Plötzlichkeit und Unerwartetheit des politischen Massenstreiks eine der hauptsächlichsten Vorbedingungen seines Gelingens ist.«[45] Quarcks Beurteilung der Erfolgschancen eines unerwarteten Generalstreiks trifft jedoch nur zu, wenn der Gegner schon in der ersten Schrecksekunde zum Nachgeben veranlaßt werden kann und »das Ziel im Bewußtsein der beteiligten Volksmassen ganz allgemein verstanden und erstrebt wird und gleichzeitig in nicht zu großer politischer Ferne liegt«. Wenn jedoch die Staatsmacht auf diesen eruptiven Generalstreik mit gewaltsamer Unterdrückung reagiert, ist die Gefahr, daß es zu gewaltsamen öffentlichen Unruhen kommt, groß und sind die Chancen, daß die Streikenden lange durchhalten, gering. Je komplizierter die politische Lage und die Zielsetzungen der Streikenden, desto unwahrscheinlicher ist ein rascher Erfolg eines unerwarteten Generalstreiks. Quarck meint als Regel erkennen zu können: »Am leichtesten ist ein politischer Demonstrationsstreik (im Sinne von Gandhis Hartal – Th. E.) durchzuführen, am schwierigsten der auf ein positives Handeln der Staatsgewalt gerichtete.«

Sind die obengenannten günstigen Bedingungen nicht gegeben – und dies dürfte häufig der Fall sein –, kann unter Umständen der von langer Hand vorbereitete und angekündigte Generalstreik zum Erfolg führen. In Belgien 1913, in England 1926 und in Ghana 1949/50 wurden die Generalstreiks langfristig vorbereitet. Die Gegenseite vermag sich dann zwar auch auf den Streik einzustellen, ist jedoch die geschichtliche Entwicklung auf seiten der Streiken-

[44] George Lakey and Patricia Parkman: They Didn't Call It Nonviolence, But ... Three Cases of Civilian Insurrection in Latin America, Philadelphia 1968, Ms. 8 S.

[45] Artikel »Politischer Streik«. In: Handwörterbuch der Staatswissenschaften, Jena 1926.

den,[46] so ist selbst ein Generalstreik ohne blitzschnellen Erfolg, der sogar nach geraumer Dauer abgebrochen werden muß, nicht als Niederlage der Aufständischen zu betrachten. Quarck sieht die Wirkung des politischen Generalstreiks auf die beteiligten Massen in der Stärkung ihrer Kampfeszuversicht und ihrer gewerkschaftlichen und politischen Organisationen. »Das Mißlingen eines politischen Massenstreiks hat noch kaum jemals die politische Bewegung eines Landes dauernd zurückgeworfen.«[47] Der Generalstreik in Ghana im Dezember 1949 brachte keinen sofort sichtbaren Erfolg, aber der durch ihn entfachte Enthusiasmus und Kampfgeist bewog insbesondere die jüngere Generation, der »Vereinigten Volkspartei« (Convention People's Party) beizutreten, die dann die nächsten Wahlen im Jahre 1951 überlegen gewann.[48]

Den Musterfall einer revolutionären Streikbewegung, die im Sinne von Etienne de La Boétie den Herrschaftsapparat vollständig zu paralysieren vermöchte, dürften die Generalstreiks der Russischen Revolution von 1905 abgeben, die hier etwas ausführlicher geschildert werden sollen, um einen Eindruck von der Wirkung eines politischen Massenstreiks mit revolutionärer Zielsetzung zu geben.[49]

Innenminister A. G. Bulygins Versuch einer Reform von oben vom 6. (19.) August 1905 hatte die Massen enttäuscht; Stadt- und Landproletariat sollten kein Wahlrecht erhalten. Von den 1400000 Einwohnern Petersburgs sollten nur 13000 wahlberechtigt sein. Nur ein revolutionärer ziviler Ungehorsam konnte solchen unterdrückten Mehrheiten das Wahlrecht erkämpfen.

Ohne Koordinierung flammten Streiks auf. In der zweiten Septemberhälfte forderten in Moskau die Drucker und Bäcker neben dem Achtstundentag vor allem die Teilnahme an den Wahlen zur Duma. Am 24. September (7. Okt.) kam es zu blutigen Zwischenfällen, als Polizei und Kosaken gegen Demonstranten eingesetzt wurden. Die Antwort war eine mehrere Tage dauernde allgemeine Arbeitsniederlegung.

Bevor der Streik in Moskau noch ganz erloschen war, sprang der Funke auf Petersburg über, wo am 3. (16.) Oktober die Drucker in Sympathiestreik traten. In allen Streiks wurde nicht nur eine wirtschaftliche Verbesserung der Lage der Arbeiter, sondern auch die Durchführung von allgemeinen, gleichen, direkten und geheimen Wahlen gefordert.

Während der Streik der Bäcker und Drucker die Bevölkerung här-

[46] Diese Beurteilung dürfte jedoch nur dem aus einiger Entfernung zurückblickenden Historiker möglich sein, wenn auch Aufstandsbewegungen aus propagandistischen Gründen dieses Wissen um den Zeitgeist und den Trend der Entwicklung für sich in Anspruch nehmen dürften.

[47] Artikel »Politischer Streik«, a. a. O.

[48] Dennis Austin: Politics in Ghana 1945–1960, London 1964, S. 91.

[49] S. Theodor Ebert: Rußland 1905. Der Generalstreik als revolutionäre Waffe. In: Der Generalstreik als Mittel des gewaltfreien Kampfes. In: *konsequent*, Nr. 7–8, April 1964, S. 14–44.

ter traf als den Zaren, berührte am 6. (19.) Oktober der Streikeintritt der Moskauer Eisenbahner eine Nervenbahn des Zarenreichs. Die nationale Vereinigung der Eisenbahnen in Moskau nahm eine Resolution an, in der das allgemeine, gleiche, direkte und geheime Wahlrecht, politische Freiheitsrechte, Amnestie für alle politischen Gefangenen, das Streikrecht, der Achtstundentag, die Aufhebung des Kriegsrechts auf den Eisenbahnen und die Entlassung aller verhafteten Streikenden gefordert wurde.

Der die Resolution abschließende Streikaufruf an alle russischen Eisenbahner wurde auf allen Linien befolgt. Weder Post noch Truppen konnten transportiert werden. Die erste Nervenbahn des Zarenreiches war gelähmt.

Am 10. (23.) Oktober griff der Streik auf die Fabrikarbeiter über, und am 12. (25.) Oktober wurde er zum Generalstreik, als auch die privaten und städtischen Angestellten und auch wieder die Bäcker die Arbeit einstellten. Gas- und Elektrizitätswerke wurden stillgelegt. Einzig die für jedes Großstadtleben unbedingt notwendigen Wasserwerke wurden weiter betrieben. Ärzte, Rechtsanwälte und Drogisten entschlossen sich, solange zu streiken, bis eine verfassunggebende Versammlung einberufen würde.

Die Regierung bekam vor allem den Ausfall der Verkehrs- und Nachrichtenmittel zu spüren. Selbst bei vollem Einsatz standen die Eisenbahnbataillone der Armee der Aufgabe, den Eisenbahnverkehr aufrechtzuerhalten, beinahe hilflos gegenüber. Schließlich streikten sogar noch die Angestellten des Verkehrsministeriums selbst.

Am 12. (25.) Oktober traten auch die Post-, Telephon- und Telegraphenbediensteten in Streik. Damit war auch die zweite und praktisch letzte Nervenbahn des Zarenreiches gelähmt, denn der berittene Kurierdienst ließ den Zaren bei den weiten Flächen Rußlands ohnmächtig. Der Korrespondent der »Times« schrieb in einem vom 17. (30.) Oktober datierten Bericht: »Immer noch erfaßt die passive Revolte die Nation, und die Regierung ist unfähig, auch nur den Schatten ihrer Autorität geltend zu machen [...] Der Streik hat alle Seiten des russischen Lebens in seinen Bann gezogen [...] Selbst die Telegraphenbeamten, die das Streikkomitee sogar gebeten hatte weiterzuarbeiten, bestehen darauf, der Streikbewegung beizutreten. Rußland ist heute der Schauplatz eines in der Geschichte noch nie dagewesenen Phänomens: eine Nation im Streik.«[50]

Seit dem 14. (27.) Oktober war Petersburg ohne Eisenbahnverbindung, ohne Straßenbahnen, ohne Licht und Telephon, ohne Zeitungen und zum Teil ohne geöffnete Geschäfte. Der Zar war in seiner Residenz völlig isoliert. Die Minister konnten nur mittels der Krondampfer zu ihm gelangen. Wenn Nachrichten aus dem übrigen Rußland durchkamen, schilderten sie überall dieselbe verzweifelte Lage.

[50] Zit. in W. H. Crook: The General Strike, a. a. O., S. 165.

Unter diesem Druck des totalen Streiks entschloß sich Zar Nikolaus II., Sergej J. Witte zum Vorsitzenden des Ministerrates zu ernennen. Dieser hatte den Zaren schon am 9. (22.) Oktober in einer Denkschrift mit prophetischen Worten vor den Folgen einer gewaltsamen Revolution gewarnt: »Der historische Fortschritt ist unaufhaltsam. Entweder wird die bürgerliche Freiheit durch Reformen verwirklicht oder durch eine Revolution. Im zweiten Fall wird diese Freiheit sehr spät aus dem Aschenhaufen eines zerstörten tausendjährigen geschichtlichen Daseins erstehen.«[51]

Die Streikbewegung hatte Witte zwar noch nicht von der Gerechtigkeit ihrer Forderungen überzeugt, aber doch von der Unaufhaltsamkeit einer zumindest teilweisen Erfüllung. Er betrachtete eine wirklich entschlossene Reform von oben als das geringere Übel. Er wollte die gewaltsame Revolution dadurch vermeiden, daß »sich die Staatsgewalt selbst an die Spitze der Freiheitsbewegung stelle«.[52] Mit dieser Weitsicht stand Witte im Kabinett allerdings ziemlich alleine da, aber in der momentanen Notlage konnte er seinen Willen durchsetzen.

Am 17. (30.) Oktober wurde das »Oktobermanifest« verkündet. Es gewährte die Freiheitsrechte der Unverletzlichkeit der Person, der Rede-, Presse- und Vereinigungsfreiheit. Das Wahlrecht wurde auf die bisher ausgeschlossenen Bevölkerungsteile erweitert, und die Duma erhielt das Gesetzgebungsrecht statt nur beratender Funktionen.

Das Manifest des Zaren wurde telegraphisch bis in die entlegensten Teile des Reiches verbreitet und dann meist plakatiert.

Die Gründe für das schließliche Scheitern der Reform von 1905 sind meist speziell russischer Natur und hier nicht weiter zu erörtern. Von grundsätzlicher Bedeutung als Erklärung für das Scheitern von revolutionären Generalstreiks dürfte es jedoch gewesen sein, daß 1905 Polizei und Armee, von wenigen Ausnahmen abgesehen, loyal zur Regierung hielten und sich nicht den Streikenden anschlossen.

Meuterei von Polizei und Truppen. Am nachhaltigsten wird ein Regime dadurch getroffen, daß ihm seine unmittelbaren Machtinstrumente, die politische Polizei und die Truppen, durch deren Meuterei entzogen werden. Die Zugeständnisse, die ein Regime unter dem Druck von Steuerverweigerung und (oder) Generalstreiks macht, kann und wird es auch oft nach Abklingen der Aufstandswelle wieder zurückzuziehen suchen, wenn Truppen und Polizei weiterhin loyal zu ihm stehen. In der Revolution von 1905 war der sture Gehorsam der Soldaten für die Befehle der zarentreuen Offiziere der stärkste Rückhalt der Macht der russischen Autokratie. Leo Trotzki urteilte: »An dem politischen Stumpfsinn des Muschik

[51] Zit. in Oskar Anweiler: Die russische Revolution von 1905. In: Jahrbücher für Geschichte Osteuropas, N. F. 3, 1955, S. 172.

[52] Ebd., S. 172.

(Bauern), der bei sich auf dem Dorf dem Barin (Gutsherrn) den roten Hahn aufs Dach setzt, um sich seines Landes zu bemächtigen, daneben aber, wenn er im Waffenrock steckt, die Arbeiter füsiliert, zerschellte die erste Welle der Revolution.«[53]

In Kampagnen, die unter dem Einfluß von Gandhis Methodik der gewaltfreien Aktion standen, hat die Meuterei von Truppen und die Befehlsverweigerung von Polizisten kaum eine Rolle gespielt. Allein in der Unabhängigkeitskampagne von 1930/31 zeigten sich die indischen Truppen resistent im Ausführen von Unterdrückungsbefehlen. Am 23. April 1930 weigerte sich in Peshawar eines der wegen ihrer Tapferkeit berühmten Garhwali-Regimenter, auf unbewaffnete Demonstranten zu schießen. Ein Kriegsgericht verurteilte die Meuterer zu zehn- bis vierzehnjährigen Freiheitsstrafen.[54]

Es ist einer der leidigen Punkte im Gandhi-Irwin Pakt von Delhi vom 5. März 1931, daß Gandhi es zuließ, daß diese Soldaten von der allgemeinen Amnestie ausgenommen wurden. Wörtlich heißt es in dem Abkommen: »Soldaten und Polizisten, die für Vorgehen wie den Ungehorsam gegenüber Befehlen verurteilt wurden – in den sehr wenigen Fällen, die vorkamen – werden nicht zum Kreis der Amnestierten gehören.«[55]

Dagegen erwies sich 1905 in Rußland die Solidarität der Arbeiter mit meuternden Soldaten als eine kluge Taktik. Als die Matrosen von Kronstadt mehr aus zufälligen Ursachen (schlechte Verpflegung, grobes Benehmen von Vorgesetzten, Urlaubssperren und dergleichen) denn aus klarem politischem Wollen meuterten und dann vor ein Kriegsgericht gestellt und zum Tode verurteilt werden sollten, erklärten die Petersburger Arbeiter am 2. (15.) November einen Sympathiestreik, der zeitlich mit dem neuerlichen Generalstreik nach der Verkündung des »Oktobermanifestes« zusammenfiel.

Ein Gardeoffizier gestand dem Korrespondenten der »Times« ein, daß das Eingreifen der Streikenden zugunsten der meuternden Soldaten von »beklagenswerter Wirkung auf die Moral der Soldaten gewesen sei«. Der Offizier befürchtete, daß die Soldaten in allen folgenden Streiks viel freundlicher zu den Streikenden sein würden. Viele Soldaten würden in abendlichen Gesprächen in den Baracken sogar erklären, es sei falsch, auf Arbeiter zu schießen, die sich des Falles ihrer meuternden Kameraden angenommen hätten.[56]

Der wichtigste Erfolg des ansonsten gescheiterten zweiten Petersburger Generalstreiks dürfte darum auch gewesen sein, daß die Regierung noch vor Abbruch des Streiks bekanntgab, daß die Matrosen von Kronstadt durch gewöhnliche Militärgerichte und nicht durch

53 Zit. in O. Anweiler: Die russische Revolution von 1905, a. a. O., S. 169.

54 G. Sharp: Gandhi Wields the Weapon of Moral Power, a. a. O., S. 196.

55 Vertragstext in G. Sharp: Gandhi Wields the Weapon of Moral Power, a. a. O., S. 216.

56 W. H. Crook: The General Strike, a. a. O., S. 172–173.

ein Kriegsgericht verurteilt würden, was Verzicht auf die Todesstrafe zugunsten von Gefängnisstrafen bedeutete.
Auch die ungarische Revolution von 1956 bietet einige instruktive Beispiele für die Meuterei von Polizei und Armee. Mit der Ausnahme des verhaßten ungarischen Staatssicherheitsdienstes (AVO) gingen große Teile der ungarischen Polizei und Armee frühzeitig zu den Aufständischen über. Bezeichnend ist eine Konfrontation zwischen Aufständischen und Einheiten der Armee, als diese am 23. Oktober den Befehl erhielten, die AVO zu unterstützen und gegen die Demonstranten vorzugehen: »Ungefähr um 10 Uhr abends wurde eine Gruppe Soldaten der regulären Armee als Verstärkung eingesetzt. Sie wurde von der Menge aufgehalten. Ein alter Arbeiter sprang auf einen Lastwagen und rezitierte ein berühmtes Gedicht: ›Schieß nicht, mein Sohn, denn auch ich werde in der Menge stehen.‹ Die Soldaten sahen ihren Offizier an und sprangen nach einem Augenblick des Zögerns von dem Lastwagen und schlossen sich den Kämpfenden an.«[57]
Ein weiteres wichtiges Moment für die anfänglichen Erfolge der ungarischen Revolution war vermutlich auch, daß die seit längerer Zeit in Ungarn stationierten russischen Truppen mit den Demonstranten in den Straßen von Budapest zu fraternisieren begannen. »Gegen 8.30 Uhr morgens hatten sich am Donnerstag, dem 25. Oktober, etwa 800 Menschen in der Nähe des Hotels Astoria versammelt. Sie schwenkten ungarische Fahnen und schickten sich an, zum Parlamentsgebäude zu ziehen, als drei sowjetische Panzer, die am Westbahnhof standen, aus 300 Meter Entfernung das Feuer eröffneten. Die Menge zog sich in die Seitenstraßen zurück, und einige kehrten nach dem Hotel Astoria um. Dort standen sechs bis acht sowjetische Panzer und Militärlastwagen. Die Besatzung der Panzer unterhielt sich freundlich mit den Menschen auf der Straße, die sie gefragt hatten, warum sowjetische Truppen auf friedliche Demonstranten schossen. Nach einem Gespräch von etwa einer Stunde sagte die Besatzung des einen Panzers, sie hätten das Gefühl, die Forderungen der Demonstranten seien gerechtfertigt, und sie sollten nun zum Parlamentsgebäude gehen und verlangen, daß Gerö und die anderen Stalinisten aus der Regierung ausgeschlossen würden. Die Panzer wurden dann mit den ungarischen Farben geschmückt, und einige Demonstranten kletterten mit der Besatzung hinauf [...] Von den Türmen der Panzer wehten die Fahnen. Die Menge war unbewaffnet.«[58]
Ein Sonderausschuß der Vereinten Nationen stellte bei seiner Vernehmung von Zeugen zusammenfassend folgendes zur Haltung der russischen Truppen gegenüber den Aufständischen fest: »Ungarische Arbeiter, Männer sowohl als auch Frauen, trugen die Hauptlast des

57 Sonderausschuß der Vereinten Nationen: Der Volksaufstand in Ungarn. Untersuchungen, Dokumente, Schlußfolgerungen, Bonn 1957, S. 144, § 471.
58 Ebd., S. 145–146, § 481.

Kampfes gegen die sowjetischen Panzer – eine Tatsache, die in verschiedenen Fällen die betroffenen sowjetischen Truppen tief beeindruckte. Die Zeugen sprachen in vielen Fällen von der freundlichen Haltung der russischen Soldaten in den frühen Stadien des Aufstandes gegenüber den Teilnehmern am Kampf. Der Ausschuß hörte zahlreiche Erzählungen darüber, daß den sowjetischen Truppen, oft Tartaren oder Mongolen, die während der zweiten Intervention nach Ungarn gebracht wurden, nicht gesagt worden war, daß sie ungarische Arbeiter einer Volksdemokratie bekämpfen würden. Sondern sie dachten, daß sie nach Ägypten kämen, um dort die ›englischen und französischen Imperialisten‹ zu bekämpfen. Es ist offenbar, daß viele dieser Truppen über die wahre Natur ihres Auftrages nicht Bescheid wußten [...] Sie wurden wahrscheinlich verwendet, weil jene sowjetischen Einheiten, die während der ersten Intervention eingesetzt worden waren, nicht mehr sicher genug schienen in bezug auf die Gleichgültigkeit ihrer Haltung gegenüber dem ungarischen Volk.«[59]

Auch während des Aufstands im Juni 1953 im östlichen Teil Deutschlands haben sich deutsche und russische Offiziere und Mannschaften geweigert, gegen Demonstranten vorzugehen. Das Bundesministerium für gesamtdeutsche Fragen gibt die Zahl der wegen Befehlsverweigerung erschossenen russischen Offiziere und Soldaten mit 17 an.[60]

Diese wenigen Hinweise können eine gründliche Untersuchung der Möglichkeiten der Befehlsverweigerung und Meuterei von Polizisten und Soldaten nicht ersetzen. Sie wollen nur eine gewisse Anschauung geben, vor allem aber auch von den schweren Konsequenzen für die Meuterer, wenn solche Befehlsverweigerungen nicht sofort auf Massenbasis ausgeführt werden. Ein ungelöstes Problem ist vorläufig auch noch, wie meuternde Truppen im Rahmen eines gewaltfreien Aufstands bewegt werden können, ihre Waffen nicht gegen ihre bisherigen Vorgesetzten zu gebrauchen, sondern sich sofort die gewaltfreie Disziplin zu eigen zu machen.

Konstruktive Ergänzung des revolutionären zivilen Ungehorsams durch Notdienst und zivile Usurpation

Das Ziel des revolutionären zivilen Ungehorsams ist es, das politische System der Herrschenden funktionsunfähig zu machen und sie dadurch zur Erfüllung der Forderungen der Aufständischen zu zwingen. Die Aufständischen werden dieses Ziel jedoch nur dann erreichen können, wenn sie die Zeit bis zur Erfüllung ihrer Forderungen aus eigener Kraft zu überleben und während des zivilen

[59] Ebd., S. 34, § 111.
[60] Es geschah im Juni 1953. Fakten und Daten, Bonn 1965, S. 42.

Ungehorsams schon einen funktionalen Ersatz für das bekämpfte System anzubieten vermögen. Würden sich die Aufständischen allein auf subversive Aktionen beschränken und den zivilen Ungehorsam auf eine Vielzahl von Gesetzen ausdehnen, so entstünde in diesem herrschafts- und gesetzlosen Zustand die Gefahr eines allgemeinen Chaos. Die Hilflosigkeit der Bürger gegenüber chaotischen Verhältnissen wäre nun meist geeignet, sie zu veranlassen, wieder die zumindest »geordnete« Bevormundung der Herrschenden zu akzeptieren, statt die Beschwerden anarchischer Freiheit länger zu ertragen. Will der revolutionäre zivile Ungehorsam angesichts dieser Mentalität vieler sein Ziel erreichen, muß er durch ein Mindestmaß konstruktiver Maßnahmen ergänzt werden. Die Notwendigkeit der konstruktiven Ergänzung soll im folgenden am Beispiel des illegalen, revolutionären Generalstreiks (oder auch des legalen Streiks) verdeutlicht werden.

Der totale Generalstreik »von der Hebamme bis zum Totengräber« ist zwar eine faszinierende Parole, in der Praxis jedoch eine die Streikenden selbst besiegende Angelegenheit. »Jeder Generalstreik kämpft gegen die Zeit; von einem bestimmten Zeitpunkt ab bricht er nämlich infolge seines totalen Erfolges zusammen, weil eben die Arbeiter verhungern.«[61]

Die Aufständischen können erstens die fatale Rückwirkung dieser Waffe hinauszögern, indem sie Vorkehrungen für die erwartete Notlage treffen,[62] und sie können zweitens die Kampfzeit abkürzen, indem sie durch zivile Usurpationen die Herrschenden mit sofortiger Wirkung unter Druck setzen und deren passives Zuwarten einer Abdankung gleichkäme.

In erster Linie müssen die Aufständischen in Generalstreiks durch technische Notdienste nicht wieder gut zu machende Schäden zu vermeiden suchen. So dürfte es beispielsweise auch während eines politischen Massenstreiks nicht im Interesse der Bergarbeiter sein, die Schächte absaufen zu lassen, oder im Interesse der Landarbeiter, das ungemolkene Vieh verenden zu sehen. Jeder der Streikenden sollte sich fragen, ob die Auswirkungen seiner Arbeitsunterlassung auf andere, eventuell an dem Streik nicht interessierte Dritte, nicht in grundsätzlichem Widerspruch stehen zu den ethischen Vorstellungen, die den Streik auslösten. Hermann Grote geht diesem Problem in seiner Untersuchung des gewerkschaftlichen Streiks nach: »Wenn zum Beispiel Ärzte bei einer Cholera-Epidemie streiken würden oder die Feuerwehr oder die Polizei, dann würden die sich ergebenden Konsequenzen unüberbrückbar sein. In diesen Fällen wäre der Streik sittenwidrig, das heißt er verstößt gegen das Anstandsgefühl aller gerecht und billig Denkenden.«[63] Fälle dieser Art

[61] W. H. Crook: The General Strike, a. a. O., S. 518.
[62] Zur Bedeutung der Vorbereitungen im belgischen Generalstreik von 1913 s. W. H. Crook: Communism and the General Strike, a. a. O., S. 210–219.
[63] Der Streik, a. a. O., S. 85.

sind jedoch in improvisierten Generalstreiks schon vorgekommen. Beim Streik der Eisenbahner in der russischen Revolution von 1905 wurden sogar die Züge, die Verwundete vom mandschurischen Kriegsschauplatz nach Moskau bringen sollten, unterwegs aufgehalten.[64]

Nach Grotes Ansicht muß die Streikleitung dafür sorgen, daß der Umfang des Schadens für die Beteiligten und die unbeteiligten Dritten nicht zu groß wird: »Kein Streik wird nach der Fibel gemacht. Es gibt für eine derartige Aktion keine endgültigen Regeln. Es können lediglich Maßnahmen getroffen werden, um Auswüchse zu verhindern. Es ist daher die Pflicht eines verantwortungsbewußten Gewerkschaftsführers, vor Ausbruch des Streiks alles Notwendige einzuleiten und nach der Streikproklamation auch durchzuführen, um die dringendsten Notstandsmaßnahmen zu verrichten.«[65]

Solche technischen Notdienste wurden in den Streikregeln des »Allgemeinen Deutschen Gewerkschaftsbundes« in allen »gemeinnötigen Betrieben« vorgesehen. »Als gemeinnötig in diesem Sinne gelten solche Betriebe, deren Stillegung durch Arbeitseinstellung die Lebensinteressen der Allgemeinheit und auch der gesamten Arbeiterschaft in Gefahr bringt. Insbesondere kommen in Betracht die Versorgung der Bevölkerung mit Wasser, die Kanalisation, das öffentliche Gesundheitswesen, das Bestattungswesen, die öffentliche Verwaltung, die Sozialversicherung, der Eisenbahnverkehr und der Kohlenbergbau.«[66] Welche der in Betracht kommenden Betriebe noch bestreikt werden können und welche ausgenommen werden müssen, bestimmte im Gewerkschaftsbund der Vorstand, in einer gewaltfreien Kampagne und ihrem illegalen Generalstreik würde diese Aufgabe der jeweiligen Streikleitung zukommen, die diese Entscheidung vor oder nach Beginn der Kampfhandlungen fällen kann. Eine dem Generalstreik vorausgehende Entscheidung hätte den Vorteil der zuverlässigen Information der Streikenden.

Die technischen Notdienste fallen als »unnormal« in die Augen. Entscheidend für den Erfolg des zivilen Ungehorsams dürfte jedoch sein, daß im übrigen eine unauffällige neue Normalität und Ordnung an die Stelle der von den Herrschenden gesetzten alten, jetzt mißachteten Ordnung tritt. Gandhi hat von allen denjenigen, die zivilen Ungehorsam leisten wollen, verlangt, daß sie zuerst einmal fähig sein müßten, Gesetzen zu gehorchen.[67] Nur bei solchen Aufständischen rechnete er damit, daß sie Selbstdisziplin und revolutionären zivilen Ungehorsam miteinander verbinden könnten.

Die Bereitschaft der Aufständischen, freiwillig so zu handeln, als ob schon eine neue demokratische Sanktionsmacht auf die Einhal-

[64] S. W. H. Crook: The General Strike, a. a. O., S. 165.
[65] Der Streik, a. a. O., S. 85.
[66] Anhang in H. Grote: Der Streik, a. a. O., S. 192–193.
[67] ›Das Alte verklinge, das Neue beginne‹. In: *Young India*, 5. 11. 1919. In: Mahatma Gandhi, Jung Indien, a. a. O., S. 4.

tung der neuen Ordnung achte, genügt aber noch nicht, um die komplexen gesellschaftlichen Beziehungen zu regeln, schon gar nicht in einer solchen Zeit des Umbruchs und des Übergangs von der einen zur anderen Ordnung. Es ist notwendig, daß neben dem Regierungs- und Verwaltungsapparat der Herrschenden von den Aufständischen eine »Parallelregierung«,[68] eine »Parallelverwaltung« und eine »Paralleljustiz« und eventuell auch schon revolutionäre legislative Organe gebildet werden. Wenn der Aufstand von langer Hand vorbereitet wurde, darf man annehmen, daß sich die Aufstandsorganisation als Netz von lokalen Zentren über das ganze von dem Aufstand betroffene Gebiet erstreckt. Diese lokalen Zentren können nun die Parallelinstitutionen zu usurpieren und sich selbst übergeordnete Instanzen zu bilden suchen. Im Falle der Liquidierung durch die Herrschenden müssen die Parallelinstitutionen – solange der Vorrat reicht – aus Ersatzkomitees laufend neu gebildet werden. Auf diese Weise wurden in der indischen Unabhängigkeitskampagne von 1930/31 Parallelinstitutionen zu bilden gesucht. In mehreren Dörfern im Surat-Distrikt wurden auf Beschluß der Bevölkerung auch Dorfgerichte eingesetzt, die sich von der kolonialen englischen Legislative lossagten und als selbständige judikative Gewalt fungierten.[69]

In Peshawar kam es zu den umfassendsten Maßnahmen ziviler Usurpation. Ein englischer Berichterstatter mußte folgende Ereignisse feststellen: »Im Anschluß an die Verhaftung gewisser Redner und Funktionäre der Kongreß-Partei kam es am 23. April (1930) zu Unruhen in der Innenstadt von Peshawar. Truppen waren zwar in der Stadt stationiert, diese wurden jedoch nach 30 Stunden abgezogen, da sich zwei Züge des Garhwal-Regiments geweigert hatten, die Polizei zu unterstützen. Das Kongreß-Komitee übernahm darauf die Kontrolle der Stadt. Freiwillige lenkten den Verkehr und patrouillierten nachts durch die Straßen. Täglich ließ die Kongreß-Partei im Zentrum der Stadt Verlautbarungen anschlagen, um die Bevölkerung über die wichtigsten Neuigkeiten zu informieren. Dieser Zustand dauerte neun Tage.«[70]

In derselben Gegend gelang es der aus mohammedanischen Pathans gebildeten gewaltfreien Kampforganisation »Khudai Khidmatgar« Steuerbüros zu eröffnen und ohne Drohung von der Landbevölkerung die Bodensteuern einzutreiben.[71]

Aus gewaltfreien Kampagnen sind bislang nur Ansätze zur Bildung von Parallelinstitutionen bekannt; diese wenigen Ansätze lassen noch keine ausreichend begründeten Aussagen über die Wirksamkeit dieser Kampfmethode zu. Der Bestand an Erfahrungen kann etwas erweitert werden, wenn die usurpatorische Bildung von

68 Vgl. G. Sharp: The Politics of Nonviolent Action, a. a. O.
69 G. Sharp: Gandhi Wields the Weapon of Moral Power, a. a. O., S. 152.
70 Zit. in J. V. Bondurant: Conquest of Violence, a. a. O., S. 137.
71 Ebd., S. 137.

Sowjets und Räten in den revolutionären Bewegungen von 1905 und 1917/18 in Rußland und Deutschland in die Untersuchung mit einbezogen wird.[72]
In der russischen Revolution von 1905, die sich vor allem gewaltloser Kampftechniken bediente, wurden von den Aufständischen »quasi-exekutive Funktionen in Petersburg umfassender ausgeübt als anderswo. Das dortige Streikkomitee ... bestand aus gewählten Repräsentanten von je 500 Arbeitern. Die Führer der Streiks beschlossen noch vor der ersten Zusammenkunft der Delegierten, die Versammlung nicht als Komitee, sondern als Sowjet zu bezeichnen. Obwohl dieser Wandel in der Bezeichnung nicht direkt revolutionäre Absichten zum Ausdruck bringen sollte..., deutete er doch auf den Wunsch der Menschewiki hin, außerhalb der Legalität Organe ›der revolutionären Selbstverwaltung‹ zu schaffen. Anfangs war dieser Sowjet auch nichts anderes als ein Streikkomitee mit einem anderen Namen, aber im Fortgang des Streiks wurde es offenbar, daß einige seiner führenden Mitglieder – [...] unter ihnen auch Leo Trotzki – ihn zu etwas mehr machen wollten [...] Der Sowjet fand neben seiner eigentlichen Aufgabe, den Streik zu leiten und neue Teilnehmer zu gewinnen, auch noch die Zeit für einige recht anspruchsvolle Tätigkeiten [...] Er sandte Delegationen aus Vertretern der Arbeiterschaft und der Intelligentsia zu der Duma der Stadtverordneten mit der ungewöhnlich kühnen, dann aber auch erfolglosen Forderung, Geld für den Unterhalt des Streiks und die Anschaffung von Waffen zur Verfügung zu stellen; er begann ferner, Verordnungen herauszugeben, für die er keine gesetzlichen Befugnisse hatte. So setzte er zum Beispiel die Öffnungszeiten der Geschäfte fest, innerhalb derer die Bevölkerung ihren dringendsten Bedarf einkaufen konnte. In Petersburg wurde als einem kleinen Modellfall demonstriert, wie die ›beiden Rußland‹ simultan zueinander aktiv sein konnten.«[73]
Auch in der ungarischen Revolution von 1956 fand die Tradition der Bildung von Revolutions- und Arbeiterräten ihre Fortsetzung,[74] und in dem kurzen Aufstand Mitte Juni 1953 in der DDR war zumindest das Bitterfelder Streikkomitee nahe daran, Funktionen der Exekutive zu übernehmen.[75]
Während des französischen Generalstreiks im Mai 1968 organisierten sich einige Basisgruppen, welche im Notdienst billige Lebens-

[72] Oskar Anweiler: Die Rätebewegung in Rußland 1905–1921, Leiden 1958; Eberhard Kolb: Die Arbeiterräte in der deutschen Innenpolitik 1918/19, Düsseldorf 1962; Peter von Oertzen: Betriebsräte in der Novemberrevolution. Eine politikwissenschaftliche Untersuchung über Ideengehalt und Struktur der betrieblichen und wirtschaftlichen Arbeiterräte in der deutschen Revolution 1918/19, Düsseldorf 1963.
[73] Sidney Harcave: First Blood. The Russian Revolution of 1905, London 1965, S. 187–189.
[74] Sonderausschuß der Vereinten Nationen: Der Volksaufstand in Ungarn, S. 485 bis 531.
[75] J. G. Leithäuser: Der Aufstand im Juni, a. a. O., S. 41–42.

mittel von den Bauern zu den Betrieben transportierten. Die Versorgung streikender Arbeiter mit Lebensmitteln durch die Studenten-Arbeiter-Komitees war kein karitatives Unternehmen. Mit der Schaffung von parallelen Versorgungsnetzen sollte den Arbeitern in den besetzten Fabriken vor Augen geführt werden, daß eine Organisation außerhalb des kapitalistischen Systems möglich ist.«[76]
Auf der Basis dieses Befähigungsnachweises kamen trotz des Mißtrauens und der Kontrollmaßnahmen der Gewerkschaften Diskussionen über Probleme der Arbeiterselbstverwaltung zustande. »Dabei zeigte sich, daß die Arbeiter sich vor allem eine Frage stellten: ob sie genügend Fähigkeiten besäßen, um eine Fabrik in eigener Regie zu führen. Nicht der allgemein politische Aspekt der ›pouvoir ouvrier‹, der Arbeitermacht, wurde in den Vordergrund gehoben, sondern ihr konkreter. Stellte sich den isoliert gehaltenen Arbeitern doch zum ersten Mal die Frage nach der Struktur der Fabrik, nach der Arbeitseinteilung, nach der Hierarchie. Daß diese Fragen vorrangig Interesse fanden, erklärt sich aus der Tatsache, daß ihre Neuregelung die Rolle der Betroffenen völlig verändert hätte. Wenn die Diskussion keine ausreichende Antwort auf die Frage gaben, wie die kapitalistischen Strukturen der Fabrik durch neue ersetzt werden sollten, in denen sich das Problem der Kompetenzen ganz anders gestellt hätte, wenn die Forderungen nach neuen Beziehungen zwischen den verschiedenen Werksabteilungen, nach einer Kommunikation innerhalb der Fabrik nur erst vage gestellt wurden, so war doch allen bewußt, daß die Fabrik bei einer Selbstverwaltung aufhören würde, eine Art Arbeiterstrafanstalt zu sein.«[77]
In der Entwicklung der Kampftechnik der zivilen Usurpation liegt der Schlüssel zum Erfolg in zukünftigen gewaltfreien Aufständen. Es darf jedoch nicht nur die zivile Usurpation staatlicher Institutionen der Exekutive, Legislative und Justiz erforscht werden; diese Usurpationen können erst dann beständig sein, wenn sie von Usurpationen im gesellschaftlichen Bereich fundiert sind, also beispielsweise Bauern das Land von Großgrundbesitzern in kollektive Bewirtschaftung übernommen haben und Arbeiter und Angestellte ihre weitgehende Mitbestimmung durchgesetzt oder schon die Fabrikation in eigene Regie übernommen haben. »Die revolutionäre Ordnung ist nicht nur der Generalstreik, sondern das ist die Möglichkeit, die Produktion zum Nutzen der Arbeiterklasse wieder aufzunehmen.«[78]

[76] Malte J. Rauch und Samuel H. Schirmbeck: Die Barrikaden von Paris. Der Aufstand der französischen Studenten und Arbeiter, Frankfurt/M. 1968, S. 166.
[77] Op. cit., S. 170–171.
[78] Daniel Cohn-Bendit auf einer Pressekonferenz am 1. Juni 1968 in der Sorbonne, zit. n. M. J. Rauch u. S. H. Schirmbeck: Die Barrikaden von Paris, S. 185.

Ausgewählte Bibliographie zur gewaltfreien Aktion

1. Bibliographien

Carter, A., Hoggett, D., Roberts, A.: Nonviolent Action. Theory and Practice. A Selected Bibliography, London 1966 – Hare, P. and Blumberg, H. H. (eds.): Nonviolent Direct Action, Washington 1968, S. 533–564

2. Textsammlungen

Kobler, F. (Hrsg.): Gewalt und Gewaltlosigkeit. Handbuch des aktiven Pazifismus, Zürich 1928 – Lynd, S. (ed.): Nonviolence in America. A Documentary History, Indianapolis 1966 – Mayer, P. (ed.): The Pacifist Conscience, London 1966 – Sibley, M. (ed.): The Quiet Battle. Writings on the Theory and Practice of Nonviolent Resistance, New York 1963 – Weinberg, A. and L.: Instead of Violence. Writings by the Great Advocates of Peace and Nonviolence through History, Boston 1963

3. Grundlegende theoretische Schriften

Bay, Chr.: Civil Disobedience als Voraussetzung für Demokratie in Massengesellschaften. In: Berliner Zeitschrift für Politologie, 1, Mai 1968, S. 18–33 – Carter, A.: Direct Action, London 1962 – Case, C. M.: Nonviolent Coercion. A Study in Methods of Social Pressure, London 1923 – Freeman, H. A. et al.: Civil Disobedience, Santa Barbara 1966 – Galtung, J.: On the Meaning of Nonviolence. In: Journal of Peace Research, Oslo, 3, 1965, S. 228–257 – Goss-Mayr, H.: Die Macht der Gewaltlosen. Der Christ und die Revolution am Beispiel Brasiliens, Graz 1968 – Goss-Mayr, J. und H. (Hrsg.): Revolution ohne Gewalt. Christen aus Ost und West im Gespräch, Wien 1968 – Gregg, R. B.: Die Macht der Gewaltlosigkeit, Gladenbach und Wien 1965 – Lakey, G. R.: The Sociological Mechanisms of Nonviolent Action, M. A.-Thesis, Ms., University of Pennsylvania, 1962 – Ligt, B. de: The Conquest of Violence. An Essay on War and Revolution, London 1937 – Miller, W. R.: Nonviolence. A Christian Interpretation, New York 1964 – Sharp, G.: The Politics of Nonviolent Action. An Encyclopaedia of Method and Action, Philadelphia 1970 – ders.: The Meanings of Nonviolence. A. Typology (revised). In: Journal of Conflict Resolution, 1, 1959, S. 41–66 – Skolnik, J. H.: The Politics of Protest, New York 1969 – Sternstein, W.: Die Befreiung der Dritten Welt. In: Futurum, Meisenheim, 3, 1969, S. 427–457

4. Handbücher

Börger, B. u. a.: Protestieren, demonstrieren ..., Düsseldorf 1969 – Oppenheimer, M. and Lakey, G.: A Manual for Direct Action, Chicago 1964 – Sharp, G.: Nonviolent Action. An Introductory Outline for Study Groups, London 1963 – Walker, Ch.: Handbuch für Planung und Durchführung von direkten, gewaltlosen Aktionen, Offenbach 1963

5. *Indische Unabhängigkeitsbewegung*

(a) Schriften Gandhis

Gandhi, M. K.: Autobiographie. Die Geschichte meiner Experimente mit der Wahrheit, Freiburg 1960 – ders.: Jung Indien. Aufsätze aus den Jahren 1919 bis 1922. Auswahl von Romain Rolland und Madeleine Rolland, Zürich 1924 – ders.: Mahatma Gandhis Leidenszeit. Aufsätze aus den Jahren 1922 bis 1924. Herausgegeben von E. Roninger, Zürich 1925 – ders.: Sarvodaya. Wohlfahrt für alle, Bellnhausen 1962 – ders.: Satyagraha (Nonviolent Resistance), Ahmedabad 1951 – ders.: Satyagraha in South Africa, Ahmedabad 1950 (2. Aufl.) – ders.: Nonviolence in Peace and War, Ahmedabad, Bd. 1 1942, Bd. 2 1949 – ders.: Hind Swaraj or Indian Home Rule, Ahmedabad 1939 – ders.: Towards Nonviolent Socialism, Ahmedabad 1948 – ders.: Gandhiji's Correspondence with the Government 1942–1944, Ahmedabad 1945 (2. Aufl.) – ders.: Correspondence with the Government 1944–1947, Ahmedabad 1959 – ders.: Selections from Gandhi, edited by N. K. Bose, Ahmedabad 1948

(b) Gandhi-Biographien

Ashe, G.: Gandhi. A Study in Revolution, London 1968 – Fischer, L.: Das Leben des Mahatma Gandhi, München 1951 – Nanda, B. R.: Mahatma Gandhi. A Biography, London 1958 – Pyarelal: Mahatma Gandhi. The Last Phase, Ahmedabad, Bd. 1 1956, Bd. 2 1958 – Rolland, R.: Mahatma Gandhi, Zürich 1923

(c) Gandhis politische Theorie

Bondurant, J. V.: Conquest of Violence. The Gandhian Philosophy of Conflict, Princeton (New Jersey) 1958 – Bose, N. K.: Studies in Gandhism, Calcutta 1947 (2. Aufl.) – Dhawan, G.: The Political Philosophy of Mahatma Gandhi, Ahmedabad 1957 (3. Aufl.) – Ebert, Th.: Gandhis Theorie der gewaltfreien Aktion. In: Aus Politik und Zeitgeschichte, Bonn, 14. 6. 1969, S. 14–31 – ders.: Gewaltfreiheit. Doktrin oder Kampftechnik? Ein Abriß der Wirkungsgeschichte Gandhis außerhalb Indiens von 1923 bis 1964. In: Werkhefte, München, 2, 1965 – Horsburgh, H. J. N.: Nonviolence and Aggression. A Study of Gandhi's Moral Equivalen of War, London 1968 – Mühlmann, W. E.: Mahatma Gandhi. Der Mann, sein Werk und seine Wirkung, Tübingen 1950 – Naess, A.: Gandhi and the Nuclear Age, Totowa (New Jersey) 1965 – ders.: Systematization of Gandhian Ethics of Conflict Resolution. In: Journal of Conflict Resolution, 2, 1958, S. 140–155 – Narayan, J.: Vom Sozialismus zu Sarvodaya, Göttingen 1959 – Ramachandran, C. and Mahadevan, T. K. (eds.): Gandhi. His Relevance for Our Times, Bombay 1964 – Rothermund, J.: The Philosophy of Restraint. Mahatma Gandhi's Strategy and Indian Politics, Bombay 1963 – Shridharani, K.: War without Violence. A. Study of Gandhi's Method and its Accomplishments, New York 1939

(d) Historische Fallstudien

Desai, M.: The Story of Bardoli, Ahmedabad 1929 – Gopal, S.: The Viceroyalty of Lord Irwin 1926–1931, Oxford 1957 – Nehru, J.: Indiens Weg zur Freiheit, Frankfurt o. J. – Parikh, N. D.: Sardar Vallabhbhai Patel, Ahmedabad, Bd. 1 1953, Bd. 2 1956 – Rothermund, D.: Die politische Willensbildung in Indien, 1900–1960, Wiesbaden 1965 – Sharp, G.: Gandhi Wields the Weapon of Moral Power. Three Case Histories, Ahmedabad 1960

6. *Bürgerrechtsbewegung in den USA*

(a) Schriften Kings

King, M. L.: Freiheit. Der Aufbruch der Neger Nordamerikas, München 1968 – ders.: Kraft zum Lieben (Reden und Aufsätze), Konstanz 1964 – ders.: Warum wir nicht warten können, Frankfurt 1965 – ders.: Wohin führt unser Weg? Chaos oder Gemeinschaft, Frankfurt 1968 – ders.: Aufruf zum zivilen Ungehorsam, Düsseldorf 1969

(b) King-Biographien

Bennet, L.: Martin Luther King. Freiheitskämpfer und Friedens-Nobelpreisträger, Berlin 1965 – Miller, W. R.: Wir werden überwinden. Martin Luther Kings Leben, Martyrium und Vermächtnis, Kassel 1969 – Scott King, C.: Mein Leben mit Martin Luther King, Stuttgart 1970

(c) Gesamtdarstellungen

Broderick, F. L. and Meier, A. (eds.): Negro Protest Thought in the Twentieth Century, Indianapolis 1965 – Carmichael, S. and Hamilton, Ch. V.: Black Power. Die Politik der Befreiung in Amerika, Frankfurt 1969 – Geiss, I.: Die Afro-Amerikaner, Frankfurt 1969 – Lomax, L. E.: Auch wir sind Amerikaner. Der Freiheitskampf der Farbigen, Bergisch-Gladbach 1965 – Mühlen, N.: Die schwarzen Amerikaner. Anatomie einer Revolution, Stuttgart 1964 – Westin, A. F. (ed.): Freedom Now! The Civil-Rights Struggle in America, New York 1964

(d) Fallstudien

Dorman, M.: We Shall Overcome. A Reporter's Eye-Witness Account of the Year of Racial Strife and Triumph (1963), New York 1965 – Garfinkel, H.: When Negroes March. The March on Washington Movement in the Organizational Politics for FEPC, New York 1969 – Grant, J.: Black Protest. History, Documents and Analyses. 1619 to the Present, Greenwich (Conn.) 1968 – Hughes, L.: Fight for Freedom. The Story of the NAACP, New York 1962 – Mendelson, J.: Die hungern und dürsten nach Gerechtigkeit. Rassenkampf und Bürgerrechtsbewegung in vierzehn Schicksalen, München 1968 – Peck, J.: Freedom Ride, New York 1962 – Proudfoot, M.: Diary of a Sit-in, Chapel Hill (North Carolina) 1962 – Waskow, A. J.: From Race Riot to Sit-in. 1919 and the 1960s, New York 1966 – Zinn, H.: SNCC. The New Abolitionists, Boston 1964

7. Atomwaffengegnerbewegung

Bigelow, A.: The Yoyage of the Golden Rule, New York 1959 – Brittain, V.: The Rebel Passion. A Short History of Some Pioneer Peace-makers, London 1964 – Driver, Chr.: The Disarmers. A Study in Public Protest, London 1964 – Finn, J. (ed.): Protest. Pacifism and Politics. Some Passionate Views on War and Nonviolence, New York 1967 – Hentoff, N.: Peace Agitator. The Story of A. J. Muste, New York 1963 – Lyttle, B.: You Come with Naked Hands. The Story of the San Francisco to Moscow Walk for Peace (1961), Raymond (New Hampshire) o. J. – Niemöller, M.: Reden 1958–1961, Frankfurt 1961 – Muste, A. J.: Essays. Edited by N. Hentoff, New York 1967 – Walker, D.: Rights in Conflict. Violence in Chicago 1968, New York 1968

8. Emanzipationsbewegung im Süden Afrikas

Benson, M.: South Africa: The Struggle for a Birthright, London 1966 (2. Aufl.) – Bunting, B.: The Rise of the South African Reich, London 1964 – Duve, F. (Hrsg.): Kap ohne Hoffnung oder Die Politik der Apartheid, Reinbek 1965 – Feit, E.: South Africa: The Dynamics of the African National Congress, London 1962 – First, R.: South West Africa, London 1963 – Forman, L. and Sachs, E. S.: The South African Treason Trial, London 1957 – Kuper, L.: Passive Resistance in South Africa, New Haven 1960 – Luthuli, A.: Mein Land, mein Leben, München 1963 – Mbeki, G.:

South Africa: The Peasants' Revolt, London 1964 – Phillips, N.: The Tragedy of Apartheid, New York 1960 – Reeves, A.: The Shootings of Sharpville, Boston 1961 – Segal, R. (ed.): Sanctions against South Africa, London 1964

9. Arbeiterbewegung

(a) Strategie

Bernstein, E.: Der Streik. Sein Wesen und sein Wirken, Frankfurt 1905 – Crook, W. H.: The General Strike. A Study of Labor's Tragic Weapon in Theory and Practice, Chapel Hill (North Carolina) 1931 – Gorz, A.: Zur Strategie der Arbeiterbewegung im Neokapitalismus, Frankfurt 1967 – Grote, H.: Der Streik. Strategie und Taktik, Köln 1952 – Guerin, D.: Anarchismus. Begriff und Praxis, Frankfurt 1967 – Hiller, E. T.: The Strike. A Study in Collective Action, Chicago 1928 – Landauer, G.: Aufruf zum Sozialismus. Herausgegeben von H.-J. Heydorn, Frankfurt 1967 – Luxemburg, R.: Politische Schriften. Herausgegeben von O. K. Flechtheim, 3 Bde., Frankfurt 1966–1968 – Papcke, S. G. (Hrsg.): Anpassung oder Widerstand. Gewerkschaften im autoritären Staat, Frankfurt 1969

(b) Fallstudien

Anweiler, O.: Die russische Revolution von 1905. In: Jahrbücher für die Geschichte Osteuropas, N. F. 3, 1955, S. 161–193 – Baring, A.: Der 17. Juni 1953, Köln 1965 – Dolci, D.: Vergeudung. Bericht über die Vergeudung im westlichen Sizilien, Zürich 1965 – ders.: Banditen in Partinico, Freiburg 1962 – ders.: Umfrage in Palermo, Freiburg 1959 – Grünwald, L. (Hrsg.): CSSR im Umbruch. Berichte, Kommentare, Dokumentation, Wien 1968 – Harcave, S.: First Blood. The Russion Revolution of 1905, London 1965 – Jänicke, M.: Der dritte Weg. Die antistalinistische Opposition gegen Ulbricht seit 1953, Köln 1964 – Leithäuser, J. G.: Der Aufstand im Juni. Ein dokumentarischer Bericht, Berlin 1954 – McNeish, J.: Fire under the Ashes. The Life of Danilo Dolci, London 1965 – Renshaw, P.: The Wobblies. The Story of Syndicalism in the United States, New York 1967 – Schütze, B.: Rekonstruktion der Freiheit. Die politischen Oppositionsbewegungen in Spanien, Frankfurt 1969 – Simon, Ch. M.: Kagawa. Geschichte eines Lebens, München 1959 – Symons, J.: The General Strike (1926). A Historical Portrait, London 1957

10. Außerparlamentarische Opposition

(a) Strategie

Bedingungen und Organisation des Widerstandes. Der Kongreß in Hannover, Berlin 1967 – Bergmann, U., Dutschke, R. u. a.: Rebellion der Studenten oder Die neue Opposition, Reinbek 1968 – Ebert, Th. und Benedict, H.-J. (Hrsg.): Macht von unten. Bürgerrechtsbewegung, außerparlamentarische Opposition und Kirchenreform, Hamburg 1968 – Ebert, Th.: Zur Strategie der gewaltfreien Revolution. Direkte Aktionen zur Demokratisierung der Industriegesellschaft. In: Junge Kirche, Beiheft, Mai 1969 – Habermas, J.: Protestbewegung und Hochschulreform, Frankfurt 1969 – Nevermann, K.: Zur Strategie systemüberwindender Reformen. In: Sozialdemokratie und Sozialismus heute, Köln 1968 – Rabehl, B.: Der SDS und die Strategie der direkten Aktionen in Westeuropa. In: Neue Kritik, 50, Okt. 1968, S. 26–53 – Vester, M.: Die Strategie der direkten Aktion. In: Neue Kritik, 30, Juni 1965, S. 12–20 – Wolff, R. P., Moore, B. und Marcuse, H.: Kritik der reinen Toleranz, Frankfurt 1966

(b) Beschreibungen der Oppositionsgruppen

Amendt, G. (Hrsg.): Kinderkreuzzug oder Beginnt die Revolution in den Schulen?, Reinbek 1968 – Börnsen, G.: Innerparteiliche Opposition. Jungsozialisten und

SPD, Hamburg 1969 – Hasselmann, K.-B.: Politische Gemeinde. Ein kirchliches Handlungsmodell am Beispiel der ESG an der FU Berlin, Hamburg 1969 – Haug, H. J. und Maessen, H.: Was wollen die Schüler? Politik im Klassenzimmer, Frankfurt 1968 – Hermann, K.: Die Revolte der Studenten, Hamburg 1967 – Jacobs, P. and Landau, S.: The New Radicals, London 1967 – Junro, F.: Student Thought and Feeling. In: Japan Quarterly, 2, April–Juni 1969, S. 148–156 – Mager, F. und Spinnarke, U.: Was wollen die Studenten?, Frankfurt 1967 – Lange, D. u. a. (Hrsg.): Ad hoc: Kritische Kirche. Eine Dokumentation, Gelnhausen und Berlin 1969 – Onna, B. v. und Stankowski, M. (Hrsg.): Kritischer Katholizismus. Argumente gegen die Kirchen-Gesellschaft, Frankfurt 1969 – Schoeps, H. J. und Dannemann, Chr. (Hrsg.): Die rebellischen Studenten. Elite der Demokratie oder Vorhut eines linken Faschismus?, München 1968 – Winkler, H. J.: Das Establishment antwortet der APO, Köln 1969

(c) Fallstudien

Benneter, K.-U. u. a.: Februar 1968. Tage, die Berlin erschütterten, Frankfurt 1968 – Cox-Commission: Chrisis at Columbia 1968, New York 1968 – Damerow, P. u. a.: Der nicht erklärte Notstand. Dokumentation und Analyse eines Berliner Sommers. In: Kursbuch 12, April 1968 – Devlin, B.: Irland. Religionskrieg oder Klassenkampf?, Reinbek 1969 – Draper, H.: Berkley. The New Student Revolt, New York 1965 – Ebert, Th.: Probleme der gewaltfreien, direkten Aktion in einer Formaldemokratie. Sitzprotest des »Komitees der 100« vor der Griechischen Militärmission. In: Neue Sammlung, 3, Mai/Juni 1968, S. 233–241 – Hornung, V.: Konsumverweigerung. Kampagne Christliche Weihnacht. In: Gewaltfreie Aktion, 1/2, Dez. 1969, S. 19–26 – Jochheim, G.: Direkte Aktionen gegen die NPD. In: Gewaltfreie Aktion, 1/2, Dez. 1969, S. 8–18 – Lebel, J.-J. u. a. (Hrsg.): La Chienlit. Dokumente zur französischen Mai-Revolte, Darmstadt 1969 – Lipset, S. M. and Wolin, S. S.: The Berkley Student Revolt. Facts and Interpretations, New York 1965 – Menashe, L. and Radosh, R. (eds.): Teach-ins: U.S.A. Reports, Opinions, Documents, New York 1967 – Niemann, R.: Sitzprotest des Komitees der 100 vor der Griechischen Militärmission. In: Th. Ebert u. H.-J. Benedict (Hrsg.): Macht von unten, Hamburg 1968, S. 131–178 – Rauch, M. J. und Schirmbeck, S. H.: Die Barrikaden von Paris. Der Aufstand der französischen Studenten und Arbeiter, Frankfurt 1968

Nachwort zur Neuauflage

Als »Gewaltfreier Aufstand« in den Jahren 1963–1966 geschrieben und dann 1967 schon mit der Erfahrung der Berliner Außerparlamentarischen Opposition überarbeitet wurde, ging es darum, die Methoden der gewaltfreien Aktion und die dazugehörige Strategie in der Bundesrepublik bekannt zu machen. Die damalige Rebellion der Studenten war weit besser gesellschaftskritisch fundiert als strategisch durchdacht. Der trotzige Rückgriff auf marxistische Theorien lichtete zwar den ideologischen Nebel, aber die damit einhergehende Sympathie für Theoretiker des Guerillakrieges wie Mao und Guevara war im Alltag des Widerstandes nicht hilfreich. Man schaute zwar den amerikanischen Kommilitonen einige gewaltlose Techniken ab, wie Sit-in und Go-in, aber für die damit verbundene Theorie der »non-violent action« war man wenig aufnahmebereit. Entsprechende Vermittlungsversuche z. B. im Rahmen der »Kritischen Universität« in Berlin hatten nur begrenzten Erfolg.

Da ich heute auch Studenten für das Konzept der gewaltfreien Gegenmacht viel aufgeschlossener finde, erkläre ich mir das damalige Verhalten vor allem damit, daß ein betontes Aufgreifen von Theorien der gewaltfreien Gesellschaftsveränderung sie in ein Spannungsverhältnis gebracht hätte zu den marxistischen Theoretikern, auf die sie sich beriefen, und zu den bewaffneten Befreiungsorganisationen, für die sich doch demonstrierten. Sie hielten gerade eine klare Parteinahme im Widerstand gegen Kapitalisten und Imperialisten für erforderlich. War es nicht eine emotionale Überforderung, beim Aufstand gegen die bundesrepublikanische Autoritäten auch noch die Gegenautoritäten in Frage zu stellen? Zudem waren die deutschen Theoretiker der gewaltfreien Konfliktaustragung in der politischen Ökonomie wenig bewandert und sie mußten hier einiges von marxistischen Gesellschaftstheoretikern lernen, um von diesen dann in strategischen Fragen ernst genommen zu werden.

In den vergangenen 10 Jahren haben vor allem zwei Entwicklungen den theoretischen Vorstellungen von »Gewaltfreier Aufstand« in der Bundesrepublik zu einer gewissen Anerkennung verholfen. Das ist zum einen das Anwachsen der Bürgerinitiativen und die daraus sich entwickelnde Ökologiebewegung und zum anderen das Praktizieren von bewaffneter Gewalt durch Stadtguerillagruppen. Da die Ökologiebewegung den Lebensschutz zum obersten Ziel hat, mußte sie skeptisch gegenüber jeder Gewaltanwendung sein und bei ihrer Kritik am industriellen Expansionismus waren die Theoretiker der Industriearbeiterschaft nicht mehr ihre vorgegebenen Orientierungsgrößen. Die Bluttaten der deutschen Stadtguerilla machten der deutschen Linken klar, daß der agitatorische Terror der Konterreform in die Hände arbeitet und daß es sinnvoll sein kann, sich von vornherein ein-

deutig auf gewaltfreie Methoden der Gesellschaftsveränderung festzzlegen.
Es gibt mittlerweile auch ein Netz von gewaltfreien Aktionsgruppen in der Bundesrepublik mit entsprechenden Publikationsorganen (»Informationsdienst für gewaltfreie Organisatoren«, »Graswurzelrevolution« und »Gewaltfreie Aktion«). Der Bundesverband Bürgerinitiativen Umweltschutz hat sich auf gewaltfreie Aktionen festgelegt und einen entsprechenden »Aktionskatalog« herausgegeben.
Man kann die gewaltfreie Aktion heute bei uns in der Praxis beobachten; man muß sie nicht mehr allein aus Büchern lernen. Der Widerstand gegen die Atomenergie trägt bereits Züge eines gewaltfreien Aufstands. Warum also ein 10 Jahre altes Buch, das die Erfahrungen der Ökologiebewegung noch nicht berücksichtigt, jetzt wieder neu auflegen? Meines Erachtens ist die Strategie der gewaltfreien Aktion häufig auch bei denen, die sich öffentlich für gewaltfreie Methoden aussprechen, noch nicht ausreichend bekannt. Bei näherem Zusehen wirken manche erfolgreiche deutsche Widerstandsaktionen, die bereits Symbolwert haben, doch sehr improvisiert. Der einzige Fall, in dem man gewissermaßen nach Lehrbuch vorgegangen ist und in schwieriger Situation Erfolg hatte, war der Widerstand gegen das in Kaiseraugst bei Basel geplante AKW. Ein Training für die gewaltfreie Konfliktaustragung und ein entsprechendes Vorgehen hat es in der Bundesrepublik bis jetzt nur ansatzweise gegeben.Die angelsächsischen Formen des »Zivilen Ungehorsams« sind den deutschen Bürgerinitiativen noch ziemlich fremd und dabei sehe ich gerade in solchen Widerstandsformen ein machtvolles Mittel der Durchsetzung von Bürgerwillen, wenn andere Wege wie Wahlbeteiligung und Klage vor Gericht im vorgegebenen Zeitraum nicht zum Ziele führen.
Wenn radikale Gesellschaftsveränderungen angestrebt werden – wie dies bei der Ökologiebewegung gerade in der Summierung der Forderungen einzelner Bürgerinitiativen der Fall ist – dann wird gewaltfreier Widerstand zu einem riskanten Unternehmen. Und da die Beteiligten häufig einiges aufs Spiel setzen – sei es die berufliche Zukunft, das Einkommen der Familie oder auch die persönliche Freiheit – werden sie interessiert sein, sich genau zu informieren, was gewaltfreie Aktion eigentlich für sie persönlich bedeutet. Hier scheint mir dieses Taschenbuch auch heute noch einiges zu leisten, weil es vor allem auf ausländischen Erfahrungen basiert, die in breit angelegten und für die Beteiligten auch ziemlich gefährlichen und leidvollen Kampagnen gesammelt wurden; es werden also Dimensionen der gewaltfreien Aktion sichtbar, die in deutschen Kampagnen noch nicht akut waren, es aber im Widerstand z. B. gegen eine Wiederaufbereitungsanlage für atomare Brennelemente sehr wohl werden könnten.
Als ich »Gewaltfreier Aufstand« schrieb, tat ich es in der Hoffnung, eine weltweit brauchbare Methode vorzuschlagen. Ich habe diese

Hoffnung nicht aufgegeben, aber ich sehe heute kaum eine Möglichkeit als Theoretiker auf auswertiges Konfliktgeschehen einzuwirken und ich bin schon sehr froh, wenn ich immer wieder vermerken kann, daß im deutschsprachigen Raum das Konzept der gewaltfreien Konfliktaustragung einen gewissen Einfluß ausübt. Ich habe darum die Tour d'horizon, die ich im Vorwort zur letzten Taschenbuchausgabe noch ankündigte, auch unterlassen und mich mehr der lokalen Aktionsforschung mit Bürgerinitiativen zugewandt, allerdings gelegentlich auch zu auswärtigen Konflikten Stellung genommen oder Freunde um präzise Fallstudien über ausländische Kampagnen gebeten. Wer den Denk- und Forschungsprozeß im Anschluß an »Gewaltfreier Aufstand« weiter verfolgen will, den verweise ich auf die anschließende Bibliographie, in welche ich diejenigen Arbeiten aufgenommen habe, die ich als Ergänzung und Fortsetzung von »Gewaltfreier Aufstand« betrachte. Diese betont subjektive und ungleichgewichtige Zusammenstellung soll dem Leser zeigen, wo die Schwergewichte der Entwicklung der gewaltfreien Konfliktaustragung in der Bundesrepublik in den letzten 10 Jahren lagen. Weil mittlerweile die meisten Hefte der Zeitschrift »Gewaltfreie Aktion«, die ich seit 1969 herausgebe, vergriffen, aber in Bibliotheken noch zu entleihen sind, habe ich mich bemüht, die einschlägigen Beiträge dieser Zeitschrift ziemlich vollständig zu erfassen. Ich habe fast nur deutschsprachige Literatur berücksichtigt, weil die amerikanische und englische Literatur umfassend zusammengestellt wurde von Robert Cooney und Helen Michalowski in »The Power of the People. Active Nonviolence in the United States« (Culver City 1977).

Da ich die Hauptaufgabe der gewaltfreien Akteure in der Bundesrepublik heute darin sehe, unsere Gesellschaft von der industriellen Expansion zur ökologischen Einpassung zu lenken, hätte ich im Sinne der »Konstruktiven Aktion« auch die Literatur über alternative Lebensformen bibliographieren müssen. Dann wäre das Verzeichnis jedoch zu umfangreich geworden. Ich verweise stattdessen auf die von Robert Jungk u. a. herausgegebene »Enzyklopädie der Zukunft. Eine Anstiftung zur praktischen Zukunftsgestaltung« (Tübingen 1978), und die »Bibliographie zur internationalen Alternativbewegung« von Valentina Borremans in »Technologie und Politik«, 11, Reinbek 1978.

Gorleben, im August 1978

Ergänzende Bibliographie zur gewaltfreien Aktion

Hinweis: Die Zeitschrift »Gewaltfreie Aktion. Vierteljahreshefte für Frieden und Gerechtigkeit«, (Kiepertstr. 5, 1 Berlin 45) wird im folgenden abgekürzt: GA

1. Allgemeine Schriften zur gewaltfreien Aktion

Bahr, H. E. und Benedict, H. J.: Entwicklung der reichen Gesellschaften – exemplarische Überlegungen zur Vermittlung von High Politics und Low Politics. In: Jahrbuch für Friedens- und Konfliktforschung, Bd. IV, Opladen 1975, S. 127–146 – Camara, D. H.: Den Menschen vermenschlichen. Ansprache anläßlich der Entgegennahme des Volksfriedenspreises am 11. 2. 1974. In: GA, 23, 1974, S. 17–18 – Ebert, Th.: Basisgruppen im revolutionären Prozeß. In: Bussiek, H. (Hrsg.): Wege zur veränderten Gesellschaft. Politische Strategien, Frankfurt/M., 1971, S. 121–152 – ders.: Polarisation und Versöhnung im Prozeß gewaltfreier Konfliktaustragung. In: GA, 13/14, 1972, S. 3–11 – ders.: Kirche und gewaltfreie Konfliktaustragung. Wie konkret sind kirchliche Denkschriften? In: GA, 17/18, 1973, S. 63–68 – ders.: Aktionsforschung. Zum Selbstverständnis des Friedensforschers im basisdemokratischen Engagement. In: Jahrbuch für Friedens- und Konfliktforschung, Bd. IV, Opladen 1975, S 112–126 – ders.: Gewaltfreie Aktion – Erfahrungen und Perspektiven. In: Funke, M. (Hrsg.): Friedensforschung. Entscheidungshilfe gegen Gewalt, Bonn 1975, S. 215–238 – ders.: Toleranz und Konfliktfähigkeit – konkurrierende Tugenden in der pluralistischen Demokratie? In: Aus Politik und Zeitgeschichte. Beilage 38 zu »Das Parlament«, Bonn, 24. 9. 1977, S. 13–22 – Galtung, J.: Die gewaltfreie Revolution. In: GA, 11, 1972, S. 7–16 – Gewalt, Gewaltlosigkeit und der Kampf um soziale Gerechtigkeit. Bericht von der Konsultation der Untereinheit »Kirche und Gesellschaft« des Zentralausschusses des Ökumenischen Rates der Kirchen in Cardiff (Wales), 3.–7. Sept. 1972. In: GA, 16, 1973, S. 1–27 – Jochheim, G.: Antimilitaristische Aktionstheorie, Soziale Revolution und Soziale Verteidigung. Zur Entwicklung der Gewaltfreiheitstheorie in der europäischen antimilitaristischen und sozialistischen Bewegung 1890–1940, unter besonderer Berücksichtigung der Niederlande, Frankfurt 1977 – Lakey, G.: Strategy for a Living Revolution, San Francisco 1973 – Lawson, J. M.: Das heilende Schwert. Gewalt, Gewaltfreiheit und der Kampf um soziale Gerechtigkeit. In: GA, 17/18, 1973, S. 39–46 – Schultz, H. J. (Hrsg.): Politik ohne Gewalt? Beispiele von Gandhi bis Câmara, Frankfurt 1976 – Sharp, G.: The Politics of Nonviolent Action, Boston 1973 – Sternstein, W.: Gewaltfreiheit als revolutionäres Prinzip. Zwölf Thesen. In: Junge Kirche, Bremen, 4, 1970 (Beilage)

2. Zum gesellschaftlichen Standort des gewaltfreien Akteurs

Amery, J. und Beth, H.: Emanzipatorische Gegengewalt und Humanität. Eine Kontroverse. In: GA, 16, 1973, S. 28–38 – Degen, J.: Das Problem der Gewalt. Politische Strukturen und theologische Reflektion, Hamburg 1970 – Deutscher, I.: Marxismus und Gewaltlosigkeit. Diskussion mit A. J. Muste und Dave Dellinger. Mit einem Kommentar von O. K. Flechtheim: Zur Kritik der Gewalt. In: GA, 4, 1970, S. 2–13 – Ebert, R. u. Th.:Soll Amnesty International auch gewaltsame Widerstandskämpfer betreuen? In: GA, 3, 1970, S. 8–13 – dies.: Hintergründe der Gewaltdebatte bei Amnesty International. In: GA, 8, 1971, S. 18–21 – Ebert, Th.: Die zivile Linke zwischen Konterreform und Stadtguerilla. In: Fenner, Chr. und Blanke, B. (Hrsg.): Systemwandel und Demokratisierung. Festschrift für Ossip K. Flechtheim, Frankfurt 1975, S. 198–214 – Flechtheim, O. K.: Sozialismus und gewaltfreie Aktion. In: GA, 9/10, 1971, S. 17–28 – ders.: Staatsgewalt, Gewaltstaat und Gewaltfreiheit. In: Vorgänge, Weinheim, 31, 1978, S. 39–46 – Geißler, Chr. u. a.: Lernen, Widerstand zu leisten. Gespräch mit dem Richter Dr. Dietmar Kupke. In: GA, 23, 1975, S. 35–47 Gollwitzer, H. u. a.: Die gewaltfreie Linke zwischen Stadtguerilla und staatlicher Repression (Dokumentation). In: GA, 23, S. 1–14 – Graaf, H. de: Fragen an den Pazifismus. In: GA, 13/14, 1972, S. 1–3 – Hamilton, Ch. V.: Kommt schwarze Macht aus Gewehrläufen? Form und Wirkung expressiver und instrumentaler Gewalt in den Gettos. In: GA, 3, 1970, S. 2–8 – Jahn, E.: Praktische Solidarität mit Revolutionären. Das Problem der politischen Neutralität bei Amnesty International. In: GA, 8, 1971, S. 13–18 – Lierde, J. van: Die Pflicht des Pazifisten gegenüber gewaltsamen Revolutionären, In: GA, 11, 1972, S. 2–5 – Papke, S.: Gewaltlos, aber revolutionär? Zur Kritik der Gewaltfreiheit. In: Haug, H. J. und Maessen, H. (Hrsg.):

Kriegsdienstverweigerer. Gegen die Militarisierung der Gesellschaft, Frankfurt 1971 – Vogt, R.: Schwarzer September – Blieb nur noch Gewalt? In: GA, 13/14, 1972, S. 65–73.

3. Friedensbewegung

a) Friedensbewegung in der BRD

Arbeitsgruppe Friedensprojektforschung: Die Westberliner Friedenswoche 73 als Aktionsmodell. In: GA, 17/18, 1973, S. 29–34 – Bloech, F.: Der lange Marsch zum Frieden beginnt in der Provinz. Dokumentation einer Friedenswoche in Minden 1972. In: GA, 13/14, 1972, S. 57–62 – Ebert, Th.: Friedensbewegung und Friedensforschung. Historische und aktuelle Wechselwirkungen. In: Jahrbuch für Friedens- und Konfliktforschung, Bd. II, Düsseldorf 1972, S. 156–172 – Grünewald, G.: Der Verband der Kriegsdienstverweigerer (VK) 1958–1966. Ein Beitrag zur Geschichte des Pazifismus, Hamburg 1977 – Gruppe Kollektiver Gewaltfreier Widerstand gegen Kriegs- und Ersatzdienste: Dokumente zum Widerstand gegen die Wehrpflicht, Köln 1978 – Hertle, W.: Augsburger Kriegsdienstverweigerer im Gefängnis von Barcelona. In: GA, 13/14, 1972, S. 34–40 – ders.: Zur Freilassung Wolfgang Kroners. Ein Aktionsbericht. In: GA, 15, 1973, S. 41–43 – ders.: Graswurzelrevolution in der Bundesrepublik? Für gewaltfreie Gesellschaftsveränderung durch Selbstorganisation und Macht von unten. In: Vorgänge, Weinheim, 31, 1978, S. 85–91, Jung-M.: Friedenswochen in der BRD koordinieren sich. In: GA, 19/20, 1974, S. 15–17 – ders.: Das Bernd-Spahr-Komitee in Bietigheim. Erfolgreiche Solidaritätsaktion für Kriegsdienstverweigerer. In: GA, 23, 1975, S. 50–52 – Luber, B. und Bloeck, F. (Hrsg.): Frieden auf dem Lande. Eine Dokumentation über 4 Jahre regionale Friedensarbeit aus Anlaß des 30jährigen Bestehens des Internationalen Freundschaftsheimes, Waldkirch 1978 – Lübbert, K.: Christen für Abrüstung. »Kerngruppen gegen Kernwaffen«. In: GA, 35/36, 1978, S. 60–64 – Spiegel, E.: Ersatzdienstverweigerung. Der Fall Egon Spiegel. (Dokumentation). In: GA, 28–30, 1976, S. 100–108. – Stellungnahmen zur Zivildienstverweigerung (Dieter Schöffmann, H. J. Schultz u. a.). In: GA, 26/27, 1976, S. 74–81.

b) Friedensbewegung international

Avril, R. P. u. a.: Le Bataillon de la Paix, Paris 1974 – Backmann, D.: Konfessionelle Apartheid und ökumenisches Engagement in Nordirland. In: GA, 19/20, 1974, S. 18–21 – Benedict, H. J.: Der neue Protestantismus. Motive und Formen der kirchlichen Kriegsopposition in den USA, Stuttgart 1971 – ders.: Die Radikalisierung der amerikanischen Friedensbewegung und ihre Konsequenzen für die Friedensforschung. In: Jahrbuch für Friedens- und Konfliktforschung, Bd. II, Düsseldorf 1972, S. 199–210 – ders.: Vom Protest zum Widerstand. Die Vietnam-Kriegsopposition in den USA und in der BRD. In: Friedensanalysen, Frankfurt, 4, 1977, S. 79–106 – Ebert, Th.: A. J. Muste. Vom bürgerlichen zum revolutionären Pazifismus. In: GA, 7, 1971, S. 2–12 – Hausmann, P. A.: Eine Schule der Nation – Die holländische Friedenswoche. In: GA, 13/14, 1972, S. 50–57 – Mez, L.: Dialog oder ziviler Ungehorsam? Der Kampf der norwegischen Kriegsdienstverweigerer am Friedensunterricht. In: GA, 7. 1971, S. 41–44 – ders.: Der Kampf der norwegischen Kriegsdienstverweigerer für Friedensarbeit geht weiter. In: GA, 19/20, S. 9–11 – Mickley, A.: Die Friedensbewegung in Nordirland: Friedensnobelpreis – Frieden um welchen Preis? In: GA, 35/36, 1978, S. 53–60 – Schroeren, M.: Die Kampagne zum Rückzug der Briten aus Nordirland. In: GA, 19/20, 1974, S. 25–30 (mit Dokumenten) – Shivers, L.: Dennoch gibt es gewaltfreie Aktionen in Nordirland, In: GA, 19/20, 1974, S. 21–24 – Stinnes, M.: Student Power gegen das Pentagon. Solidarisierung in einer gewaltlosen Aktion. In: GA, 7, 1971, S. 12–18 – ders.: Katholische Opposition gegen den Vietnamkrieg. Die Brüder Berrigan und die Folgen. In: GA, 11, 1972, S. 18–27 – Taylor, R.: Blockade einer Waffenfracht für Bangladesh. In: GA, 13/14, 1972, S. 28–34 – Walter, Ch.: Culebra. Gewaltfreie Rückeroberung eines Truppenübungsplatzes. In: GA, 13/14, 1972, S. 17–28.

4. Solidarität mit der Dritten Welt

Angola Komitee, Amsterdam: »Kaffee für Holland bedeutet Blut für Angola«. Der Sieg einer Kaffee-Boykott-Aktion. In: GA, 12, 1972, S. 33–39 – Benedict, H. J.: Solidarität mit der Dritten Welt? Chancen und Probleme entwicklungspolitischer Friedensarbeit. In: GA 29–30, 1976, S. 20–36 – ders.: Unterbindung des Waffenexports in die Dritte Welt. Bericht über die Erfahrungen einer Aktionsgruppe. In: Jahrbuch für Friedens- und Konfliktforschung, Bd. V, Opladen 1977, S. 66–75 – Boycot Outspan Aktie: »Quetscht keine Südafrikaner aus!« Der holländische Outspan-Boykott. In: GA, 21/22, 1974, S. 58–62 (mit Anhang: Outspan-Boykott in der BRD) – Ebert, Th.: Strategie und Taktik der Cabora Bassa Kampagne. (Mit Dokumenten und Modellaktionen). In: GA, 5/6, 1970, S. 97–108 – Ebert, Th.: Die Ökologiebewegung und die Dritte Welt. In: GA, 35/36, 1978, S. 46–53 – Geue, J.: Strategie der gewaltlosen Aktion in Lateinamerika (mit Dokumenten). In: GA, 19/20, 1974, S. 30–37 – Goss-Mayr, H.: Lateinamerikanisches Tagebuch. Kurse in gewaltfreier Aktion. In: GA, 8, 1971, S. 7–11 – Hausmann, P. A.: Mondiale Bürgerinitiativen in Holland. In: GA, 12, 1972, S. 27–33 – Müller, R.: Cabora Bassa-Aktionsgruppen formieren sich. Ein Bericht. (Mit Dokumenten). In: GA, 5/6, 1970, S. 108–117 – ders.: Cabora Bassa Boykott. In: GA, 7, 1971, S. 37–41 – ders.: Verunsicherungsstrategie gegen Cabora Bassa Firmen. In: GA, 8, 1971, S. 21–27 – ders.: Überlegungen zum Verhältnis von Wissenschaft und politischer Basisarbeit bei der Cabora-Bassa-Kampagne in der BRD und in West-Berlin in den Jahren 1969 bis 1972. In: Jahrbuch für Friedens- und Konfliktforschung, Bd. IV, Opladen 1975, S. 157–162 – Niemann, R.: Von Rhodesien zu Zimbabwe. Emanzipation der Afrikaner durch Guerillakampf oder Verfassungskonferenz, Frankfurt 1976 – Siebert, R.: Bürgerinitiativen für die Entwicklung. Zahlreiche Dritte-Welt-Initiativen suchen ihr Selbstverständnis. In: GA, 31/32, S. 63–66 – Seiz, P. G.: Anti-Apartheid-Bewegung in der BRD. Notizen von der Gründungsversammlung, In: GA, 21/22, 1974, S. 66–68.

5. Bürgerrechtsbewegungen

Degen, H.-J. und Ahrens, H.: Widerstand in Spanien. Wandlungen in den Aktionsformen 1931–1975. Mit einem Vorwort von Theodor Ebert, Wetzlar 1977 – Grosse, H.: Die Macht der Armen. Martin Luther King und der Kampf für soziale Gerechtigkeit, Hamburg 1971 – Italiaander, R. (Hrsg.): Diktaturen im Nacken. Mit einem Nachwort von Th. Ebert, München 1971 – Braxton, J.: Streik + Boykott = Sieg der Traubenpflücker. Die konzertierte Aktion des Cesar Chavez. Mit einem Brief von C. Çhavez. In: GA, 4, 1970, S. 15–32 – Hornung, V.: Warum man im Pentagon Salat ißt oder Neue Fronten in der Boykott-Kampagne des Cesar Chavez. In: GA, 16, 1973, S. 39–43 – Lewis, D. L.: King. A critical biography, Baltimore/Maryland 1970 – Rothenspieler, H.: Die Solidarität der Papiertiger. Lehren aus Günter Walraffs direkter Aktion für die griechischen Gefangenen. In: GA, 21/22, 1974, S. 69–73.

6. Bürgerinitiativen und Ökologiebewegung

a) Theoretische Abhandlungen

Bahr, H. E. (Hrsg.): Politisierung des Alltags. Gesellschaftliche Bedingungen des Friedens, Darmstadt/Neuwied 1972 – Bahr, H. E. und Gronemeyer, R.: Konfliktorientierte Gemeinwesenarbeit. Niederlagen und Modelle, Darmstadt und Neuwied 1974 – Benedict, H.-J.: Die Linke und die Bürgerintitiativen. In: Vorgänge, Weinheim, 6, 1977, S. 65–80 – Bermbach, U.: Bürgerinitiativen – Instrumente direkter Demokratie? Thesen zur Organisierung fragmentierten bürgerlichen Bewußtseins. In: Österreichische Zeitschrift für Politikwissenschaft, Wien 4, 1974, S. 547–563 – Buro, A.: Aus den historischen Erfahrungen lernen. Ökologiebewegung und Gewerkschaften. In: Forum Europa, Bonn, 7/8, 1977, S. 32–33 – Ebert, Th.: Mit Bürgerinitiativen zu antikapitalistischen Strukturreformen? Ursprung und Zukunft eines basisdemokratischen Prozesses. In: GA, 12, 1972, S. 1–11 – ders.: Bürgerinitiativen. In: Pehnt, W. (Hrsg.): Städte in der Bundesrepublik, Stuttgart 1974 – ders.: Bürgerinitiativen und gewaltfreie Aktion. In: GA, 26/27, 1976, S. 1–13 – ders.: Pazifismus und Ökologiebewegung. In: GA, 29–30, 1976, S. 2–20 – ders.: Ziviler Ungehorsam aus politischer Verantwortung. Gewaltfreier Widerstand von Bürgerinitiativen gegen großindustrielle Anlagen. In: GA. 31/32, 1977, S. 27–39 – ders.: Von den Bürgerinitiativen zur Ökologiebewegung. In: GA, 33/34, 1977, S. 2–17 – Seippel, A.: Handbuch Aktivierende Gemeinwesenarbeit, 2 Bde. Gelnhausen/Berlin 1976 – Sternstein, W.: Droht eine Spaltung der Bürgerinitiativbewegung. In: GA, 33/34, 1977, S. 68–84 – Vilmar, F.: Strategie der Demokratisierung, 2 Bde, Darmstadt/Neuwied 1973 – Vogt, R.: Wyhl als Paradefall der Legitimation durch Verfahren. In: GA, 28/30, 1976, S. 36–45 – Vogt, R.: Rechtshilfe im Widerstand gegen Atomkraftwerke. In: GA, 33/34, 1977, S. 60–68 –

b) Fallstudien: BRD

Altner, G. (Hrsg.): Atomenergie. Herausforderung an die Kirchen. Texte, Kommentare, Analysen, Neukirchen-Vlyn 1977 – Beer, W.: Berliner Bürger gegen Kraftwerk Oberhavel. In: GA, 28/30, 1976, S. 75–79 – ders.: Kein Großkraftwerk im Spandauer Forst. Gewaltfreier Widerstand, interne Spannungen und Erfolg vor Gericht. In: GA, 31/32, 1977, S. 50–57 – Buchholtz, H. Chr. u. a.: Aktionsforscher nehmen Stellung zur Studie des Batelle-Instituts »Bürgerinitiativen im Bereich von Kernkraftwerken«. In: GA, 24/25, 1975, S. 63–70 – ders. u. a.: Widerstand gegen Atomkraftwerke, Wuppertal 1978 – Clever, B. und Walterspiel, G.: Gewaltlos in Wyhl – kein Muster, doch ein Lehrstück. In: GA 24/25, 1975, S. 19–23 – Ebert, Th: Zur Praxis der Weihnachtskampagne »Kritischer Konsum«. In: GA, 5/6, 1970, S. 45–48 – ders.: Als Berliner in Wyhl. Friedensforschung und Konfliktberatung vor Ort. In: GA, 24/25, 1975, S. 36–45 (mit Dokumenten) – Gebhardt, K.: Landgewinn und Gegenwind. Erste Ergebnisse der Kampagne Christliche Weihnacht 1970. In: GA, 7, 1971, S. 21–26 – Großkopf, R.: Massenprotest gegen neuen Flughafen im Erdinger Moos. In: GA, 26/27, 1976, S. 39–40 – Gründler, H.: Dokumentation zur Selbstverbrennung Hartmut Gründlers. In: GA, 35/36, 1978, S. 28–41 – Hengesbach, Th.: Stoppt das Atomkraftwerk Uentrop. Was man beim Aufbau von Bürgerinitiativen erleben und lernen kann. In: GA, 26/27, 1976, S. 32–37 – ders.: »Thermometer-Aktionen« gegen das Atomkraftwerk Uentrop. In: GA, 28/30, 1976, S. 68–75 – ders.: Sind die Bürgerinitiativen noch zu retten? Erfahrungen im Widerstand gegen das KKW Uentrop. In: GA, 31/32, 1977, S. 46–50 – ders.: Unter die Wölfe gehen? Argumente für die Teilnahme von Umweltschützern an Aktionärsversammlungen. In: GA, 35/36, 1978, S. 11–17 — Hertle, W.: Törichtes und Menschliches. Eindrücke von der zweiten Bauplatzbesetzung in Wyhl. in: GA, 24/25, S. 46–49 – ders.: Brokdorf – ein zweites Wyhl? Erfahrungen der Bürgerinitiativen im Widerstand und Schlußfolgerungen für künftige Aktionen, In: GA, 28–30, 1976, S. 53–61 – ders.: Kein Atomkraftwerk mit unserem Geld. Der Stromrechnungsboykott in Hamburg. In: GA, 35/36, 1978, S. 2–11 – Kühle, M.: Im Talar vor der Mauer von Brokdorf. Motive und Formen christlichen Engagements. In: GA, 29–30, S. 64–67 – Leinen, J. und Vogt, R.: Kalkar – die Wende. Einschätzung der Großdemonstration gegen den schnellen Brüter in Kalkar vom 24. 9. 1977. In: BBU-Aktuell, Berlin, 1, 1977, S. 24–25 – Mez, L. und Wilke, M. (Hrsg.): Der Atomfilz. Gewerkschaften und Atomkraft, Berlin 1977 – Nössler, B. und de Witt, M. (Hrsg.): Wyhl. Kein Kernkraftwerk in Wyhl und auch sonst nirgends. Betroffene Bürger berichten, Freiburg 1976 – Oeser, K.: Bürger gegen Fluglärm. 10 Jahre Bundesvereinigung gegen Fluglärm e. V. 1967–1977, Stuttgart 1977 – Umweltwissenschaftliches Institut des BBU e. V.: Aktionskatalog des Bundesverbandes Bürgerinitiativen Umweltschutz e. V., Diskussionsgrundlage, Stuttgart 1977 – Seippel, A.: Stadtteilarbeit im Ruhrgebiet. Zwei Fallstudien, Gelnhausen/Berlin 1976 – Sternstein, W.: Bürger contra Leviathan oder die Drachenbändiger vom Wyhler Wald (mit Dokumenten). In: GA, 24/25, 1975, S. 23–29 – ders.: Was wird aus Wyhl? Die Verhandlungen zwischen der Landesregierung von Baden-Württemberg, der Kernkraftwerke Süd GmbH (KWS) und den badisch-elsässischen Bürgerinitiativen. In: GA, 26/27, 1976, S. 14–25 (mit Dokumenten) – ders.: Zur Organisationsstruktur der badisch-elsässischen Bürgerinitiativen. In: GA, 33/34, 1977, S. 51–59 – ders.: Der Alltag des Widerstands. Probleme einer langandauernden Platzbesetzung. In: GA, 33/34, 1977, S. 34–50 – Vogt, R.: Wyhl ist überall. Kaiserstühler Lernprozesse aus der Sicht eines Berliner Jungsozialisten. In: GA, 24/25, 1975, S. 30–32 – ders.: Zerstritten. Wyhl-Jugend zum Atomkraftwerk. In: GA, 31/32, 1977, S. 42–45 – ders.: Rechtfertigungsprobleme der Platzbesetzung in Wyhl. In: GA, 33/34, 1977, S. 17–34.

c) Fallstudien: international

Batzer, A.: Hausbesetzer in Dänemark. In: GA 12, 1972, S. 21–26 – Bone, I.: Direkte Aktionen gegen Umwelt Verschmutzung. Anwohner blockieren englisches Industriewerk. In: GA, 12, 1972, S. 15–19 – Brünn, D.: Arbeiterinitiativen in der Ökologiebewegung. In: GA, 35/36, 1978, S. 17–21 – Hertle, W.: »Lieber heute aktiv als morgen radioaktiv!« Die internationale Kampagne gegen die französischen Atombombenversuche. In: GA, 16/17, 1973, S. 12–22 – ders.: Larzac 1974. Vom gewaltlosen Widerstand der 103 Bauern gegen einen Truppenübungsplatz zum Erntefest der 103.000 für die Dritte Welt. In: GA, 21/22, 1974, S. 36–47 – ders.: Skizze der französischen Ökologiebewegung. In: GA, 26/27, 1976, S. 41–

57 – Kelly, P. K.: »Laßt das Uran in der Erde!« Die Anti-Uranbewegung in Australien. In: GA, 35/36, 1978, S. 21–28 – Metzner, M.: Prozesse und Proteste. Auch in den Vereinigten Staaten wächst der Widerstand gegen Kernkraftwerke. In: GA, 31/32, 1977, S. 59–62 – Mez, L.: Informationen über Aktionsforschung in Skandinavien. In: Jahrbuch für Friedens- und Konfliktforschung, Bd. IV, Opladen 1975, S. 147–156 – Schroeren, M.: Malville: Der Superphoenix mit gestutzten Flügeln. In: GA, 28–30, 1976, S. 82–88 – ders.: Zum Beispiel Kaiseraugst. Der gewaltfreie Widerstand gegen das Atomkraftwerk. Vom legalen Protest zum zivilen Ungehorsam. Mit einem Nachwort zur aktuellen Situation in Kaiseraugst und Gösgen von Rudolf Epple, Zürich 1977 – Weber, F.: Die gerettete Landschaft. Wie ein Einzelner der Zerstörung Einhalt gebieten kann. Mit einem Vorwort von Herbert Gruhl, München 1978 – Vaccaro, H.: Auch in Italien Proteste der Bevölkerung gegen Atomkraftwerke. In: GA, 31/32, S. 57–59.

7. Erzieherische und organisatorische Voraussetzungen der gewaltfreien Konfliktaustragung.

a) Theoretische Schriften

Bachmann, E. u. a.: Stellungnahmen zu »Gewaltfreie Aktion als Beruf«. In: GA, 26/27, 1976, S. 61–69 – Bahr, H. E. und Seippel, A.-S. (Hrsg.): Soziales Lernen. Gruppenarbeit für den Frieden, Stuttgart 1975 – Beer, W.: Lernen im Widerstand. Politisches Lernen und politische Sozialisation in Bürgerinitiativen am Beispiel der Volkshochschule Wyhler Wald. Hamburg 1978 – Buro, A.: Die Entstehung der Ostermarsch-Bewegung als Beispiel für die Entfaltung von Massenlernprozessen. In: Friedensanalysen, Frankfurt, 4, 1977, S. 50–78 – Chavez, C.: Über Geld und Organisieren. Zur Logistik der gewaltfreien Aktion. In: GA, 24/25, 1975, S. 14–19 – Ebert, Th.: Konstruktive Aggression. Verhaltenspsychologische Aspekte der gewaltfreien Konfliktaustragung. In: GA, 15, 1973, S. 4–12 – ders.: Gewaltfreie Aktion als Beruf. In: GA, 24/25, 1975, S. 1–14 – Gewaltfreie Aktion als Beruf. Gespräch zwischen Theodor Ebert und den Graswurzlern Wolfgang Hertle, Michael Schroeren und Heinz Rothenspieler am Ende des Trainingskurses »Gewaltfreie Konfliktaustragung im Erfahrungsbereich Berliner Bürgerinitiativen« am 28. März 1974. In: GA, 23, 1975, S. 19–27 – Gronemeyer, M.: Motivation und politisches Handeln. Grundkategorien politischer Psychologie, Hamburg 1976 – Mattheus, A.: Movement for a New Society (MNS) and Life Center in Philadelphia (Die Bewegung für eine neue Gesellschaft und das »Lebenszentrum«). In: GA 26/27, 1976, S. 70–72 – Wittig, H. G.: Über erzieherische Voraussetzungen des gewaltfreien Widerstandes. In: GA, 15, 1973, S. 12–22.

b) Zur Praxis des Trainings der gewaltfreien Aktion

Ebert, Th.: Modellkurs. Ausbildung in gewaltfreier Konfliktaustragung im Erfahrungsbereich Berliner Bürgerinitiativen. In: GA, 17/18, 1973, S. 2–6 – ders.: Ausbildung zu gewaltfreier Konfliktaustragung. Aufzeichnung aus einem Berliner Modellkurs. In: GA, 21/22, 1974, S. 2–33 – Judson, St.: Gewaltlosigkeit und Kinder. Einige vorläufige Erfahrungen. In: GA, 28–30, 1976, S. 108–113 – Kamke, J.: Schule der Gewaltlosigkeit. Das Modell Palo Alto. Mit einem Nachwort von Th. Ebert, Hamburg 1974 – Olson, Th. und Shivers, L.: Training für gewaltlose Aktionen. In: GA, 7, 1971, S. 32–37 – Rothenspieler, H. und Walker, Ch.: Training gewaltfreier Aktion. Theorie und Praxis. In der Reihe: Pädagogische Information, 3, Waldkirch 1975 – Rupnow, S.: Einführungskurs in Gewaltfreie Aktion. In: GA, 35/36, 1978, S. 67–71 – Schmidt, K.: Links von Mao. Einige Tage »Gewaltfreie Aktion Göttingen«. In: GA, 23, 1975, S. 27–33 – Walker, Ch.: Training in gewaltfreier Aktion in den USA. In: GA 19/20, 1974, S. 1–8.

8. Soziale Verteidigung

Albrecht, U.: Wirtschafts- und techno-politische Probleme der Umstellung auf Soziale Verteidigung. In: GA, 9/10, S. 102–109 – Berg. U.: Intervention als Herausforderung für Soziale Verteidigung. In: GA, 9/10, S. 76–84 – Boserup, A. und Mack, A.: Krieg ohne Waffen, Reinbek 1974 – Ebert, Th.: Vermutungen über den dialektischen Prozeß zur Sozialen Verteidigung. In: GA, 9/10, 1971, S. 2–17 – ders. (Hrsg.): Wehrpolitik ohne Waffen. Vom Passiven Widerstand zur Sozialen Verteidigung, Opladen 1972 – ders.: Die wehrpolitische Lücke im Programm antikapitalistischer Strukturreformen. In: GA, 11, 1972, S. 45–55 – ders.: Von aggressiver Drohung zu defensiver Warnung. Das Konzept der Sozialen Verteidigung. In:

Senghaas, D. (Hrsg.): Friedensforschung und Gesellschaftskritik, Frankfurt/M. 1973, S. 152–200 – ders.: Die Lehren von Chile. Mit Dokumentation zum Widerstand gegen Staatsstreiche. In: GA, 19/20, 1974, S. 66–71 – ders.: Basisdemokratische Wehrpolitik. In: GA, 19/20, 1974, S. 56–65 – ders. u. a.: Demokratische Sicherheitspolitik. Von der territorialen zur sozialen Verteidigung, München 1974 – ders.: Widerstandsmöglichkeiten gegen innenpolitisches Eingreifen mit bewaffneten Einheiten. In: Jahrbuch für Friedens- und Konfliktforschung, Bd. V, Opladen 1977, S. 92–115 – ders.: Verteidigungspolitik aus der Sicht der Ökologiebewegung. In: GA, 35/36, 1978, S. 77–87 – Ernst, A. und Ebert, Th.: Kontroverse um Abrüstung und Soziale Verteidigung in der Schweiz. In: GA, 13/14, 1972, S. 94–104 – Galtung, J.: Nichtmilitärische Verteidigungsmaßnahmen. In: GA, 9/10, 1971, S. 84–93 – Herz, U.: Umstellung auf Soziale Verteidigung aus der Sicht der neutralen Staaten Schweden, Schweiz, Österreich. In: GA, 1/10, 1971, S. 94–101 – Höglund, B. u. a.: Verteidigung ohne Krieg. Die skandinavische Alternative, Wuppertal 1974 – Horsky, V.: Prag 1968. Systemveränderung und Systemverteidigung, Stuttgart 1975 – ders.: Was leistet ziviler Widerstand? Einige Erfahrungen aus der August-Konfrontation, CSSR 1968. In: GA, 31/32, 1976, S. 114–125 – Jahn, E.: Soziohistorische Voraussetzungen der Sozialen Verteidigung. In: GA, 9/10, 1971, S. 28–36 – Jochheim, G.: Bundeswehr putscht gegen Abrüstung. Aufzeichnung eines Krisenspiels zur Sozialen Verteidigung. In: GA, 1970, S. 43–52 – Jochheim, G. u. Ebert, Th.: Von Helsinki bis Wien. Soziale Verteidigung in den 89er Jahren. Ein Tagungs- und Länderbericht. In: GA, 7, 1971, S. 44–54 – Larsen, S. R.: Norwegische Kriegsdienstverweigerer fordern Ausbildung für Soziale Verteidigung. Ergebnisse einer Meinungsumfrage. In: GA, 19/20, 1974, S. 11–15 – Mez, L.: Schlußfolgerungen aus dem Putsch in Chile für westdeutsche Verbände und Parteien. In: Jahrbuch für Friedens- und Konfliktforschung, Bd. V, Opladen 1977, S. 116–126 – ders.: Ziviler Widerstand in Norwegen. Untersuchung zu Organisation und Form der sozialen Bewegung in Norwegen unter besonderer Berücksichtigung von Konzepten Sozialer Verteidigung, Frankfurt 1977 – Pelinka, A.: Abrüstung und Soziale Verteidigung in Österreich. In: GA, 8, 1971, S. 38–46 – Roberts, A. (Hrsg.): Gewaltloser Widerstand gegen Aggressoren, Göttingen 1971 – Saner, H.: Neutralität oder Solidarität? Soziale Verteidigung aus Schweizer Sicht. In: GA, 17/18, 1973, S. 68–77 – Stinnes, M.: Perspektiven militärpolitischer Alternativen für Westeuropa? Bericht über die Brüsseler Konferenz »Bedingungen einer sozialen Verteidigung in Westeuropa«. In: Friedensanalysen, Frankfurt, 4, 1977, S. 144–156 – Vogt, R.: Widerstandsformen in der CSSR als Antwort auf die Intervention der Warschauer Pakt-Truppen. In: GA, 9/10, 1971, S. 60–70

Friedensanalysen

FÜR THEORIE UND PRAXIS

Vierteljahresschrift für Erziehung, Politik und Wissenschaft
Hrsg. von der Hessischen Stiftung Friedens- und Konfliktforschung, in Zusammenarbeit mit der Arbeitsgemeinschaft für Friedens- und Konfliktforschung

Diese neue Zeitschrift in Taschenbuchform will Ursachen und Folgen des gesellschaftlichen und internationalen Unfriedens darstellen und zugleich Möglichkeiten diskutieren, zu einem Frieden zu kommen, der diesen Namen verdient. Sie wendet sich an eine interessierte Öffentlichkeit und an Leser, die in ihrem Beruf die Möglichkeit haben, mit Ergebnissen der Friedensforschung zu arbeiten: Journalisten, Gewerkschafter, Lehrer und Schüler, Sozialpädagogen, Theologen. Jeder Band hat ein Schwerpunktthema. Zugleich wird jedoch auch eine allgemeine, fortlaufende Diskussion geführt.

Band 1: Feindbilder (edition suhrkamp 784)
Beiträge u. a. von Gantzel, Jahn, Nicklas, Rosenkranz, Wette

Band 2: Rüstung (edition suhrkamp 834)
Beiträge u. a. von Junne, Krell, Holloway, Lutz

Band 3: Unterentwicklung (edition suhrkamp 847)
enthält u. a. den Dag-Hammarskjöld-Report 1975 und Beiträge von Lock, Muhr (DGB), Krippendorff, Ruf, Senghaas

Band 4: Friedensbewegung (edition suhrkamp 871)
Beiträge u. a. von Bahr, Benedict, Buro, Kogon, Tetzlaff

Band 5: Aggression (edition suhrkamp 891)
Beiträge u. a. von Ahlers, Duve, Horn, Rumpf, U. Volmerg

Band 6: Gewalt – Sozialisation – Aggression (edition suhrkamp 925)
Beiträge von Czerwick/Müller, Roeder, B. Volmerg, U. Volmerg

Band 7: Sonderband: Jungsozialisten und Jungdemokraten zur Friedens- und Sicherheitspolitik (edition suhrkamp 955)
Beiträge u. a. von Albrecht, v. Baudissin, Czempiel, Jahn, Wette

Band 8: Kriege und Bürgerkriege der Gegenwart (edition suhrkamp 958)
Beiträge u. a. von Hauf, Rode, Thee

EDITION SUHRKAMP, DM 7.- in allen Buchhandlungen

Probleme des Friedens

INFORMATION
DOKUMENTATION

info

Herausgegeben mit Billigung der Pax-Christi-Bewegung, Deutsche Sektion, von der Bistumsstelle der Erzdiözese Freiburg, Schillerstraße 21, 7808 Waldkirch.

Inhaltsverzeichnis des 10. Jahrganges (1975)

info 1– 4/75	Gewalt/Gewaltfreiheit (4). Training gewaltfreier Aktion – Möglichkeit emanzipatorischer Friedenserziehung – Handbuch für Planung und Durchführung GA
info 5– 8/75	Friedensforschung in der BRD, Teil II – Friedensforschung in der BRD – Eine Einführung – Institutionen der Friedensforschung – Zeitschriftenschau/Buchbesprechungen
info 9–10/75	Erziehung zum Frieden (6). Einübung in den Frieden (1) – Ein Modell der Friedenspädagogik für die außerschulische Jugendarbeit
info 11–12/75	Erziehung zum Frieden (7). Einübung in den Frieden (2)

Inhaltsverzeichnis des 11. Jahrganges (1976)

info 1– 4/76	Erziehung zum Frieden (8). Einübung in den Frieden (3) Aggression und Erziehung
info 5– 8/76	Erziehung zum Frieden (9). Einübung in den Frieden (4) (Soziale Gerechtigkeit auf nationaler und intern. Ebene)
info 9–12/76	Erziehung zum Frieden (10). Einübung in den Frieden (4) polit.-militär. Aspekt / alternative Modelle der Friedenssicherung / Gewaltfreie Aktion und Soziale Verteidigung

Inhaltsverzeichnis des 12. Jahrganges (1977)

info 1– 2/77	Friedenswoche (1). Vorbereitung / Durchführung / Auswertung / Aus der Werkstatt der Friedenswoche
info 3– 6/77	Erziehung zum Frieden (11). Einübung in den Frieden (5) Gewaltfreie Aktion und soziale Verteidigung / demokratisch-revolutionärer Aspekt / Transfermöglichkeiten / pragmatischer Aspekt / Materialhinweise / Literatur
info 7–10/77	Erziehung zum Frieden (12) Hermann Pfister: Friedenserziehung gestern und heute – Texte zur Friedenspädagogik – Johannes Esser: Aspekte zu Grundlagen der Konflikterziehung
info 11–12/77	Friedensarbeit an der Basis – Strategie und Praxis

Jahresabonnement: 6 Doppelhefte DM 16.– / Bestellungen an:
Redaktion »Probleme des Friedens«, Schillerstraße 21, D-7808 Waldkirch